Führung und Arbeitszufriedenheit im Großwaldbesitz
Eine Umfrageanalyse

Dissertation

zur Erlangung des Doktorgrads

des Forstwissenschaftlichen Fachbereichs

der Georg-August-Universität Göttingen

vorgelegt von

Andrea Teutenberg-Raupach

geboren in Meppen/Emsland

Göttingen 1995

Die Deutsche Bibliothek - CIP-Einheitsaufnahme

Teutenberg-Raupach, Andrea:
Führung und Arbeitszufriedenheit im Großwaldbesitz : eine
Umfrageanalyse / vorgelegt von Andrea Teutenberg-Raupach. -
1. Aufl. - Göttingen : Cuvillier, 1995
 Zugl.: Göttingen, Univ., Diss., 1995
 ISBN 3-89588-268-2

D7

1. Berichterstatter: Prof. Dr. S. Häberle
2. Berichterstatter: Prof. Dr. H.D. Brabänder

Tag der mündlichen Prüfung: 28. Juli 1995

© CUVILLIER VERLAG, Göttingen 1995
 Nonnenstieg 8, 37075 Göttingen
  Telefon: 0551-43218
  Telefax: 0551-41860

Alle Rechte vorbehalten. Ohne ausdrückliche Genehmigung
des Verlages ist es nicht gestattet, das Buch oder Teile
daraus auf fotomechanischem Weg (Fotokopie, Mikrokopie)
zu vervielfältigen.
1. Auflage, 1995
Gedruckt auf säurefreiem Papier

 ISBN 3-89588-268-2

Meiner Omi

Vorwort

Die vorliegende Arbeit entstand am Institut für Waldarbeit und Forstmaschinenkunde, Forstliche Arbeitswissenschaft der Universität Göttingen. Dem Direktor des Instituts, Herrn Prof. Dr. S. Häberle, möchte ich an dieser Stelle für den mir zugestandenen Freiraum bei der Anfertigung meiner Dissertation und seine stets bereitwillige, fachkundige Unterstützung herzlich danken. Desgleichen bin ich Herrn Prof. Dr. P. Faßheber, Leiter des Instituts für Wirtschafts- und Sozialpsychologie der Universität Göttingen und Herrn Prof. Dr. F. Heegner vom Fachbereich 'Wirtschaft' der Fachhochschule Essen für ihre Anregungen, insbesondere in der Initialphase der Arbeit, zu Dank verpflichtet.

Meinen ganz besonderen Dank möchte ich den Mitarbeitern und Mitarbeiterinnen der Landesforstverwaltungen Niedersachsen, Hessen, Nordrhein-Westfalen, Thüringen und Brandenburg und der Landwirtschaftskammern Weser-Ems und Hannover, sowie allen an der Untersuchung beteiligten privaten und kommunalen Forstbetrieben und ihren Mitarbeitern und Mitarbeiterinnen aussprechen, ohne deren zahlreiche Antworten diese Arbeit nicht zustande gekommen wäre.

Mein Dank gilt darüber hinaus allen Mitarbeitern und Mitarbeiterinnen des Instituts für Waldarbeit, besonders aber Frau Christhilde Bobbert, die mir bei der Verarbeitung der Daten und Anfertigung der Grafiken stets auch mit einem aufmunternden Wort wertvolle Hilfe leistete.

Herzlich danken möchte ich außerdem Herrn Dag Beier für das aufmerksame und kritische Gegenlesen des Manuskripts und Herrn Dr. Thomas Riemer für die statistische Beratung.

Meinem Mann, Christian Raupach, bin ich in besonderer Dankbarkeit für seine konstruktiven Anregungen in unseren intensiven Diskussionen und seiner unermüdlichen Geduld und Unterstützung, vor allem in der Endphase der Arbeit, sehr verbunden.

Finanziell unterstützt wurde die Dissertation von den Landesforstverwaltungen Thüringen und Niedersachsen und der Georg-Ludwig-Hartig-Stiftung.

Göttingen, im Juni 1995

Andrea Teutenberg-Raupach

INHALTSVERZEICHNIS

Seite

1. **EINLEITUNG** 1

2. **GRUNDLAGEN DER FÜHRUNGS- UND ARBEITSZUFRIEDENHEITS-FORSCHUNG** 8

   2.1 Führungsforschung 8

   2.1.1 <u>Zum Organisationsbegriff</u> 8

   2.1.2 <u>Zum Führungsbegriff</u> 9

   2.1.3 <u>Wer beschäftigt sich mit Führungsforschung?</u> 10

   2.1.4. <u>Notwendigkeit der Führungsforschung</u> 11

   2.1.5 <u>Grundlagen der Führungsforschung</u> 13

       2.1.5.1 Mehrdimensionalität des Führungsprozesses 13

       2.1.5.2 Ideologische Begründung der 'sozialen Tatsache Führung' 14

       2.1.5.3 Theorien über den Menschen 15

           2.1.5.3.1 Das Problem 'Bild vom Menschen' 15

           2.1.5.3.2 Das Bild vom Menschen im Wandel der Zeit 15

           2.1.5.3.3 Menschenbild-Typologien 17

           2.1.5.3.4 Menschenbilder nach SCHEIN 18

           2.1.5.3.5 Das Menschenbild in der kooperativen Führung 20

   2.1.6 <u>Führungstheorien und Führungsmodelle</u> 20

       2.1.6.1 Eigenschaftstheorie der Führung 21

       2.1.6.2 Verhaltenstheoretische Ansätze der Führung ... 22

       2.1.6.3 Rollentheorie der Führung 25

       2.1.6.4 Situationstheorie der Führung 25

   2.1.7 <u>Führungsstil und Führungsverhalten</u> 27

       2.1.7.1 Idealtypische Ansätze 28

       2.1.7.2 Die klassische Führungsstiltypologie von LEWIN 29

       2.1.7.3 Das Führungskontinuum von TANNENBAUM/-SCHMIDT 30

       2.1.7.4 Das Verhaltensgitter von BLAKE/MOUTON 31

       2.1.7.5 Mehrdimensionale Ansätze 32

           2.1.7.5.1 Die 3-D-Theorie der Führung von REDDIN 32

           2.1.7.5.2 Das System organisatorischer Führungselemente nach BLEICHER 33

       2.1.7.2 Realtypische Ansätze 34

	Seite
2.2 Arbeitszufriedenheit und Arbeitszufriedenheitsforschung	35
2.2.1 Historische Entwicklung der Forschung über Arbeitszufriedenheit	35
2.2.2 Definitionen von Arbeitszufriedenheit (AZ)	37
2.2.3 Darstellung der grundlegenden Theorien zu einer Theorie der AZ	39
2.2.3.1 Die 'Motivationstheorie' von MASLOW	40
2.2.3.1.1 Die Motivationsinhalte	40
2.2.3.1.2 Das Prinzip der Bedürfnisentfaltung nach dem hierarchischen Modell	41
2.2.3.2 McGREGORs Anwendung der MASLOWsche Theorie auf Fragen der Arbeitsmotivation	42
2.2.3.3 HERZBERGs Theorie der Arbeitsmotivation - 'Zwei-Faktoren-Theorie'	44
2.2.3.3.1 Die 'Zwei-Faktoren-Theorie im engeren Sinne'	44
2.2.3.3.2 Motivatoren und Hygienefaktoren	45
2.2.3.4 HOMANS 'Theorie der Zufriedenheit'	46
2.2.3.5 Die 'Equity-Inequity-Theorie' nach ADAMS	46
2.2.3.6 VROOMs 'kognitive Theorie der Arbeitsmotivation und der AZ'	48
2.2.3.6.1 Die Theorie der Motivationsdynamik	48
2.2.3.6.2 Die Anwendung des Modells auf die Arbeitsmotivation und AZ	50
2.2.4 Formen der AZ nach BRUGGEMANN	51
3. AUFNAHME DES IST-ZUSTANDS	54
3.1 Methodik empirischer Untersuchungen	54
3.1.1 Merkmale der Befragungsmethode	54
3.1.2 Die mündliche Befragung	55
3.1.3 Die schriftliche Befragung	55
3.2 Wahl der Untersuchungsmethode	56
3.3 Verwendete Instrumentarien	58
3.3.1 Der 'Fragebogen zur Einstellung zum Führungsverhalten' von HAIRE, GHISELLI und PORTER	58
3.3.1.1 Testdarstellung	58
3.3.1.2 Testauswertung und Interpretation	59
3.3.2 Der Fragebogen zur 'Vorgesetzten-Verhaltens-Beschreibung' von FITTKAU und FITTKAU-GARTHE (FVVB)	60
3.3.2.1 Testdarstellung	60
3.3.2.2 Testauswertung und Interpretation	61

	Seite

3.3.3 Polaritätsprofil zur Beurteilung der Gruppenatmosphäre
 nach FIEDLER ... 62
   3.3.3.1 Testdarstellung ... 62
   3.3.3.2 Testauswertung und Interpretation ... 64
3.3.4 Der 'Arbeitsbeschreibungsbogen' (ABB) von NEUBERGER ... 65
   3.3.4.1 Testdarstellung ... 65
   3.3.4.2 Testauswertung und Interpretation ... 68
3.4 Aufbau des Fragebogens ... 68
   3.4.1 Fragebogen für die Vorgesetztenstichprobe (Forstamtsleiter) ... 68
   3.4.2 Fragebogen für die Mitarbeiterstichprobe ... 70
3.5. Wahl der Untersuchungsteilnehmer ... 70
   3.5.1 Grundsätzliches zur Wahl der Untersuchungsteilnehmer ... 70
   3.5.2 Landesforstverwaltungen (LFV) ... 70
   3.5.3 Nicht-staatliche Forstbetriebe ... 71
   3.5.4 Forstreferendare und Forstinspektorenanwärter ... 72
3.6 Ablauf der Befragung ... 73

4. BESCHREIBUNG DER STICHPROBE ... 74
  4.1 Landesforstverwaltungen ... 74
  4.2 Nicht-staatliche Forstbetriebe ... 77
  4.3 Realisierter Stichprobenumfang und Rücklaufquote ... 81

5. STATISTISCHE METHODEN ... 82

6. ERGEBNISSE DER BEFRAGUNG ... 84
  6.1 Demographische Angaben ... 84
   6.1.1 Persönliche Angaben ... 84
     6.1.1.1 Altersstruktur ... 84
     6.1.1.2 Geschlechterverhältnis ... 86
     6.1.1.3 Familienstände ... 86
   6.1.2 Berufsbezogene Angaben ... 88
     6.1.2.1 Ausbildung ... 88
     6.1.2.2 Funktionen der Mitarbeiter und Mitarbeiterinnen ... 89
     6.1.2.3 Weiterbildung der Forstamtsleiter und Forstamtsleiterinnen ... 91
     6.1.2.4 Arbeitsstellen in den letzten fünf Jahren ... 91
     6.1.2.5 Ausübungsdauer der derzeitigen Funktion, Dauer der
 Betriebszugehörigkeit und der Zusammenarbeit mit
 der/dem Vorgesetzten ... 93

	Seite
6.1.3 Zusammenfassende Wertung der demographischen Angaben	96
6.2 Einstellung zum Führungsverhalten	97
6.2.1 Ergebnisse der Umfrage in den Landesforstverwaltungen	97
6.2.2 Ergebnisse der Umfrage in den nicht-staatlichen Forstbetrieben	101
6.2.3 Alte und Neue Bundesländer	103
6.2.4 Diskussion der Ergebnisse	106
6.3 Fragebogen zur Vorgesetzten-Verhaltens-Beschreibung (FVVB)	109
6.3.1 Ergebnisse der Umfrage in den Landesforstverwaltungen	109
6.3.2 Ergebnisse der Umfrage in den nicht-staatlichen Forstbetrieben	110
6.3.3 Alte und Neue Bundesländer	113
6.3.4 Diskussion der Ergebnisse	115
6.3.4.1 Diskussion der Ergebnisse des FVVB	116
6.3.4.2 Die Bedeutung von Mensch und Organisation für die kooperative Führung in Forstverwaltungen und Forstbetrieben	118
6.4 Gruppenatmosphäre	123
6.4.1 Ergebnisse der Umfrage in den Landesforstverwaltungen	123
6.4.2 Ergebnisse der Umfrage in den nicht-staatlichen Forstbetrieben	125
6.4.3 Alte und Neue Bundesländer	129
6.4.4 Diskussion der Ergebnisse	131
6.5 Arbeitszufriedenheit (AZ)	135
6.5.1 Ergebnisse der Items ´Einbindung in die Verwaltungshierarchie´, ´Zufriedenheit mit Mittelbehörden und Ministerien´	136
6.5.2 Ergebnisse der Umfrage in den Landesforstverwaltungen	138
6.5.3 Ergebnisse der Umfrage in den nicht-staatlichen Forstbetrieben	141
6.5.4 Alte und Neue Bundesländer	143
6.5.5 Arbeitszufriedenheit und Funktion	146
6.5.6 Berufswiederwahl	147
6.5.7 Diskussion der Ergebnisse	148
6.5.7.1 Diskussion der Kritik an Mittelbehörden und Ministerien	149
6.5.7.2 Diskussion der Ergebnisse des ABB	154
6.6 Ergebnisse der Gruppenbefragungen der Forstreferendare und Forstinspektorenanwärter	159
6.6.1 Demographische Angaben	159
6.6.1.1 Persönliche Angaben	159
6.6.1.2 Berufsbezogene Angaben	160
6.6.2 Fragebogen zur Vorgesetzten-Verhaltens-Beschreibung (FVVB)	161
6.6.3 Gruppenatmosphäre	162

	Seite
6.6.4 Arbeitszufriedenheit (AZ)	163
6.6.5 Zusammenfassende Diskussion der Ergebnisse	167
7. GESAMTDISKUSSION	169
8. RESÜMEE AUS DEN ERFAHRUNGEN MIT DEN VERWENDETEN FRAGEBÖGEN	175
9. ZUSAMMENFASSUNG	176
10. LITERATURVERZEICHNIS	179
10.1 Zitierte Literatur	179
10.2 Gelesene, nicht zizierte Literatur	188
11. ANHANG	196

VERZEICHNIS DER ÜBERSICHTEN

Lfd. Nr.	Titel	Seite
2.01	Charakteristika von Organisationen	9
2.02	Die Begriffe ´Organisation´ und ´Führung´	10
2.03	Führung als interdisziplinäres Konzept	11
2.04	Führungsstil und Führungsverhalten	13
2.05	Entwicklungsgeschichte der Klassifikationsversuche von Menschenbildern	18
2.06	Führungskontinuum nach TANNENBAUM/SCHMIDT	24
2.07	Verhaltensgitter von BLAKE und MOUTON	31
2.08	3-D-Theorie der Führung nach REDDIN	33
2.09	Ausprägungen von Organisations- und Führungselementen (nach BLEICHER)	34
2.10	Bedürfnispyramide nach MASLOW	41
2.11	Grundmodell der Arbeitszufriedenheit nach VROOM	51
2.12	Formen der Arbeitszufriedenheit nach BRUGGEMANN	53
3.01	Einstellung zum Führungsverhalten	59
3.02	Ideales (Soll-) Vorgesetzten-Verhaltens-Profil	62
3.03	Beurteilung der Gruppenatmosphäre nach FIEDLER	63
3.04	Gliederung der Itempaare zur Umfrage ´Beurteilung der Gruppenatmosphäre´	64
3.05	ABB-Skala ´Kollegen´ mit den Items ´stur´ bis ´egoistisch´	66
3.06	Geplanter Stichprobenumfang ´Landesforstverwaltungen´	71
3.07	Geplanter Stichprobenumfang ´Nicht-staatliche Forstbetriebe´	72
3.08	Geplanter Stichprobenumfang ´Forstreferendare und Forstinspektorenanwärter´	72
3.09	Umfang der Fragebogenaktion	73
4.01	Struktur der untersuchten Landesforstverwaltungen (West)	75
4.02	Struktur der untersuchten Landesforstverwaltungen (Ost)	76
4.03	Struktur der untersuchten Landwirtschaftskammern Weser-Ems und Hannover	78
4.04	Struktur der untersuchten privaten Forstbetriebe (Sommer 1992)	79
4.05	Struktur der untersuchten kommunalen Forstbetriebe (Sommer 1992)	80
4.06	Realisierter Stichprobenumfang	81
5.01	Auswertungsgrößen	83
6.01a-b	Altersstruktur der Untersuchungsteilnehmer (%)	84/84
6.02	Geschlechterverhältnis der Stichprobe in (%)	86
6.03a-b	Struktur der Familienstände in der Stichprobe (%)	87
6.04a-b	Ausbildung der Untersuchungsteilnehmer (%)	88/89
6.05a-b	Funktionen der befragten Mitarbeiter und Mitarbeiterinnen (%)	90
6.06	Teilnahme der FAL an Weiterbildungsmaßnahmen für Führungskräfte	91

VERZEICHNIS DER ÜBERSICHTEN

Lfd. Nr.	Titel	Seite
6.07a	Anzahl der Arbeitsstellen der Forstamtsleiter und Forstamtsleiterinnen in den letzten 5 Jahren (%)	92
6.07b	Anzahl der Arbeitsstellen der Mitarbeiter und Mitarbeiterinnen in den letzten 5 Jahren (%)	92
6.07c	Anzahl der Arbeitsstellen der Untersuchungsteilnehmer in den letzten 5 Jahren (%)	93
6.08	Dauer der derzeitigen Funktion (%)	94
6.09	Dauer der Zugehörigkeit zur derzeitigen Dienststelle (Forstamt) (%)	95
6.10	Dauer der Zusammenarbeit mit der/dem derzeitigen Vorgesetzten (FAL) bzw. FAL (MA) (%)	96
6.11	Einzel-Itemanalyse der Einstellung der FAL (LFV) zum ´Kooperativen Führungsstil´ (Items 1, 2, 3 = EF1), zu ´Information und Handlungsspielraum der MA´ (Items 4, 5 = EF2), und zur ´Fähigkeit der MA zu Führung und Eigeninitiative´ (Items 6, 7 = EF3)	98
6.12a	Einstellungsprofil zum Führungsverhalten der befragten FAL der fünf untersuchten LFV	99
6.12b	Einstellungsprofile zum Führungsverhalten der befragten FAL differenziert nach LFV	100
6.13a	Einzel-Itemanalyse der Einstellung der FAL (nicht-staatliche Forstbetriebe) zum ´Kooperativen Führungsstil´ (Items 1, 2, 3 = EF1), zu ´Information und Handlungsspielraum der MA´ (Items 4, 5 = EF2), und zur ´Fähigkeit der MA zu Führung und Eigeninitiative´ (Items 6, 7 = EF3)	101
6.13b	Einstellungsprofil zum Führungsverhalten der befragten FAL der untersuchten nicht-staatlichen Forstbetriebe	102
6.13c	Differenzierte Einstellungsprofile zum Führungsverhalten der befragten FAL der untersuchten nicht-staatlichen Forstbetriebe	103
6.14a	Einzel-Itemanalyse der Einstellung der FAL (Alte Bundesländer) zum ´Kooperativen Führungsstil´ (Items 1, 2, 3 = EF1), zu ´Information und Handlungsspielraum der MA´ (Items 4, 5 = EF2), und zur ´Fähigkeit der MA zu Führung und Eigeninitiative´ (Items 6, 7 = EF3)	104
6.14b	Einzel-Itemanalyse der Einstellung der FAL (Neue Bundesländer) zum ´Kooperativen Führungsstil´ (Items 1, 2, 3 = EF1), zu ´Information und Handlungsspielraum der MA´ (Items 4, 5 = EF2), und zur ´Fähigkeit der MA zu Führung und Eigeninitiative´ (Items 6, 7 = EF3)	104
6.14c	Einstellungsprofile zum Führungsverhalten der befragten FAL differenziert nach Alten und Neuen Bundesländern	105
6.15	Selbstbeschreibung der befragten FAL (Kugeln) Beschreibung der FAL durch die MA (Pfeile) in den LFV	109
6.16a	Selbstbeschreibung der befragten FAL (Kugeln) Beschreibung der FAL durch die MA (Pfeile), nicht-staatliche Forstbetriebe	111
6.16b	Selbstbeschreibung der befragten FAL (Kugeln) Beschreibung der FAL durch die MA (Pfeile), private Forstbetriebe	112
6.16c	Selbstbeschreibung der befragten FAL (Kugeln) Beschreibung der FAL durch die MA (Pfeile), kommunale Forstbetriebe	112

VERZEICHNIS DER ÜBERSICHTEN

Lfd. Nr.	Titel	Seite
6.16d	Selbstbeschreibung der befragten FAL (Kugeln) Beschreibung der FAL durch die MA (Pfeile), LWK-Forstämter	112
6.17	Selbstbeschreibung der befragten FAL (Kugeln) Beschreibung der FAL durch die MA (Pfeile) in den Alten Bundesländern	113
6.18	Selbstbeschreibung der befragten FAL (Kugeln) Beschreibung der FAL durch die MA (Pfeile) in den Neuen Bundesländern	113
6.19	Beurteilung der Gruppenatmosphäre in den Forstämtern durch die FAL der LFV	123
6.20	Beurteilung der Gruppenatmosphäre in den Forstämtern durch die MA der LFV	124
6.21	Beurteilung der Gruppenatmosphäre im Forstamt durch die FAL der nicht-staatlichen Forstbetriebe	125
6.22	Beurteilung der Gruppenatmosphäre im Forstamt durch die MA der nicht-staatlichen Forstbetriebe	125
6.23	Beurteilung der Gruppenatmosphäre im Forstamt durch die FAL der privaten Forstbetriebe	126
6.24	Beurteilung der Gruppenatmosphäre im Forstamt durch die MA der privaten Forstbetriebe	126
6.25	Beurteilung der Gruppenatmosphäre im Forstamt durch die FAL der kommunalen Forstbetriebe	127
6.26	Beurteilung der Gruppenatmosphäre im Forstamt durch die MA der kommunalen Forstbetriebe	127
6.27	Beurteilung der Gruppenatmosphäre im Forstamt durch die FAL der Landwirtschaftskammern	128
6.28	Beurteilung der Gruppenatmosphäre im Forstamt durch die MA der Landwirtschaftskammern	128
6.29	Beurteilung der Gruppenatmosphäre im Forstamt durch die FAL der LFV NDS, HE und NRW	129
6.30	Beurteilung der Gruppenatmosphäre im Forstamt durch die MA der LFV NDS, HE und NRW	130
6.31	Beurteilung der Gruppenatmosphäre im Forstamt durch FAL der LFV THÜ und BR	130
6.32	Beurteilung der Gruppenatmosphäre im Forstamt durch die MA der LFV THÜ und BR	131
6.33	Legende für die Übersichten 6.38 bis 6.46 und 6.78 bis 6.79	135
6.34	Fühlen Sie sich in die Verwaltungshierarchie eingebunden? (%)	136
6.35	Sind Sie mit der (jeweiligen) Mittelbehörde zufrieden? (%)	137
6.36	Sind Sie mit dem (jeweiligen) Ministerium zufrieden? (%)	138
6.37	Was stört oder ärgert Sie an den Mittelbehörden und/oder den Ministerien?	139
6.38	Durchschnittliche Ausprägung von AZ der befragten FAL/LFV	140
6.39	Durchschnittliche Ausprägung von AZ der befragten MA/LFV	140

VERZEICHNIS DER ÜBERSICHTEN

Lfd. Nr.	Titel	Seite
6.40	Durchschnittliche Ausprägung von AZ der befragten FAL /nst FB	142
6.41	Durchschnittliche Ausprägung von AZ der befragten MA /nst FB	142
6.42	Durchschnittliche Ausprägung von AZ der befragten FAL der LFV NDS, HE und NRW	144
6.43	Durchschnittliche Ausprägung von AZ der befragten FAL der LFV THÜ und BR	144
6.44	Durchschnittliche Ausprägung von AZ - befragte MA der LFV NDS, HE und NRW	145
6.45	Durchschnittliche Ausprägung von AZ - befragte MA der LFV THÜ und BR	145
6.46	AZ aller befragten FAL und MA der Landesforstverwaltungen, differenziert nach Funktionen	146
6.47	Würden Sie Ihren Beruf, wenn Sie mit all Ihren gemachten Erfahrungen vor der Berufswahl stünden, wiederwählen? (%)	147
6.48	Häufigkeitsverteilung (%) der Items ´Alter´, ´Geschlecht´ und ´Familienstand´	159
6.49	Häufigkeitsverteilung (%) des Items ´Ausbildung´	160
6.50	Anzahl der Arbeitsstellen der FREF und FIAN in den letzten 5 Jahren (%)	160
6.51	Häufigkeitsverteilung (%) der Items ´Dauer der derzeitigen Funktion´, ´Dauer der Zugehörigkeit zum derzeitigen Forstamt´ und ´Dauer der Zusammenarbeit mit dem/der derzeitigen FAL´	161
6.52	Beschreibung der FAL durch die FREF und FIAN	162
6.53	Beurteilung der Gruppenatmosphäre in den Forstämtern durch die FREF	163
6.54	Beurteilung der Gruppenatmosphäre in den Forstämtern durch die FIAN	163
6.55	Häufigkeitsverteilung (%) der Items ´Einbindung in die Verwaltungshierarchie´, und ´Zufriedenheit mit Mittelbehörden und Ministerien´	164
6.56	Durchschnittliche Ausprägung von AZ der befragten FREF	165
6.57	Durchschnittliche Ausprägung von AZ der befragten FIAN	165
6.58	Häufigkeitsverteilung (%) der Antworten auf das Item ´Berufswiederwahl´	166

Lfd. Nr.	VERZEICHNIS DER ÜBERSICHTEN IM ANHANG Titel	Seite
A.01	Prozentuale Verteilung der Forstamtsgrößen	L
A.02	Waldbesitzartenanteile (%) in den befragten Forstämtern	L
A.03	Prozentuale Verteilung der Reviergrößen	LI
A.04	Waldbesitzartenanteile (%) in den befragten Revieren	LI
A.05	Häufigkeitsverteilung (%) der Frage `Übt das Forstamt eine Sonderfunktion aus?`	LII
A.06	Einstellung zum Führungsverhalten / FAL der LFV stratifiziert nach Altersstufen	LIV
A.07	Selbstbeschreibung der befragten FAL, Beschreibung der FAL durch die MA, NDS	LVI
A.08	Selbstbeschreibung der befragten FAL, Beschreibung der FAL durch die MA, HE	LVI
A.09	Selbstbeschreibung der befragten FAL, Beschreibung der FAL durch die MA, NRW	LVI
A.10	Selbstbeschreibung der befragten FAL, Beschreibung der FAL durch die MA, THÜ	LVI
A.11	Selbstbeschreibung der befragten FAL, Beschreibung der FAL durch die MA, BR	LVII
A.12	Beschreibung der FAL durch die männlichen und weiblichen MA der Landesforstverwaltungen	LVII
A.13	Beschreibung der FAL durch die männlichen und weiblichen MA der nicht-staatlichen Forstbetriebe	LVII
A.14	Selbstbeschreibung der weiblichen FAL, Selbstbeschreibung der männlichen FAL	LVII
A.15	Beschreibung der FAL durch die FBB, Beschreibung der FAL durch die MA des Innendienstes	LVIII
A.16	Differenzierung der Untersuchungsergebnisse nach Mitarbeiter- und Aufgabenorientierung	LVIII
A.17	Beurteilung der Gruppenatmosphäre im Forstamt durch die FAL, NDS	LX
A.18	Beurteilung der Gruppenatmosphäre im Forstamt durch die MA, NDS	LX
A.19	Beurteilung der Gruppenatmosphäre im Forstamt durch die FAL, HE	LX
A.20	Beurteilung der Gruppenatmosphäre im Forstamt durch die MA, HE	LXI
A.21	Beurteilung der Gruppenatmosphäre im Forstamt durch die FAL,NRW	LXI
A.22	Beurteilung der Gruppenatmosphäre im Forstamt durch die MA, NRW	LXI
A.23	Beurteilung der Gruppenatmosphäre im Forstamt durch die FAL, THÜ	LXII
A.24	Beurteilung der Gruppenatmosphäre im Forstamt durch die MA, THÜ	LXII
A.25	Beurteilung der Gruppenatmosphäre im Forstamt durch die FAL, BR	LXII
A.26	Beurteilung der Gruppenatmosphäre im Forstamt durch die MA, BR	LXIII
A.27	Stratifizierung der Gruppenatmosphäre nach MA im Außen- und Innendienst	LXIII

- XI -

VERZEICHNIS DER ÜBERSICHTEN IM ANHANG

Lfd. Nr.	Titel	Seite
A.28	Bewertungsrangfolge der von den FAL und MA beurteilten und zur Gruppenatmosphäre gehörenden Itempaare	LXIV
A.29	Kontakthäufigkeit zwischen FAL und MA differenziert nach LFV und nicht-staatlichen Forstbetrieben in %	LXIV
A.30	Durchschnittliche Ausprägung von AZ der befragten FAL, NDS	LXVI
A.31	Durchschnittliche Ausprägung von AZ der befragten MA, NDS	LXVI
A.32	Durchschnittliche Ausprägung von AZ der befragten FAL, HE	LXVII
A.33	Durchschnittliche Ausprägung von AZ der befragten MA, HE	LXVII
A.34	Durchschnittliche Ausprägung von AZ der befragten FAL, NRW	LXVIII
A.35	Durchschnittliche Ausprägung von AZ der befragten MA, NRW	LXVIII
A.36	Durchschnittliche Ausprägung von AZ der befragten FAL, THÜ	LXIX
A.37	Durchschnittliche Ausprägung von AZ der befragten MA, THÜ	LXIX
A.38	Durchschnittliche Ausprägung von AZ der befragten FAL, BR	LXX
A.39	Durchschnittliche Ausprägung von AZ der befragten MA, BR	LXX
A.40	Durchschnittliche Ausprägung von AZ der befragten FAL der privaten Forstbetriebe	LXXI
A.41	Durchschnittliche Ausprägung von AZ der befragten MA der privaten Forstbetriebe	LXXI
A.42	Durchschnittliche Ausprägung von AZ der befragten FAL der kommunalen Forstbetriebe	LXXII
A.43	Durchschnittliche Ausprägung von AZ der befragten MA der kommunalen Forstbetriebe	LXXII
A.44	Durchschnittliche Ausprägung von AZ der befragten FAL der LWKs	LXXIII
A.45	Durchschnittliche Ausprägung von AZ der befragten MA der LWK	LXXIII
A.46	Legende für die Übersichten A.47 bis A.62	LXXIV
A.47	AZ der befragten FAL und MA: Einzel-Itemanalyse der Skala ´Kollegen´	LXXIV
A.48	AZ der befragten FAL und MA: Einzel-Itemanalyse der Skala ´Vorgesetzte´	LXXV
A.49	AZ der befragten FAL und MA: Einzel-Itemanalyse der Skala ´Tätigkeit´	LXXVI
A.50	AZ der befragten FAL und MA: Einzel-Itemanalyse der Skala ´Arbeitsbedingungen´	LXXVII
A.51	AZ der befragten FAL und MA: Einzel-Itemanalyse der Skala ´OuL/FOA´	LXXVIII
A.52	AZ der befragten FAL und MA: Einzel-Itemanalyse der Skala ´OuL/LFV´	LXXIX
A.53	AZ der befragten FAL und MA: Einzel-Itemanalyse der Skala ´Entwicklung´	LXXX
A.54	AZ der befragten FAL und MA: Einzel-Itemanalyse der Skala ´Bezahlung´	LXXXI

Lfd. Nr.	VERZEICHNIS DER ÜBERSICHTEN IM ANHANG Titel	Seite
A.55	AZ der befragten FAL und MA: Einzel-Itemanalyse der Skala 'Kollegen', nicht-staatl. Forstbetriebe	LXXXII
A.56	AZ der befragten FAL und MA: Einzel-Itemanalyse der Skala 'Vorgesetzte', nicht-staatl. Forstbetriebe	LXXXIII
A.57	AZ der befragten FAL und MA: Einzel-Itemanalyse der Skala 'Tätigkeit', nicht-staatl. Forstbetriebe	LXXXIV
A.58	AZ der befragten FAL und MA: Einzel-Itemanalyse der Skala 'Arbeitsbedingungen', nicht-staatl. Forstbetriebe	LXXXV
A.59	AZ der befragten FAL und MA: Einzel-Itemanalyse der Skala 'OuL/FOA', nicht-staatl. Forstbetriebe	LXXXVI
A.60	AZ der befragten FAL und MA: Einzel-Itemanalyse der Skala 'OuL/LFV', nicht-staatl. Forstbetriebe	LXXXVII
A.61	AZ der befragten FAL und MA: Einzel-Itemanalyse der Skala 'Entwicklung', nicht-staatl. Forstbetriebe	LXXXVIII
A.62	AZ der befragten FAL und MA: Einzel-Itemanalyse der Skala 'Bezahlung', nicht-staatl. Forstbetriebe	LXXXIX
A.63	Würden Sie Ihren Beruf, wenn Sie mit all Ihren gemachten Erfahrungen vor der Berufswahl stünden, wiederwählen? (%)	LXXXIX

VERWENDETE ABKÜRZUNGEN			
Abk.	Bedeutung	Abk.	Bedeutung
AAZ	Allgemeine Arbeitszufriedenheit	FIAN	Forstinspektorenanwärter/innen
ABB	Arbeitsbeschreibungsbogen	FOA	Forstamt
AG	Arbeitsgruppe	FREF	Forstreferendare/innen
Akl.	Altersklasse	FVVB	Fragebogen zur Vorgesetzten-Verhaltens-Beschreibung
Ang.	Angestellte/r	F1-5	Faktoren des FVVB
ALZ	Allgemeine Lebenszufriedenheit	gD	gehobener Dienst
AZ	Arbeitszufriedenheit	HAN	Hannover
BF	Betreuungsforsten	hD	höherer Dienst
BL	Büroleiter	HE	Hessen
BR	Brandenburg	i.e.S.	im eigentlichen Sinn
cv	Variationskoeffizient	K	kommunal
eD	einfacher Dienst	LFV	Landesforstverwaltung
EFV	Einstellung zum Führungsverhalten	LH	Laubholz
FÄ	Forstämter	LWK	Landwirtschaftskammer
FAL	Forstamtsleiter	MA	Mitarbeiter
FB	Forstbetrieb	MB	Mittelbehörde
FBB	Forstbetriebsbeamte/r	mD	mittlerer Dienst
FH	Fachhochschule	MIN	Ministerium

VERWENDETE ABKÜRZUNGEN

Abk.	Bedeutung	Abk.	Bedeutung
N	Anzahl	Sp.	Spalte
NDS	Niedersachsen	STW	Staatswald
NH	Nadelholz	THÜ	Thüringen
NRW	Nordrhein-Westfalen	VA	Verwaltungsangestellte/r
nst	nicht-staatlich	vs.	versus
OuL	Organisation und Leitung	VVP	Vorgesetzten-Verhaltensprofil
P	privat	WA	Waldarbeiter
RL	Revierleiter	WE	Weser-Ems
s	Standardabweichung	$\bar{x}$	arithmetischer Mittelwert
SAS	Statistical Analysis System		

1. EINLEITUNG

Das Thema ´Führung´ nimmt mit all seinen Facetten einen sehr breiten Forschungsraum ein. Es gehört zu jenen Phänomenen, die im Rahmen der Psychologie, Sozialwissenschaften und Betriebswirtschaftslehre am intensivsten und am längsten untersucht wurden. Diese Prominenz des Untersuchungsgegenstands kommt nicht von ungefähr. Erstens ist die Führung ein sehr augenfälliges und in jeglichem sozialen Zusammenhang anzutreffendes Phänomen. Zweitens handelt es sich um etwas, dem sich niemand entziehen kann und das sowohl in seinen positiven wie negativen Anmutungen intensiv erlebt wird. Dies sind immer intensive Gefühle, die unmittelbar mit unserem Selbstbild und mit zentralen Werten der Persönlichkeit gekoppelt sind. Drittens prägt Führung nicht nur die individuelle Existenz, sondern auch die Existenz und das Überleben von sozialen Systemen.[1]

Ein ähnlich großes Interesse besteht am Verstehen des Phänomens der Zufriedenheit bzw. Unzufriedenheit bei der Arbeit. Die Gründe, warum der Forschungs- und Problembereich der Arbeitszufriedenheit eine derart große Aufmerksamkeit erfahren hat, sind vielfältig. Sie hängen eng mit der historischen Entwicklung der Organisationstheorien und deren Grundannahmen über die Natur des arbeitenden Menschen zusammen und haben sich während der wissenschaftlichen Befassung mit dem Gegenstand 'Arbeitszufriedenheit' immer wieder verändert. Einer der Gründe für die Untersuchung der Arbeitszufriedenheit in neuerer Zeit ist die zunehmende Gewichtung der Qualität des Arbeitslebens als Teil der Lebensqualität. Arbeit stellt die stärkste, zeitlich breiteste und physisch, kognitiv und emotional am meisten fordernde und beeinflussende Einzelaktivität im menschlichen Leben dar. Arbeitszufriedenheit wird aus diesem Grund auch andere Facetten des menschlichen Lebens in starkem Maße beeinflussen. Sie gilt als die Einflußgröße auf die Lebenszufriedenheit überhaupt.[2],[3],[4],[5]

Wie sind nun Führung und Arbeitszufriedenheit in das System ´Arbeitswissenschaft´ einzuordnen? Gegenstand und Oberziel der Arbeitswissenschaft ist dabei die im Betrieb unter ökonomischen, ökologischen, technischen und humanen Restriktionen durch arbeitsgestalterische Maßnahmen erzielte höchstmögliche Sachleistung.[6]

---

[1] vgl. BOWER, M. (1967): *Die Kunst, zu führen*, Düsseldorf, Wien: Econ, S. 37

[2] vgl. WEINERT, A.B. (1987a): *Lehrbuch der Organisationspsychologie*, 2. erw. Aufl., München, Weinheim: PVU, S. 285-286

[3] vgl. LATTMANN, CH. (1981): *Die verhaltenswissenschaftlichen Grundlagen der Führung des Mitarbeiters*, Bern, Stuttgart: Haupt, S. 218-220

[4] vgl. BRUGGEMANN, A.; GROSKURTH, P.; ULICH, E. (1975): *Arbeitszufriedenheit*, Bern, Stuttgart, Wien: Huber, S. 161

[5] vgl. OTT, B. (1981): 'Arbeitszufriedenheit und Arbeitsproduktivität', *ZfO*, 6/1981, S. 319

[6] vgl. HÄBERLE, S. (1993): ´Eine wissenschaftstheoretische Bestimmung der Arbeitswissenschaft´, *ZfAwi*, 4/1993, S. 239-243
Höchstmögliche Sachleistung = höchstmögliche Quantität und Qualität an produzierten Sachgü-

Damit ist es gleichzeitig Grundaufgabe der Arbeitswissenschaft, Erkenntnisse zu sammeln und anzuwenden, um sicherzustellen, daß Eigenschaften und Bedürfnisse der Menschen bei der Gestaltung von Arbeit berücksichtigt und genutzt werden können.[1]

Die Wurzeln der Arbeitswissenschaft liegen in den USA. In ihrer Anfangsphase um 1900, die gekennzeichnet war durch Namen wie TAYLOR, GILBRETH, FORD u.a..[2] Ihre Bestrebungen zur systematischen Rationalisierung von Arbeitsprozessen (bestmöglich gestaltete, standardisierte, streng repititive Tätigkeiten bei geringstem Normzeitenverbrauch), die in den 20er Jahren auch in Europa bekannt wurden, können im großen und ganzen unter der Bewegung des sog. 'Scientific Managements' subsumiert werden.[3] Besonderes wissenschaftliches und praktisches Interesse erfuhr die Zeitstudie. Sie lieferte über die Zeitverbrauchswerte die wichtigsten Kriterien unterhalb der Geldbewertungsebene zur Beurteilung des Rationalisierungserfolgs.[4] Der Mensch wurde als eine weitgehend normierbare, allein über sein Verdienststreben im Arbeitsverhalten zu steuernde Komponente des Arbeitsverfahrens betrachtet. Erholungszeiten und Arbeitsschutz wurden ihm nur in dem Maße zugebilligt, als es zur Erhaltung seiner physiologischen Leistungsfähigkeit unumgänglich erschien; sie war alleiniger Maßstab der Zumutbarkeit.

Das stark mechanistisch geprägte Menschenbild des 'Taylorismus', bei dem z.B. zwischen 'Kopfarbeit' und 'Handarbeit' unterschieden und der letzteren absolute Unterordnung unter die Rationalisierungsvorgaben der ersteren abverlangt wurde,[5] stieß schnell auf Kritik.[6] Trotzdem beherrschte es nach der Jahrhundertwende jahrzehntelang das Rationalisierungsdenken in den industriellen Produktionen und wird in Teilbereichen (z.B. kurztaktiger Fließbandarbeit) bis heute manifest.

---

tem und Dienstleistungen je Einheit Arbeitszeit. Die Sachleistung kann dabei auch aus komplexen Arbeitsergebnissen bestehen, wie z.B. der 'ordnungsgemäßen Bewirtschaftung' eines bestimmten Forstbetriebs, die in einer bestimmten Anzahl Wochenstunden bewältigt wird. Sinkt diese Wochenstundenzahl z.B. durch arbeitsgestalterische Maßnahmen in Richtung besserer technischer Ausrüstung der involvierten Menschen, besserer Kommunikationsmittel, besserer Organisation u.a. so steigt die Sachleistung. Dasselbe gilt, wenn beispielsweise durch 'Entfeinerung' der Aufgabenstellung bei gleichbleibender Wochenstundenzahl mehr Fläche bewältigt wird.

[1] vgl. BIENECK, H.-J.; RÜCKERT, A. (1994): ´Neue Herausforderungen für die Arbeitswissenschaft - Konsequenzen aus den EG-Richtlinien´, ZfAWI, 1/1994, S. 1
[2] Stellvertretend seien hier genannt: TAYLOR, F.W. (1911): *The principles of scientific management*, New York, London; deutsch: ROESLER, R. (1917): *Die Grundsätze wissenschaftlicher Betriebsführung*, München, Berlin: Oldenbourg, 156 S. und FORD, H. (1923): *Mein Leben und Werk*, Leipzig: List, 328 S.
[3] vgl. TAYLOR, F.W. (1911): a.a.O., 156 S.
[4] In der Tradition des 'Scientific Managements' wurde 1924 der REFA-Verband in Deutschland gegründet. Heute lautet die Bezeichnung 'REFA-Verband für Arbeitsstudien und Betriebsorganisation e.V.'.
[5] vgl. TAYLOR, F.W. (1911): a.a.O., S. 40
[6] vgl. WITTE, I.M. (1928): *F.W. Taylor - Der Vater der Wissenschaftlichen Betriebsführung*, Stuttgart: Poeschel, S. 85-97

1. Einleitung

Beginnend in den 20er Jahren haben sich, insbesondere nach Überwindung der Weltwirtschaftskrise, in den westlichen Industriestaaten die sozialen Einräumungen im Arbeitsverhältnis erweitert und verstärkt. Formell fand dies seinen Niederschlag in der Arbeitsgesetzgebung.[1] Sie ist nicht zuletzt ein Einfluß der Entwicklung vom eindimensionalen, tayloristischen Menschenbild zum sozialpsychologisch komplex bestimmten modernen 'Mitarbeiter'. In der Arbeitsgestaltung bewirkte sie insbesondere eine starke Verbreitung der humanen Restriktionen über den Bereich von Arbeitsphysiologie und Arbeitsgestaltung hinaus. Die erste wissenschaftlich fundierte Untersuchung, welche diese Notwendigkeit erhellte, waren die sog. Hawthorne-Studien, die die Human-Relations-Bewegung begründeten.[2]

Hinzu kamen, verstärkt durch das 'Wirtschaftswunder' in den 50er und 60er Jahren, steigende Anteile komplexer Technologien, deren effektive Bewältigung, vom Menschen die situationsgerechte Kombination planerischer, organisatorischer und technischer Komponenten des Arbeitsprozesses erfordert. Nicht mehr nur der produzierende, ausführende, unmittelbar objektbezogen arbeitende Mensch, sondern auch der Mensch in seiner planenden, steuernden, überwachenden und vorbereitenden Funktion, ist zum Gegenstand der arbeitswissenschaftlichen Forschung geworden.[3] Als Mittel zur Erreichung höchstmöglicher Sachleistungen war damit, neben Aus- und Weiterbildung des einzelnen, von nun an vor allem die persönliche Motivation des arbeitenden Menschen gefragt. Zwei wesentliche Bestandteile der Motivation sind Menschenführung und Arbeitszufriedenheit.

Gegenwärtige Entwicklungstendenzen, wie der zunehmende Anteil der Arbeitnehmer im Dienstleistungsbereich, bedingen erneut Aufgabenverschiebungen und -erweiterungen innerhalb der Arbeitswissenschaft und eröffnen weitere Forschungsfelder. Praktische Arbeitsgestaltung bzw. Arbeitsorganisation im Hinblick auf eine technische und humane Optimierung sozio-technischer Systeme mündet somit letztlich ein in das zentrale Ziel der Arbeitswissenschaft, der

---

[1] Z.B. Betriebsrätegesetz von 1920 mit weiterem Ausbau ab 1951, Arbeitsschutzgesetz u.a.
[2] MAYO, E. (1945): *The social problems of an industrial civilization*, Boston, Mass.: Harvard University, Graduate School of Business, 148 S.
ROETHLISBERGER, F.J.; DICKSON, W.J. (1967): *Management and the worker*, Cambridge, Mass.: Harvard University Press, 615 S. (orig. publ. 1939)
[3] Dieser Entwicklung versucht die Gesellschaft für Arbeitswissenschaft in ihrer aktuellsten Definition der Arbeitswissenschaft im Anhalt an LUCZAK und VOLPERT Rechnung zu tragen, in dem dort insbesondere auf die psychisch-sozialen Probleme und veränderten gesellschaftlichen Wertvorstellungen für eine adäquate Einbindung des Menschen im Arbeitsprozeß als Aufgaben der Arbeitswissenschaft plädiert wird: *"Arbeitswissenschaft ist die Systematik der Analyse, Ordnung und Gestaltung der technischen, organisatorischen und sozialen Bedingungen von Arbeitsprozessen mit dem Ziel, daß die arbeitenden Menschen in produktiven und effizienten Arbeitsprozessen 1. Arbeitsbedingungen vorfinden, die den individuellen Gesundheitsschutz gewährleisten, 2. sozial angemessen sind und 3. der Persönlichkeitsentwicklung dienen."*
Vgl. auch LUCZAK, H.; VOLPERT, W.; et al. (1989): *Arbeitswissenschaft. Kerndefinition - Gegenstandskatalog - Forschungsgebiete*, 3. Aufl., Köln: Verlag TÜV Rheinland, S. 59

höchstmöglichen Sachleistung. Die Maßnahmen der Arbeitsgestaltung richten sich vor allem auf die Verwirklichung der Ziele:

- Individueller Gesundheitsschutz
- Technisch wirtschaftliche Rationalität und
- Soziale Angemessenheit[1]

Unter letzteren Punkt fallen u.a. die Förderung zwischenmenschlicher Beziehungen, die Partizipation der Beteiligten bei der Gestaltung von Arbeitssystemen und die Mitbestimmung am Arbeitsplatz.

Die arbeitswissenschaftliche Betrachtung von Führung steht folglich im Kontext der organisatorischen Ordnung der Arbeit und der Arbeitsstrukturierung. Die drei o.g. Ziele können dabei im Rahmen moderner Führungskonzepte, wie z.B. der kooperativen Führung, verwirklicht werden.

Die Herstellung von Arbeitszufriedenheit, über das Schaffen von Arbeitsbedingungen, unter denen die Mitarbeiter von Arbeitsorganisationen zufrieden sein können, gehört ebenfalls zu den zentralen Themen der Arbeitswissenschaft. Dies gilt nicht nur für industrielle Arbeitsplätze, sondern angesichts des zunehmenden Wandels von einer Produktions- zur Dienstleistungsgesellschaft, auch für Berufe aus den unterschiedlichen Verwaltungsbereichen,[2] denen die Forstverwaltungen der Länder, der Kommunen, der privaten Forstbetriebe und die der Landwirtschaftskammern zugeordnet werden können.

Das Verhalten der Mitarbeiter zu erforschen, ist heute für viele Unternehmen die Konsequenz aus der Erkenntnis, daß das wertvollste Kapital eines Unternehmens bzw. einer Organisation leistungsmotivierte Mitarbeiter sind.[3]

Im Rahmen der Forstlichen Arbeitswissenschaft spielen in Deutschland, im Gegensatz z.B. zu Schweden, soziologische und psychologische Fragestellungen bislang eine nachgeordnete Rolle.[4],[5] Themen wie Arbeitszufriedenheit, Motivation, Qualifikation und Anforderungen deuten an, daß bei der Betrachtung menschlicher Arbeit in der Forstwirtschaft (dies schließt Waldarbeit und Verwaltungsarbeit ein) noch erhebliche Defizite bestehen.[6]

---

[1] vgl. HETTINGER, TH.; WOBBE, G. (Hrsg.) (1993): *Kompendium der Arbeitswissenschaft*, Ludwigshafen (Rhein): Kiehl, S. 14
[2] vgl. HETTINGER, TH.; WOBBE, G.(Hrsg.) (1993): a.a.O., S. 26
vgl. KLEINBECK, U.; SCHMIDT, K.H.; ERNST, G.; RUTENFRANZ, J. (1980): 'Motivationale Aspekte der Arbeitszufriedenheit', *ZfAwi*, 4/1980, S. 200
[3] vgl. SAUERMANN, P. (1975): 'Die Messung der Arbeitszufriedenheit durch schriftliche Mitarbeiterbefragung', *New Business*, 9/1975, S. 208
[4] LINDGREN, P.; NILSSON, T.; NORIN, K.; THOR, G. (1993): 'Workplace 2000', *SkogForsk, Redogörelse* 4/1993, S. 12-69
[5] NORIN, K. (1994a): 'Das starke Team', *AFZ*, 6/1994, S. 304-305
DERSELBE (1994b): 'Swedish forestry work in transition', SkogForsk, S. 1-11
[6] vgl. BLOCH, G.W.; MUELLER-DARSS, H. (1993): 'Bilanz forstlicher Arbeitswissenschaften', *AFZ*, 14/93, S. 394

1. Einleitung

Deutlich wird dies an der Zahl der Veröffentlichungen auf dem Gebiet der Forstlichen Arbeitswissenschaft. Zwischen 1958 und 1991 beschäftigten sich von ca. 760 Veröffentlichungen nur knapp 5% mit Untersuchungen aus dem Personalwesen, auf den Bereich der Soziologie und Psychologie entfallen jeweils nur 0,1%.[1] Die forstlich-arbeitswissenschaftlich behandelten Themen sind meist beschränkt auf Leistungsermittlung und Leistungsbewertung, Gefährdung und Gesundheitsschutz sowie die Belastung und Beanspruchung der Arbeitsperson.[2]

Gemessen an der eingangs zitierten Kerndefinition der Arbeitswissenschaft von LUCZAK und VOLPERT (S. 3, Fußnote 3) decken sie damit nur partiell die Anforderungen an arbeitswissenschaftliche Forschung und Gestaltung ab, nämlich "... *die Besonderheit des Menschen gegenüber anderen (z.B. wirtschaftlichen und technischen) Systemen hervorzuheben, zu schützen und zu fördern*".[3] Kann doch nur die Berücksichtigung von Bedürfnissen des Menschen sowohl in physiologisch-ergonomischer als auch in soziologisch-psychologische Hinsicht den Anforderungen zeitgemäßer Arbeitsgestaltung genügen.

Einer der wenigen Aufsätze, die sich explizit mit dem Thema der Menschenführung im Forstbetrieb beschäftigen stammt von STEINLIN.[4],[5] In seinen ´Gedanken zur Frage der Menschenführung´ betont er ausdrücklich die Selbstverständlichkeit, daß im Rahmen der forstlichen Arbeitswissenschaft der Schutz der körperlichen und geistigen Gesundheit des Menschen und die Gewährleistung seiner Menschenwürde den Vorrang vor Technik und Wirtschaft haben müssen. Dabei betont er insbesondere die Bedeutung eines positiven Gefühlsverhältnisses zwischen Arbeitnehmer und Betrieb. Eine wichtige Voraussetzung hierfür sei u.a. ein angemessener Stil der Führung, der den sozialen und geistigen Entwicklungen im Laufe der Zeit gerecht werde. STEINLIN führt dazu in seinen Schlußfolgerungen aus:

"Ohne den Geist einer vertrauensvollen Zusammenarbeit, ... aber auch ohne Verständnis der Vorgesetzten und gelegentlich auch ohne Unterordnung von juristischen und verwaltungsmäßigen Gesichtspunkten unter menschliche Fragen und den gesunden Menschenverstand wird es uns nicht gelingen, mit allen äußeren Schwierigkeiten fertig zu werden, die in Zukunft auf die Forstwirtschaft warten".[6]

---

[1] vgl. BLOCH, G.W.; MUELLER-DARSS, H. (1993): a.a.O., S. 391-392
[2] vgl. SCHRIFTENREIHE DER BUNDESANSTALT FÜR ARBEITSSCHUTZ (1985): *Humanisierung des Arbeitslebens in der Forstwirtschaft*, Tagungsbericht, Wirtschaftsverlag NW: Dortmund, 236 S.
[3] vgl. LUCZAK, H.; VOLPERT, W. (1987): a.a.O., S. 59
[4] vgl. STEINLIN, H. (1963): 'Gedanken zur Menschenführung im Forstbetrieb', *FA*, 4/1963, S. 55-59
[5] vgl. aber auch LOYCKE, H.J. (1953): 'Menschenführung in der Forstwirtschaft', in: ANNONYMUS (Hrsg.): *Forstliche Arbeitslehre und Menschenführung*, Wien, München: Fromme, S. 29-37
[6] vgl. STEINLIN, H. (1963): a.a.O, S. 59

1. Einleitung

In der forstlich-arbeitswissenschaftlichen Forschung ist die erste systematisch-experimentelle Großuntersuchung zur Arbeitszufriedenheit von Waldarbeitern am Institut für Waldarbeit und Forstmaschinenkunde der Universität Göttingen 1975 abgeschlossen worden.[1] Weitere Veröffentlichungen bzw. Untersuchungen in der forstlichen Arbeitswissenschaft, die u.a. sozial-psychologische Fragestellungen zum Inhalt haben stammen u.a. von BECKER,[2] HOß,[3] JACOB[4] und KASTENHOLZ.[5] Mit Fragen der Arbeitszufriedenheit in der staatlichen Waldarbeiterschaft beschäftigten sich in Teilbereichen ihrer Untersuchungen auch BUSSEMEIER[6] und WINTERHOFF.[7] Mit Ausnahme von LEITENBACHER et al.[8] wurden jedoch bislang die Probleme der Arbeitszufriedenheit im Bereich des Verwaltungspersonals kaum untersucht.

Die Anregungen zur vorliegenden Untersuchung kamen aus der forstlichen Praxis. Schon vor Beginn der Arbeit beschäftigten sich mehrere Landesforstverwaltungen mit der Überarbeitung bzw. Erstellung von Führungsleitlinien. Gegenwärtige Organisationsstrukturen von Landesforstverwaltungen werden infrage gestellt, und über die Anwendungsmöglichkeiten neuer Managementkonzepte diskutieren sowohl staatliche als auch private Forstverwaltungen. Hintergrund ist u.a. die schwache Ertragslage in der Forstwirtschaft. Es fehlen allerdings empirische Untersuchungsergebnisse über die bislang praktizierte Führung, das Empfinden der Geführten und die allgemeine Zufriedenheit mit Tätigkeit und Organisation und dem generellen Einfluß letzterer auf die Aspekte Führungsverhalten und Arbeitszufriedenheit.

Die vorliegende Untersuchung ist ein sozial-psychologischer Beitrag zur ganzheitlichen Betrachtung von in Forstbetrieben und Forstverwaltungen arbeitenden Menschen und widmet sich auf der Verwaltungsebene dem Themenschwerpunkt

---

[1] MÖHLENBRUCH, N. (1975): *Die berufliche Situation der Waldarbeiter aus betrieblicher und sozialpsychologischer Sicht - Untersucht im Modellgebiet 'Lüneburger Heide'*, Dissertation, Forstwissenschaftlicher Fachbereich der Universität Göttingen, 168 S. und 18 S. Anhang

[2] BECKER, G. (1980): *Soziale und wirtschaftliche Aspekte der Teilbeschäftigung in der Forstwirtschaft*, Habilitationsschrift, Institut für Forstbenutzung und Forstliche Arbeitswissenschaft, Freiburg i. Brsg., 287 S. plus Anhang

[3] HOß, CHR. (1994): *Menschengerechte Gestaltung des Harvestereinsatzes*, Dissertation, Forstwissenschaftlicher Fachbereich der Universität Göttingen, 179 S. plus Anhang

[4] JACOB, J. (1992): 'Zur Entwicklung der Arbeitssituation gewerblicher Arbeitnehmer unter den Bedingungen industrieller Fertigung im Vergleich zur Waldarbeit', *FA*, 5/1992, S. 196-203

[5] KASTENHOLZ, E. (1993): 'Menschliches Fehlverhalten als Unfallursache bei der Waldarbeit', *FA*, Jg.65/1994, S.54-57 u.a. Veröffentlichungen

[6] BUSSEMEIER, D. (1993): *Psychologische und soziale Unfallursachen bei der Waldarbeit - Eine Befragungsanalyse*, Dissertation, Forstwissenschaftlicher Fachbereich der Universität Göttingen, 292 S.

[7] WINTERHOFF, B. (1991): *Der Einfluß des Alterns auf die Leistung der Waldarbeiter*, Dissertation, Forstwissenschaftlicher Fachbereich der Universität Göttingen, 112 S.

[8] LEITENBACHER, A. ; TIMINGER, M. (1994): 'Aufschlußreiches Stimmungsbild der Bayerischen Staatsforstverwaltung', *AFZ*, 11/1994, S. 598-599

1. Einleitung

'Führung und Arbeitszufriedenheit im Großwaldbesitz'.[1] Untersuchungsgegenstand ist der in die Organisationsstruktur eingebundene Mensch in seinem sozialen Arbeitsumfeld. Postalisch und zum Teil in Gruppen werden Forstamtsleiter und Mitarbeiter aus fünf Landesforstverwaltungen (Niedersachsen, Nordrhein-Westfalen, Hessen, Thüringen und Brandenburg), ausgewählten größeren kommunalen und privaten Forstbetrieben und Forstämtern der Landwirtschaftskammern Weser-Ems und Hannover mit standardisierten Tests befragt.[2]

Über eine Untersuchung der 'Einstellung zum Führungsverhalten' soll das Menschenbild der Forstamtsleiter herausgearbeitet und anschließend mit ihrem Führungsverhalten verglichen werden. Das Führungsverhalten wird dabei über die sog. Vorgesetzten-Verhaltens-Beschreibung, einer Selbst- und Fremdbeschreibung des erlebten Führungsverhaltens, ermittelt. Das Betriebsklima ist Gegenstand einer Beurteilung der Gruppenatmosphäre im Forstamt durch die Forstamtsleiter und Mitarbeiter der untersuchten Landesforstverwaltungen und Forstbetriebe. Im Anschluß daran soll eine Analyse der Arbeitszufriedenheit Stärken und Schwächen der Organisationsstruktur, des sozialen Umfelds und der Arbeitssituation aus der Sicht der Befragten aufdecken. In Verbindung mit einer vorgeschalteten Literaturarbeit wird zu zeigen sein, welche Zusammenhänge zwischen Organisationsstruktur, Führung und Arbeitszufriedenheit bestehen.

Ziel der Arbeit ist auf der einen Seite das Schaffen von sozial-psychologischen Grundlageninformationen auf einem bislang von der forstlichen Arbeitswisssenschaft kaum beachteten Untersuchungsgebiet. Andererseits soll durch konkrete Informationen über vorhandene oder nicht vorhandene Dissonanzen und Frustrationen der Beteiligten Forschungsbedarf auf den untersuchten Gebieten zur Weiterentwicklung zeitgemäßer Führungsformen und Arbeitszufriedenheit in Forstverwaltungen, gerade auch im Hinblick auf geplante Reformen im verwaltungs- und organisationsstrukturellem Bereich, aufgezeigt werden.

Schließlich sei als weitere Auswirkung genannt, daß, wenn die Ergebnisse solcher Befragungen auf dem Tisch liegen und diskutiert werden, sie eine Bewußtseinserweiterung hinsichtlich Mitarbeiterproblemen vor allem auch bei Führungskräften nach sich ziehen können.[3]

---

[1] Unter Großwaldbesitz werden Forstverwaltungen und größere Forstbetriebe verstanden, die aufgrund ihrer Göße deutliche Verwaltungsstrukturen aufweisen.

[2] Die untersuchten Landesforstverwaltungen lehnten eine Befragung der Mittelbehörden und Minsierien ab. Aus diesem Grund beschränkt sich die Umfrage auf die Forstamtsebene.

[3] vgl. SAUERMANN, P. (1975): 'Die Messung der Arbeitszufriedenheit durch schriftliche Mitarbeiterbefragung', *Interview und Analyse, Zeitschrift für Marktforschung, Sozialforschung, Mediaforschung und Mediaplanung*, 2/1975, S. 210

2. GRUNDLAGEN DER FÜHRUNGS- UND ARBEITSZUFRIEDENHEITSFORSCHUNG

Kapitel 2. gibt einen Überblick über das Grundlagenwissen zur Führungs- und Arbeitszufriedenheitsforschung. Wesentliche Zusammenhänge zwischen den Begriffen 'Organisation', 'Führung' und 'Arbeitszufriedenheit' werden dargestellt. Dabei werden 'Führung' und 'Arbeitszufriedenheit' im Kontext von Organisation gesehen.

2.1 Führungsforschung

2.1.1 Zum Organisationsbegriff

Zahlreiche Aufgaben in Wirtschft und Gesellschaft können von einem einzelnen nicht oder nicht effizient gelöst werden, sondern nur in regelhaftem Zusammenwirken mehrerer oder vieler Menschen. Interaktionen und Verhalten so verbundener Menschen sind an mehr oder weniger stark festgelegte Regeln gebunden, die zu einer Rollenverteilung führen. Bei diesem universellen Sachverhalt entsteht Organisation.[1] Im Zuge kultureller, politischer und technologischer Entwicklungen haben sich zunehmend formale Organisationen mit immer höheren Strukturiertheitsgraden und differenzierteren Zielsetzungen herausgebildet. Zu ihnen gehören heute auch die Forstverwaltungen. Sie sind die organisatorische Basis der vorliegenden Untersuchung.

Der Begriff "Organisation" ist mehrdeutig. SAGL[2] unterscheidet im Anhalt an GROCHLA und HILL folgende Bedeutungen:

a) **Organisation als Beschreibung einer Struktur:**
Bezeichnung des Zustands einer länger dauernden Ordnung der Beziehung beliebiger Elemente zueinander.

b) **Organisation als Institution:**
b1) konkret: Organisation als soziales Gebilde oder Gruppe
b2) abstrakt: Organisation als System von Regelungen im menschlichen Handlungsgefüge

c) **Organisation als Instrument zur Zielerreichung:**
Durch Organisieren ist ein menschliches Aktionsgefüge in eine gewollte Ordnung zu bringen.

WEINERT[3] differenziert zwischen sozialen und formalen Organisationen.

---

[1] SAGL, W. (1993): *Organisation von Forstbetrieben*, Hamburg, Berlin: Parey, 205 S.
[2] EBENDA, S. 13
[3] WEINERT, A.B. (1987a): *Lehrbuch der Organisationspsychologie*, 2. erw. Aufl., München, Weinheim: PVU, S. 42

Soziale Organisationen entstehen im menschlichen Zusammenleben (z.B. Familien, Spielgruppen). Ziele, Strukturen und Regeln entstehen in ihnen spontan. Die Art und Weise, wie menschliches Verhalten im sozialen Bereich organisiert wird, unterscheidet sich grundsätzlich von formalen Organisationen. Formale Organisationen entstehen nicht von selbst, sondern werden intentions- und planmäßig geschaffen und gegründet, um entsprechende Ziele zu erreichen (z.B. Organisationen im Dienstleistungs- und Produktionssektor, wie Gewerkschaften, Verwaltungen oder Firmen). Ziele, Regeln und Strukturen *"werden bewußt ... von vornherein entwickelt, aufgestellt und festgelegt, um Interaktionen und Aktivitäten von Organisationsmitgliedern zu regeln, zu lenken und auf bestimmte Endziele hin auszurichten".*[1]

- Organisationen sind aus Individuen und Gruppen zusammengesetzt
- Sie sind auf Dauer ausgelegt
- Sie streben nach der Erreichung bestimmter Ziele
- Sie bedienen sich dazu der Aufgabenteilung, Arbeitsteilung, rationeller Koordination und Führung

ÜBERSICHT 2.01	Charakteristika von Organisationen

Das Problem der Aufgaben- und Arbeitsteilung entsteht. Dieses wird durch eine zweckmäßige Gliederung der Organisation in Einheiten wie Abteilungen und Stellen gelöst. Der organisationsimmanente Zwang zur Effizienz führt zur Erstellung von längerfristig geltenden Regeln. Durch sie werden die an der Organisation beteiligten Individuen in Richtung auf eine den Organisationszielen entsprechende, rationelle Zusammenarbeit konditioniert.

2.1.2 Zum Führungsbegriff

Sobald sich zwei oder mehr Menschen in einer Gruppe organisieren, um arbeitsteilig tätig zu werden, entstehen Koordinationsprobleme. Indem die Gruppenmitglieder ihre Handlungen aufeinander abstimmen, beginnen sie einander zu führen. Führung ist eine natürliche Erscheinung im menschlichen Umgang, die es zu allen Zeiten und in allen Kulturen gab.

Die Führungsrolle kann einem oder mehreren Gruppenmitgliedern übertragen werden, ggf. auch situationsspezifisch interpersonal wechselnd. Die Untergliederung in Führer und Geführte wird zum wesentlichen Bestandteil der Organisationsstruktur. Umgekehrt legt die Gesamtheit aller organisatorischen Regelungen den Rahmen fest, in dem Führung stattfinden kann. Die Führungsaufgabe füllt den

---
[1] WEINERT, A.B. (1987a): a.a.O., S. 42

unbeschriebenen Raum zwischen den individuellen Bedürfnissen der Organisationsmitglieder und den festgeschriebenen Regeln der formalen Organisation aus.

Der Begriff "Führung" umfaßt sowohl die Person des Führenden, sein Verhalten, seinen Stil als auch das Führungsklima. Führung ist neben Gruppenbildung und Gruppenverhalten, Motivation und Arbeitszufriedenheit ein wichtiger Faktor im Organisationsgeschehen, da sie das individuelle Erleben und Verhalten direkt beeinflußt. Sie soll sicherstellen, daß die Mitglieder einer Organisation ihr Handeln innerhalb der organisatorischen Regelungen möglichst wirkungsvoll auf die Organisationsziele ausrichten. Führung koordiniert einerseits Ziele und Aktionen der Organisation, andererseits muß sie Mittel und Wege finden, wie sie mit dem Problem der Motivation der Menschen in Verbindung mit ihren Eigenschaften und Verhaltenserwartungen und ihrer Reaktion auf organisatorische Regelungen umgeht. In Übersicht 2.02 sind zwei mögliche Definitionen der Begriffe "Organisation und Führung" gegenübergestellt.[1),2)]

ORGANISATION	FÜHRUNG
• Organisation (als instrumentaler Begriff) ist die Gesamtheit der auf die Erreichung von Zwecken und Zielen gerichteten Maßnahmen, durch die ein soziales System arbeitsteilig strukturiert wird und die Aktivitäten der zum System gehörenden Menschen, der Einsatz von Mitteln und die Verarbeitung von Informationen geordnet werden.	• Führung ist die zielorientierte soziale Einflußnahme zur Erfüllung gemeinsamer Aufgaben in/mit einer strukturierten Arbeitssituation.

ÜBERSICHT 2.02	Die Begriffe ´Organisation´ und ´Führung´

2.1.3 Wer beschäftigt sich mit Führungsforschung?

Zu einem Gegenstand systematischer Forschung wurde Führung im Sinne einer zielorientierten interpersonellen Einflußnahme erst Anfang dieses Jahrhunderts. Wie die folgende Übersicht 2.03[3)] zeigt, setzen sich mittlerweile eine ganze Reihe Einzeldisziplinen mit der Analyse von Führungsphänomenen auseinander.

Damit entsteht das Problem, die heterogenen Erklärungsansätze der verschiedenen wissenschaftlichen Disziplinen zur ´Führung´ zu integrieren. So existierten z.B. bis in die 80er Jahre etwa 30-40 verschiedene Führungstheorien.[4)]

[1)] 'Organisation' nach: HILL, W.; FEHLBAUM, R.; ULRICH, P. (1994): *Organisationslehre*, Bd. 1, Bern, Stuttgart, Wien: Haupt, S. 17
[2)] 'Führung' nach: WUNDERER, R.; GRUNWALD, W. (1980): *Führungslehre*, Bd. 1 Grundlagen der Führung, Berlin, New York: de Gruyter, S. 62
[3)] verändert nach: EBENDA, S. 6
[4)] NEUBERGER, O. (1990): *Führen und geführt werden*, 3. überarb. Aufl. von ´Führung´, Stuttgart: Enke, S. 4

2.1 Führungsforschung

Es wird daraus deutlich, daß 'Führung' nicht als isolierter Begriff betrachtet werden kann, sondern daß erst die Vielzahl der theoretischen Ansätze die Bedeutung von 'Führung' sichtbar macht.

"Die dringend notwendige interdisziplinäre Betrachtungsweise beginnt sich erst in allerjüngster Zeit, insbesondere in der verhaltenswissenschaftlich orientierten Betriebswirtschaftslehre sowie in der Organisationspsychologie und -soziologie abzuzeichnen".[1]

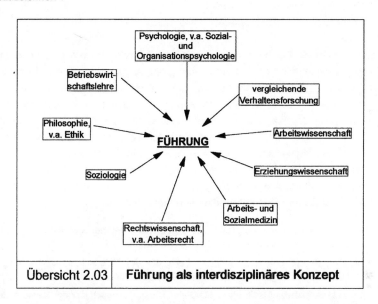

| Übersicht 2.03 | Führung als interdisziplinäres Konzept |

In gleicher Weise bemühen sich Wirtschaft und öffentliche Verwaltung, neue Formen der Zusammenarbeit in Arbeitsorganisationen zu entwickeln, die auf größere Entscheidungsbeteiligung, Eigeninitiative, Selbststeuerung, wechselseitige Unterstützung, Arbeitszufriedenheit sowie auf erhöhte Flexibilität, Lern- und Leistungsfähigkeit von Mitgliedern und Organisationssystemen gerichtet sind.

2.1.4 Notwendigkeit der Führungsforschung

Änderungen sozio-kultureller Determinanten erfordern einen Führungswandel. KMIECIAK[2] nennt folgende Haupttrends des Wertewandels, die während der letzten zwei Dekaden zu erheblichen Wertambivalenzen und Wertkonflikten innerhalb der Bevölkerung geführt haben:

---

[1] WUNDERER, R.; GRUNWALD, W. (1980): a.a.O., S. 5
[2] KMIECIAK, P. (1978): 'Werteverfall als Kernproblem westlicher Gegenwartsgesellschaften?', *Sonde*, 2/2, S. 126-137

- Bedeutungsverlust traditioneller Berufs- und Leistungsorientierung zugunsten einer privatistisch-genußorientierten Haltung (und damit verstärkte Orientierung auf die häufig als nicht eindeutig ´sinnbesetzt´ und damit oft als ´un-ausgefüllt´ bezeichnete Freizeit);
- Die Veränderungen in den Rollenbildern zwischen den Geschlechtern - im Zeichen des Vordringens partnerschaftlicher und egalitärer Haltungen generell-;
- Bedeutungserhöhung der Umweltorientierung (z.B. in Zusammenhang mit der Befürchtung von Gesundheitsschäden);
- Veränderung von Erziehungsmaximen und -zielen.

Die zunehmende Betonung sozio-emotionaler Bedürfnisse im Arbeitsleben und der Trend zu einem höheren Bildungsniveau größerer Bevölkerungsschichten führen zur Ablehnung geschlossener dogmatischer Wert- und Normensysteme, was sich z.b. in der Ablösung tendenziell autoritär strukturierter bürokratischer Führungsformen, z.B. durch kooperative Führungsansätze, darstellt. Traditionelle Führungsformen können nicht mehr auf den forcierten Wert- und Normenwandel der 'postindustriellen Gesellschaft' flexibel genug reagieren. Kooperative Führung kann somit als Teilaspekt der ´Humanisierung des Arbeitslebens´ betrachtet werden. Speziell im öffentlichen Bereich nennt LAUX[1] folgende Erscheinungen als dominierende Gründe für einen notwendigen Führungswandel:

- Wachsende Vielfalt der Aufgaben und steigendes Aufgabenvolumen. Folge: Anwachsen des Personalkörpers und Zahl der Behörden.
- Steigende Komplexität der Aufgaben bei größerem Entscheidungsrisiko. Folge: Wachsende Schwierigkeiten bei der Entscheidungsfindung.
- Erhöhtes Selbstbewußtsein der Mitarbeiter. Folge: Anwachsendes Gewicht der Personalführung.
- Spezialisierung der Leistungsdarbietung. Folge: Steigende qualitative Anforderungen an die Gesamtorganisation.
- Wachsende Knappheit der Ressourcen für die Aufgabendurchführung, besonders von Personal und Finanzmitteln. Folge: Erhöhte Schwierigkeiten in der administrativen Steuerung und weiterer Bedarf an Planung.

Wie aber muß nun ein Führungswandel aussehen, wenn er bestimmten Änderungen sozio-kultureller Determinanten gerecht werden soll? Dieser Frage geht die Führungsforschung nach. Ihr Dilemma ist dabei die Komplexität bzw. Mehrdimensionalität des Führungsprozesses.

---

[1] LAUX, E. (1975): *Führung und Führungsorganisation in der öffentlichen Verwaltung*, Stuttgart: Kohlhammer, S. 80-81

2.1.5 Grundlagen der Führungsforschung

2.1.5.1 Mehrdimensionalität des Führungsprozesses

Der Führungsprozeß ist von einer Reihe von Faktoren abhängig, die die Effekte einer Arbeitsgruppe in unterschiedlicher Weise beeinflussen (Übersicht 2.04).[1),2)] Führungstil und Führungsverhalten (siehe auch Kap. 2.1.7) müssen dabei einerseits den Faktoren, die sich aus den formalen Gegebenheiten der betreffenden Organisation, aus individuellen und Gruppenmerkmalen der zu Führenden und aus dem Persönlichkeitsbild des Führenden selbst ergeben, Rechnung tragen; andererseits werden Führungsstil und Führungsverhalten selbst von ihnen beeinflußt.

Die Stellenwerte der in Übersicht 2.04 aufgezeigten Faktoren hängen von den Bedingungen, den Umständen und der Situation ab, in denen ein Führungsprozeß stattfindet. Das Ziel der Bemühungen der Führungsforschung ist die Vorherbestimmbarkeit und Kalkulierbarkeit von Führungserfolg, Führungseffizienz und Gruppenleistung. Ein Ergebnis der Führungsforschung sind Führungsmodelle.

Die genannten Bedingungen und Umstände von Führungssituationen erfahren in den Führungsmodellen eine unterschiedlich starke Berücksichtigung.

FAKTOREN		**EFFEKTE AUF DIE ARBEITSGRUPPE (AG)**
◆ Art der Arbeit ◆ Organisationslehre ◆ Organisationsklima ◆ Größe der AG ◆ Positionsmacht in der Gruppe ◆ Homogenität der AG ◆ Arbeits- und Lebenswerte der Mitarbeiter ◆ Einfluß des Führenden nach oben ◆ Be- und Entlohnungssystem ◆ Persönlichkeit der Führungsperson	**FÜHRUNGSSTIL UND FÜHRUNGS- VERHALTEN**	◆ Arbeitsleistung ◆ Arbeitszufriedenheit ◆ Motivation ◆ Attitüden ◆ Absentismus ◆ Fluktuation ◆ Verantwortungsgefühl
ÜBERSICHT 2.04	Führungsstil und Führungsverhalten	

[1)] WEINERT, A.B. (1987a): a.a.O., S. 342
[2)] AG steht für Arbeitsgruppe

2.1.5.2 Ideologische Begründung der sozialen Tatsache 'Führung'

Führung ist eine soziale Tatsache und daher als Grundphänomen vorgegeben und unverzichtbar. Alternative Führungsformen sind vorhanden und möglich, d.h. es gibt nicht nur eine oder eine ´richtige´ Ausprägung der Führung. Die Ausprägung, die gelten soll, muß erörtert und abgestimmt werden; sie ist, weil sie mit Vorurteilen und Belastungen verbunden ist, begründungspflichtig. Wird die Existenz irgendeiner einer sozialen Institution, z.B. die der Führung, unter stillschweigender Ausblendung widerstreitender Argumente so begründet, daß sie als bestmögliche, alternativenlose oder einzig normale (gesunde, natürliche) Gestaltungsform erscheint, liegt Ideologieverdacht nahe.[1]

Unter Ideologie versteht man eine zusammenhängende gedankliche Konstruktion, die als eine umfassende Rechtfertigung einer bestehenden oder erstrebten Wirklichkeit angeboten wird.

Sie ist eine einseitige Parteinahme, die aber gerade diese Einseitigkeit verleugnet. Ideologien beschreiben nicht, sondern rechtfertigen, warum etwas so ist, sein muß oder sein soll. NEUBERGER[2] gibt folgende, ideologisch zu wertende Begründungen für 'Führung als soziale Tatsache' an:

- Führung gibt es, weil Menschen geführt werden wollen; der Schwache fügt sich dem Starken.
- Führung gibt es, weil Menschen geführt werden müssen; ohne 'starke' Führer zerfallen Kollektive. Um einer solchen Zersplitterung vorzubeugen, ist es nötig, die Vielen zu zwingen, zu kontrollieren und gleichzuschalten.
- Hierarchie (= heilige Ordnung!) gibt es überall, es hat sie immer gegeben und deshalb ist sie eine gesetzesartige Konstante des sozialen Lebens.
- Entwicklung wird von Eliten vorangetrieben; sie sollen das Sagen haben.
- Führung ist funktional; Führer sind nur 'Störbeseitigungsdienst' der Sozialmaschine und sind einem vorgegebenen Ziel verpflichtet, ohne dieses infrage zu stellen.

Führung existiert als Grundphänomen in der Gesellschaft. Die Überlegungen zur ideologischen Rechtfertigung der Tatsache 'Führung' sollen veranschaulichen, daß es keine sachlichen Gründe gibt, die einleuchtend darlegen, daß auf Führung in der Gesellschaften verzichtet werden kann. Selbst bei absoluter Gleichheitsideologie (Kommunismus) gibt es, wo immer etwas gezielt passieren soll, Führung (Partei). Führung hat neben der Sachfunktion, der Koordination, der Motivation und der Kontrolle fast immer auch eine soziale Funktion der Macht- und bzw. oder Herrschaftssicherung.

---

[1] vgl. NEUBERGER, O. (1990): a.a.O., S. 8
[2] vgl. EBENDA, S. 8-12

2.1.5.3. Theorien über den Menschen (Menschenbilder)

2.1.5.3.1 Das Problem 'Bild vom Menschen'

Die in diesem Kapitel skizzierte Entwicklung des 'Bildes vom Menschen' seit dem Beginn der Industrialisierung gibt wesentliche Anhaltspunkte über Veränderungen im Bereich der Führung hinsichtlich der 'Behandlung' der Geführten. In den Auffassungen der Führungskräfte über die Geführten spiegeln sich typische Handlungsmaximen wider.

Nach WEINERT[1] sind *"Menschenbilder Grundannahmen, Einstellungen, Vermutungen und Erwartungen von Führungskräften gegenüber den Zielen, Fähigkeiten, Motiven und Werten von Mitarbeitern und Untergebenen, die oft auch als 'implizite Persönlichkeitstheorien' bezeichnet werden"*.

Die mannigfaltigen Wesensbestimmungen des Menschen sind Modelle, um die Komplexität menschlichen Verhaltens und Erlebens in vereinfachender Weise zu beschreiben, zu erklären, vorherzusagen, zu gestalten und zu kontrollieren. So können Menschenbilder auch nur idealtypische Konzeptionen sein, weil Komplexität, Vieldeutigkeit, Multikausalität und Geschichtlichkeit der menschlichen Natur es nicht erlauben, ein überzeitliches und transkulturell gültiges Menschenbild zu entwerfen (hier wirft sich z.B. die Frage auf, ob amerikanische Studien unreflektiert auf westeuropäische Verhältnisse übertragen werden können!).

Daneben entstehen Menschenbilder als persönliche, generalisierende Einstellungen zum 'Menschen schlechthin' während der individuellen Persönlichkeitsentwicklung; sie basieren auf Erfahrungen mit wichtigen Bezugspersonen in der Kindheit sowie durch persönliche Apperceptionen von Erfahrungen im späteren Umgang mit Menschen (z.B. im Beruf).[2]

2.1.5.3.2 Das Bild vom Menschen im Wandel der Zeit

Wie die Geistesgeschichte zeigt, bedingen die Wandlungen der gesellschaftlichen Ordnung ein jeweils vorherrschendes Selbstverständnis des Menschen. Das jeweilige 'zeitbedingte Menschenbild' geht als 'stärkste prägende Grundlage' unmittelbar in Organisationsmodelle ein. Führungsideologien sind demnach nicht aus der gegenwärtigen Situation allein zu verstehen. In ihnen sind immer auch Denktraditionen und Relikte historisch bewährter und verklärter Wirklichkeitsdefinitionen enthalten.

Um gegenwärtige Situationen zu verstehen und um zu ermessen, in welchem Umfang frühere Aussagen vererbt, neubelebt oder kombiniert wurden, ist es

---

[1] WEINERT, A.B. (1987a): a.a.O., S. 438
[2] WUNDERER, R.; GRUNWALD, W. (1980): a.a.O., S. 76 -77

deshalb sinnvoll, sich die Entwicklung der Management-Ideologien in den westlichen Zivilisationen vor Augen zu führen. BENDIX (zit. nach NEUBERGER)[1),2)] hat 1960 den Versuch unternommen, diese Entwicklung nachzuzeichnen.

* Bis zum Beginn der Industrialisierung dominierte unbestritten die ständische Ordnung. Zum Führer war man genauso geboren wie zum Geführten. Für die Höherstehenden bestand die moralische Pflicht, wenn auch kärglich, für die Unmündigen zu sorgen.

* Durch die 'Befreiung der Arbeit' aufgrund verschiedener gesellschaftlicher Entwicklungen (Industrialisierung, Landflucht, Aufbrechen alter Zunft- und Standesordnungen, Anwachsen der Bevölkerung, Ausweitung der Märkte mit der Folge eines zunehmenden Arbeitskräftebedarfs) entstand ein Arbeitskräftepotential, das zur regelmäßigen (Fabrik-)Arbeit erzogen werden mußte. Armut wurde nicht länger als gottgewolltes unabänderliches Schicksal dargestellt, sondern als 'selbstverschuldet', als Ergebnis von Trägheit, Arbeitsscheu usw. Wer nicht arbeitete, mußte (ver-)hungern.

* Die aufsteigende Klasse der Kaufleute und Unternehmer (das Bürgertum) war dem grundbesitzenden Adel ein Dorn im Auge. Die alte ständische Ordnung wurde z.T. im Bündnis zwischen Bürgern und Proletariern revolutionär beseitigt. Der Unternehmer wurde als einer herausgestellt, der sich aufgrund seiner überlegenen Fähigkeiten, seiner Selbstdisziplin und Ausdauer emporgearbeitet hatte (der sog. 'Selfmademan'). Wer nach oben gekommen ist, hat bewiesen, daß er überlegen ist. Hier liegen die Wurzeln der Eigenschaftstheorie der Führung und des Sozialdarwinismus.

* Mit der zunehmenden Vergrößerung und Technisierung der Unternehmen wurde nach Möglichkeiten der Rationalisierung gesucht. Die Erfolge der Natur- und beginnenden Ingenieurwissenschaften gaben dazu Anlaß, ihre Denkprinzipien auch auf wirtschaftliche Organisationen anzuwenden (z.B. TAYLOR)[3)]. Persönliche Herrschaft mit all ihren Zufälligkeiten und Irrationalitäten sollte durch wissenschaftlich fundiertes Vorgehen ersetzt werden. Dies betraf sowohl Führer als auch Geführte.

* Der wachsende Wohlstand und vor allem die steigende rechtliche und gewerkschaftliche Absicherung der Arbeitnehmer schränkten die Möglichkeit ein, durch Druck und Zwang zu führen. Die Forderung nach Kooperation wurde laut (siehe auch Human-Relations-Bewegung).[4),5)]
Die so erzwungene Teamarbeit forderte neue Führungsqualitäten: Nicht den Manager, der es mit an sich unfähigen und widerspenstigen Arbeitnehmern zu tun hatte, die er als bloße Instrumente benutzte, und auch nicht den sachlich-neutraln Führer, sondern die sozial aufgeschlossene Führungspersönlichkeit, die es verstand, das in den Mitarbeitern liegende Potential so zu aktivieren, daß sie die ihm übertragenen Ziele optimal erfüllen konnten.

[1)] NEUBERGER, O. (1990): a.a.O., S. 24 - 25
[2)] BENDIX, R. (1960): *Herrschaft und Industriearbeit*, Frankfurt: Europ. Verlagsanstalt, 611 S.
[3)] TAYLOR, F.W. (1911): a.a.O., 156 S.
[4)] MAYO, E. (1945): *The social problems of an industrial civilization*, Boston, Mass.: Harvard University, Graduate School of Business, 148 S.
[5)] ROETHLISBERGER, F.J.; DICKSON, W.J. (1964): *Management and the worker*, Cambridge, Mass.: Harvard University Press, 615 S. (orig. publ. 1939)

Wie sieht aber die Entwicklung des Menschenbilds von 1950 bis heute aus? Auf diese Frage wird im folgenden Kapitel 'Menschenbild-Typologien' näher eingegangen.

2.1.5.3.3 Menschenbild-Typologien

Das Konzept des Menschenbilds und die damit verbundene Fragestellung stammen aus der Suche nach dem einen wirksamen und zweckmäßigen Führungsstil. Beginnend in den 30er Jahren und verstärkt etwa ab 1950 kritisierten Vertreter der Human-Relations-Bewegung die unzureichende Berücksichtigung der Organisationsmitglieder in geltenden bürokratischen und tayloristischen Organisationstheorien. Einem mechanistischen Menschenbild setzten diese Autoren ihre Vorstellung von einem sozial-psychologisch motivierten Organisationsmitglied entgegen. Ausgang für die in der Übersicht 2.05[1] skizzierten Klassifikationsversuche von Menschenbildern waren einerseits LEWINs[2] drei Führungsstil-Typen (autoritär, demokratisch, Laissez-faire) und MASLOWs[3] Motivationshypothesen. McGREGOR[4] entwickelte daraus dichotome, sich ausschließende Idealtypen.

In seiner 'Theorie X' beurteilt McGREGOR die autoritäre Führungskonzeption (Mitarbeiter sind faul und verantwortungsscheu und müssen durch die/den Vorgesetzte/n zur Arbeit angetrieben werden) als inhuman. Seine 'Theorie Y' lautet, daß der normale Mitarbeiter gern und selbständig arbeitet, so daß Gängelungs- und Kontrollsucht von Vorgesetzten letztlich genau das Verhalten erzeugen, gegen das sie sich eigentlich richten.

Nach und nach entstanden differenzierte Typologien, die sich in ihrer Darstellungsweise oder auch in ihrer Terminologie unterscheiden (Übersicht 2.05). Eine weite Verbreitung hat die Klassifikation von Menschenbildern nach SCHEIN gefunden, auf die kurz eingegangen werden soll.[5),6),7),8),9),10]

---

[1] aus: WUNDERER, R.; GRUNWALD, W. (1980): a.a.O., S. 81
[2] zit. nach EBENDA, S. 78
[3] MASLOW, A.H. (1954): *Motivation and personality*, New York: Harper and Row, deutsch: (1981): *Motivation und Persönlichkeit*, Reinbek: Rowohlt, 396 S.
[4] McGREGOR, D. (1960): *The human side of enterprise*, New York: McGraw-Hill, S. 27-44
[5] vgl. LILGE, H.G. (1980): 'Wertgrundlagen partizipativer Führung', in: GRUNWALD, W.; LILGE, H.-G. (1980): *Partizipative Führung*, Bern, Stuttgart: Haupt, S. 50-72
[6] vgl. DERSELBE, (1981): 'Menschenbilder als Führungsgrundlage', ZfO, 1/1981, S. 14-22
[7] vgl. STAEHLE, W.H. (1980): 'Menschenbilder in Organisationstheorien', in: GROCHLA, E. (Hrsg.): *Handwörterbuch der Organisation*, 2. überarb. Aufl., Stuttgart: Poeschel, Sp. 1301-1313
[8] vgl. STAEHLE, W.H. (1990): *Management*, 6. überarb. Aufl., München: Vahlen, S. 172-178
[9] vgl. WEINERT, A.B. (1987): 'Menschenbilder und Führung', in: KIESER, A.; REBER, G.; WUNDERER, R. (Hrsg.): *Handwörterbuch der Führung*, Stuttgart: Poeschel, Sp. 1427-1442
[10] vgl. SCHEIN, E.H. (1965): *Organizational psychology*, Englewood Cliffs N.J.

	seit 1900	seit 1935	seit 1955	seit 1965
Autor	Typ 1	Typ 2	Typ 3	Typ 4
ETZIONI (1967)	wissenschaftl. Betriebsführung	Human Relation	Strukturalismus	
McGREGOR (1968)	Theorie X		Theorie Y	
LIKERT (1962)	ausbeutend-autoritär	ausbeutend-wohlwollend	beratend-partizipativ	partizipatives Gruppensystem
MILES et.al. (1966)	Traditional Model	Human Relations Model	Human Resources Model	
COLIN (1971)	Theorie X	Theorie Y	Theorie Z	
LAU (1975)	Großer Führer	Sozialer/Organisationsmensch		Professioneller Manager
SCHEIN (1965)	Rational ökonomischer Mensch	Sozialer Mensch	Sichselbstverwirklichender Mensch	Komplexer[a] Mensch
MACCOBY (1976/79)	Fachmann	Firmenmensch		Spielmacher

ZEIT -->

ÜBERSICHT 2.05	Entwicklungsgeschichte der Klassifikationsversuche von Menschenbildern

[a] Ab 1980: self-orgainzing (wo)man, Sinnsuche und Unternehmenskulturansatz

2.1.5.3.4 Menschenbilder nach SCHEIN [1]

Mit der Konstruktion des ´rational-ökonomischen Menschen´ bzw. des ´homo oeconomicus´ wird Bezug genommen auf den ´wissenschaftlich´ kalkulierenden, seine (individualistischen) Ziele konsequent und rational verfolgenden Menschen. TAYLORs Konzept der ´wissenschaftlichen Betriebsführung´ liegt eine solche technisch-nüchterne Haltung zugrunde. Die Beziehungen zwischen Vorgesetzten und Arbeitern sind im Konzept des 'ökonomischen Menschen' einseitig bestimmt: Manager sollen aktiv das gesamte Betriebsgeschehen bestimmen, die Arbeiter sollen sich passiv unterwerfen.

Die von MAYO[2] inspirierte und aus den Hawthorne-Studien (1924-1932) hervorgegangene Human-Relations-Bewegung propagierte die soziale Determiniertheit menschlichen Handelns: Der einzelne, ´soziale Mensch´, fügt sich den Normen seiner Gruppe und strebt nach Anerkennung, Nähe und Zugehörigkeit.

---

[1] zit. nach NEUBERGER, O. (1990): a.a.O., S. 25-26
[2] MAYO, E. (1945): a.a.O., 148 S.

2.1 Führungsforschung

Die Arbeiter werden jetzt als soziale Wesen und nicht mehr als Produktionsmittel betrachtet. Die Idee und der Begriff der kooperativen Führung als sozialpsychologisches Phänomen haben in der Human-Relations-Bewegung einen wesentlichen Ursprung.

Das Bild des *sich-selbst-verwirklichenden Menschen* bzw. des *selbst- aktualisierenden Menschen* führt die bisher skizzierte Entwicklungslinie fort zu einem neuen Typus. Auffällig ist die Ausrichtung auf das Individuum. Die inneren Bedürfnisse des Einzelnen werden dabei als menschliche (antreibende, motivierende) Potentiale gesehen. Ein häufig zitierter Vertreter dieser (humanistischen) Schule ist MASLOW. Selbstverwirklichung und psychologisches Wachstum, Ich-Bedürfnisse und Autonomie sind die zentralen Begriffe, die in MASLOWs Bedürfnishierarchie die obersten Plätze einnehmen.[1),2)]

Mit dem Bild vom *komplexen Menschen* ist im Unterschied zu den drei bisher genannten Auffassungen - die jeweils inhaltliche Akzente setzen - dynamisch. Der Mensch ist flexibel, plastisch, lern- und wandlungsfähig, er kann nicht auf eine bestimmte Eigenart festgeschrieben werden, sondern verändert sich je nach den Anforderungen der Situation, in der er handeln muß. Der *komplexe Mensch* ist nicht (nur) Ergebnis der Einsicht in die Beschränktheit und Einseitigkeit der vorausgegangenen Konzeptionen. Derweil wird das Bild des *komplexen Menschen* schon von *der/dem self-organizing (wo)man* überboten[3)].

SCHEIN ersetzt somit im Bild vom *komplexen Menschen* Annahmen über einzelne Merkmale des Menschen - und ihre Verallgemeinerung auf alle Menschen - durch die Aussage, daß Menschen komplex und flexibel seien. Damit dürfte der Versuch, im Menschenbild eine Basis für einen optimalen Führungsstil zu finden gescheitert sein.

NEUBERGER[4)] führt dazu aus: *"Wenn sich durch rasanten technologischen und wissenschaftlichen Fortschritt Arbeitsbedingungen, Berufsbilder und Lebensplanung fortwährend ändern, wenn man ... gezwungen oder durch neue Chancen verlockt den Arbeitsplatz wechseln muß, ... , dann kann in einer solch dynamischen Umwelt natürlich ein traditionsverhafteter, auf Bewahrung und Stabilität fixierter Menschenschlag nicht reüssieren. ... Wenn sich Organisationen fortwährend 'entwickeln' müssen, dann auch mit ihnen die Menschen"*.

[1)] zit nach NEUBERGER, O. (1990): a.a.O., S. 26
[2)] vgl. MASLOW, A.H. (1954): a.a.O., 396 S.
[3)] siehe MÜLLER, G.F. (1989): *Menschenbilder in der Organisationspsychologie*, PuGK, 13/1989, S. 61-71
[4)] vgl. NEUBERGER, O. (1990): a.a.O., S. 26

2.1.5.3.5 Das Menschenbild in der kooperativen Führung

Die Frage nach dem Menschenbild entstand aufgrund der Kritik der Human-Relations-Bewegung an tayloristischen und formal-administrativen Führungskonzeptionen. Es zeigt sich, daß mit zunehmender Differenzierung der Menschenbild-Konzepte ihre normative, verhaltensleitende Aussagekraft abnahm. Diese Entwicklung entspricht u.a. auch dem Verzicht auf die Suche nach einem allgemeingültigen 'optimalen' Führungsstil. Der Vorgesetzte eines als 'komplex' begriffenen Mitarbeiters kann diesem Menschenbild keine präzise Handlungsanweisung für sein Führungsverhalten entnehmen. Alle Organisationsmitglieder sind vielmehr auf ihre eigenen Fähigkeiten angewiesen, die Anforderungen und Möglichkeiten der Führungssituation realitätsgerecht wahrzunehmen. Deshalb ist es wenig sinnvoll, Menschenbild-Konzepte unreflektiert in eine moderne, systemorientierte Führungskonzeption einzubauen.

Menschenbilder können nicht in eine deterministische 'Wenn-Dann-Beziehung' zum Führungsverhalten gesetzt werden. Das schließt jedoch nicht aus, daß es in bestimmten Situationen ein den Umständen und Bedingungen bestangepaßtes Führungsverhalten gibt. Es gilt heute die allgemein akzeptierte Auffassung, daß Führungsprozesse nicht getrennt von der sozialen Situation und technologischen Faktoren gesehen werden dürfen.[1]

2.1.6 Führungstheorien und Führungsmodelle

Führungstheorien sollen Bedingungen, Strukturen, Prozesse und Konsequenzen von Führung beschreiben, erklären und vorhersagen[2]. Da Führung ein multifaktorielles Geschehen ist, kann man zu dessen Verständnis bei jedem einzelnen Faktor, seien es Führungsperson, Geführte, Aufgaben, Organisation, Umwelt usw., ansetzen. Um komplexe Zusammenhänge angemessen verarbeiten zu können, müssen sie vereinfacht werden. Der maximale Reduktionseffekt liegt vor, wenn die Vielzahl der Bedingungsgrößen so radikal verringert wird, daß nur noch ein Faktor für eigentlich bedeutsam erklärt wird.[3]

Ein **Führungsmodell (Führungskonzept)** stellt hingegen ein normatives System von Handlungsempfehlungen für den Manager mit Personalverantwortung dar, und zwar bezüglich seiner Personalführungsaufgabe.[4] Führungskonzepte basieren explizit oder implizit auf einer oder mehrerer der im folgenden beschriebenen Führungstheorien.[5]

---

[1] vgl. WUNDERER, R.; GRUNWALD, W. (1980): a.a.O., S.109-111
[2] WUNDERER, R.; GRUNWALD, W. (1980): a.a.O., S. 112
[3] NEUBERGER, O. (1990): a.a.O., S. 61
[4] STAEHLE, W.H. (1990): a.a.O., S. 772
[5] Zu den Führungsmodellen zählen z.B. auch die verschiedenen 'Management-by-Konzepte'.

2.1 Führungsforschung

Die folgenden Ausführungen lehnen sich in ihrer Gliederung an die historisch orientierte Einteilung führungstheoretischer Ansätze von WUNDERER an.[1]

2.1.6.1 Eigenschaftstheorie der Führung

Der Begriff 'Eigenschaftstheorie der Führung' gilt als Sammelbezeichnung für alle Ansätze, die der Persönlichkeit der Führungsperson ausschlaggebende Bedeutung beimessen. Sie bezieht als historisch ältester Erklärungsansatz der Führung ihre Grundlagen aus individualistischen Persönlichkeitstheorien, Unternehmerideologien und dem Sozialdarwinismus. Im Mittelpunkt des Forschungsinteresses steht dabei die Frage, was einen erfolgreichen von einem erfolglosen Führer unterscheidet, oder was einen Führer von einem Geführten. Die (eigenschaftstheoretische) Antwort lautet: Es gibt eine endliche Menge von meßbaren Persönlichkeitszügen (traits), die den Führer vor Nichtführern auszeichnet.

Entwicklungsgeschichtlich waren dies zunächst physische Eigenschaften wie Stärke, Größe, Gesundheit und Kondition, später erbliche Faktoren (Adel), dann Persönlichkeitseigenschaften wie Intelligenz, Willensstärke, Fleiß, Leistungsmotivation und hohe Frustrationstoleranz. Diese Eigenschaften sind situations-, aufgaben- und gruppen**un**abhängig wirksam.

Kann man als allgemeine Auffassung durchsetzen, daß die Inhaber von Führungsstellen wegen überlegener Persönlichkeitsausstattung in diesen Positionen sind, dann wird den Unterlegenen automatisch das Recht zur Kritik oder zum Ungehorsam abgesprochen. Sie haben diese herausragenden Persönlichkeitseigenschaften nicht und sind deshalb zu recht 'unten'. Dabei herrscht keineswegs Übereinstimmung darüber, welche Eigenschaften sich für eine nähere Bestimmung qualifizieren:

- "Wenn wir an Männer wie Hitler, Napoleon, John Knocks, Oliver Cromwell, oder an Frauen wie Mary Baker, Königin Elisabeth I. ... denken, wird es uns fast grotesk anmuten, einer Führerpersönlichkeit Eigenschaften wie innere Ausgeglichenheit, Sinn für Humor oder Gerechtigkeit zuzuschreiben. Einige der erfolgreichsten Führer in der Geschichte waren Neurotiker, Geisteskranke und Epileptiker, waren humorlos, engstirnig, ungerecht und despotisch ...". -[2]

Die Liste der Versuche die 'richtigen' Eigenschaften zu identifizieren ist lang. Auswertungen dieser Versuche in Form von Sammelreferaten[3] stimmen jedoch in

---

[1] vgl. SEIDEL, E; JUNG, R.H. (1987): 'Geschichte der Führungstheorien', in: KIESER, A.; REBER, G.; WUNDERER, R. (1987): *Handwörterbuch der Führung*, Stuttgart: Poeschel, Sp. 774-789
[2] zit. nach BROWN, J.A.C. (1956): *Psychologie der industriellen Leistung*, Reinbeck: Rowohlt, S. 132
[3] z.B. GHISELLI, E.E. (1966): *The validity of personal aptitude tests*, New York: Wiley, 155 S., STOGDILL, R.M. (1948): 'Personal factors associated with leadership. A survey of literature', *JoP*, 25/1948, S. 35-71,
DERSELBE (1974): *Handbook of leadership*, New York: Free Press, 613 S. und
BASS, B.M.C. (1981): *Stogdill's Handbook of Leadership*, New York, Lond.: Free Press, 856 S.

folgenden Punkten überein:

1. Es gibt Zusammenhänge zwischen Führereigenschaften und Erfolg.
2. Die Korrelationen sind im Mittel niedrig. Allenfalls für 'Intelligenz' lassen sich höhere Werte nachweisen.
3. Vielfach finden sich zwischen den Studien erhebliche Streuungen.

Eigenschaftstheoretische Erklärungsversuche sagen nichts über die Eigenschaften der Geführten, die Aufgabe und die notwendigen Interaktionen zwischen den Geführten selber und Führer und Geführten aus. Abhandlungen über das 'Geführt-werden' oder Eigenschaften der Geführten sind rar.[1] Eigenschaftstheoretische Erklärungsversuche können höchstens Hinweise dafür geben, warum ein Individuum zu einem bestimmten Zeitpunkt eine Führungsposition inne hat, aber nicht darüber, warum es in dieser Position erfolgreich oder erfolglos wirkt. Die Praxis hat gezeigt, daß ein Führer mit sog. führungsrelevanten Eigenschaften wie Intelligenz, Initiative, Gerechtigkeitssinn, Humor usw. keineswegs universell einsetzbar und in jedem Fall erfolgreich sein muß. Denn erfolgreiche Führer im Sinne der Eigenschaftstheorie versagen häufig bei neuartigen Führungssituationen oder ungewohntem Gruppenverhalten.

Die Führungsforschung ist inzwischen zu der Erkenntnis gekommen, daß der Erfolg von Führung nicht in dem Maße von den persönlichen Eigenschaften der Führers abhängt, wie das die Vertreter der Eigenschaftstheorie annehmen. Deshalb sollte zwischen der Führung als Prozeß, ihrer Dynamik und Effizienz, unter Einbeziehung von Situationsfaktoren - und der Führungsperson selbst - unterschieden werden. Aus dieser Ansicht heraus haben sich zu Beginn der 50er Jahre die verhaltenszentrierten Führungsansätze entwickelt.

2.1.6.2 Verhaltenstheoretische Ansätze der Führung

Verhaltenstheoretische Ansätze der Führung stellen die Arbeit von Führungspersonen, ihr Verhalten und ihren Arbeitsstil in das Zentrum der Betrachtung. Die Frage lautete nun: Wie verhalten sich erfolgreiche und effiziente Führer in der Gruppe; was tun sie eigentlich und wie tun sie es, um eine einerseits produktive aber andererseits auch zufriedene Arbeitsgruppe zu führen?

Mehrere, voneinander unabhängig durchgeführte Untersuchungen ergaben, daß Führer sich in ihrem Verhalten in zwei Gruppen mit unterschiedlich ausgerichtetem Führungsverhalten unterteilen lassen:[2]

---

[1] vgl. NEUBERGER, O. (1990): a.a.O., S. 230-277
[2] vgl. WEINERT, A.B. (1987a): a.a.O., S. 350 ff

2.1 Führungsforschung

1. Die 'verrichtungsorientierten' oder 'arbeits- und aufgabenzentrierten' Gruppenführer. Die Beziehung des Führenden zu Untergebenen konzentriert sich in erster Linie darauf, zu organisieren, zu planen und zu koordinieren, um eine bestimmte Aufgabe zu lösen;
2. Die 'handlungsorientierten' oder 'personen- und mitarbeiterzentrierten' Gruppenführer. Die Aufmerksamkeit des Führenden wendet sich im Arbeitsprozeß vor allen Dingen den persönlichen Bedürfnissen und Erwartungen ihrer Untergebenen und Mitarbeiter sowie Arbeitszufriedenheit, Beförderung usw. zu.

Nach WEINERT [1] sind "... diese beiden Führungsstile in ihrer 'reinen', extremen Form, in der Alltagssituation des Führungsprozesses so gut wie nicht anzutreffen. Vielmehr tritt ein Führungsstil, ob mehr personen- oder aufgabenzentriert, in einer Vielfalt (individueller und) gradueller Abstufungen auf; Abstufungen, die ihrer Tendenz nach von der Persönlichkeit des Führers und seinem Wertesystem, ... von der Art der Aufgabe und von der Natur der Gruppe beeinflußt und bestimmt werden." TANNENBAUM/SCHMIDT[2] haben diese Dynamik des Führungsstils anhand eines Kontinuums dargestellt. Übersicht 2.06 stellt schematisch diesen kontinuierlichen Übergang vom autoritären zum delegativen Führungsstil bei gleichzeitig erfolgender Abnahme des Entscheidungsspielraums der Vorgesetzen und der Zunahme desselben in der Gruppe dar.

Auf dem Gebiet der verhaltenstheoretischen Ansätze werden die folgenden Untersuchungen als wichtigste Grundlagenarbeiten für die Entwicklung von verhaltenstheoretischen Führungsmodellen angesehen:

* die 2-Faktoren-Theorie von FLEISHMAN,[3] abgeleitet aus den sog. OHIO-Studien (Extraktion der zwei unabhängigen Führungsdimensionen 'Initiating Structure' und 'Consideration') seit 1950.[4]
* die eindimensionale Theorie von LIKERT et al.,[5] abgeleitet aus den sog. MICHIGAN-Studien (Entwicklung des eindimensionalen Kontinuums mit den Extrempunkten 'Production centered' und 'Employee centered') seit 1947.

---

[1] vgl. EBENDA, S. 350
[2] nach TANNENBAUM, R.; SCHMIDT, W.H. (1958): 'How to chose a leadership pattern', *Harvard Business Review*, 36,2/1958, S. 95-101, verändert nach: ZEPF, G. (1972): *Kooperativer Führungsstil und Organisation*, Wiesbaden: Gabler, S. 28
[3] vgl. WEINERT, A.B. (1987a): a.a.O., S. 238 ff
[4] **'Consideration'** beinhaltet den Aspekt der zwischenmenschlichen Beziehung zwischen dem Vorgesetzten und der Gruppe, inwieweit der Vorgesetzte freundlich zugewandt ist und die Gefühle der Gruppe respektiert. **'Initiating Structure'** beinhaltet, inwieweit der Vorgesetzte die Gruppe durch planen, Kritik, Vorschriften und Besprechungen bei der Arbeit anleitet.
[5] vgl. WEINERT, A.B. (1987a): a.a.O., S. 256ff

In der Tradition der OHIO-Studien steht auch der in der vorliegenden Arbeit verwendete ´Fragebogen zur Vorgesetzten-Verhaltens-Beschreibung´ (FVVB) von FITTKAU/FITTKAU-GARTHE.[1] Er basiert auf dem ´Leadership Behavior Description Questionaire´ (LBDQ), der aus den OHIO-Studien hervorgegangen ist (Näheres dazu siehe auch KAP. 3 ´Aufnahme des Ist-Zustands´).

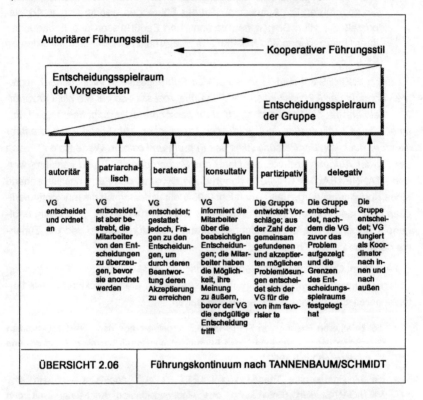

ÜBERSICHT 2.06 — Führungskontinuum nach TANNENBAUM/SCHMIDT

In der Bemühung, relevante Dimensionen des Führungsverhaltens und des Führungsstils zu identifizieren, sind die beiden genannten Ansätze von großem Einfluß auf die Führungsforschung in der ganzen Welt gewesen. Dabei bestanden die Grundannahmen für beide Studien darin, daß in der Untersuchung von Führungsverhalten und Führungsstil sowohl die Fähigkeiten und Motivation des Führers als auch die organisationellen Situationszusammenhänge, innerhalb derer Führung stattfindet, wie auch die Art und Natur der Arbeitsgruppe selbst in die Erforschung des Führungsprozesses mit einbezogen werden sollen.

---

[1] FITTKAU, B.; FITTKAU-GARTHE, H. (1971): *Fragebogen zur Vorgesetzten-Verhaltens-Beschreibung (FVVB), Handanweisung*, Göttingen: Hogrefe, 20 S.

2.1.6.3 Rollentheorie der Führung

Eine Rolle ist das Insgesamt der Erwartungen, die an den Inhaber einer Position gerichtet werden. Eine Rolle charakterisiert somit einen Positionsinhaber. Es gibt nicht *die* Rolle eines Menschen. Die Zugehörigkeit einer Person zu verschiedenen Gruppen schafft unterschiedliche Rollen.[1]

Typisch für die Rollentheorie ist, daß sie nicht das Individuum, sondern die Gesellschaft bzw. die Interaktion ihrer Mitglieder in ihren wechselseitigen Verhaltenserwartungen zum Ausgangspunkt ihrer Betrachtung macht. Diese Auffassung entspricht der Definition von Rolle als Gesamtheit der Erwartungen an den Inhaber einer Position in einem sozialen System. Dabei umfassen Rollenerwartungen die Rechte, Privilegien, Pflichten und Verpflichtungen des Inhabers einer sozialen Position in seinem Verhältnis zu anderen Personen, die andere Positionen einnehmen. Durch Rollenerwartungen wird die Vorhersagbarkeit menschlichen Verhaltens wesentlich erhöht, so daß die soziale Interaktion erleichtert wird.

Jedes Mitglied einer Gesellschaft erwirbt im Verlauf des Sozialisationsprozesses die Fertigkeit, mehrere Rollen auszufüllen und Rollenerwartungen nachzukommen. Im Gegensatz zur Eigenschaftstheorie der Führung lokalisiert das Rollenkonzept die Bestimmungsgründe für Führungsverhalten vornehmlich im soziokulturellen Bereich, wodurch der Mensch als passiver Erfüllungsgehilfe der herrschenden gesellschaftlichen Forderungen gesehen wird. Dabei wird allerdings nur unzureichend beachtet, daß individuelle sowie soziale Bereiche in enger Wechselwirkung zueinander stehen. Eine kooperativ orientierte Führung würde von Gruppen-Aufgaben-Rollen ausgehen und die Gruppenmitglieder in den Vordergrund rücken. Ein Vorteil dieser Sichtweise liegt darin, daß gruppendynamische Prozesse der Führung betont werden, und daß der Mythos von der Omnipotenz des Führers abgebaut wird.[2]

2.1.6.4 Die Situationstheorie der Führung

In den 60er Jahren wurde der Einfluß der verhaltenszentrierten Ansätze zugunsten der situationstheoretischen Denkweise zurückgedrängt. Diese Theorie kann nicht unabhängig vom Verhalten der Führungskraft und der Gruppe gesehen werden. Ihr forschungstheoretischer Schwerpunkt liegt jedoch eindeutig auf der Situationsgebundenheit von Führung.

Die Situationstheorie geht davon aus, daß Führung bzw. die Position eines Führers nicht ausschließlich von wirklich oder vermeintlich hervorragenden Persönlichkeitseigenschaften abhängt, sondern auch und gerade von spezifischen

---

[1] vgl. NEUBERGER, O. (1990): a.a.O., S. 83
[2] vgl. zu diesem Kapitel auch: WUNDERER, R.; GRUNWALD, W. (1980): a.a.O., S. 134

Situationen. Führung wird somit als Interaktion zwischen Eigenschaften und günstigen Situationskonstellationen begriffen[1]. Das bekannteste und am weitesten ausgebaute Modell im Sinne der Situationstheorie der Führung dürfte das ´Kontingenzmodell der effektiven Führung´ von FIEDLER[2] sein. Das Modell schlägt vor, in einer bestimmten Situation die Gruppenleistung entweder durch die Veränderung des Führungsstils oder der Gruppen-Aufgabe-Situation zu verbessern.

FIEDLER [3],[4],[5] unterscheidet in Übereinstimmung mit LIKERT und FLEISHMAN u.a. zwischen aufgaben- und mitarbeiterorientierter Führung (siehe auche S. 22). Seine Theorie geht davon aus, daß die Effektivität von Führung in Gruppen hauptsächlich von der motivationalen Orientierung des Führers sowie von günstigen situativen Konstellationen abhängt. Im Gegensatz zu vielen Führungsforschern legte FIEDLER dabei eine operationale Definition der Führerorientierung (Führungsstil) vor, nämlich das sog. LPC- Maß (**L**east **P**referred **C**o-worker). Es soll die Einstellung des Führenden zu seinen Mitarbeitern messen. Bei der Ermittlung des LPC-Maßes wird der Vorgesetzte gebeten, an den/die Mitarbeiter/in zu denken, mit der/dem er am schlechtesten zusammenarbeiten konnte. FIEDLER[6] ist der Auffassung, daß hohe LPC-Werte der Dimension ´Consideration´ und niedrige LPC-Werte der Dimension ´Initiation of Structure´ entsprechen (zur Gültigkeit des LPC-Maßes vgl. WUNDERER [7]).

Nachdem FIEDLER feststellte, daß der LPC-Wert je nach Gruppen-Aufgaben-Situation positiv oder negativ mit unterschiedlichen Effizienzkriterien korrelierte, entwickelte er ein Klassifikationssystem. In diesem System wird der Einfluß des Führers auf die Gruppe und deren Leistung hauptsächlich auf drei Klassen von Situationsvariablen zurückgeführt:

1. auf die Führer-Mitarbeiter-Beziehung (zwischenmenschlich)
2. auf den Strukturiertheitsgrad der zu erledigenden Aufgabe
3. auf die Positionsmacht des Führenden (Autorität)

---

[1] vgl. ASCHAUER, E. (1970): *Führung: Eine soziologische Analyse anhand kleiner Gruppen*, Stuttgart: Encke, S. 70 f

[2] vgl. WUNDERER, R. (1979a): Das ´Leader-Match-Concept´ als F.E. FIEDLERs ´Weg zum Führungserfolg´, in: WUNDERER, R. (Hrsg.): *Humane Personal- und Organisationsentwicklung*, Berlin: Duncker und Humblot, S. 219-251

[3] FIEDLER, F.E (1967): *A theory of leadership effectiveness*, New York, London, Toronto, Sidney: McGraw-Hill, 310 S.

[4] FIEDLER, F.E.; CHEMERS, M.M. (1974): *Leadership and effective management*, Glenview, Illinois: Scott Foresman and Company, 166 S.

[5] FIEDLER, F.E.; CHEMERS, M.M.; MAHAR, L. (1976): *Improving leadership effevtiveness: The leader match concept,* 2nd ed. 1984, New York, Chichester, Brisbane, Toronto, Singapore: Wiley, 269 S.

[6] vgl. hierzu auch Kap. 2.1.5.2

[7] vgl. WUNDERER, R. ; GRUNWALD, W. (1980): a.a.O., S. 267

2.1 Führungsforschung

FIEDLER dichotomisierte die o.g. drei Dimensionen und bildete die entstehenden acht Gruppen-Aufgaben-Situationen in einem Würfelmodell ab:

- Führer-Mitarbeiter-Beziehung : gut   <---->   schlecht
- Aufgabenstruktur   : strukturiert <---->   unstrukturiert
- Positionsmacht   : stark   <---->   schwach

Nach FIEDLER lassen sich die abgebildeten Situationsbedingungen nach der 'Günstigkeit der Situation' bzgl. der Ausübung von Führungsmacht in eine Rangfolge bringen. Der Führungsstil und die Gruppenleistung werden von der Günstigkeit der Situation wesentlich beeinflußt.

Als wichtigste Situation wird von FIEDLER die Führer-Mitarbeiter-Beziehung angesehen. Er ist der Meinung, daß beliebte Führer kaum einer Positionsmacht und einer strukturierten Aufgabe bedürften, um sich durchzusetzen. Als zweitwichtigste Dimension wird von ihm die Aufgabenstruktur angesehen, weil einer wohlstrukturierten Aufgabe die Erledigungsaufforderung bereits in hohem Maße innewohnt und damit zur tatsächlichen Erledigung nur noch vergleichsweise geringe Führungsanstöße nötig sind. Ein Führer mit einer strukturierten Aufgabe muß demnach nicht unbedingt über eine hohe Positionsmacht verfügen, um erfolgreich zu sein. Die Situationstheorie der Führung ist weniger ein integratives System von Aussagen oder Hypothesen, als vielmehr eine Reihe von Hinweisen mit programmatischen Aufforderungscharakter, die jeweils vorherrschende Situation stärker zu berücksichtigen.

Neben den in Kap. 2.1.5 eingehender erläuterten Führungstheorien seien an dieser Stelle ergänzend die Erwartung-, Interaktions-, Attributions-, Austausch-, Lern- und Motivationstheorien der Führung erwähnt (vgl. LATTMANN, WUNDERER und GRUNWALD, BISANI, WEINERT, NEUBERGER, STAEHLE u.a.) werden, auf die an dieser Stelle nicht weiter eingegangen werden soll.[1),2),3),4),5),6)]

2.1.7 Führungsverhalten und Führungsstil

Führungsverhalten bezeichnet die empirisch beobachtbaren Verhaltensweisen eines Führers, die dazu geeignet sind, Einstellungen und Verhaltensweisen anderer Menschen zielgerichtet zu beeinflussen.[7)]

[1)] LATTMANN, CH. (1975): *Führungsstil und Führungsrichtlinien*, Bern, Stuttgart: Haupt, 70 S.
[2)] WUNDERER, R.; GRUNWALD, W. (1980): a.a.O., 526 S.
[3)] BISANI, F. (1985): *Personalführung*, 3. überarb. Aufl., Wiesbaden: Gabler, 198 S.
[4)] WEINERT, A.B. (1987a): a.a.O., 566 S.
[5)] NEUBERGER, O. (1990): a.a.O., 320 S.
[6)] STAEHLE, W.H. (1990): a.a.O., 961 S.
[7)] vgl. STAEHLE, W.H.; SYDOW, J. (1987): 'Führungsstiltheorien', in: KIESER, A.; REBER, G.; WUNDERER, R. (1987): *Handwörterbuch der Führung*, Stuttgart: Poeschel, Sp. 661-671

Der **Führungsstil** ist nach STAEHLE ein "... *langfristig relativ stabiles, strukturiertes, situationsinvariantes Verhaltensmuster des Führers*".[1),2)] Dementsprechend ist der Führungsstil durch eine persönliche Grundeinstellung (Philosophie, Ideologie) zum Mitarbeiter geprägt. Aus der Sicht der Geführten wird Führungsverhalten ganzheitlich als Führungsstil erlebt.

Hinter dem Begriff 'Führungsstil' verbirgt sich eine bestimmte Tradition der Führungsforschung, die auf der Grundlage eigenschaftsorientierter Typologien Gesetzmäßigkeiten über die situationsinvariante Effizienzwirkung solcher Verhaltensmuster zu entwickeln sucht. Je nachdem, ob die gewonnenen Führungsstile Ergebnis idealtypischer Betrachtungen oder empirischer Erhebungen sind, spricht STAEHLE[3)] von idealtypischen bzw. realtypischen Ansätzen der Führungsforschung.

2.1.7.1 Idealtypische Ansätze

In der deutschsprachigen Literatur werden unterschiedliche Variationen sog. traditioneller Führungsstile diskutiert. In aller Regel unterscheidet man vier idealtypische Führungsstile:

- **Patriarchalischer Führungsstil:** Schulbeispiel ist das Führungsverhalten des Familienvaters, dessen Autorität von den Familienmitgliedern bedingungslos akzeptiert wird. Die Organisationsstruktur sieht lediglich eine Führungsinstanz vor und keinerlei Delegation von Entscheidungsbefugnis. Patriarchalische Führung kommt eher in kleinen Organisationen vor.

- **Charismatischer Führungsstil:** Der charismatische Führer begründet seinen Herrschaftsanspruch auf besondere, einmalige Persönlichkeitszüge. Sie sind besonders gefragt in Not- und Krisensituationen, in denen der Glaube an eine Rettung durch den Führer die Zuversicht zu rationalen Problemlösungsstrategien verdrängt. Charismatische Führer beziehen ihren Erfolg aus dem persönlichen Auftritt.

- **Autokratischer Führungsstil:** Autokratische Führung kommt eher in großen Organisationen (Staat, Heer, Großunternehmen) vor. Der Autokrat bedient sich zur Herrschaftsausübung eines umfänglichen Führungsapparats (Hierarchie), wobei nachgeordnete Linieninstanzen die Entscheidungen des Autokraten durchsetzen. Es besteht kein unmittelbarer Kontakt zwischen Führer und Geführten wie beim patriarchalischen und charismatischen Führungsstil.

- **Bürokratischer Führungsstil:** Im Zuge einer weiteren Entpersönlichung der Führung bildet der bürokratische Führungsstil die extreme Form der Strukturierung und

---

[1)] STAEHLE, W.H. (1990): a.a.O., S. 309
[2)] vgl. LATTMANN, CH. (1981): *Die verhaltenswissenschaftlichen Grundlagen der Führung des Mitarbeiters*, Bern, Stuttgart: Haupt, 565 S.
[3)] vgl. STAEHLE, W.H. (1990): a.a.O., S. 309-310

2.1 Führungsforschung

Reglementierung organisatorischer Verhaltensweisen (Richtlinien, Stellenbeschreibungen, Dienstanordnungen). An die Stelle der Willkür des Autokraten tritt die Sachkompetenz des Bürokraten, die als Legitimation der Herrschaft von den Geführten akzeptiert wird.

Ein jüngerer Beitrag zur Typologie von Führungsstilen findet sich bei LATTMANN.[1] Er bildet aus Kombinationen unterschiedlicher Ausprägungen von elf Beschreibungsmerkmalen sechs Führungsstile:[2]

1. despotischer Führungsstil
2. paternalistischer Führungsstil
3. pädagogischer Führungsstil
4. partizipativer Führungsstil
5. partnerschaftlicher Führungsstil
6. Selbstverwaltung

Die Führungsstile 1 bis 3 kennzeichnen dabei eine autoritäre, 4 bis 6 eine demokratische Grundhaltung.

2.1.7.2 Die klassische Führungsstiltypologie von LEWIN

Die klassische Dreiteilung zwischen demokratischen, autokratischen und Laissez-faire Führungsstilen basiert auf Laboratoriumsexperimenten des Psychologen LEWIN.[3] Die Untersuchungen LEWINs und seiner Mitarbeiter haben nicht nur auf die Führungsforschung, sondern auch auf weite Bereiche der Psychologie großen Einfluß ausgeübt. Sie wurden jedoch, ungeachtet des eingeschränkten Geltungs- und Gültigkeitsbereichs dieser Experimente, unkritisch auf Führungssituationen in der Verwaltung und Industrie übertragen. Und dieses mit der allgemeinen Empfehlung, im Interesse höherer Leistung und größerer Zufriedenheit der Mitarbeiter stets einen kooperativen Führungsstil zu praktizieren.

- Der **autokratische Führer** bestimmt und lenkt die Aktivitäten und Ziele der Einzelnen und der Gruppe. Er teilt jedem Mitglied seine Tätigkeiten und Mitarbeiter zu. Bei der Bewertung der Tätigkeiten läßt er nicht erkennen, nach welchem Maßstab er wertet.

- Der **demokratische Führer** ermutigt die Gruppenmitglieder, ihre Aktivitäten und Ziele zum Gegenstand von Gruppendiskussionen und -entscheidungen zu machen.

---

[1] vgl. LATTMANN, CH. (1975): a.a.O., S. 16-17

[2] Die Gliederungsmerkmale sind: Wertung des Mitarbeiters, Stellenwert der Interessen des Mitarbeiters, Legitimation des Führungsanspruchs, Gewichtung von Arbeitsunzufriedenheit und Betriebsklima, Beteiligung der Mitarbeiter bei der Zielsetzung, Anspruchsniveau der Arbeitsziele, Aufgabenvollzug, Kontrolle, Durchsetzung der Ziele, Behandlung informeller Gruppen, Beteiligung der Mitarbeiter bei der Festlegung des Unternehmenszwecks.

[3] zit. in BASTINE, R. (1972): 'Gruppenführung', in: GRAUMANN, C.F. (Hrsg.): *Handbuch der Psychologie*, 7/2, Göttingen: Hogrefe, S. 1654-1709

Bei der Bewertung ihrer Tätigkeiten versucht er stets, die objektiven Beurteilungsgründe den Mitgliedern darzulegen.

♦ Der **laissez-faire Führer** spielt eine freundliche, aber passive Rolle und gibt den Gruppenmitgliedern volle Freiheit. Auf Fragen antwortet er mit den gewünschten Informationen, ohne Vorschläge zu machen. Überdies vermeidet er, die Tätigkeiten einzelner Mitglieder oder der gesamten Gruppe positiv oder negativ zu bewerten.

2.1.7.3 Kontinuum des Führungsverhaltens nach TANNENBAUM/SCHMIDT

In der amerikanischen Literatur zur Führungsproblematik hat unter den typologischen Ansätzen die sog. 'Kontinuum-Theorie' von TANNENBAUM/SCHMIDT[1),2)] (vgl. auch Kap. 2.1.5.2) besondere Verbreitung gefunden. Die Autoren gehen von dem in der Realität zu beobachtenden Führungsverhalten aus und ordnen es nach dem Ausmaß der Anwendung von Autorität durch den Vorgesetzten und dem Ausmaß an Entscheidungsfreiheit der Mitarbeiter auf einem Kontinuum von extrem vorgesetztenzentrierten zu extrem mitarbeiterzentrierten Verhaltensmustern an (siehe auch Übersicht 2.06, Kap. 2.1.5.2). In einem normativ-analytischen Teil versuchen sie dann die wichtigsten Faktoren zu bestimmen, die bei der Wahl des *richtigen* Führungsverhaltens zu berücksichtigen sind. Das Ergebnis (aus der Sicht des VG) sind folgende **Determinanten eines situationsgerechten Führungsstils**:

A) Charakteristika des Vorgesetzten
- sein Wertsystem
- sein Vertrauen in die Mitarbeiter
- seine Führungsqualitäten
- das Ausmaß an Sicherheit, das er in der bestimmten Situation empfindet

B) Charakteristika der Mitarbeiter
- Ausmaß an Erfahrung in der Entscheidungsfindung
- ihre fachliche Kompetenz
- ihr Engagement an dem Problem
- ihre Ansprüche hinsichtlich beruflicher und persönlicher Entwicklung

C) Charakteristika der Situation
- Art der Organisation
- Eigenschaften der Gruppe
- Art des Problems
- zeitlicher Abstand zur Handlung

Jede unterschiedliche Konstellation der Charakteristika innerhalb 1., 2. und 3. erfordert einen unterschiedlichen Führungsstil. Es kann keinen durchgängig richtigen Führungsstil geben. Einem erfolgreichen Manager gelingt es, die

---

[1)] vgl. TANNENBAUM, R.; SCHMIDT, W.H. (1958): a.a.O., S. 95-101
[2)] vgl. DIESELBEN (1973): 'Retrospectice commentary to 'How to choose a leadership pattern'' Harvard Business Review, 5,6/1973, S. 162-180

verschiedenen situativen Einflußfaktoren realistisch einzuschätzen und sich mit seinem Führungsverhalten entsprechend darauf einzustellen. Flexibilität ist also der Schlüssel zum Erfolg.[1]

2.1.7.4 Das Verhaltensgitter von BLAKE/MOUTON

BLAKE/MOUTON[2] unterscheiden in ihrem der Tradition der OHIO-Studien folgenden Verhaltensgitter (Übersicht 2.07) zwei voneinander unabhängige Führungsdimensionen: **Produktionsorientierung** (concern for production) und **Menschenorientierung** (concern for people). Sie gehen somit von einem Gegensatz ökonomischer und humaner Ziele in Organisationen aus.

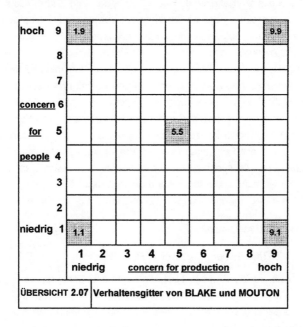

ÜBERSICHT 2.07 Verhaltensgitter von BLAKE und MOUTON

Das Verhaltensgitter spiegelt die Wechselbeziehung zwischen Produktionsorientierung und Mitarbeiterorientierung wider. Jede Dimension ist durch 9 Ausprägungsmerkmale gekennzeichnet, wobei 1 die geringste und 9 die höchste Ausprägung indiziert. Von den 81 möglichen werden von den Autoren nur fünf Führungsstile, die sog. Schlüssel-Führungsverhalten (1.1, 1.9, 9.1, 5.5 und 9.9), beschrieben:

---

[1] vgl. STAEHLE, W.H. (1990): a.a.O., S. 312-313
[2] vgl. BLAKE, R.; MOUTON, I.S. (1968): *Verhaltenspsychologie im Betrieb*, Düsseldorf, Wien: Econ, S. 23-38

- **1.1**: Geringstmögliche Einwirkung auf Arbeitsleistung und auf die Menschen.
- **1.9**: Sorgfältige Beachtung der zwischenmenschlichen Beziehungen führt zu einer entspannten und freundlichen Atmosphäre und zu einem hohen Arbeitstempo.
- **5.5**: Ausgeglichene mittlere Berücksichtigung humaner und sachlicher Elemente. Ausbalancieren der Notwendigkeit zur Arbeitsleistung und zur Beachtung menschlicher Beziehungen führt zu einer sicheren, genügenden, aber nicht optimalen Arbeitsleistung.
- **9.1**: Wirksame Arbeitsleistung wird erzielt, ohne daß viel Rücksicht auf zwischenmenschliche Beziehungen genommen wird.
- **9.9**: Hohe Arbeitsleistung von begeisterten Mitarbeitern. Verfolgung des gemeinsamen Ziels führt zu gutem Verhalten.

Wenngleich das Verhaltensgitter wenig geeignet sein dürfte, reale Führungsprozesse zu beschreiben oder gar zu erklären, veranschaulicht es doch in einfacher Form den breiten Spielraum möglicher Führungsstile. Kritisch ist zum Verhaltensgitter anzumerken, daß der von BLAKE/MOUTON empfohlene einzig (situationsunabhängige) optimale Führungsstil 9.9 einen linearen monokausalen Zusammenhang zwischen dem bestimmten Führungsstil und bestimmten Wirkungen postuliert. Zahlreiche Labor- und Feldexperimente haben diese Aussage indessen dahingehend relativiert, daß zwischen einem bestimmten Führungsstil und den daraus resultierenden Konsequenzen - wie z.B. Arbeitszufriedenheit, höhere Produktivität, geringere Fehlzeiten usw. - keine eindeutige Beziehung besteht.[1],[2] Vielmehr sind stets die spezifischen Umstände zu berücksichtigen, unter denen Führungsverhalten auftritt. Demnach kann ein und derselbe Führungsstil aufgrund unterschiedlicher Bedingungen zu ganz verschiedenen Ergebnissen führen.

2.1.7.5 Mehrdimensionale Ansätze

2.1.7.5.1 Die 3-D-Theorie der Führung von REDDIN

Im Gegensatz zu BLAKE/MOUTON, die einen situationsunabhängigen optimalen Führungsstil (9.9) propagieren, bestreitet REDDIN[3] in seiner 3-D-Theorie die Existenz eines generell gültigen und 'besten' Führungsstils (Übersicht 2.08). REDDIN unterscheidet in seinem Ansatz drei Dimensionen (3D):

1. Aufgabenorientierung (AO)
2. Kontaktorientierung (KO)
3. Effektivität

Ein bestimmter Grundstil kann danach je nach Ausprägung von KO bzw. AO (hoch oder niedrig) in Abhängigkeit von jeweils vorgefundenen Situationsvariablen,

---

[1] WUNDERER, R.; GRUNDWALD, W. (1980): a.a.O., S. 227
[2] NEUBERGER, O. (1976): *Führungsverhalten und Führungserfolg*, Berlin:Duncker und Humblot, S. 214-219
[3] REDDIN, W.J. (1970): *Managerial effectiveness*, New York: McGraw-Hill, S. 35-49

2.1 Führungsforschung - 33 -

wie z.B. Technologie, Mitarbeiter usw., effektiv oder ineffektiv sein. Darum werden die Fähigkeit zur Situationsdiagnose, die Flexibilität des Vorgesetzten sowie die Fähigkeit zur Situationsveränderung als die drei zentralen Führungseigenschaften betrachtet (Übersicht 2.08).[1]

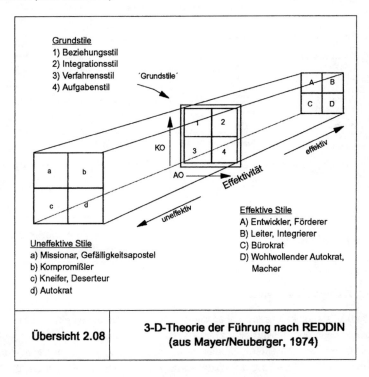

| Übersicht 2.08 | 3-D-Theorie der Führung nach REDDIN (aus Mayer/Neuberger, 1974) |

2.1.7.5.2 Das System organisatorischer Führungselemente von BLEICHER

BLEICHER[2),3),4)] führt den Gedanken von TANNENBAUM/SCHMIDT weiter, indem er ein System abgestufter organisatorischer Führungselemente entwickelt, die - je nach Ausprägung - einen mehr autoritären oder einen mehr kooperativen Führungsstil kennzeichnen (siehe Übersicht 2.09).

[1)] vgl. MAYER, A.; NEUBERGER, O. (1974): 'Gibt es einen optimalen Führungsstil?', *PMuA*, 4/1974, S. 157-161

[2)] vgl. BLEICHER, K. (1970): 'Zur Organisation von Leitung und Führung in der Verwaltung', in: MICHALSKI, W. (Hrsg.) (1970): *Leistungsfähigkeit und Wirtschaftlichkeit in der öffentlichen Verwaltung*, Hamburg: Weltarchiv GmbH, S. 53-80

[3)] vgl. DERSELBE (1971): *Perpektiven für Organisation und Führung von Unternehmungen*, Baden-Baden - Bad Homburg v.d.H.: Gehlen, S. 58

[4)] vgl. DERSELBE (1972): 'Zur Zentralisation und Dezentralisation von Entscheidungsaufgaben der Unternehmung', in: GROCHLA, E. (Hrsg.): *Unternehmensorganisation*, Reinbeck: Rowohlt, S. 72-87

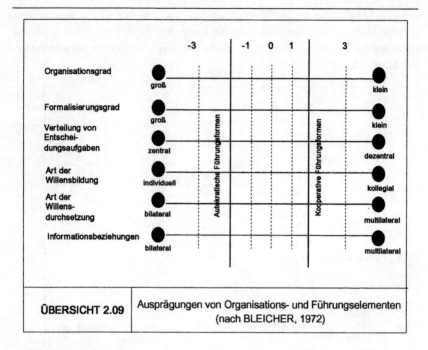

| ÜBERSICHT 2.09 | Ausprägungen von Organisations- und Führungselementen (nach BLEICHER, 1972) |

2.1.7.2 Realtypische Ansätze

Der Vollständigkeit halber sei an dieser Stelle kurz auf die empirisch ermittelten Konzepte des Führungsverhaltens hingewiesen. Zu nennen sind hier die Ergebnisse der OHIO- und MICHIGAN-Studien sowie das Kontingenzmodell der effektiven Führung von FIEDLER und das Typenkonzept von TAUSCH. Eine expilizite Darstellung dieser Konzepte würde den Rahmen dieses Kapitels jedoch sprengen (vgl. dazu WUNDERER und GRUNWALD, BISANI, WEINERT).[1),2),3)]

[1)] vgl. WUNDERER, R.; GRUNWALD, W. (1980): a.a.O., S. 238 ff
[2)] vgl. BISANI, F. (1985): a.a.O., S. 117 ff
[3)] vgl. WEINERT, A.B. (1987a): a.a.O., S.340 ff

2.2. Arbeitszufriedenheit und Arbeitszufriedenheitsforschung

Die Gründe für das Interesse an der Erforschung der Arbeitszufriedenheit haben sich im Laufe der Jahrzehnte immer wieder geändert. War es anfangs die Annahme eines direkten Bezugs zwischen Produktivität, Fehlzeiten, Fluktuation und Arbeitszufriedenheit, ist es heute eher die zunehmende Gewichtung der ´Humanisierung der Arbeit´ und der sozialen Zielsetzung von Organisationen, die Arbeitszufriedenheit zum Gegenstand nicht nur wissenschaftlicher, sondern auch gesellschaftspolitischer Diskussionen haben werden lassen. Wenn man bedenkt, daß die meisten Menschen etwa die Hälfte ihres Lebens an einem Arbeitsplatz innerhalb einer Organisation verbringen, liegt die Vorstellung, daß der Arbeitsplatz eine der wichtigsten Institutionen zur Gewährleistung menschlicher Zufriedenheit und Lebensqualität ist, nicht weit.[1]

2.2.1 Historische Entwicklung der Forschung über Arbeitszufriedenheit

Im Rahmen der Arbeitswissenschaft bestanden von Beginn an recht verschiedene Hypothesen über den Stellenwert von Arbeitsmotiven, Bedürfnissen, Erwartungen und daraus ableitbaren Determinanten von Arbeitszufriedenheit. Die Determinanten der Arbeitszufriedenheit wurden zugleich als Bedingungen für Leistungssteigerung betrachtet. Diese Ansätze betonen überwiegend jeweils ein Hauptmotiv bzw. eine Motivgruppe und entsprechende Merkmale der Arbeitssituation.

Ein historischer Schwerpunkt ist die sog. "wissenschaftliche Betriebsführung", die zumindest seit den Arbeiten TAYLORs[2] bis in die dreißiger Jahre die Diskussion beherrschte. TAYLOR ging im Rahmen seiner Theorie des ´Scientific Management´ - ohne interindividuelle Unterschiede zu erlauben - davon aus, Arbeit bedeute für den Arbeitenden überwiegend Gelegenheit zum Gelderwerb. Nur durch finanzielle Entlohnung sei er motiviert, hart zu arbeiten. TAYLOR war sich dabei aber sehr wohl darüber im klaren, welche Rolle die Attitüden[3] des Mitarbeiters gegenüber seiner Arbeit und gegenüber seiner Organisation spielen. Es mußte deshalb oberstes Gebot der Organisationsleitung sein, diese Attitüden zu beeinflussen. Aber nicht nur materielle Interessen sollten dabei eine entscheidenen Rolle spielen. Ein wesentliches Ziel bestand darin, Ermüdungserscheinungen zu reduzieren, da diese als unökonomische Störfaktoren im Arbeitsleben angesehen wurden.

---

[1] vgl. WEINERT, A.B. (1987a): a.a.O., S. 33
[2] TAYLOR, F.W. (1911): a.a.O., 156 S.
[3] **Attitüden:** Hierunter werden im allgemeinen die Reaktionen und Empfindungen des Mitarbeiters in der Organisation , gegenüber seiner Arbeitssituation, verstanden. Ihre affektiven und kognitiven Facetten, sowie ihre Verhaltensdispositionen gegenüber der Arbeit, der Arbeitsumgebung, den Mitarbeitern, den Vorgesetzten und der gesamten Organisation sind es, die besonderes Interesse erwecken. Arbeitszufriedenheit wäre in diesem Fall als Reaktionen, Empfindungen und Gefühle eines Organisationsmitglieds gegenüber seiner Arbeit zu verstehen.

Eine Arbeit führe demnach zu umso größerer Zufriedenheit und Produktivität, je mehr materielle Vergütung mit einer Mindestanstrengung zu erlangen sei, und sogar die Befriedigung durch Entlohnung die Unzufriedenheit mit der Arbeit selbst kompensieren könne.

Etwa ab 1925 herrschte in der Diskussion und bei zeitgemäßen Neuerungsversuchen der Betriebspraxis die Gegenthese der Human-Relations-Bewegung vor. Hier waren vor allem die sog. 'Hawthorne-Experimente' grundlegend, die einen neuen Trend in der organisationspsychologischen Forschung einleiteten.[1),2),3)] Die Studien gingen ursprünglich von der Frage aus, welchen Einfluß die Beleuchtung auf die Produktivität der Mitarbeiter hat. Sehr bald aber entdeckte man, daß die Mitarbeiter nicht in mechanischer Weise und nicht einheitlich, sondern mit interindividuellen Unterschieden auf Veränderungen ihrer Arbeitsumwelt reagierten. Man folgerte, daß Arbeitende, die ihrer Arbeit 'entfremdet' und bei der Arbeit sozial isoliert sind, unzufriedener und daher auch weniger produktiv seien. Aus dieser Annahme entstand die speziellere These, Formen sozialer Kontakte, die bei der Arbeit eine Rolle spielen können, seien die wichtigsten Determinanten von Arbeitszufriedenheit und Produktivität. Die Erkenntnisse der Studien führten in der Folge zu einer Überbetonung der Rolle der 'sozialen Variablen' und der sozialen Beziehungen am Arbeitsplatz.

Etwa zur selben Zeit, in der die 'Hawthorne-Studien' beendet wurden, arbeitete HOPPOCK[4)] an der ersten, breit angelegten Studie über Arbeitszufriedenheit, unter Berücksichtigung sowohl der interindividuellen Unterschiede als auch der Gruppendifferenzen in der Arbeitszufriedenheit und erbrachte den Nachweis des Einflusses von Berufsgruppen auf die Attitüden gegenüber der Arbeit.

Einen weiteren, wichtigen Meilenstein stellt die Arbeit von SCHAFFER dar.[5)] Ausgehend von interindividuellen Unterschieden erbrachte er den Nachweis einer direkten Beziehung zwischen allgemeiner Arbeitszufriedenheit und dem Grad der Befriedigung der für das Individuum wichtigsten Bedürfnisse am Arbeitsplatz. Damit rückten individuelle Unterschiede in Bedürfnissen und Reaktionsweisen in den Blickpunkt. Diese Tendenz bildete ein Gegengewicht zu der Sichtweise, der Arbeitende mit seinen Bedürfnissen und Verhaltensweisen sei ausschließlich von seiner Arbeitsgruppenrolle her zu verstehen.[6)]

[1)] vgl. MAYO, E. (1945): a.a.O., 148 S.
[2)] vgl. DERSELBE (1966): *The human problems of an industrial civilization*, New York: Viking, 187 S., (orig. publ. 1933)
[3)] vgl. ROETHLISBERGER, F.J.; DICKSON, W.J. (1964): a.a.O., 615 S. (orig. publ. 1939)
[4)] vgl. HOPPOCK, R.C. (1935): *Job satisfaction*, New York: Harper and Brothers, 303 S.
[5)] vgl. SCHAFFER, R.H. (1953): 'Job satisfaction as related to need satisfaction in work', *Psychological Monographs*, 67/1953 (whole No. 364)
[6)] vgl. ARGYRIS, CH. (1957): *Personality and organization - The conflict between system and the individual*, New York: Harper & Row, S. 239

Von daher ist wohl auch das starke Echo, das die Theorie von MASLOW erhielt, zu erklären. Durch den polythematischen Ansatz und die Zusatzthesen über Einflüsse aus speziellen Entwicklungsverläufen erlaubt dieses System die Analyse individuell und subkulturell unterschiedlicher Motivationsakzente (siehe auch Kapitel 2.2.3).[1]

2.2.2 Definitionen von Arbeitszufriedenheit (AZ)

Der folgende Abschnitt soll einen Eindruck vermitteln von der Vielfalt der (Definitions)Ansätze, ohne eine systematisierende Absicht zu verfolgen.[2]

a) *Operationale Definitionen*

HOPPOCK[3]: *"Arbeitszufriedenheit ist, ..., eine Kombination psychologischer, physiologischer und situativer Bedingungen, die die Person zu der ehrlichen Äußerung veranlassen: 'Ich bin mit meiner Arbeit zufrieden'".*

b) *Arbeitszufriedenheit als Bedürfnisbefriedigung*

Ausgehend von einem homöostatischen Ansatz definieren verschiedene Autoren Arbeitszufriedenheit als Befriedigung arbeitsrelevanter Bedürfnisse, z.B. GRAEN, DAWES und WEISS[4]: *"Je vollständiger ein Bedürfniss erfüllt ist, desto größer ist die Zufriedenheit; d.h. die Stärke des Bedürfnisses minus dem Betrag der Bedürfnisbefriedigung ... ist gleich dem Grad der Zufriedenheit".*

c) *Arbeitszufriedenheit als (aufgehobene) Soll-Ist-Differenz*

Ebenfalls auf homöostatischer Basis, aber ohne Festlegung auf bestimmte Bedürfnisse, wird als formales Merkmal der Unzufriedenheit die Diskrepanz zwischen Wunsch und Wirklichkeit in den Mittelpunkt gerückt, so z.B. von MORSE[5]: *"Die Zufriedenheit eines Individuums ist umso größer, je größer der Betrag ist, den es davonträgt und zugleich ist sie umso geringer, je mehr es sie noch begehrt".*

---

[1] Die Anwendung der Motivationstheorie von MASLOW auf die Frage nach Bedingungen der Arbeitszufriedenheit bei größeren Gruppen, wie sie von HERZBERG und noch konsequenter von McGREGOR vorgenommen wurde, bedeutet bereits einen Schritt über MASLOWs Theorie hinaus. HERZBERG folgt dem MASLOWschen Ansatz nicht so weitgehend. Seine 'Zwei-Faktoren-Theorie' enthält zwar eine deutliche Stellungnahme zum Faktorengewicht, jedoch besteht diese wiederum lediglich in der Akzentuierung eines Determinantenbereichs jeweils für Zufriedenheit bzw. Unzufriedenheit.

[2] vgl. NEUBERGER, O.; ALLERBECK, M. (1978): *Messung und Analyse von Arbeitszufriedenheit - Erfahrungen mit dem ABB*, Schriften zur Arbeitspsychologie, Nr. 26, Bern, Stuttgart, Wien: Huber, S. 11-15

[3] vgl. HOPPOCK, R.C. (1935): a.a.O., S. 47

[4] vgl. GRAEN, G.B.; DAWES, R.; WEISS, D.J. (1968): 'Need type and job satisfaction among industrial scientists', *JoAP*, 52/1968, S. 287

[5] vgl. MORSE, N.C. (1953): *Satisfaction in white-collar jobs*, Ann Arbor: University of Michigan, S. 28

Nach GROSKURTH[1] ist Arbeitszufriedenheit "... *eine relativ geringe Differenz - bis zu Nulldifferenz - zwischen einem Ist-Wert von Merkmalen und Befriedigungsmöglichkeiten der Arbeitssituation und deren Soll-Wert, den Ansprüchen, Erwartungen, allgemein: den Standards des Individuums*".

d) Arbeitszufriedenheit als das Erreichen bestimmter Ziele

Diese Auffassung wird meist von Autoren vertreten, die sich der sog. ´humanistischen Psychologie´ verpflichtet fühlen, wie z. B. MASLOW und HERZBERG oder LOCKE. Nach LOCKE[2] resultiert Arbeitszufriedenheit "... *aus der Wahrnehmung, daß eine Arbeit die wichtigsten arbeitsbezogenen Werte erfüllt oder ihre Erfüllung erlaubt, vorausgesetzt, daß (und in dem Maße wie) diese Werte kongruent mit den Bedürfnissen der Person sind*".

e) Zufriedenheit als angenehmer personimmanenter Zustand bzw. affektive Bewertungsreaktion

Diese Auffassung umfaßt die Begriffsanalysen von phänomenologisch orientierten Psychologen bis hin zu hedonistischen Ansätzen, die sich z.T. mit den einstellungsbezogenen überlappen. LOCKE[3] führt dazu aus: "*Arbeitszufriedenheit kann ... definiert werden als angenehmer oder positiver Zustand, der aus der Bewertung der Arbeit oder der Arbeitserfahrungen resultiert*".

f) Arbeitszufriedenheit als Gleichgewichtszustand

In diesen Ansätzen wird die Stimmigkeit, Ausgewogenheit oder Vereinbarkeit der Kognitionen (Auffassungen, Meinungen, Erkenntnisse) betont: "*Unter sonst gleichen Bedingungen werden sich Individuen in solchen Verhaltenweisen engagieren und sie befriedigend finden, die ihr Gefühl kognitiven Gleichgewichts oder kognitiver Stimmung maximieren*".[4]

g) Arbeitszufriedenheit als Ergebnis komplexer Informationsverarbeitungsprozesse

Diesen Ansatz verfolgen BRUGGEMANN, GROSKURTH und ULICH[5]. Sie definieren Arbeitszufriedenheit als "*... das Ergebnis von Erlebnisverarbeitungs- und Abwägungsprozessen*".

---

[1] vgl. GROSKURTH, P. (1974): ´Arbeitszufriedenheit als normatives Problem´, *AuL*, 11/1974, S. 285

[2] vgl. LOCKE, E.A. (1976): ´The nature and causes of job satisfaction´, in: DUNETTE, M. (Hrsg.): *Handbook of industrial and organizational psychology*, Chicago: Rand McNelly College Publishing Company, S. 1307

[3] vgl. EBENDA, S. 1300

[4] vgl. KORMAN, A.K. (1970): ´Toward a hypothesis of work behavior´, *JoAP*, 54/1970, S. 35

[5] vgl. BRUGGEMAN, A.; GROSKURTH, P; ULICH, E. (1975): *Arbeitszufriedenheit*, Bern, Stuttgart, Wien: Huber, S. 132-136

2.2 Arbeitszufriedenheit und Arbeitszufriedenheitsforschung

h) *Arbeitszufriedenheit als Erwartungshaltung*

GELLERMAN[1] schreibt dazu: *"Je mehr die Umwelt der erwarteten Belohnungen des einzelnen entspricht oder zumindest das Eintreffen dieser Belohnungen zu versprechen scheint, umso besser wird die Arbeitszufriedenheit sein ..."*.

i) *Arbeitszufriedenheit als Einstellung zur Arbeit bzw. zu Aspekten der Arbeitssituation*

Vor dem Hintergrund anreiztheoretischer Auffassungen wird hier Zufriedenheit verstanden als strukturierte, bewertende und möglicherweise handlungsrelevante Einstellung zur Arbeit. Umweltgegebenheiten werden hinsichtlich ihres positiven Gefühlswerts beurteilt. Diesen Ansatz verfolgt u.a. BRUGGEMAN[2]: *"Arbeitszufriedenheit als Einstellung zum Arbeitsverhältnis ist die erlebnismäßige Folge davon, wie der Arbeitende Arbeit und betriebliche Umwelt, in bezug auf seine eigenen Interessen zu spüren bekommt"*.

NEUBERGER[3], dessen 'Arbeitsbeschreibungsbogen zur Erfassung der Arbeitszufriedenheit' (ABB) in der vorliegenden Arbeit Verwendung fand, vertritt ebenso eine anreiztheoretische Definition von Arbeitszufriedenheit. Für ihn ist *"Arbeitszufriedenheit die kognitiv-evaluative Einstellung des Individuums zur Arbeitssituation"*.

In der bisherigen Praxis der Arbeitszufriedenheitsforschung sind von dieser großen Zahl an Perspektiven jedoch nur wenige Ansätze, und zwar in erster Linie diejenigen, die Arbeitszufriedenheit als Bedürfnisbefriedigung, als Selbstentfaltung und vor allem als Einstellung betrachten, angewendet worden. Die Akzentsetzung auf Arbeitsumwelt und Erfahrung verdeutlicht den Gegenstandsbezug von Arbeitszufriedenheit, weist auf Ansatzpunkte für Veränderungsmöglichkeiten hin und erlaubt die Nutzung der empirischen und methodischen Erfahrungen der Einstellungsforschung.[4]

2.2.3 Darstellung der grundlegenden Ansätze zu einer Theorie der AZ

Die Entstehung von Arbeitszufriedenheit wird sehr unterschiedlich erklärt. Im folgenden Kapitel sollen dazu einige grundlegende Theorien der Arbeitszufriedenheit näher erläutert werden, die keinen Anspruch auf Vollständigkeit erheben.

---

[1] vgl. GELLERMAN, S. (1972): *Motivation und Leistung*, Düsseldorf: Econ, S. 43
[2] vgl. BRUGGEMANN, A. (1974): 'Zur Unterscheidung verschiedener Formen der Arbeitszufriedenheit', *AuL*, 28/1974, S. 281-284
[3] vgl. NEUBERGER, O. (1976b): 'Der Arbeitsbeschreibungsbogen - Ein Verfahren zur Messung von Arbeitszufriedenheit', *Problem und Entscheidung, Arbeiten zur Organisationspsychologie*, Heft 15, München, S. 10
[4] vgl. NEUBERGER, O.; ALLERBECK, M. (1978): a.a.O., S. 15

Die Ausführungen hierzu sind zum größten Teil der Veröffentlichung *"Arbeitszufriedenheit"* von BRUGGEMANN, GROßKURTH und ULICH entnommen.[1]

2.2.3.1 Die ´Motivationstheorie´ von MASLOW[2]

2.2.3.1.1 Die Motivationsinhalte

MASLOWs Ziel war es, eine 'positive Theorie' der menschlichen Motivation zu formulieren, d.h. eine Theorie, die in der Lage ist, die Motivation des gesunden Menschen zu erklären. Die von ihm entwickelte Theorie stützt sich auf Ergebnisse psychologischer und klinischer Beobachtung sowie experimentalpsychologischer Befunde. In seiner Theorie der Motivationsinhalte hebt MASLOW fünf Gruppen als sog. Grundbedürfnisse (basic needs) voneinander ab:

- Physiologische Bedürfnisse

    Es handelt sich dabei um all jene Bedürfnisse, die der Aufrechterhaltung eines normalen Organismuskreislaufs dienen. Unbefriedigte physiologische Bedürfnisse werden als körperlicher Mangelzustand erlebt.

- Sicherheitsbedürfnisse

    Diese Gruppe umfaßt jene Bedürfnisse, die auf die Herstellung von 'Struktur, Ordnung, Recht und Grenzziehung ...' hinauslaufen. Sie treten als Verlangen nach Sicherheit und Beständigkeit, Überblick und Einsicht in Zusammenhänge, Schutz, Freiheit von Furcht, Angst und Chaos auf. Im Erwachsenenalter sind die Bedürfnisse dieser Ebene zumindest in der westlichen Kultur relativ befriedigt.

- Zugehörigkeit und Liebesbedürfnisse (soziale Bedürfnisse)

    Bedürfnisse, die dieser Gruppe zugehören, zielen auf das Abgeben und Empfangen von Sympathie.

- Achtungsbedürfnisse (Ich-Bedürfnisse)

    MASLOW charakterisiert die Achtungsbedürfnisse allgemein dadurch, daß ihre Befriedigung zu Selbstvertrauen und Wertbewußtsein, ihre Frustration zu Minderwertigkeitsgefühlen, Gefühlen von Hilflosigkeit und zu neurotischen Fehlentwicklungen führe. Er nennt zwei Gruppen von Achtungsbedürfnissen:

    A.) Bedürfnisse nach Stärke und Erfolg, ... , Unabhängigkeit und Freiheit sowie den Wunsch, das Vertrauen anderer Menschen zu verdienen und zu erlangen.

    B.) Bedürfnisse, die eher auf Bestätigung von außen hinzielen, nämlich auf Prestige, Status, Ansehen, Einfluß und Beachtung.

---

[1] vgl. BRUGGEMAN, A.; GROSKURTH, P; ULICH, E. (1975): a.a.O., S. 20 ff
[2] vgl. MASLOW, A.H. (1954/1970): a.a.O., S. 35-58

♦ Bedürfnisse nach Selbstverwirklichung

Nach MASLOW ist die Variation der konkreten Erlebnis- und Ausdrucksweisen der Bedürfnisse nach Selbstverwirklichung wesentlich größer als bei den bisher genannten Bedürfnissen. Kennzeichen aller denkbaren und beobachtbaren Formen ist jeweils das Verlangen des Individuums zu verwirklichen, was es potentiell ist, d.h. seine potentiell gegebenen Fähigkeiten und Funktionsmöglichkeiten zu entfalten.

2.2.3.1.2 Das Prinzip der Bedürfnisentfaltung nach dem hierarchischen Modell

Die These von der hierarchischen Aktualisierungsabfolge der Motive ist neben deren inhaltlichen Gliederung wichtigster Bestandteil der MASLOWschen Theorie. Diese These besagt, daß die elementarsten Bedürfnisse zuerst wirksam werden; und ferner, daß die Inhalte jeder 'nächsthöheren' Ebene jeweils erst dann Bedeutung erlangen, wenn die Bedürfnisse vorgeordneter Stufen in gewissem Ausmaß befriedigt sind.

| ÜBERSICHT 2.10 | Bedürfnispyramide nach MASLOW |

Welche der oben beschriebenen Bedürfnisthematiken für ein bestimmtes Individuum zu einem bestimmten Zeitpunkt eine akute Rolle spielen, hängt dementsprechend davon ab, welche Bedürfnisse in welchem Ausmaß zu diesem Zeitpunkt bereits befriedigt sind. Die Vorstellung vom 'hierarchischen Auftreten' meint jedoch nicht, daß vorgeordnete Bedürfnisse völlig befriedigt, d.h. gesättigt sein müssen, ehe eine neue Thematik auftreten kann. Vielmehr geht MASLOW davon aus, daß, je länger und je regelmäßiger Bedürfnisse einer Ebene (z.B. Ebene 1) befriedigt werden, zunehmend Bedürfnisse der nächsthöheren Ebene (z.B. dann Ebene 2) Aktualität erlangen. Die beschrieben Hauptthemen der Motivation lassen sich in einer Entwicklungshierarchie darstellten (Übersicht 2.10).

2.2.3.2 McGREGORs Anwendung der MASLOWschen Theorie auf Fragen der Arbeitsmotivation

Für eine direkte Übertragung der Theorie von MASLOW auf die Arbeitsmotivation hat sich am stärksten McGREGOR[1] eingesetzt. Durch die Widerlegung einer aus der Managementpraxis abgeleiteten 'Theorie X' mit Argumenten im Sinne von MASLOW und die Formulierung der 'Theorie Y' als Konsequenz daraus, brachte er den Ansatz auf einige verständliche und einleuchtende Formeln. Zwar beziehen sich die von McGREGOR dargestellten ´Theorien X und Y´ auf die Aufgaben des Managements (siehe dazu auch Kap. 2.1.4.3.3), jedoch behandeln beide die Motivation des Arbeitenden. Insofern handelt es sich um eine Auseinandersetzung darüber, welche Bedürfnisse Arbeitende mit der Arbeit verbinden, welche Ziele demnach der Befriedigung und Zufriedenheit dienen müßten.

McGREGORs 'Theorie X' geht von folgenden hier (für die Arbeitsmotivation, A.d.V.) relevanten Prämissen aus: Aufgabe des Managements ist es, die Leistung des Personals zu steuern, es zu motivieren, zu kontrollieren und das Verhalten im Sinne der betrieblichen Ziele zu beeinflussen. McGREGOR unterstellt, daß ohne diese Aktivitäten des Managements die Arbeitnehmer den Betriebszielen passiv gegenüber stünden oder sogar Widerstand leisteten. Daher müsse überzeugt, belohnt, bestraft, kontrolliert und das Verhalten insgesamt gesteuert werden. Deshalb besteht Management auch in der Aufgabe, unterstellte Manager und Arbeiter zu lenken. Hinter diesen Annahmen steckt das bereits in Kap. 2.1.4.3.3 beschriebene Menschenbild.

MASLOWs Motivationstheorie bildet für McGREGOR ausdrücklich die Grundlage für die Gegenposition. Sämtliche der von MASLOW postulierten Grundbedürfnisse müßten nach McGREGOR bei der Organisation der Arbeit berücksichtigt werden, und dies sei auch möglich. Die herrschende Praxis aber wende sich aufgrund eines Fehlschlusses lediglich an materielle Bedürfnisse und, z.T. mißbräuchlich, an die Sicherheitsbedürfnisse der abhängigen Beschäftigten. Drei schwerwiegende negative Folgen seien:[2]

---

[1] vgl. McGREGOR, D. (1960): *The human side of enterprise*, New York: McGraw-Hill, (deutsch: 1970: Der Mensch im Unternehmen), 247 S.

[2] vgl. EBENDA, S. 246

2.2 Arbeitszufriedenheit und Arbeitszufriedenheitsforschung

- "... *ein mehr oder weniger bewußter Zustand von Unbefriedigtsein, der sich im betrieblichen Verhalten der Arbeitnehmer genauso niederschlage wie eine körperliche Mangelerscheinung*";

- "... *eine Attitüden- und Verhaltenprägung seitens der Arbeitnehmer: Die Managementpraxis verhindere die Entfaltung von Eigeninitiativen und leiste einer Fixierung auf Fragen der materiellen Entschädigung Vorschub, wenn dies der einzige Bereich bleibe, in dem Forderungen angemeldet werden können. Als Folge sei ein Arbeitnehmerverhalten im Sinne der 'Theorie X' zu beobachten, das wiederum als Rechtfertigung für die Managementpraxis diene*";

- "... *schließlich die Wirkungslosigkeit eines Managements 'mit Zuckerbrot und Peitsche' im Sinne der angestrebten Motivierung der Arbeitnehmer*".

Diese Wirkungslosigkeit von Mangement-Initiativen ergebe sich daraus, daß in der gegenwärtigen Gesellschaft beim Durchschnitt der Bevölkerung die Grundbedürfnisse der materiellen Lebenssicherung erfüllt seien. Weitere Anreize auf diesen Gebieten könnten daher nicht motivierend wirken. In der gegenwärtigen Situation seien infolgedessen die Bedürfnisse nach Selbständigkeit, Verantwortung, Aufstieg (entsprechen der MASLOWschen Theorie) als Motivatoren anzusprechen. Diese Überlegungen führen nach McGREGOR zu folgenden Positionen der 'Gegentheorie Y' (siehe auch Kap. 2.1.4.3.3):

- Beobachtbare Trägheit, Unzuverlässigkeit, Verantwortungsscheu und materielle Orientierung sind eine Konsequenz der traditionellen Behandlung der Arbeitnehmer durch das Management im Betrieb. Wer aus dem Erscheinungsbild auf Bedürfnisse und Verhaltensmöglichkeiten schließe, verwechsle Ursache und Wirkung.

- Motivation im Sinne von Entwicklungspotential, die Bereitschaft, sich auf betriebliche Ziele einzustellen und die Möglichkeit, Verantwortung zu übernehmen, sind bei allen Menschen vorhanden. Die wichtigste Aufgabe des Management ist es, organisatorische Bedingungen zu schaffen und Wege aufzuzeigen, die es den Arbeitnehmern erlauben, ihre eigenen Ziele dann am besten zu erreichen, wenn sie diese mit den Zielen der Organisation abstimmen.

Als Maßnahme, welche die Einengung der Befriedigungsmöglichkeiten für die Arbeitnehmer lockern und verantwortlichen, produktiven Einsatz fördern könnten, schlägt McGREGOR vor:

- Denzentralisation und Delegation von Verantwortung im Arbeitsbereich;

- Partizipation und 'consultive management';

- Aufgabenerweiterung als arbeitsorganisatorisches Gegenstück zur Delegation von Verantwortung;

- Beteiligung der Arbeitenden an der Kontrolle und Beurteilung der eigenen Arbeit.

Eine weitere Modifikation fand der MASLOWsche Ansatz durch BARNES.[1]

---

[1] vgl. BARNES, L.B. (1960): *Organizational systems and engineering groups: A comparative study of two technical groups in industry*, Boston: Division of Research, Harvard University, 190 S.

2.2.3.3 HERZBERGs Theorie der Arbeitsmotivation - 'Zwei-Faktoren-Theorie'[1]

HERZBERG unterscheidet in seinem motivationstheoretisches Konzept zwei grundlegend verschiedene Bedürfnismengen. Die erste hat mit der **animalischen Natur des Menschen** zu tun: dem angeborenen Streben, Schmerz zu vermeiden sowie allen jenen erlernten Trieben, die im Zusammenhang mit der Befriedigung der biologischen bzw. physiologischen Grundbedürfnisse Bedeutung gewinnen. Die zweite Bedürfnismenge bezieht sich auf **typisch menschliche Merkmale**, und zwar insbesondere auf das Streben nach psychologischem Wachstum.

Diese 'Zwei-Faktoren-Theorie im weiteren Sinne' bezieht sich auf die Arbeitsmotivation insgesamt. Die Theorie umfaßt die grundsätzliche Klassifikation der Faktoren (im Sinne von 'Ursachen') sowie deren Funktion für Bedürfnisbefriedigung und Verhaltenssteuerung. Die im folgenden skizzierte 'Zwei-Faktoren-Theorie im engeren Sinne' bezieht sich dagegen lediglich auf die beiden grundsätzlich unterschiedlichen Funktionen der Faktoren für Arbeitszufriedenheit.

2.2.3.3.1 Die 'Zwei-Faktoren-Thorie im engeren Sinne'

Gegenstand der 'Zwei-Faktoren-Theorie i.e.S.' sind Arbeitszufriedenheit - operational definiert durch registrierte Befriedigung in einer Situation, im Gegensatz zu 'Abwesenheit von Unzufriedenheit' - und Arbeitsunzufriedenheit, operationalisiert durch registrierte Nicht-Befriedigung bzw. Frustration. Die zentrale These der Theorie besagt, daß die den Arbeitsmotiven entsprechenden Faktoren der Arbeitssituation als Variablen von Arbeitszufriedenheit nicht parallel einem Kontinuum 'Arbeitszufriedenheit-Arbeitsunzufriedenheit' wirksam werden. Aus Ergebnissen empirischer Untersuchungen wird vielmehr abgeleitet, daß sich die Variablen jeweils nur in einer Richtung auswirken ('unidirectional effects').

HERZBERG geht davon aus, daß einige Faktoren lediglich zur Variation der Zufriedenheit in den Grenzen 'neutral-zufrieden' beitragen. Er nennt sie 'positive Faktoren' oder 'satisfiers'. Andere Faktoren dagegen beeinflussen nach HERZBERG lediglich die Unzufriedenheit, d.h. die Einstellungsvariation im Bereich 'neutral-unzufrieden'. HERZBERG spricht von 'negativen Faktoren' oder 'dissatisfiers'. Die inhaltliche Bestimmung der Faktoren, die auf Zufriedenheit bzw. Unzufriedenheit mit der Arbeit einwirken, läßt sich folgendermaßen zusammenfassen:

- *"Faktoren, die Zufriedenheit bewirken können (satisfiers), haben durchweg mit der Arbeit selbst zu tun und werden deshalb als **Kontent-Faktoren** bezeichnet. Als solche Faktoren gelten:*

---

[1] vgl. HERZBERG, F.; MAUSNER, B.; SNYDERMAN, B. (1959): *The motivation to work*, 2nd. ed., New York: Wiley, 157 S.

○ *die Tätigkeit selbst;*
○ *die Möglichkeit, etwas zu leisten;*
○ *die Möglichkeit, sich weiterzuentwickeln;*
○ *Verantwortung bei der Arbeit;*
○ *Aufstiegsmöglichkeiten;*
○ *Anerkennung;*

♦ *Demgegenüber lassen sich diejenigen Faktoren, die Unzufriedenheit bewirken können (dissatisfiers), eher der Arbeitsumgebung zuordnen. Sie sind also* **Kontext-Faktoren.** *Dazu zählen:*

○ *Gestaltung der Äußeren Arbeitsbedingungen;*
○ *Soziale Beziehungen;*
○ *Unternehmenspolitik und -administration;*
○ *Bezahlung einschließlich Sozialleistungen;*
○ *Krisensicherheit des Arbeitsplatzes"* [1]

2.2.3.3.2 Motivatoren und Hygiene-Faktoren

HERZBERG sieht in seinen empirischen Ergebnissen, die die **Kontent-Faktoren** eindeutig **als Variablen der Zufriedenheit** ausweisen, einen Beleg dafür, daß Selbstverwirklichung als 'letztes Ziel' auch bei der Arbeit wirksam ist. Da vor allem Kontent-Faktoren - sofern sie entsprechend den Erfordernissen der Selbstrealisierung gegeben waren - zur Arbeitsbefriedigung führen, nennt HERZBERG sie **Motivatoren.** Sie motivieren bzw. aktivieren im Sinne der Zufriedenheit und im Sinne der Selbstverwirklichung.

Kontext-Faktoren tragen zwar nach HERZBERG nicht zur Arbeitszufriedenheit bei; wenn aber Mängel im Arbeitskontext eine gewisse Toleranzgrenze überschreiten, entsteht eine psychisch belastende 'ungesunde' Situation. Unzufriedenheit als Gefühl, man arbeite unter unfairen Bedingungen oder in desorganisierter Umgebung, ist eine Folge davon. In positiver Ausprägung vermeiden Kontext-Faktoren solche belastenden Situationen und die damit verbundene Unzufriedenheit. Wegen dieser Schutzfunktion nennt HERZBERG diese Faktoren **Hygiene-Faktoren.** Beide Gruppen - Motivatoren und Hygiene-Faktoren - stehen in positivem Zusammenhang mit den Zielen des Individuums. Beide sind daher ebenso mit der Arbeitsmotivation im generellen, wie mit der Arbeitszufriedenheit und der Aktivierbarkeit im speziellen Fall in Verbindung zu sehen.

---

[1] vgl. HERZBERG, F. et al. (1959) zitiert nach BRUGGEMAN, A.; GROSKURTH, P; ULICH, E. (1975): a.a.O., S. 35-36

2.2.3.4 HOMANS 'Theorie zur Zufriedenheit' [1]

Die Theorie der Zufriedenheit von HOMANS bezieht sich ausschließlich auf Prozesse und Prozeßbedingungen, nicht auf Motivationsinhalte. Sie folgt den Prinzipien, nach denen HOMANS soziales Verhalten allgemein theoretisch ordnet und erklärt. Diese Prinzipien stammen aus der Verhaltenspsychologie und der 'elementaren Nationalökonomie'. Dementsprechend "... *steht also soziales Verhalten für einen Austausch von greifbarer oder nicht greifbarer, lohnender oder kostspieliger Aktivität zwischen mindestens zwei Personen*". Zufriedenheit wird in diesem Rahmen als Ergebnis der Beurteilung einer Tauschsituation bzw. als Ergebnis von unterschiedlichen Möglichkeiten des Zusammenwirkens zweier Bestimmungsfaktoren aufgefaßt :

A.) dem Ausmaß der erlangten Belohnung:

O wird eine Belohnung als wertvoll empfunden oder nicht, stimmt die Input-Output-Relation, was erhalten andere in gleichen Situationen

B.) dem Maß der noch offenen Bedürfnisse:

O wie hoch ist das gegenwärtige Anspruchsniveau eines Individuums?

2.2.3.5 Die ´Equity-Inequity-Theorie der Arbeitszufriedenheit´ nach ADAMS

ADAMS[2,3] bezieht sich vor allem auf das Modell von HOMANS und auf die Theorie der ´kognitiven Dissonanz´ von FESTINGER.[4] Er geht davon aus, daß die Arbeitssituation im weitesten Sinne als Tauschverhältnis zwischen Arbeitgeber und Arbeitnehmer erlebt wird. Der Arbeitende ´investiert´ Leistung; das sind seine ´inputs´. Dem gegenüber erwartet er Gegenleistungen, ´outcomes´. Damit ´inputs´ und ´outcomes´ ihre Funktionen bei einem Tausch erfüllen, müssen sie jeweils vom jeweiligen Adressaten erstens als solche erkannt und zweitens als relevant angesehen werden. Nach ADAMS liegen die Interpretations- und Bewertungsprobleme vor allem bei der Frage nach der Relevanz. Die erlebte Relevanz einer empfangenen oder erbrachten Leistung unterliegt - wie bei HOMANS - den Erwartungen und Wertvorstellungen der Betroffenen. Wertsystem und konkrete Erwartungen hinsichtlich der aus dem Arbeitsverhältnis zu ziehenden Vorteile sind Ergebnis von Vergleichen mit Bezugspersonen und/oder -gruppen.

---

[1] vgl. HOMANS, G.C. (1961): *Social behavior: Its elementary forms*, New York: Harcourt, Brace and World, Inc. (deutsch 1968), 404 S.

[2] vgl. ADAMS, J.S. (1963): ´Towards an understanding of inequity´, *Journal of Abnormal and Social Psychology*, 67/1963, S. 422-436

[3] vgl. DERSELBE (1965): ´Inequity in social exchange´, in: BERKOWITZ, L. (Hrsg.): *Advances in experimental social psychology*, Vol 2., New York, London: Academic Press, Inc., S. 157-189

[4] vgl. FESTINGER, L.A. (1957): *A theory of cognitive dissonance*, Evanston, Illinois: Row, Peterson, dt.: FESTINGER, L. (1978): *Theorie der kognitiven Dissonanz*, Bern, Stuttgart, Wien: Huber, 423 S.

2.2 Arbeitszufriedenheit und Arbeitszufriedenheitsforschung

ADAMS faßt Zufriedenheit als einen Zustand der Entspanntheit und des Gleichgewichts auf, der gegeben ist, wenn 'inputs' und 'outcomes', z.B. bzgl. eines Arbeitsverhältnisses, sich erwartungsgemäß verhalten. Werden Diskrepanzen wahrgenommen, entstehen Spannungen und Unzufriedenheit, die ihrerseits zur Auflösung drängen. Die jeweiligen Vor- und Nachteile einer bestimmten Situation werden unter verschiedenen Gesichtspunkten gegeneinander abgewogen. Gegebenenfalls läß sich dadurch ein neuer Standpunkt gewinnen. Unzufriedenheit und Spannung werden in diesem Fall 'verarbeitet' und dadurch aufgelöst. Fällt diese Möglichkeit aus, drängt sich der/dem Unzufriedenen eine aktive Lösung auf. Hierfür gibt es nach ADAMS zwei Möglichkeiten:

- eine faktische Veränderung der Situation
- eine psychologische Umstellung (z.B. Einstellungsveränderungen, interessengelenkte Informationsauswahl)

Diesen beiden grundsätzlichen Lösungsmöglichkeiten entsprechen nach ADAMS acht Vorgehensweisen:

- Erhöhung des eigenen Einsatzes, um hoher Gegenleistung gerecht zu werden
- Senkung des Einsatzes - als Antwort auf geringe Gegenleistung
- Erhöhung der Gegenleistung durch erfolgreiche Forderungen
- Senken der Gegenleistung
- Verzerrung eigener Leistung und erhaltener Gegenleistung
- Verzerrung der Leistungen und der erlangten Gegenleistungen anderer
- 'Flucht aus dem Felde', z.B. durch Absentismus, Kündigung
- Änderung der Bezugsgruppen und -normen, meist Verminderung des Anspruchsniveaus

ADAMS verweist darauf, daß nicht alle genannten Vorgehensweisen zur Verbesserung der sozialen Situation des Individuums in gleicher Weise geeignet seien. Insbesondere Leistungszurückhaltung werde in Arbeitssituationen keine dauerhaft befriedigende Lösung bringen. Sofern Partner direkt miteinander kommunizieren oder kooperieren, sei ein beiderseitiges Interesse an Lösungen zu unterstellen. Zu welcher Reaktion der unzufriedene Partner einer sozialen Tauschaktion sich allerdings genötigt oder befähigt sieht, hängt davon ab, ob der Gegenpart die Situation ähnlich beurteilt. Nur durch eine gemeinsame Lösung kann ein beiderseits befriedigendes Ergebnis erzielt werden.

2.2.3.6 VROOMs 'kognitive Theorie der Arbeitsmotivation und der AZ'

In Übereinstimmung mit der Mehrzahl der Motivationstheoretiker geht VROOM[1),2),3)] erstens davon aus, Verhalten werde ganz allgemein durch das *hedonistische Prinzip*, der bestmöglichen Sicherung von Lust und Vermeidung von Unlust geregelt[4)]. Zweitens ist er der Ansicht, daß dieses Konzept zur Erklärung von Verhalten nach der 'Hedonismus-These' nicht generell ausreichend sei. Es erfasse z.B. komplexeres Wahlverhalten nicht mehr. Dieses sei vielmehr durch eine *kognitive Theorie* angemessen darstellbar. VROOM unterstellt also, Verhalten sei subjektiv zweckdienlich und zielorientiert: Positiv valente Ergebnisse werden angestrebt, negativ valente möglichst vermieden. 'Leitwerte' und 'Erwartungen', beides Niederschläge früherer Erfahrungen, steuern konkretes Wahlverhalten[5)]. Drittens hebt er hervor, seine Theorie sei *ahistorisch*, d.h. bei der Erklärung von Verhalten werden nur Komponenten berücksichtigt, die zum entsprechenden Zeitpunkt gegeben sind. Die VROOMsche Theorie bezieht sich vor allem auf die Motivationsdynamik und weniger auf die Motivationsinhalte.

2.2.3.6.1 Die Theorie der Motivationsdynamik

Angelpunkt der VROOMschen Theorie sind drei Konzepte, die schon in LEWINs[6)] Feldtheorie eine Rolle spielen:

- die Valenz ('valence')
- die Erwartung ('expectancy')
- das Verhaltenspotential ('Feld-Kraft', 'force')

Das Konzept der Valenz

Wenn Verhalten zielgerichtet ist und wenn das bedeutet, daß Lust angestrebt und Unlust vermieden werden soll, dann kommt es darauf an, Objekte und Verhaltensresultate in diesem Sinne zu werten und zu gewichten. VROOM geht also davon aus, daß mögliche und tatsächliche Verhaltensergebnisse für Individuen eine sog. Valenz besitzen, die das Verhalten z.T. regelt.

[1)] vgl. BRUGGEMAN, A.; GROSKURTH, P; ULICH, E. (1975): a.a.O., S. 41-53
[2)] vgl. VROOM, V.H. (1964): *Work and Motivation*, New York, London, Sidney: Wiley, 331 S.
[3)] VROOMs 'kognitiver Ansatz' wird in der Literatur den Erwartungstheorien der Motivation zugeordnet. Seine Theorie wurde ab Mitte der siebziger Jahre zunehmend auf Fragen der Arbeitsmotivation, vor allem auch im Zusammenhang mit Arbeitsproduktivität, angewandt.
[4)] vgl. EBENDA, S. 10
[5)] vgl. EBENDA, S. 11
[6)] vgl. LEWIN, K. (1938): 'The conceptual representation and the measurement of psychological forces', *Contr. psychol. Theory*, Durham, D.C.: Duke University Press 1, No. 4

2.2 Arbeitszufriedenheit und Arbeitszufriedenheitsforschung

Mit Valenz ist die 'affektive' Orientierung" einer Person gegenüber einem Ergebnis gemeint.[1] VROOM unterscheidet zwischen der (erwarteten) Valenz, die ein Ergebnis für eine Person hat, und seinem tatsächlichen Wert für die Person. Die Valenz richtet sich nach der erwarteten, der Wert nach der tatsächlichen Befriedigung durch das Ergebnis. Nach VROOM sei außerdem zu beachten, daß viele Ergebnisse nicht um ihrer selbst willen positiv oder negativ eingeschätzt würden, sondern aufgrund ihres Zusammenhangs mit anderen Ergebnissen, zu denen sie führen. Sofern ein Ergebnis Zwischenergebnis oder Mittel ist, ergibt sich seine Valenz aus der vermuteten Beziehung zu Endergebnissen.

Das Konzept der Erwartung

Das Konzept der Erwartung ist bereits in der o.a. Erklärung von Valenz impliziert. VROOM begründet es folgendermaßen:

Verhaltensergebnisse hängen nicht ausschließlich von den (jeweils gewählten) Verhaltensschritten des Individuums ab, sondern auch von Ergebnissen und Umständen, die sich einer Kontrolle entziehen. Dabei sind bei jeder Wahlentscheidung gewisse Risiken gegeben. Die individuelle Entscheidung wird ebenso von der Valenz, die ein Verhaltensergebnis besitzt, wie auch von der Wahrscheinlichkeit des Verhaltenserfolgs mitbestimmt. Dabei handelt es sich um die 'subjektive Wahrscheinlichkeit', d.h. um eine Schätzung, in die verschiedene Erfahrungswerte eingehen.[2]

Das Konzept des Verhaltenspotentials

Wie entsteht nun aus der Wertschätzung eines möglichen Ergebnisses (Valenz) und der geschätzten Wahrscheinlichkeit, es erreichen zu können (Erwartung), ein entsprechender Verhaltensentschluß? VROOM führt dazu das Konzept des Verhaltenspotentials (Force) ein.

Er ist mit LEWIN der Ansicht, daß sich individuelles Verhalten nach einem Kräftefeld bestimmt. Jede Kraft in diesem Feld hat eine bestimmte Richtung sowie einen Stärkegrad und beeinflußt dadurch das Ergebnis.[3] Wenn also *ein* mögliches Verhaltensergebnis maximal positive Valenz besitzt, folgt daraus ein Impuls (Force) von 1, dieses Ergebnis anzustreben. Wenn gleichzeitig die Wahrscheinlichkeit, es auch zu erreichen ebenfalls mit 1, also als sicher angesetzt wird, entsteht aus beiden Impulsen ein Potential von 1 mal 1 = 1.

Daraufhin kommt entsprechendes Verhalten in Gang. Besteht bei maximaler Wertschätzung eines Verhaltensergebnisses - und daher starkem Verhaltens-

---

[1] vgl. VROOM, V.H. (1964): a.a.O., S. 15
[2] vgl. EBENDA, S. 17
[3] vgl. EBENDA, S. 18

impuls - keine Erfolgswahrscheinlichkeit, so wird der Impuls aufgehoben (1 mal 0 = 0). Es entsteht kein weiterführendes Verhaltenspotential und Versuche, das an sich geschätzte Ergebnis zu erzielen, unterbleiben.[1]

Von den drei genannten Konzepten ist also lediglich das des Verhaltenspotentials mit beobachtbarem Verhalten verbunden.

2.2.3.6.2 Die Anwendung des Modells auf Arbeitsmotivation und Arbeitszufriedenheit

Den Ausgang der Überlegungen über die Arbeitsmotivation bildet für VROOM die Frage, warum die meisten Menschen, zumindest in den westlichen Gesellschaften, arbeiten. Neben dem Bedarf an Gütern und der Notwendigkeit, sie zu produzieren, nennt er eine motivationale Bedingung: Alle, die einer Erwerbstätigkeit nachgehen, ziehen diese offenbar vor; d.h., bei Aufnahme einer Arbeit erwarten sie Konsequenzen, die, abwägend und insgesamt betrachtet, eine positivere Valenz haben als alle Konsequenzen, die sich ergeben würden, wenn sie keiner Arbeit nachgingen.[2] Die weitergehende Arbeitsmotivation, so VROOM, hängt von der Valenz der Folgen ab, die die verschiedenen Grade des Einsatzes wahrscheinlich nach sich ziehen. Der Inhaber einer Arbeitsstelle wird bei seiner Tätigkeit ein Maß an Anstrengung investieren, von dem er annimmt, daß es zu den für ihn wünschenswerten, prinzipiell erzielbaren Effekten führen wird.

Nach VROOM ist die Arbeitszufriedenheit abhängig von den Valenzen, die die verschiedenen Bedingungen bzw. Merkmale und die Folgen der Arbeitsrolle im weitesten Sinne für den Arbeitenden haben. Arbeitszufriedenheit wird verstanden als "... Valenz eines 'jobs', den eine Person ausführt".[3] Unter Bezugnahme auf empirische Forschungsergebnisse nennt VROOM folgende Merkmale eines Jobs, die positiv mit der Wertschätzung korrelieren, die einer Arbeitsrolle entgegengebracht wird:

- die Höhe der Bezahlung
- Angaben der Arbeitenden über Beachtung und Rücksichtnahme (consideration), die sie durch ihre Vorgesetzten erfahren
- Angaben der Arbeitenden über ihre Aufstiegschancen
- Interaktionsmöglichkeiten mit Kollegen
- Anerkennung durch Kollegen
- die Anzahl der zu Tätigkeit gehörenden Operationen
- Möglichkeiten, das eigene Arbeitstempo zu bestimmen
- Möglichkeiten, auf Entscheidungen Einfluß zu nehmen, die einen selbst betreffen werden

In eine allgemeine Formel gebracht ist **Arbeitszufriedenheit Ausdruck der Relation von Motiven, Bedürfnissen, Ansprüchen usw. des Arbeitenden**

---

[1] vgl. VROOM, V.H. (1964): a.a.O., S. 19
[2] vgl. EBENDA, S. 29 f
[3] vgl. EBENDA, S. 28 f

2.2 Arbeitszufriedenheit und Arbeitszufriedenheitsforschung

einerseits und von **Merkmalen der Arbeitssituation** andererseits. Diese beiden Variablengruppen fungieren in dem Modell als Determinanten der Arbeitszufriedenheit (Übersicht 2.11). Vom Standpunkt des Arbeitenden ergibt sich eine Relation von Soll-Wert (beschrieben durch die individuellen Ansprüche) und Ist-Wert (den Merkmalen). Arbeitszufriedenheit bzw. -unzufriedenheit wird verstanden als eine Soll-Wert/Ist-Wert-Differenz unterschiedlicher Größe.

Dieses Grundmodell ist offen gegenüber der Frage, wie diese Werte zustande gekommen sind. Beide können als genetisch voneinander abhängig betrachtet werden. In diesem Falle wäre bzgl. des Ist-Werts von einer vorgegebenen Technologie und Organisation auszugehen, bzgl. des Soll-Werts von ebenso vorgegebenen Bedürfnissen bzw. deren hierarchischen oder polaren Aufgliederung wie bei MASLOW, McGREGOR, BARNES oder HERZBERG.

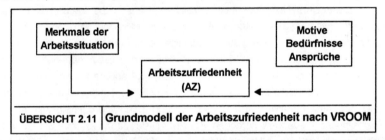

| ÜBERSICHT 2.11 | Grundmodell der Arbeitszufriedenheit nach VROOM |

Arbeitszufriedenheit als Resultat eines 'fairen Austauschs' läßt sich ebenfalls in diesem Grundmodell beschreiben: der Ist-Wert der Merkmale umfaßt auch alles, was der Arbeitende als positiv erfährt. Als faire Kompensation werden diese Merkmale dann empfunden, wenn sie nicht gravierend hinter den vom Arbeitenden subjektiv festgelegten Soll-Werten zurückbleiben. VROOM setzt Arbeitszufriedenheit gleich mit der Valenz der an die Arbeitsrolle geknüpften Ergebnisse. Valenz als 'affektive Orientierung' im positiven wie im negativen Sinn beschreibt ebenfalls den Bezug von realen Fakten zu Soll-Werten an Lustgewinn.

2.2.4. Formen der Arbeitszufriedenheit nach BRUGGEMANN

BRUGGEMANN hat an verschiedenen Stellen ein Modell vorgelegt, welches erlaubt, "*qualitativ unterschiedliche Formen der Arbeitszufriedenheit*" zu differenzieren.[1),2),3)] Sie betrachtet Arbeitszufriedenheit als Ergebnis von "*unterschiedlichen Abwägungs- und Erlebnisverarbeitungsprozessen*", nämlich:

[1)] BRUGGEMANN, A. (1974): 'Zur Unterscheidung verschiedener Formen der Arbeitszufriedenheit', *AuL*, 28/1974, S. 281-284

[2)] DIESELBE (1976): 'Zur empirischen Untersuchung verschiedener Formen von Arbeitszufriedenheit', *ZfAwi*, 2/1976, S. 71-74

[3)] BRUGGEMANN, A.; GROSKURTH, P.; ULICH, E. (1975): a.a.O., S. 132-136

1. der Befriedigung bzw. Nichtbefriedigung der Bedürfnisse und Erwartungen zu einem gegebenen Zeitpunkt

2. der Erhöhung, Aufrechterhaltung oder Senkung des Anspruchniveaus als Folge von Befriedigung oder Nichtbefriedigung

3. - im Falle von Nichtbefriedigung - von verschiedenen Formen der Problembewältigung: Problem-Lösung, Problem-Fixierung, Problem-Verdrängung.

Der Vergleich von Erwartungen und Bedürfnissen (Soll-Wert) und den tatsächlichen Befriedigungsmöglichkeiten (Ist-Wert) führt zu einem Urteil auf der Dimension ´zufrieden - unzufrieden´. Im Fall der ´Befriedigung´ (Null-Diskrepanz) tritt zunächst eine Periode der Entlastung und Stabilisierung ein, die BRUGGEMANN mit ´stabilisierender Arbeitszufriedenheit´ bezeichnet. Danach aber werden die Bedürfnisse und Erwartungen erweitert. Dabei sind zwei Möglichkeiten hervorzuheben: Das Anspruchsniveau in bezug auf Arbeitsaspekte erhöht sich, es kommt dabei zu ´schöpferischer Unzufriedenheit´ bzw. ´progressiver Arbeitszufriedenheit´. Der andere Fall ist, daß das Anspruchsniveau in bezug auf andere Lebensbereiche erhöht wird, in bezug auf die Arbeitssituation aber konstant bleibt. Auf diesem letzten Gebiet tritt keine Soll-Wert-Veränderung ein und man kann deshalb von ´stabilisierter Arbeitszufriedenheit´ sprechen. Bei einer Diskrepanz zwischen Soll- und Ist-Wert tritt zunächst ´diffuse Unzufriedenheit´ auf, die Problemsituation ist ´destabilisiert´. Eine mögliche Reaktion darauf ist die Senkung des Erwartungsniveaus, der ursprüngliche Soll-Wert wird reduziert. Das Ergebnis ist dann die sog. ´manifeste Arbeitszufriedenheit´, die aber wegen ihrer Entstehungsbedingungen als ´resignative Arbeitszufriedenheit´ charakterisiert wird (Übersicht 2.12).

Wird dagegen am ursprünglichen Anspruchsniveau festgehalten, so ergeben sich drei Möglichkeiten der Bewältigung der Problemsituation, die durch die diffuse Unzufriedenheit entstand: Wird aktiv und zielbewußt nach neuen Lösungen gesucht, so kann man von ´konstruktiver Arbeitsunzufriedenheit´ sprechen. Wird dagegen kein neuer Anlauf unternommen und bleibt das Individuum - bei hoher Frustrationstoleranz - in seinen Problemen stecken, so liegt ´fixierte Arbeitsunzufriedenheit´ vor. Wenn aber die Ansprüche aufrechterhalten werden und keine konstruktive Veränderung der Situaion erfolgt, so können psychologische Abwehrmechanismen zur ´Verfälschung der Situationswahrnehmung´ aktiviert werden. Die Situation wird sozusagen umdefiniert und es resultiert Arbeitszufriedenheit, die aber als ´Pseudo-Arbeitszufriedenheit´ zu gelten hat. Die Übersicht 2.12 verdeutlicht den dargestellten Sachverhalt schematisch.

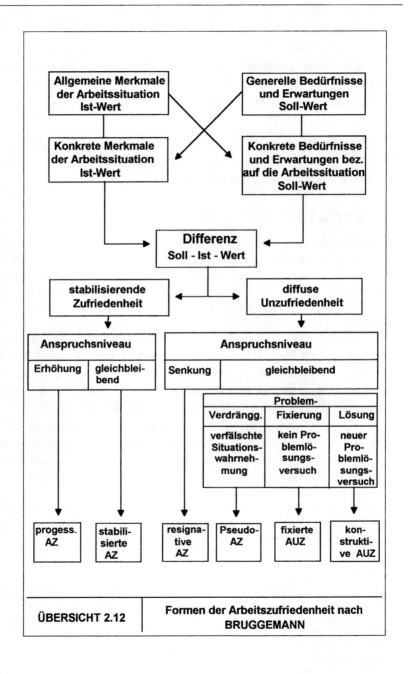

ÜBERSICHT 2.12   Formen der Arbeitszufriedenheit nach BRUGGEMANN

NEUBERGER[1] bemerkt dazu: *"BRUGGEMANN hat durch ihre Überlegungen das Augenmerk auf das Zustandekommen von Arbeitszufriedenheit gelenkt. Sie hat mit dieser dynamischen Betrachtungsweise alle bloß konstatierenden Vorgehensweisen als unzulänglich erwiesen. Vor allem für die inhaltliche Interpretation von Umfrageergebnissen ... sind ihre Ableitungen eine konstruktive Erweiterung."* Zur Kritik an BRUGGEMANNS Modell siehe NEUBERGER (1976b).[2]

3. AUFNAHME DES IST-ZUSTANDS

3.1 Methodik empirischer Untersuchungen

3.1.1 Merkmale der Befragungsmethode

Jede Befragung bedeutet Kommunikation zwischen zwei oder mehreren Personen. Durch verbale Stimuli (Fragen) werden verbale Reaktionen (Antworten) hervorgerufen (S-R-Modell). Dies geschieht in einer bestimmten sozialen Situation und wird geprägt durch gegenseitige Erwartungen. Die Antworten beziehen sich auf erlebte und erinnerte soziale Ereignisse, stellen Meinungen und Bewertungen dar. Von sozialer Situation ist selbst dann zu sprechen, wenn jemand für sich allein auf einen schriftlichen Fragebogen Antwort gibt. Gegenseitige Erwartungen, Wahrnehmungen aller Art beeinflussen dabei Verhalten und verbale Reaktion. Eine Totalkontrolle der sozialen Situation 'Interview' ist folglich nicht möglich. Um so wichtiger ist die Frage, was aus theoretischen Gründen als wesentlich anzusehen ist, was unbedingt so gut wie möglich kontrolliert werden müßte.[3]

Bedeutung kommt u.a. der Sprache zu. Durch die Sprache wird immer nur ein Ausschnitt des Erlebbaren und des Erlebten erfaßt. Die im Fragebogen fixierte Sprache ist nicht nur soziale Realität, sondern sie schafft auch soziale Realität beim Befragten, indem sie das verbale Verhalten des Befragten steuert[4]. So ist auch der Interviewer stärker interessiert, Antworten zu erhalten, als der Befragte, solche zu geben (Asymmetrie der Motivation). Je größer nun das Ungleichgewicht, desto größer ist die Möglichkeit einseitiger Beeinflussung, d.h. die Struktur der Antworten entspricht nicht den eigenen Erfahrungen des Antwortenden.

---

[1] NEUBERGER, O. (1976b): ´Der Arbeitsbeschreibungsbogen - Ein Verfahren zur Messung von Arbeitszufriedenheit´, *Problem und Entscheidung, Arbeiten zur Organisationspsychologie*, Heft 15, München, S. 5

[2] vgl. EBENDA, S. 5 - 9

[3] vgl. ATTESLANDER, P. (1991): *Methoden der empirischen Sozialforschung*, 6., neubearb. und erw. Aufl., Berlin, New York: de Gruyter, S. 129-135

[4] vgl. EBENDA, S. 136

3.1 Methodik empirischer Untersuchungen

Formales Ziel einer Befragung muß also sein, über die Sprache eine möglichst hohe Gemeinsamkeit in der Kommunikation zu erreichen.[1]

Neben der Sprache spielen Standardisierung der verwendeten Instrumente und Strukturiertheit der Interviewsituation eine wesentliche Rolle. Stimuli, mit denen man etwas messen möchte, müssen standardisiert sein. Als standardisiert werden Fragen bezeichnet, deren Antworten in Kategorien zusammengefaßt werden, um ihre Vergleichbarkeit herzustellen. Die Strukturiertheit kann vom wenig strukturierten über das teilstrukturierte bis hin zum stark strukturierten Interview reichen.

Fragebögen, wie in der vorliegenden Untersuchung verwendet, sind kennzeichnend für stark strukturierte Interviews.[2] Der Fragebogen legt den Inhalt, die Anzahl und die Reihenfolge der Fragen fest. Darüberhinaus wird bereits bei der Fragebogenkonstruktion über die sprachliche Formulierung der Fragen und die Verwendungsweise von Antwortkategorien entschieden. Letztlich wird bzgl. der Kommunikationsart noch zwischen mündlichen und schriftlichen Befragungen differenziert. Ob mündlich oder schriftlich befragt wird, hängt vom gesamten Forschungsablauf ab.

3.1.2 Die mündliche Befragung

Der strategische Hauptvorteil des Interviews liegt in dem hohen Maß an möglicher Flexibilität und Anpassung an den Einzelfall. Der Interviewer kann durch sein Verhalten den Grad der Äußerungsbereitschaft des Befragten, aber auch den Inhalt seiner Mitteilungen steuern. Der persönliche Kontakt im Gespräch wird jedoch psychisch dadurch belastet, daß der Interviewer keine eigenen Stellungnahmen zum Gesprächsgegenstand abgeben darf. Damit wird eine asymmetrische künstliche Gesprächssituation geschaffen, in der der eine Partner in die Rolle des 'Ausgefragten' gedrängt wird. Dies verleitet den Befragten schnell dazu, nur noch sozial erwünschte Antworten zu geben. Der gravierendste Nachteil ist jedoch der, daß es dem Interviewer praktisch unmöglich ist, dem Befragten Anonymität überzeugend zuzusichern.[3]

3.1.3 Die schriftliche Befragung

Die schriftliche Befragung erfolgt im allgemeinen in der Form eines hochstrukturierten Fragebogens, bei dem der Befragte oft nur noch vorgegebene Antwortmöglichkeiten anzukreuzen hat. Die Vorteile dieser Vorgehensweise sind anders

---

[1] vgl. NEUBERGER, O. (1976b): a.a.O., S. 155-157
[2] vgl. ATTESLANDER, P. (1991): a.a.O., S. 177-178
[3] vgl. NEUBERGER, O. (1974): *Messung der Arbeitszufriedenheit*, Stuttgart, Berlin, Köln, Mainz: Kohlhammer, S. 40

gelagert, als bei der mündlichen Befragung. Schriftliche Befragungen sind ökonomisch (für Frager und Befragte), die Fragen sind für alle einheitlich formuliert und große Zahlen von Befragten können gleichzeitig erfaßt werden. Darüberhinaus kann die Auswertung mit hoher Objektivität erfolgen. Im allgemeinen werden bei schriftlichen Befragungen häufiger geschlossene als offene Fragen verwendet. Abgesehen von den Auswertungsproblemen, die der offene Fragetyp mit sich bringt, entsteht bei den Befragten leicht der Eindruck, daß durch handschriftliche Notizen ihre Anonymität aufgehoben werden könnte.

Bei der Durchführung der schriftlichen Befragung werden meist zwei Möglichkeiten unterschieden:

- die Gruppenbefragung und
- die postalische (Einzel)Befragung.

Die Gruppenbefragung ist besonders für Untersuchungen in Organisationen geeignet, in denen die Befragten 'ständig verfügbar' sind. Ihre Vorteile sind die Nivellierung der unkontrollierbaren Einflüsse von Ort und Zeitpunkt der Fragebogenbearbeitung und vor allem die geringe Quote der Antwortverweigerungen. Die Repräsentativität der Umfrage ist bzgl. des Stichprobenumfangs in der Regel gesichert. Zudem ist der Interviewer während der Fragebogenbearbeitung anwesend und kann eventuell auftretende Mißverständnisse direkt aus dem Weg räumen. Mögliche Quellen der Verzerrung können Ort und Zeitpunkt der Befragung (Arbeitsplatz), kurzfristige Stimmungen oder auch Zeitdruck sein.

Die postalische schriftliche Befragung bietet den Beteiligten die Möglichkeit, den Fragebogen in ihrer gewohnten Umgebung zu einem selbstbestimmten Zeitpunkt, unbeeinflußt von Interviewern oder anderen Störgrößen zu beantworten. Nachteilig ist, daß eventuelle Mißverständnisse nicht ausgeräumt oder Antwortwiderstände nicht aufgehoben werden können, so daß komplizierte Fragestellungen von vornherein vermieden werden sollten.

Das größte Problem der postalischen Befragung ist jedoch die 'Rücklaufquote', der Prozentsatz der zurückgeschickten Fragebögen. Die Fragebögen werden entweder gar nicht oder zu spät an den Interviewer zurückgeschickt. Die Repräsentativität einer Umfrage kann vor allem durch sie in Frage gestellt werden.[1]

3.2 Wahl der Untersuchungsmethode

An der Untersuchung sollten Mitarbeiter aus mehreren Landesforstverwaltungen, kommunalen und privaten Forstbetrieben und den Landwirtschaftskammern (LWK) Weser-Ems und Hannover beteiligt werden. Der große Stichprobenumfang und die geographische Streulage der einzelnen Forstbetriebe aber auch die

---

[1] vgl. NEUBERGER, O. (1974): a.a.O., S. 76 ff

3.2 Wahl der Untersuchungsmethode

Zusicherung absoluter Anonymität ließen aus ökonomischen, zeitlichen und organisatorischen Gründen nur eine postalische Befragung zu. Die ebenfalls mit in die Untersuchung einbezogenen Forstreferandare und Forstinspektorenanwärter der Landesforstverwaltungen Niedersachsen, Hessen und Nordrhein-Westfalen wurden auf Lehrgängen in der Gruppe befragt. Lediglich den Forstinspektorenanwärtern aus Hessen wurden versuchsweise die Fragebögen postalisch übermittelt. Die jeweiligen Ansprechpartner der Landesforstverwaltungen, der Landwirtschaftskammern und die Forstamtsleiter der privaten und kommunalen Forstbetriebe wurden zusätzlich anhand eines Fragenkatalogs interviewt (Anhang 1).

Um die Vergleichbarkeit der Daten mit Ergebnissen anderer Organisationen oder auch nachfolgenden Untersuchungen zu gewährleisten, wurde auf bereits vorhandene und bewährte standardisierte Tests zurückgegriffen. Standardisierte Fragebögen sind in der gleichen Form bei zahlreichen Untersuchungen zur Befragung einer großen Zahl von Personen der verschiedensten Organisationen verwendet worden. Für die Interpretation der Antworten liegen daher statistisch abgesicherte Vergleichsnormen vor.

So plädiert auch NEUBERGER[1] für die komplette Verwendung vorliegender, allgemeiner Verfahren, vor, oder besser, nach denen dann spezielle Zusatzfragen gestellt werden. Damit unterbleibt das Basteln eines 'maßgeschneiderten' Fragebogens, der scheinbar auf die spezielle Situation der Organisation abgestellt ist. Ein so entwickeltes Instrument hätte sich mit der 'offenkundigen Gültigkeit' der in ihm enthaltenen Fragen begnügen müssen. Eine Analyse, Kontrolle und Beseitigung der methodenimmanenten Fehlerquellen findet bei einer dergestaltigen 'Maßschneiderei' selten statt.

Nach Absprachen mit Prof. Dr. F. Heegner vom Fachbereich 'Wirtschaft' der Fachhochschule Essen und Prof. Dr. P. Faßheber vom Institut für Wirtschafts- und Sozialpsychologie der Universität Göttingen fiel die Wahl auf den 'Fragebogen zur Einstellung zum Führungsverhalten' von HAIRE, GHISELLI und PORTER, den 'Fragebogen zur Vorgesetzten-Verhaltens-Beschreibung' (FVVB) von FITTKAU und FITTKAU-GARTHE, die 'Ermittlung der Gruppenatmosphäre' nach FIEDLER und den 'Arbeitsbeschreibungsbogen zur Messung der Arbeitszufriedenheit' (ABB) von NEUBERGER.

---

[1] vgl. NEUBERGER, O. (1974): a.a.O., S.83-84

3.3 Verwendete Instrumentarien

3.3.1 Fragebogen zur 'Einstellung zum Führungsverhalten' von HAIRE, GHISELLI und PORTER

3.3.1.1 Testdarstellung

Der 'Fragebogen zur Einstellung zum Führungsverhalten' (Anhang 1, S. VIII) wurde dem *ZUMA-Handbuch Sozialwissenschaftlicher Skalen* entnommen.[1] Der Test mißt nach der kognitiv-hedonistischen Theorie Kognitionen und Erwartungen und versucht, einen Eindruck über die unterschiedlichen Einstellungen der Vorgesetzten (in dieser Untersuchung 'Forstamtsleiter') zum Führungsverhalten zu gewinnen. Die Originalversion des Fragebogens stammt von HAIRE et al.[2] Angewandt wurde der Test u.a. von ZEIDLER[3] im Rahmen des Forschungsprojekts 'Augsburger Studie' und von LUKATIS.[4]

Bei der 'indirekten' Messung des Führungsstils über 'Führungseinstellungen' bauen HAIRE et al. auf der allgemeinen Hypothese auf, daß Meinungen und Einstellungen von Personen ihr Verhalten beeinflussen. Die Items des Tests beziehen sich auf die für das Führungsverhalten relevanten Komponenten des 'Menschenbilds', von dem die Führungskraft ausgeht, sowie auf ihre Vorstellung von einer 'guten' Führungskraft und den Voraussetzungen und Erfordernissen für effektives Führungsverhalten. Der Test setzt sich ursprünglich aus acht Items zusammen. Sieben der acht Items können nach ZEIDLER[5] und LUKATIS[6] folgenden drei Faktoren zugeordnet werden:

1. Faktor I: Einstellung zu einem kooperativen Führungsstil
   (EF1, Fragebogen-Items 60, 61, 63)
2. Faktor II: Einstellung zu einem informationszentrierten Führungsstil bzw. zum notwendigen Informationsumfang und Handlungsspielraum der Mitarbeiter
   (EF2, Fragebogen-Items 62, 64)
3. Faktor III: Einstellung zur Fähigkeit der Mitarbeiter, Führungsaufgaben zu und übernehmen und Eigeninitiative zu entwickeln bzw. zur Erlernbarkeit von Führungsfähigkeiten (EF3, Fragebogen-Items 58, 59)

---

[1] vgl. ZENTRALARCHIV für EMPIRISCHE SOZIALFORSCHUNG; ZENTRUM für UMFRAGEN, METHODEN und ANALYSEN (ZA/ZUMA) e.V. (Hrsg.) (1983): *ZUMA-Handbuch sozialwissenschaftlicher Skalen*, Teil 1 und 2, Eigendruck des Zentrums für Sozialwissenschaften, Bonn, C06, S. 1-6

[2] vgl. HAIRE, M.; GHISELLI, E.; PORTER, L.: *Managerial thinking: An international thinking*, New York, London, Sidney, 1966

[3] vgl. ZEIDLER, K. (1971): *Rollenanalyse von Führungskräften der Wirtschaft: Eine empirische Untersuchung über die Erwartungen an die Merkmale und das Verhalten von kaufmännischen Führungskräften der Wirtschaft*, Dissertation, Erlangen-Nürnberg, 370 S. + Anhang

[4] vgl. LUKATIS, I. (1972): *Organisationsstrukturen und Führungsstile in Wirtschaftsunternehmen*, Akademische Verlagsanstalt, Frankfurt/Main, 328 S.

[5] vgl. ZEIDLER, K. (1971): a.a.O., S. 94-97

[6] vgl. LUKATIS, I. (1972): a.a.O., S. 131

3.3 Verwendete Instrumentarien

Weil die ursprünglich vier-faktorielle Annahme von HAIRE et al. sowohl von ZEIDLER als auch von LUKATIS im Rahmen ihrer Untersuchungen nicht eindeutig bestätigt werden konnte, wurde in dieser Untersuchung die plausiblere 3-Faktorenlösung mit insgesamt sieben Items gewählt.

Für die Beantwortung der Items wurden Likert-Skalen mit jeweils fünf Antwortkategorien, die von 'starker Zustimmung' bis 'starker Ablehnung' reichen, vorgegeben.

3.3.3.2 Testauswertung und Interpretation

Die Auswertung des Tests erfolgt über Häufigkeitsanalysen der Antworten auf die Einzelitems und über die Mittelwertsbildung der zu einem Faktor gehörenden Items (Übersicht 3.01).

N	x̄	s	Ideales (Soll-)Profil
			1 1.5 2 2.5 3 3.5 4 4.5 5
5		EF1	
5		EF2	
3		EF3	
ÜBERSICHT 3.01			Einstellung zum Führungsverhalten

Eine positive Einstellung zu den Faktoren EF1 und EF2 wird durch Werte größer als 3 dargestellt. Die absolute Befürwortung eines kooperativen Führungsstils mit hohem Informiertheitsgrad und entsprechend großem Handlungsspielraum der MA erzielt die Maximalwerte 5. Hinsichtlich der Erlernbarkeit von Führungsfähigkeiten bzw. der Fähigkeit, Führungsaufgaben zu übernehmen und Eigeninitiative zu entwickeln, scheint ein Mittelwert von 3 optimal. Dies bedeutet, daß man eine 'Grundausstattung' an Führungsfähigkeiten mitbringen muß; Führungsfertigkeiten sind hingegen zu einem gewissen Grad erlernbar. Die Einschränkung resultiert daraus, daß es ohne Probleme möglich ist, sich 'reines' Fachwissen über Führung (z.B. Führungstheorien, Führungstechniken) anzueignen. Persönliche Einstellungen, die in besonderem Maße das eigene Verhalten und damit auch das Führungsverhalten beeinflussen, sind dagegen nur schwer zu ändern. Hieraus ergibt sich die Frage nach der Aufgabe und Zweckmäßigkeit von Führungslehrgängen und ihrer Kontrolle bzw. der Überprüfbarkeit ihrer Erfolge.[1]

---

[1] D.h. wer a priori eine ablehnende Haltung dem kooperativen Führungsstil gegenüber hat, wird allein durch Erlasse oder Leitlinien nicht vom Gegenteil überzeugt werden. Dazu bedarf es eines intensiven Trainings zur Einstellungsänderung.

3.3.2 Der Fragebogen zur Vorgesetzten-Verhaltens-Beschreibung (FVVB) von FITTKAU-GARTHE/FITTKAU[1),2)]

3.3.2.1 Testdarstellung

Der FVVB ist ein überprüfter Fragebogen zur Erfassung und Beschreibung der wesentlichen Grundverhaltensweisen von Vorgesetzten und ist weitgehend unabhängig von der spezifischen Arbeitssituation, der Stellung in der Betriebshierarchie und der Organisationsform. Mit dem FVVB werden die Verhaltensweisen und Eigenschaften erfaßt, die Vorgesetzte - besonders im zwischenmenschlichen Bereich - zeigen. Neben der Beurteilung des Vorgesetzten durch die Mitarbeiter ist auch eine Selbstbeurteilung der Vorgesetzten möglich. Sowohl Vorgesetzte als auch Mitarbeiter stufen mit Hilfe des FVVB das beobachtete und erfahrene Verhalten auf Beurteilungsskalen für die wesentlichen Bereiche (Faktoren = F) des Vorgesetztenverhaltens ein. Die Bereiche sind:

- F1 = Freundliche Zuwendung und Respektierung
- F2 = Mitreißende, zur Arbeit stimulierende Aktivität
- F3 = Ermöglichung von Mitbestimmung und Beteiligung
- F4 = Kontrolle versus (vs.) Laissez-faire

Der Wert des FVVB ergibt sich aus der Bedeutung, die das Vorgesetztenverhalten in Produktionsbetrieben, Verwaltungen, Dienstleistungsbetrieben, Bildungsinstitutionen, sozialen Einrichtungen und sonstigen Arbeitsgruppen für das Individuum und die Gesellschaft hat. Untersuchungen zu diesem Problem haben deutlich gezeigt, daß u.a. soziale Kooperationsformen, Zufriedenheit, Selbstwertgefühl der arbeitenden Menschen durch die Art des Gruppenleiter-/Vorgesetztenverhaltens in hohem Maße bestimmt werden. Damit stellt sich die Frage, inwieweit innerhalb der Arbeitswelt das Vorgesetztenverhalten Schritt hält mit der gesamtgesellschaftlichen Entwicklung zu einer, auch in Krisen funktionierenden, freiheitlich-demokratischen Grundordnung. Diese Entwicklung fordert aber auch gleichzeitig, daß die arbeitenden Menschen befähigt werden, ihren sich immer schneller verändernden Arbeitsaufgaben und -bereichen gerecht zu werden, und daß sie in der Lage sind, durch sachliche Kritik, Kreativität, Engagement, Teamarbeit die notwendigen Veränderungen und/oder Innovationen selbständig und selbstverantwortlich durchzuführen. Insbesondere Vorgesetzte müssen in Zukunft immer sensitiver werden für Konflikte, Kritik und Änderungsnotwendigkeiten sowie für

---

[1)] FITTKAU-GARTHE, H. (1970): *Die Dimensionen des Vorgesetztenverhaltens und ihre Bedeutung für die emotionalen Einstellungsreaktionen der unterstellten Mitarbeiter*, Dissertation, Hamburg, 289 S.

[2)] FITTKAU, B.; FITTKAU-GARTHE, H. (1971): *Fragebogen zur Vorgesetzten-Verhaltens-Beschreibung (FVVB), Handanweisung*, Göttingen: Hogrefe, 20 S.

3.3 Verwendete Instrumentarien

Kommunikationsbarrieren zu ihren Mitarbeitern. Der Schaden, der durch wenig sensible, starre Vorgesetzte verursacht wird, wirkt sich dabei oft nicht sofort deutlich sichtbar aus und wird deshalb häufig übersehen oder nicht genügend ernst genommen.

Die Grundlage des in der vorliegenden Arbeit verwendeten 'Fragebogen zur Vorgesetzten-Verhaltens-Beschreibung' (FVVB) bildetet der 'Supervisory Behavior Description Questionaire' (SBDQ), der an der Ohio State University im Rahmen der 'Ohio State Leadership Studies' im Personell Research Board entwickelt wurde. Die Untersuchungen begannen ausgehend von 1.800 Items, die als für das Vorgesetztenverhalten relevant beschrieben wurden. In mehreren Stufen wurde unter der Leitung von HEMPHILL der 'Leader Behavior Description Questionaire' (LBDQ) mit 150 Items entwickelt. Nach faktorenanalytischen Untersuchungen und Revisionen des Fragebogens wurde von FLEISHMAN die Kurzform des SDBQ mit 48 Items und zwei Faktorenskalen für die Verwendung in Industriebetrieben konstruiert. Der wesentliche Anteil reliabler Verhaltensvarianz wurde durch die Faktoren 'Consideration' und 'Initiating Structure' erklärt (siehe auch Kap. 2.1.5.2).

Basierend auf den Items des SDBQ wurde eine deutsche Fragebogenvorform mit 73 Items konstruiert. Nach einem Vortest wurden davon 38 Items nach den Kriterien Verständlichkeit, Differenzierungsfähigkeit, Inter-Rater-Übereinstimmung und faktorielle Zugehörigkeit für die Fragebogenendform ausgewählt. Für die anschließende Hauptuntersuchung ergab eine Faktorenanalyse nach der Hauptachsenmethode mit anschließender Varimax-Rotation die o.g. 4-Faktoren-Lösung. Eine fünfte Skala wurde aus Items gebildet, die etwa gleich hoch auf den ersten beiden Faktoren (freundlich und aktiv) luden, um das Konzept des 'Kombinierten Führungsstils' zu verdeutlichen. Zur Kritik am FVVB siehe NACHREINER.[1]

3.3.2.2 Testauswertung und Interpretation

Allen Items der fünf Skalen sind 5-stufige Beantwortungsskalen zugeordnet (siehe Fragebogen im Anhang 1). Der Itemwert eines Vorgesetzten ergibt sich als Mittelwert der Einzelurteile auf diesem Item. Der Faktoren-Skalenwert eines Vorgesetzten ergibt sich als Mittelwert der einzelnen Itemwerte der betreffenden Skala und kann deshalb zwischen eins und fünf variieren.

Anhand der Mittelwerte der einzelnen Skalen können die sog. Vorgesetzten-Verhaltensprofile zusammengestellt werden (siehe Übersicht 3.02 und Kap. 6.3). Diese Verhaltensprofile geben eine Bewertung des bestehenden Ist-Zustands ab, der oft erheblich von dem erwünschten 'Soll-Zustand' abweicht.

---

[1] NACHREINER, F. (1978): *Die Messung des Führungsverhaltens*, Bern, Stuttgart, Wien: Huber, 206 S.

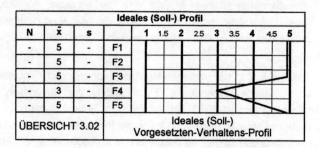

ÜBERSICHT 3.02 — Ideales (Soll-) Vorgesetzten-Verhaltens-Profil

In allen Skalen - außer der Skala 'Kontrolle' - wird der Maximalwert 5 für das Vorgesetztenverhalten als 'ideal' betrachtet. Auf der Skala 'Kontrolle' ist dagegen ein mittleres Ausmaß (=3) wünschenswert, da weder überstarke Kontrolle noch ein 'laissez-faire'-Verhalten für eine befriedigende Arbeit günstig sind. Kommunikationsbarrieren hingegen zeigen sich in niedrigen F1, F3, F5 und in hohen F4-Werten.

Die Werte der Faktoren F1 und F3 spiegeln dabei den Grad der Mitarbeiterorientierung, die der Faktoren F2 und F4 den der Aufgabenorientierung wider. Der Faktor F5 stellt eine Kombination der Items, die sowohl auf F1 als auch auf F2 hoch laden dar. Ein niedriger Wert besagt hier lediglich, daß das Führungsverhalten nicht optimal ist. Die Ursachen hierfür können dem Wert für F5 nicht abgelesen werden.

3.3.3 Polaritätsprofil zur Beurteilung der 'Gruppenatmosphäre' nach FIEDLER

3.3.3.1 Testdarstellung

Die Methode des Polaritätsprofils haben OSGOOD und HOFSTÄTTER entwickelt.[1] Das Polaritätsprofil - häufig auch als Eindrucksdifferential oder semantisches Differential bezeichnet - findet in den verschiedenen Teildisziplinen der Psychologie und im Rahmen der empirischen Sozialforschung eine weitverbreitete Anwendung.[2] Mit dieser Methode soll die Bedeutung eines Beurteilungsgegenstands ermittelt werden. Es eignet sich vor allem dazu, subjektive Wahrnehmungen und Gefühle der individuellen Mitglieder einer (Arbeits-)Gruppe zu diagnostizieren.[3] Dabei können die individuellen Perspektiven und Wahrnehmungen an zwei verschiedenen, voneinander unabhängigen Dimensionen erstellt und untersucht werden.

---

[1] vgl. ATTESLANDER; P. (1991): a.a.O., S. 266-268
[2] vgl. BERGLER, R. (1975): *Das Eindrucksdifferential: Theorie und Technik*, Stuttgart, Wien: Huber, S.11
[3] vgl. WEINERT, A.B. (1987a): a.a.O., S. 336

3.3 Verwendete Instrumentarien

Diese Dimensionen sind entweder:

a.) eine Bewertungsdimension evaluativer Art (z.B. ´unfreundlich-freundlich´)
oder

b.) eine Dimension der Stärke und Intensität (z.B. ´schwunglos-schwungvoll´)

Der Befragte muß nun den Gegenstand (hier Bewertung der Gruppenatmosphäre im Forstamt) mit Hilfe einfacher, den Dimensionen zugeordneter Begriffe charakterisieren. Als solche allgemeinverständlichen Begriffe werden meist Eigenschaftswörter verwendet, die von Person zu Person einen geringen Bedeutungsunterschied haben dürften.

	Betrieb XY								
	1[a]	2	3	4	5[b]	6	7	8	
unfreundlich									6.0 freundlich
kühl									etc. herzlich
enttäuschend									befriedigend
schwunglos									schwungvoll
unproduktiv									produktiv
kalt									warm
unkooperativ									kooperativ
feindselig									entgegenkommend
langweilig									interessant
Mittelwert									
ÜBERSICHT 3.03	Beurteilung der Gruppenatmosphäre nach FIEDLER								

[a] 1= sehr unfreundlich, 2= ziemlich unfreundlich, 3= einigermaßen unfreundlich, 4= eher unfreundlich

[b] 5= eher freundlich, 6= einigermaßen freundlich, 7= ziemlich freundlich, 8= sehr freundlich

Das semantische Differential selbst besteht aus einem Satz bipolarer Rating-Skalen, auf denen das Urteilsobjekt eingestuft wird, z.B. ´unfreundlich .... freundlich´. Der Beurteiler muß angeben, ob ein Begriff näher am Pol ´unfreundlich´ oder näher am Pol ´freundlich´ liegt. Zu diesem Zweck wird die Distanz zwischen den beiden polaren Begriffen in Stufen aufgeteilt (Übersicht 3.03).

Die verwendete Skala ist der Dissertation ALLERBECK[1] entnommen; die Übersetzung der englischen, sieben-stufigen Version FIEDLERs[2,3] stammt von ROTH.[4] Durch die Vorgabe einer acht-stufigen Rating-Skala verzichtet sie jedoch auf eine neutrale Kategorie (´die Mitte´) und zwingt so den Urteiler, sich zumindest der Tendenz nach für einen der beiden Skalenpole zu entscheiden. Eine differenzierte Testanweisung befindet sich im Anhang 1.

---

[1] vgl. ALLERBECK, M. (1977): *Ausgewählte Probleme der Führungsforschung - Eine empirische Studie*, Dissertation, München, S. 130 und S. 137

[2] vgl. FIEDLER, F.E. (1964): 'A Contingency Model of Leadership Effectiveness', in: BERKOWITZ, L. (Hrsg.): *Advances of Experimental Social Psychology*, New York, London: Academic Press, S. 158-160

[3] vgl. FIEDLER, F.E. (1967): *A theory of leadership effectiveness*, New York, London, Toronto, Sidney: McGraw-Hill, 310 S.

[4] vgl. ROTH, B.T. (1972): *Das Kontingenzmodell von F.E. FIEDLER. Eine empirische Untersuchung*, unveröffentlichte Diplomarbeit, München

3.3.3.2 Testauswertung und Interpretation

Das Profil eignet sich besonders für vergleichende Untersuchungen. Die Auswertung des Eindrucksdifferentials kann entweder graphisch durch Aufzeichnen der Polaritätsprofile (sog. Ähnlichkeitsprofile) oder mathematisch-statistisch erfolgen. Aus den Ergebnissen der Befragung zur Beurteilung der Gruppenatmosphäre werden in der vorliegenden Arbeit zunächst für alle Forstamtsleiter und Mitarbeiter die Mittelwerte der einzelnen Itempaare errechnet und die Polaritätsprofile in Grafiken abgebildet. Mit Hilfe dieser Profile lassen sich grundsätzliche Tendenzen zur Beurteilung von Arbeitszufriedenheit aufzeigen. Ebenso werden Differenzen zwischen den Forstamtsleitern und Mitarbeitern darstellbar. Zur Testinterpretation liegen keine weitern Angaben vor. Eventuell auftretende Unterschiede in der Auffassung der im Polaritätsprofil verwendeten Rating-Skalen werden praktisch bedeutungslos, wenn - was auch in der vorliegenden Untersuchung der Fall ist - Durchschnittsprofile interpretiert oder für statistische Analysen verwendet werden.[1]

Gliederung der Itempaare nach:			
menschlichen und sachlich-fachlichen Aspekten		ihrer Bedeutung für den Erhalt und den Erfolg der Gruppe	
zwischen-menschliche Atmosphäre	unfreundlich-freundlich feindselig-entgegenkommend kalt-warm kühl-herzlich	gruppenerhaltungsorientierte Itempaare	feindselig-entgegenkommend kühl-herzlich kalt-warm
Mittelposition	enttäuschend-befriedigend		
sachlich-fachliche Atmosphäre	schwunglos-schwungvoll unproduktiv-produktiv unkooperativ-kooperativ langweilig-interessant	gruppenzielorientierte Itempaare	schwunglos-schwungvoll unproduktiv-produktiv unkooperativ-kooperativ
		Itempaare mit Bedeutung für den Individualerfolg	unfreundlich-freundlich enttäuschend-befriedigend langweilig-interessant
Übersicht 3.04	Gliederung der Itempaare zur Umfrage 'Beurteilung der Gruppenatmosphäre'		

Um eine differenziertere Interpretation der Ergebnisse der Untersuchung der Gruppenatmosphäre zu ermöglichen, bietet es sich an, die Itempaare ihrem Charakter nach zu unterscheiden. Zum einen erscheint eine Unterteilung nach Itempaaren, die die zwischenmenschliche und die eher sachlich-fachliche Atmosphäre charakterisieren, sinnvoll. Zum anderen ist eine Gliederung nach ihrem Einfluß auf den Erhalt und den Erfolg der Gruppe möglich (Übersicht 3.04).[2]

---

[1] vgl. BORTZ, J (1984): *Lehrbuch der empirischen Forschung für Sozialwissenschaftler*, Berlin, Heidelberg, New York: Springer, S.128-131

[2] Eigene Zusammenstellung im Anhalt an: RAHN, H.-J. (1992): *Führung von Gruppen*, Arbeitshefte Führungspsychologie, Bd. 16, 2. Aufl., Heidelberg: Sauer, S. 21-26

3.3.4 Der Arbeitsbeschreibungsbogen (ABB) von NEUBERGER

3.3.4.1 Testdarstellung

Der Arbeitsbeschreibungsbogen (ABB, siehe auch Kap. 2.2 und Anhang 1) wurde dem *ZUMA-Handbuch sozialwissenschaftlicher Skalen*[1] entnommen. Er wurde erstmals 1978 in einem vollständigen Konzept von NEUBERGER und ALLERBECK vorgestellt.[2]

Für die Anwendung des ABB in der Untersuchung erschien es von Bedeutung, daß er für alle Berufstätigen entwickelt wurde. Aus diesem Grund eignet er sich auch zur Untersuchung von Arbeitszufriedenheit in Forstbetrieben. Der ABB ist ein standardisierter Test mit hohem Strukturiertheitsgrad. Er lehnt sich an die folgende anreiztheoretische, einstellungsbezogene Definition von Arbeitszufriedenheit an:

> **Arbeitszufriedenheit ist die kognitiv-evaluative Einstellung des Individuums zur Arbeitssituation**

Die Autoren gingen bei der Konstruktion des ABB davon aus, daß bestimmte Erfahrungen in der Arbeitswelt von Individuen bewertend (auf der Dimension ´gut- -schlecht´) registriert werden und daß diese Erfahrungen das künftige Deutungs-, Zuwendungs- und Meidungsverhalten beeinflussen werden. Die Person wird nicht als passives Opfer ihrer (Arbeits-) Umwelt gesehen, sie nimmt vielmehr in selektiver und evaluativer Weise zu ihrer Lage Stellung.[3]

Die Mehrzahl der ABB-Items umfaßt dabei das Konstrukt ´Kognition´, da es sich um Wahrnehmungen einzelner Aspekte der Arbeitssituation handelt. Bei den Items zur Messung der Bezahlung wird der Bewertungsaspekt erfaßt.

Die sog. KUNIN-Items (KUNIN-Gesichter, Übersicht 3.05) erfassen ebenfalls bewertende Kognitionen. Der Befragte bewertet durch sie die Differenz zwischen dem Anspruchsniveau und den materiellen und nichtmateriellen Ergebnissen seiner Arbeit.

Der ABB besteht ursprünglich aus sieben Skalen, denen unterschiedlich viele Items, insgesamt 81, zugeordnet wurden. Diese Skalen umfassen die Arbeitsbereiche bzw. Aspekte:

---

[1] ZENTRALARCHIV für EMPIRISCHE SOZIALFORSCHUNG; ZENTRUM für UMFRAGEN, METHODEN und ANALYSEN (ZA/ZUMA) e.V. (Hrsg.) (1983): a.a.O., H01, S. 1-18
[2] vgl. NEUBERGER, O.; ALLERBECK, M. (1978): a.a.O., 224 S.
[3] vgl. EBENDA, S. 32

- Zufriedenheit mit Kollegen,
- Zufriedenheit mit Vorgesetzten,
- Zufriedenheit mit der Tätigkeit,
- Zufriedenheit mit den Arbeitsbedingungen,
- Zufriedenheit mit Organisation und Leitung,
- Zufriedenheit mit eigenen Entwicklung
- Zufriedenheit mit der Bezahlung.

C.1 MEINE KOLLEGEN
Gemeint sind die *Kolleginnen* und *Kollegen, mit denen Sie unmittelbar zusammenarbeiten* und die für Sie wichtig sind. Hier können Sie natürlich nur ein Durchschnittsurteil bilden.

	völlig zutreffend	eher zutreffend	eher falsch	völlig falsch [1]
stur	=====	=====	=====	=====
hilfreich	=====	=====	=====	=====
bin mit ihnen zufrieden	=====	=====	=====	=====
sympathisch	=====	=====	=====	=====
unfähig	=====	=====	=====	=====
guter Zusammenhalt	=====	=====	=====	=====
faul	=====	=====	=====	=====
dumm	=====	=====	=====	=====
angenehm	=====	=====	=====	=====
neidisch	=====	=====	=====	=====
kritisch	=====	=====	=====	=====
egoistisch	=====	=====	=====	=====

Kreuzen Sie bitte das Gesicht an, das *Ihrer Einstellung* am ehesten entspricht.
(KUNIN-Gesichter)

[2] Gesichter mit heruntergezogenen Mundwinkeln   lachende Gesichter

1) vierstufige LIKERT-Skalen   2) siebenstufige KUNIN-Skala, zusammenfassende Zufriedenheitsfrage, hier für den Bereich `Kollegen´

ÜBERSICHT 3.05	ABB-Skala ´Kollegen´ mit den Items ´stur´ bis ´egoistisch´

Die Arbeitszufriedenheit mit der ´Organisation und Leitung´ sollte von den Befragten getrennt nach den Organisationseinheiten ´Forstamt´ und ´Landesforstverwaltung´ beurteilt werden, so daß im verwendeten ABB acht statt sieben Skalen zu bearbeiten waren. Zur differenzierten Erfassung der Zufriedenheit mit besonderen (Struktur)Merkmalen der Forstverwaltungen wurden den Skalen des ABB einige Items hinzugefügt (siehe dazu auch Kap. 4.1.4).

3.3 Verwendete Instrumentarien

Die Skalen des ABB bestehen jeweils aus vier-stufigen sog. LIKERT-Skalen (Methode der summierten Einschätzungen nach LIKERT)[1),2),3),4)] mit den Antwortvorgaben:

- **völlig zutreffend**   ◆ **eher zutreffend**   ◆ **eher falsch**   ◆ **völlig falsch**

Am Ende jeder einzelnen Skala des ABB wird schließlich eine zusammenfassende Zufriedenheitsfrage gestellt. Hier besteht die Antwortskala aus den sog. KUNIN-Gesichtern (Übersicht 3.05). Die Antwortskala reicht über sieben Stufen von 'sehr zufrieden' ('lachendes Gesicht') bis 'sehr unzufrieden' ('Gesicht mit heruntergezogenen Mundwinkeln'). Sie fordern zur spontan-emptionalen Beantwortung einer Frage auf, ohne jedoch verbale Anker vorzugeben. Diese Gesichter-Items haben sich als sehr valide und gut diskriminierende Zufriedenheitsmaße erwiesen. Sie dienen als ´Auffangbecken´ für alle jene Aussagen, die für den Befragten zum Bereich gehören, aber in den vorgegebene Items (den Antwortvorgaben) nicht berücksichtigt wurden. So sind die Mittelwerte der Skalen und der dazugehörigen KUNIN-Items zwar ähnlich, eine Korrelation zwischen ihnen von 1 ist allerdings nicht zu erwarten.

Der Test schließt mit der Gesamtbeurteilung der Allgemeinen Arbeits- und Lebenszufriedenheit. Die Fragen zur Allgemeinen Arbeitszufriedenheit (AAZ) und Allgemeinen Lebenzufriedenheit (ALZ) werden ausschließlich mit KUNIN-Items gemessen. Die Aspekte der Arbeitszufriedenheit (Kollegen, Vorgesetzter, Tätigkeit, Arbeitsbedingungen, Organisation und Leitung, persönliche Entwicklung, Bezahlung und gesicherter Arbeitsplatz) wurden in der abschließenden Analyse gewichtet.

Dabei konnten die in der Dissertation ´*Psychologische und soziale Unfallursachen bei der Waldarbeit - Eine Befragungsanalyse*´ von BUSSEMEIER[5)] gewonnenen Erfahrungen übernommen werden, die eine hohe Übereinstimmung mit den Ergebnissen von NEUBERGER zeigten. Zur sprachlichen Schwierigkeit des ABB vgl. TRÄNKLE.[6),7)]

[1)] LIKERT, R. (1932):´A technique for the measurement of attitudes´, *Archives of Psychology*, 140/1932, S. 1-55

[2)] vgl. BORTZ, J. (1977): *Lehrbuch der Statistik für Sozialwissenschaftler*, Berlin, Heidelberg, New York: Springer, S. 152

[3)] vgl. ATTESLANDER, P. (1991): a.a.O., S. 269-270

[4)] vgl. NEUBERGER, O. (1974): a.a.O., S. 96 f.

[5)] BUSSEMEIER, D. (1993): a.a.O., S. 72, Anhang

[6)] vgl. TRÄNKLE, U. (1982a): 'Untersuchungen zur Verständlichkeit dreier Fragebogen zur Messung der Arbeitszufriedenheit', *PuP*, 26/1982, S. 170-181

[7)] vgl. TRÄNKLE, U. (1982b): 'Über Zusammenhänge zwischen der sprachlichen Schwierigkeit von Fragebogen-Items, test-statistischer Gütekriterien und Beantwortungsverhalten', *Diagnostica*, 28/1982, S. 289-306

3.3.4.2 Testauswertung und Interpretation

NEUBERGER und ALLERBECK[1] schlagen folgendes Verfahren zur Auswertung der ABB-Skalen vor:

- ´Zunächst werden alle Items in eine Richtung gepolt. Die positivste Bewertung erhält dabei den Wert 4, die negativste den Wert 1. Die addierten Itemwerte (je Skala) führen zu einem Skalensummenwert. Um die Vergleichbarkeit zwischen den sieben bzw. acht Skalen des ABB herzustellen, wird dieser Summenwert durch die Anzahl der Items geteilt, weil die verschiedenen Skalen unterschliedliche Itemzahlen haben. Dadurch ergibt sich der Mittelwert einer Skala, der zwischen 1 und 5 liegen muß´.

Die Autoren betonen, daß der ABB auf die Erfassung der (kognitiv-evaluativen) Einstellung zu bestimmten Bereichen der Arbeitssituation gerichtet ist und deshalb in erster Linie die Skalen-Mittelwerte interessieren[2]. Es ist natürlich auch möglich, die Antworten auf die einzelnen Items jeder Skala zu analysieren. Gerade dies kann gezielte Hinweise auf besondere Schwachstellen in Organisationen liefern. Der ABB ist somit hervorragend geeignet, einen Überblick über den augenblicklichen Ist-Zustand zu liefern. Der Vergleich mit anderen auf der Basis des ABB durchgeführten Untersuchungen oder ´Normen´ ermöglicht eine Orientierung an einem allgemeinen Bezugssystem. Auf der Basis dieser Grundinformation ist es dann möglich, gezieltere und weiterführende Nachforschungen über Gründe für Unzufriedenheiten anzustellen und daraus Möglichkeiten zu deren Beseitigung abzuleiten.

Die Interpretation des ABB erfolgt differenziert nach den sieben (bzw. hier acht) Aspekten rsp. Bereichen der Arbeitszufriedenheit (siehe Kap.6.5).

3.4 Aufbau des Fragebogens

3.4.1 Fragebogen für die Vorgesetztenstichprobe (Forstamtsleiter)

Der Fragebogen für die Vorgesetztenstichprobe (Forstamtsleiter)[3] gliedert sich inhaltlich in vier Themenkomplexe. Den Bereich ´Führung´ umfassen die Punkte 1 bis 9. Punkt 10 erfaßt den Komplex ´Gruppenatmosphäre´, Punkt 11 enthält Fragen zur Arbeitszufriedenheit (ABB) und Punkt 12 erörtert hauptsächlich demographische Merkmale.

---

[1] vgl. NEUBERGER, O.; ALLERBECK, M. (1978): a.a.O., S. 45
[2] vgl. EBENDA, S. 51
[3] Ein Exemplar des gesamten Fragebogens/Forstamtsleiter inclusive detaillierter Testanweisungen findet sich im Anhang 1, S. XVI-XXIX.

3.4 Aufbau des Fragebogens

Dies sind im einzelnen:

1. Items 1 - 32: Fragebogen zur Vorgesetzten-Verhaltens-Beschreibung (FVVB) von FITTKAU und FITTKAU-GARTHE[1),2)]

2. Items 33a - 40, 47: Items zur Erfassung eines dem (gewünschten) kooperativen Führungsstil entsprechenden Verhaltens[3)]

3. Item 41: Item zur Erfassung eines die Individualität einzelner Mitarbeiter berücksichtigenden Verhaltens

4. Item 42: Item zur Erfassung des wahrgenommenen Einflusses des Vorgesetzten

5. Items 43a - 46: Items zur Differenzierung bzw. Konkretisierung einzelner FVVB-Items[4)]

6. Items 48 - 50: Items zur Ermittlung der Verfügbarkeit des Vorgesetzten bzw. Kontakthäufigkeit

7. Items 51 - 54: Erweiterungsitems; aufgenommen Absprache mit den im vorab interviewten Ansprechpartnern der Landesforstverwaltungen

8. Items 55 - 57: Items zur Einschätzung der forstamtsinternen Leistung, der Arbeitszufriedenheit und der Fehlzeiten

9. Items 58 - 65: Items zur Erfassung der Einstellung zum Führungsverhalten nach HAIRE, GHISELLI und PORTER[5)]

10. Skala zur Erfassung der Gruppenatmosphäre nach FIEDLER[6)]

11. Items 66 - 205: Arbeitsbeschreibungsbogen (ABB) nach NEUBERGER[7)] mit eigenen Ergänzungen[8)]

12. Items 206 - 223: Demographische Merkmale, Zufriedenheit mit bestimmten Verwaltungseinheiten, Stellenzahl, Weiterbildung, Berufswiederwahl, Waldbesitzartenanteile im Forstamt, Sonderfunktion, persönliche Bemerkungen und Selbstbeschreibung der Forstamtsleiter/innen

---

[1)] vgl. FITTKAU, B.; FITTKAU-GARTHE, H. (1971): a.a.O., 20 S.

[2)] Nähere Angaben zum FVVB siehe Kap. 3.3.1

[3)] Diese Items sind teils anderen Fragebögen entnommen (**Item 33**: TSCHEULIN, D.; RAUSCHE, A. (1970): 'Beschreibung und Messung des Führungsverhaltens in der Industrie mit der deutschen Version des Ohio-Fragebogens', PuP, 14/1970, S. 4964; **Items 36 und 37**: BLASCHKE, D. (1972): Bedingungen des Karriereerfolgs von Führungskräften, Frankfurt, A44; **Item 47**: LUKATIS, I. (1972): Organisationsstrukturen und Führungsstile in Wirtschaftsunternehmen, Akademische Verlagsanstalt, Frankfurt/Main, 328 S.), teils der Arbeit ALLERBECK, M. (1977): Ausgewählte Probleme der Führungsforschung - Eine empirische Studie, Dissertation, München, 345 S., Anhang (**Items 34, 35, 38 bis 40**)

[4)] Die Items 43a bis 46 wurden für die forstbetriebs- bzw. landesforstverwaltungsinternen Untersuchungen deskriptiv statistisch ausgewertet, für die vorliegende Untersuchung jedoch nicht weiter analysiert.

[5)] siehe auch Kap. 3.3.3

[6)] siehe auch Kap. 3.3.4

[7)] siehe auch Kap. 3.3.2

[8)] Die Ergänzungen sind nicht in die Auswertung der einzelnen Skalen des ABB mit einbezogen worden, sondern wurden lediglich bei der Einzelauswertung der Skalenitems mit berücksichtigt.

3.4.2 Fragebogen für die Mitarbeiterstichprobe

Der Fragebogen für die Mitarbeiterstichprobe[1] setzt sich im wesentlichen aus denselben Instrumenten zusammen, wie der bereits beschriebene Vorgesetztenfragebogen.[2]

1. Items 1 - 54: Diese Items sind mit den entsprechenden Items des Vorgesetztenfragebogens identisch. Die Anweisungen zur Bearbeitung der Statements wurde dahingehend abgeändert, daß statt einer Selbstbeschreibung die Beschreibung des Verhaltens des jeweiligen Forstamtsleiters erbeten wurde.

2. Skala zur Erfassung der Gruppenatmosphäre nach FIEDLER

3. Items 55 - 194: Arbeitsbeschreibungsbogen (ABB) nach NEUBERGER mit eigenen Ergänzungen

4. Items 195 - 208: Demographische Merkmale, Waldbesitzartenanteile im Forstbetriebsbezirk, Zufriedenheit mit bestimmten Verwaltungseinheiten, Stellenzahl, Berufswiederwahl, persönliche Bemerkungen der Mitarbeiter

3.5 Wahl der Untersuchungsteilnehmer

3.5.1 Grundsätzliches zur Wahl der Untersuchungsteilnehmer

Die Auswahl der beteiligten Forstämter der Landesforstverwaltungen und der LWKs erfolgte zufallsgemäß. Um den Stichprobenumfang in einem finanziell zu bewältigenden Rahmen zu halten, aber gleichzeitig möglichst viele Forstamtsleiter befragen zu können, wurden die ausgewählten Forstämter voll- bzw. teilbefragt. Die Vollbefragung umfaßte die Befragung des Forstamtsleiters, der Mitarbeiter im Innendienst und sämtlicher Fostbetriebsbeamter. Die Auswahl der vollzubefragenden Forstämter erfolgte ebenfalls zufällig. Im Zuge der Teilbefragung sollten der Forstamsleiter und, je nach Anzahl der Mitarbeiter im Innendienst, 3 bis 5 Mitarbeiter beteiligt werden. ´Nicht-staatlichen´ Forstbetriebe wurden gezielt ausgewählt und angesprochen. Sie wurden alle vollbefragt.

3.5.2 Landesforstverwaltungen

Die zu beteiligenden Landesforstverwaltungen sollten folgende Auswahlkriterien erfüllen:

1. Sie sollten sowohl aus den Neuen als auch aus den Alten Bundesländern kommen und

2. unterschiedliche Verwaltungs- bzw. Organisationsstrukturen aufweisen.

---

[1] Mit diesem Fragebogen wurden auch die Forstreferendare und Forstinspektorenanwärter befragt.

[2] Ein Exemplar des verwendeten Mitarbeiterfragebogens findet sich im Anhang 1, S. IV-XV.

4.2 Nicht-staatliche Forstbetriebe

Die Wahl fiel auf die Forstverwaltungen der Länder

- **Niedersachsen (LFV NDS):** 'reine' Staatsforstverwaltung (von der LFV Niedersachsen werden daneben ca. 100.000 ha Körperschafts- und Genossenschaftsforsten betreut), Auswahl von 30 Forstämtern, von denen 20 voll- und 10 teilbefragt wurden.

- **Nordrhein-Westfalen (LFV NRW):** Einheitsforstverwaltung, Auswahl von 20 Forstämtern, von denen 10 voll- und 10 teilbefragt wurden. Nordrhein-Westfalen wurde aufgrund der z.T. extrem großen Forstämter ausgewählt.

- **Hessen (LFV HE):** 'normale' Einheitsforstverwaltung, Auswahl von 31 Forstämtern, von denen 16 voll- und 15 teilbefragt wurden.

- **Thüringen (LFV THÜ):** Aufbau einer Einheitsforstverwaltung nach hessischem Vorbild, Auswahl von 30 Forstämtern, von denen 15 voll- und 15 teilbefragt wurden.

- **Brandenburg (LFV BR):** Ämter für Forstwirtschaft mit Oberförstereien, Auswahl von 31 Oberförstereinen aus allen Ämtern für Forstwirtschaft, von denen 18 voll- und 13 teilbefragt wurden.

Die Anzahl der vollbefragten Forstämter richtete sich nach den Personalstärken der Betriebe. Der geplante Stichprobenumfang nach Landesforstverwaltungen ist der Übersicht 3.06 zu entnehmen. An die Landesforstverwaltungen wurden insgesamt 1.072 Fragebögen verschickt.

	Forstämter			Untersuchungsteilnehmer		
	Anzahl	davon vollbefragt	Reviere	FAL[a]	MA	Anzahl Fragebögen
LFV NDS	30	20	110	30	191	221
LFV HE	31	15	107	31	197	228
LFV NRW	20	10	150	20	128	148
LFV THÜ	30	15	210	30	190	220
LFV BR	31	18	99	31	224	255
Summe LFV	142	78	676	142	930	1.072
ÜBERSICHT 3.06	Geplanter Stichprobenumfang 'Landesforstverwaltungen'					

[a] FAL = Forstamtsleiter bzw. Forstamtsleiterin; MA = Mitarbeiter bzw. Mitarbeiterin

3.5.3 Nicht-staatliche Forstbetriebe

Der geplante Stichprobenumfang der nicht-staatlichen Forstbetriebe ist in Übersicht 3.07 dargestellt. Zu den nicht-staatlichen Forstbetrieben werden im Rahmen der vorliegenden Untersuchung die beteiligten privaten und kommunalen sowie die Forstämter der LWKs Hannover und Weser-Ems gerechnet. Von letzteren wurden, um auch in Niedersachsen den betreuten Privat- und Körperschaftswald zu erfassen, 5 Forstämter der LWK Hannover und 5 Forstämter der LWK Weser-Ems zufallsgemäß ausgewählt und mit in die Untersuchung einbezogen.

Für die geplante Stichprobe der privaten und kommunalen Forstverwaltungen wurden 9 private bzw. 5 kommunale Forstbetriebe angeschrieben. Von den privaten Forstverwaltungen erklärten sich 7 (mit 10 Forstamtsleitern (FAL)) zu einer Teilnahme bereit. Alle nicht-staatlichen Forstbetriebe wurden vollbefragt. Insgesamt wurden 240 Fragebögen verschickt.

	Forstämter			Untersuchungsteilnehmer		
	Anzahl	davon vollbefragt	Reviere	FAL	MA	Anzahl Fragebögen
LWK Hannover LWK Weser-Ems	10	10	72	10	98	108
PRIVATE Forstbetriebe	7	7	45	10	74	84
KOMMUNALE Forstbetriebe	5	5	23	5	43	48
Summe nicht-staatliche Forstbetriebe	22	22	140	25	215	240
ÜBERSICHT 3.07	Geplanter Stichprobenumfang 'Nicht-staatliche Forstbetriebe'					

3.5.4 Forstreferendare und Forstinspektorenanwärter

In einer gesonderten Umfrage sollten Forstreferendare und Forstinspektorenanwärter hinsichtlich des Führungsverhaltens ihrer Vorgesetzten und ihrer eigenen Arbeitszufriedenheit befragt werden. Hierzu wurden 175 Fragebögen an die Referendare und Anwärter der LFV Niedersachsen, Hessen und Nordrhein-Westfalen ausgegeben (Übersicht 3.08).

In den neuen Bundesländern war zum Zeitpunkt der Befragung die Ausbildung des forstlichen Nachwuchs noch weitgehend ungeregelt. Die Befragung fand, bis auf die der Forstinspektorenanwärter der LFV Hessen, die postalisch befragt wurden, in der Gruppe unter Beisein der Untersuchenden statt.

	NDS	HE	NRW	Anzahl Fragebögen
Forstreferendare	19	30	17	66
Forstinspektorenanwärter	54	30	25	109
Summe	73	60	42	175
ÜBERSICHT 3.08	Geplanter Stichprobenumfang 'Forstreferendare und Forstinspektorenanwärter'			

3.6 Ablauf der Befragung

Nachdem im Frühjahr 1992 Vorgespräche und Interviews (die Protokollbögen der Interviews finden sich im Anhang 2) mit Vertretern der beteiligten LFV und der beiden LWKs Weser-Ems und Hannover stattgefunden hatten, konnte im Juli 1992 mit der Fragebogenkonstruktion begonnen werden.

Die Ansprechpartner in den o.g. Institutionen erhielten den entwickelten Fragebogen Ende Juli 1992 zur abschließenden Durchsicht. Daraufhin wurde der Fragebogen um die Items 42, 49-54, 214-216 und 220-223 bei den Forstamtsleitern bzw. 203-205 bei den Mitarbeitern ergänzt. Nach der Unterrichtung der jeweils zuständigen Personalräte und der Berufsverbände konnten von August bis November 1992 insgesamt 1072 Fragebögen an die Untersuchungsteilnehmer aus den LFV, 108 an die LWKs und 30 an die Forstinspektorenanwärter aus Hessen verschickt werden (siehe Übersicht 3.09).

	FAL	MA	Summe
Landesforstverwaltungen	142	930	1.072
nicht-staatl. Forstbetriebe	25	215	240
Forstreferendare und Forstinspektorenanwärter		175	175
Summe	167	1.320	1.487

ÜBERSICHT 3.09	Umfang der Fragebogenaktion

Die Abgabe der Fragebögen an die privaten und kommunalen Forstbetriebe (insgesamt 132) erfolgte persönlich im Zuge des mit den Forstamtsleitern geführten Interviews (Protokollbögen, Anhang 2). Die Gruppenbefragung der Forstreferendare aus Niedersachsen, Hessen und Nordrhein-Westfalen sowie der Forstinspektorenanwärter aus Niedersachsen und Nordrhein-Westfalen fand im Zuge von Lehrgängen unter Anwesenheit der Untersuchenden statt (145 Fragebögen). Die Summe der eingesetzten Fragebögen betrug somit insgesamt 1487 Stück.

4. BESCHREIBUNG DER STICHPROBE

4.1 Landesforstverwaltungen (LFV)

Die Strukturdaten der an der Untersuchung teilnehmenden LFV zum Zeitpunkt des Untersuchungsbeginns 1992 sind schematisch in den Übersichten 4.01 und 4.02 dargestellt. Übersicht 4.01 beschreibt die LFV der Länder Niedersachsen, Hessen und Nordrhein-Westfalen. Der Übersicht 4.02 sind die entsprechenden Angaben der Länder Thüringen und Brandenburg zu entnehmen. Quellen siehe Fußnote 1.[1]

---

[1] QUELLEN:
Niedersachsen: MINISTERIUM FÜR ERNÄHRUNG, LANDWIRTSCHAFT UND FORSTEN (1994): *Jahresbericht der Niedersächsischen Landesforstverwaltung 1992*, 70 S. plus Anhang

RIPKEN, H. (1992): mündlich

RIPKEN, H. (1991): 'Organisatorisch relevante Entwicklungstendenzen in der Forstwirtschaft Deutschland', *AFZ*, 18/1991, S. 906-911

Hessen: BÖRDNER, R. (1992): mündlich

DERTZ, W. (1991): 'Bewirtschaftung eines naturnahen Ökosystems ist Verpflichtung!', *AFZ*, 18/1991, S. 386-390

HESSISCHES MINISTERIUM FÜR LANDESENTWICKLUNG, WOHNEN, LANDWIRTSCHAFT, FORSTEN UND NATURSCHUTZ (1993): *Wald in Hessen. Jahresbericht der Hessischen Landesforstverwaltung 1991*, 153 S.

DERSELBE (1994): Wald in Hessen. *Jahresbericht der Hessischen Landesforstverwaltung 1992*, 153 S.

Nordrhein-Westfalen: BENTRUP, H.-H. (1990): 'Gesamtkonzeption für eine ökologische Bewirtschaftung des Staatswaldes in NRW', *AFZ*, 28 und 29/1990, S. 757-758

EISELE, F.-L. (1992): mündlich

ARBEITSSTAB AUFGABENKRITIK DER LANDESREGIERUNG NRW (1994): *Organisationsgutachten der Landesforstverwaltung NRW*, 209 S. plus 220 S. Anhang

MURL (1991): *Wald und Forstwirtschaft in Nordrhein-Westfalen. Landeswaldbericht 1991*, 65 S.

Thüringen: DÜSSEL, V. (1991): 'Neuorganisation der Landesforstverwaltung Thüringen', *AFZ*, 6/1991, S. 272-276

DÜSSEL, V. (1992): mündlich

THÜRINGER MINISTERIUM FÜR LANDWIRTSCHAFT UND FORSTEN (1992): *Die Forstwirtschaft in Thüringen*, 49 S.

DERSELBE (1993): *Die Forstwirtschaft in Thüringen*, 63 S.

Brandenburg: BARTH, R. (1992): 'Der Wald in Brandenburg', *AFZ*, 18/1992, S. 956-959

HARTUNG, W. (1992): mündlich

HINZ, R. (1992): 'Forstpolitische Aufgaben in Brandenburg', *AFZ*, 18/1992, S. 941-943

MINISTERIUM FÜR ERNÄHRUNG LANDWIRTSCHAFT UND FORSTEN DES LANDES BRANDENBURG (1991): *Forstwirtschaft im Land Brandenburg*, 48 S.

DERSELBE (1992): *Jahresbericht Forstwirtschaft 1991*, 100 S.

DERSELBE (1994): *Wald und Forstwirtschaft in Brandenburg. Landeswaldbericht 1992*, 101 S.

ZIMMERMANN, E.; ENCKE, B.-G. (1992): 'Ziele und Aufgaben der Forstpolitik in Brandenburg', *AFZ*, 18/1992, S. 938-940

4.1 Landesforstverwaltungen

Charakteristika	Landesforstverwaltungen (LFV)		
	Niedersachsen	Hessen (1991)	Nordrhein-Westfalen
ges. Waldfl. im Land (ha)	ca. 1,07 Mio.	875.495	ca. 882.000
Bewaldungsprozent	22,0%	43,0%	26,0%
Waldbesitzartenanteil %	Privatwald: 49% Körperschaftswald:14% Staatswald: 32% Bund: 5%	Privatwald: 25% Körperschaftswald:35% Staatswald: 39% Bund: 1%	Privatwald:66% Körperschaftswald:19% Staatswald: 13% Bund: 2%
Staatswald (STW)(ha)	341.869	341.073	114.755
Σ Forstämter	85	111	45
Ø Größe der Forstämter incl. BF (ha)	ca. 5.100	ca. 7.890	ca. 19.670
Σ Betriebsbezirke	474	772	336
Ø Größe der Betriebsbez. incl. BF (ha)	ca. 915	ca. 1.130	ca. 2.675
Hauptwirtschaftsbaumarten	Fichte (31%), Kiefer (23%), Buche (21%), Eiche (11%), NH: 62%, LH: 38%	Buche(34%), Fichte(Ta, Bgl) 33%,Kie/Lä (22%),Eiche(11%) NH: 55%, LH: 45%	Fichte (41%), Buche (18%), Eiche (13%), Kiefer (10%), NH: 55%, LH: 45%
Altersklassenschwerpunkt	1. u. 2. Akl. (=45%)	NH: 1. u. 2. Akl. LH: 6 Akl und älter	NH: 48% in 1. u. 2. Akl. LH: 42% in 1-3 Akl.
Holzvorrat	206 Vfm/ha	271 Vfm/ha	235 Vfm/ha
Hiebsatz	4,4 Fm/ha davon: 75% Vornutzung	5,4 Efm o.R./ha	5,8 Efm o.R. davon: 55% Vornutzung
Ertrag/ha	- 392,30 DM	- 379, 00 DM	- 420,00 DM (1992)
Personalgliederung	hD : 184, gD: 726, mD/eD: 5, WA : 19, WA :1162, Ang.: 341	hD : 256, gD : 1207, WA : 385, WA : 2275, Ang. : 640	hD : 128, gD: 508 WA : 656 mD: 192 Ang. :
waldbauliche Zielsetzung	Bewirtschaftung mit dem Ziel, standortgemäße, stabile und vielfältige Waldbestände mit hohem Wertertrag heranzupflegen und zu nutzen (→ Löwe)	- standortgerechte, stabile Mischbestände - Erhöhung des Laubholzanteils - naturgemäße Bewirtschaftung	Leitl. "Waldwirtschaft 2000" - Verpflicht. z. naturnahen Waldwirtsch. (bestmögliche Stammholzproduktion) - standorger. (Laub-)Wälder - Einrichtg. v. Waldreservaten
wirtschaftliche Zielsetzung	Bewirtschaftung zum höchsten Nutzen der Allgemeinheit nach dem Grundsatz der Wirtschaftlichkeit	Das "ökonomische Prinzip" ist in jedem Teilbetrieb, bei jeder Maßnahme und zur Erreichung jedes Teilzieles anzuwenden (s.a. §§5, 27 u. 29 Hess. Forstgesetz)	Die ordnungsgemäße Forstwirtschaft im Staatswald NRW beinhaltet ökonomisches Handeln auf ökologischer Grundlage; Erwirtschaftung von Überschüssen, mind. betriebsbezogene Ausgaben = betriebsbezogene Einnahmen
sonstige Aufgaben und Funktionen, Anmerkungen	Bewirtschaftung des Waldes zum Zweck der Erholung, zur Gewährleistung der Schutzfunktionen und Wahrnehmung der Nutzfunktion	Bestimmte Prinzipien (Nachhaltigk., Wirtschaftl., Stabilität, Vielfalt und Anpassungsfähigkeit) gelten bei allen Planungen und Maßnahmen uneingeschränkt	- Ökologie auf ganzer Fläche - Sicherung von Schutz- und Erholungsfunktionen - traditionelle forstliche Zielsetzung ist in den Hintergrund getreten
ÜBERSICHT 4.01	Struktur der untersuchten Landesforstverwaltungen (1992)		

Charakteristika	Landesforstverwaltungen (LFV)	
	Thüringen	Brandenburg
ges. Waldfl. im Land (ha)	ca. 535.000	1.090.084
Bewaldungsprozent	34,0 %	37,0%
Waldbesitzartenanteil %	Privatwald: 25% Körperschaftswald: 17% Staatswald: 37%, Bund: 6% Bodenreformrestwald: 15%	Privatwald: 29% Körperschaftswald: 7% Staatswald: 25%, Bund: 11% Treuhandwald: 28%
Staatswald (STW)(ha)	198.460	ca. 269.692
Σ Forstämter	59	18 Ämter für Forstwirtschaft (AFW) 121 Oberförstereien (OF) am 1.1.93
Ø Größe der Forstämter incl. BF (ha)	ca. 8600	ca. 49.000 ha (AFW) ca. 7.200 ha (OF)
Σ Betriebsbezirke	487	713 (1993)
Ø Größe der Betriebsbez. i ncl. BF (ha)	ca. 1.060	1.200
Hauptwirtschaftsbaumarten	Fichte (48%), Kiefer (20%) Buche (18%), Eiche (5%) NH: 70%, LH: 30%	Kiefer (80%), Buche/Eiche (6%) NH: 84%, LH: 16%
Altersklassenschwerpunkt	Fichte: 41% in 1.u.2. Akl Kiefer: 35% in 1.u.2. Akl Buche: 62% in Akl.5 u. älter	Kiefer: 60% in 1. bis 3. Akl.
Holzvorrat	220 Vfm/ha	191 Vfm/ha (1.1.92)
Hiebsatz	keine Angaben	2,9 EFM/ha
Ertrag/ha	keine Angaben	- 300,10 DM
Personalgliederung	Min: 33, LFD: 61 Versuchsanstalt: 68, FA/LAWAS : 820 ABM: 3081, WA/Staatswald: 1310	Staats- und Treuhandwald: (1992) Ang: 1603 (213 BL, 774 AD, 616 ID) Min : 22, VA: 84, WA: 2894, WAS: 98 LAFA: 45, LAPLA: 126, ABM: 2114
waldbauliche Zielsetzung	- Übergang zu naturnahen Bestockungen mit standortgerechten Baumarten und vertikaler Gliederung - Erhöhung des Laubholzanteils - Anlage von Mischbeständen	Waldbau auf ökologischer Grundlage, - standortgerechte Forstwirtschaft unter Berücksichtigung des eisernen Gesetz des örtlichen - naturnaher, nach Baumarten und Alter gemischter Waldbau
wirtschaftliche Zielsetzung	- erwerbswirtschaftliche Ziele → Bewirtschaftung des Waldes nach dem Grundsatz des ökonomischen Prinzips	Der Wald ist im Rahmen seiner Zweckbestimmung nachhaltig, pfleglich und sachgemäß nach anerkannten forstlichen Grundsätzen zu bewirtschaften und zu schützen (§4(1) WaldG.)
sonstige Aufgaben und Funktionen, Anmerkungen	- Holzproduktion ist gleichrangig mit gemeinnützigen Zielen - Reprivatisierung des Treuhandwaldes	- Betonung von Landespflege, Naturschutz,- - große Waldbrandprobleme - Kiefernprachtkäfer

ÜBERSICHT 4.02 Struktur der untersuchten Landesforstverwaltungen (1992)

4.2 Nicht-staatliche Forstbetriebe

Die Übersichten 4.03, 4.04 und 4.05 geben einen Überblick über die Strukturen der untersuchten nicht-staatlichen Forstbetriebe. Übersicht 4.03 enthält die Daten der LWKs Weser-Ems und Hannover. Übersicht 4.04 beschreibt schematisch die Strukturen der beteiligten privaten Forstbetriebe. Die entsprechenden Angaben zu den kommunalen Forstbetrieben sind der Übersicht 4.05 zu entnehmen.[1]

---

[1] QUELLEN:
  LWK Weser-Ems: SÜLTMANN, J.-J. (1992): mündlich
  FORSTABTEILUNG DER LANDWIRTSCHAFTSKAMMER WESER-EMS (1988): *Forstliche Verhältnisse im Gebiet der Landwirtschaftskammer Weser-Ems*, 26 S.
  LWK Hannover: MÜLLER, W. (1992): mündlich
  LANDWIRTSCHAFTSKAMMER HANNOVER (1985/1992): *Die Landwirtschaftskammer Hannover und ihr forstlicher Betreuungsauftrag*, 35 S.
  Private Forstbetriebe: GRAF BERNSTORFF, A. (1992): mündlich (Gräflich Bernstorffsche Forstverwaltung)
  JÄGER, D. (1988): *Exkursionsführer 'Forstbetrieb Salem'*, 8 S. (Markgräflich Badische Forstämter Salem und Zwingenberg)
  DERSELBE (1992a): *Zur Organisationsfrage im Forstbetrieb Salem*, 19 S.
  DERSELBE (1992b): mündlich
  HOHENLOHE-WALDENBURG, F.K. Fürst zu (1991): 'Fakten und Ziele in einem größeren Privatforstbetrieb', *AFZ*, 19/1991, S. 998-1003
  DERSELBE (1992): mündlich (Fürstliche Forstverwaltung Hohenlohe Waldenburg)
  SCHINDELE, G. (1992): mündlich (Fürstlich zu Waldburg-Wolfeggsche Forstverwaltung)
  BROCKHAUSEN, H.v. (1992): mündlich (Fürst zu Bentheimsche Forstverwaltung)
  BÖHMCKER, W. (1992): mündlich (Waldgesellschaft der Riedesel Freiherrn zu Eisenbach/Lauterbach)
  JESTAEDT, J. (1992a): *Einflüsse von Kranvollerntern auf die Gestaltung des Forstbetriebes - Dargestellt am Beispiel der Waldgesellschaft der Riedesel Freiherrn zu Eisenbach/Lauterbach*, Dissertation, Forstwissenschaftlicher Fachbereich der Universität Göttingen, 160 S.
  DERSELBE (1992b): mündlich (Waldgesellschaft der Riedesel Freiherrn zu Eisenbach/Lauterbach)
  FORSTVERWALTUNG DER ARENBERG-MEPPEN GmbH und ARENBERG-NORDKIRCHEN GmbH (1991): 'Merkblatt zur Forstwirtausbildung bei der Arenberg-Meppen GmbH und der Arenberg-Nordkirchen GmbH', 5.S.
  FRÖHLICH, W. (1992): mündlich (Forstverwaltung der Arenberg-Meppen GmbH)
  Kommunale Forstbetriebe: KOPPEN, B.v. (1992): mündlich (Stadtforstamt Osterode am Harz)
  STADT OSTERODE AM HARZ (1992): *Kurzübersicht des Stadtwaldes*, 5 S.
  CLAUDITZ, R. (1992): mündlich (Stadtforstamt Hann.-Münden)
  LEVIN, M. (1992): mündlich (Stadtforstamt Göttingen)
  EBERT, W. (1992): mündlich (Forstamt Frankfurter Wald)
  STADT FRANKFURT/MAIN (Hrsg.) (1987): *Das Forstamt 'Frankfurter Stadtwald*, 66 S.
  HAMMER, A. (1992): mündlich (Städtisches Forstamt Baden-Baden)
  STADT BADEN-BADEN (Hrsg.) (1983): *Allgemeine Angaben über den Forstbezirk*, 8 S.

Charakteristika	Landwirtschaftskammern in Niedersachsen	
	LWK Weser-Ems	LWK Hannover
ges. Waldfl. im Bereich der LWK (ha)	ca. 170.000	ca. 845.000
Bewaldungsprozent	11,3 %	26,0 %
ges. zu betreuende Waldfläche (ha)	ca. 126.000	ca. 377.400
ges., ausschließl. unter Betreuung der LWK stehende Fläche (ha)	ca. 107.600	ca. 342.050
Anzahl der Waldbesitzer	14.500	31.500
Anzahl der Forstämter	5	12
Ø Größe der Forstämter	ca. 21.500	ca. 30.000
Anzahl der Bezirksförstereien	39	84
Ø Größe der Bezirksförstereien	ca. 2800	ca. 4070
Hauptwirtschaftsbaumarten	Kiefer, Lärche, Strobe (62%) Fichte (18%) Eiche (10%)	Laubholz zusammen = 18% NH: 82% (Kiefer 51%, Fichte 25%)
Personalgliederung	Forstabt. der LWK: 4 hD, 1 gD, 1 BL, 3 STO-Kart. 3 VA Forstämter: 5 FAL, 39 RL, 8 VA, 0 WA	insgesamt: 19 hD, 103 gD, 23 VA, 3 STO-Kart., 0 WA
waldbauliche Zielsetzung	die waldbauliche Konzeption berücksichtigt standortgerechte und leistungsfähige Baumarten	- standortgerechte Baumarten
wirtschaftliche Zielsetzung	-	-
sonstige Aufgaben und Funktionen	bestmögliche Betreuung und Beratung aller der Landwirtschaftskammer angeschlossenen Waldbesitzer. Im Einklang mit den Interessen der Allgemeinheit sind die Landwirtschaft und die Gesamtheit der in der Landwirtschaft tätigen Personen in fachlicher Hinsicht zu fördern und ihre fachlichen Belange wahrzunehmen. Nach §4 Abs.1 Kammergesetz ist die Forstwirtschaft ein Zweig der Landwirtschaft im Sinne des Gesetzes	
Anmerkungen	Die zerstreute Lage der kleinparzellierten Waldflächen im Bereich Weser-Ems und die riesigen Flächenausdehnungen der Forstbezirke, werden durch die Ø Betreuungsfläche der Bezirksförstereien nicht deutlich	Der gesetzliche Auftrag der Landwirtschaftskammern ist im Gesetz über Landwirtschaftskammern manifestiert. FA und Forstbezirke genießen eine hohe Eigen- und Selbstständigkeit
ÜBERSICHT 4.03	Struktur der untersuchten Landwirtschaftskammern Weser-Ems und Hannover (1992)	

4. Beschreibung der Stichprobe

PRIVATE FORSTBETRIEBE

Charakteristika	Gartow	Salem	Hohenlohe-Waldenburg	Waldburg-Wolfegg	Bentheim	Riedesel	Arenberg-Meppen GmbH
Größe (ha)	5.500	6.200	2.224	9.500	5.400	14.000	9.300
Besitzart	privat	privat	privat	privat	privat	privat	privat
Lage	Lüchow-Dannenberg	Großteil (4400 ha) im südlichen Linzgau	Waldenburger Berge, Hohenloher Land	Altdorfer Wald, Oberschwaben Süd-Westdeutsches Alpenvorland	Nord-West-Deutschl., Baden-Württemberg	Vogelsberg (9.455) Knüll (2.800)	8.200 ha im Emsland und Hümmling, 1.100 ha in Nordkirchen (NRW)
Anzahl der Reviere bzw. Forstdienstbez.	2	11 (Verringerung auf 9 geplant)	3 (2)	4	4 (3 in Norddeutschland, 1 in Baden-Württemberg	3 FÄ mit 14 (11-12) Revieren, ab 1994: 2FÄ mit 10 Revieren	4
Hauptwirtschaftsbaumarten	Kiefer (74%)	Fichte (40%) Buche (28%)	Fichte (43%) Buche (26%)	Fichte (80%) Ta, Bgl, LH (20%)	ND: Kiefer (60%) Eiche (20%) BW: Fi.(70%), Ta. (20%)	Fichte (40%) Buche (36%) Kiefer (22%)	Kiefer u. Strobe (42%), Fichte (29%), Lärche (17%)
Personalgliederung	1 FAL, 1 VA 1 BL, 2 RL 3 WA	1 FAL, 4 VA 2 BL, 11 RL (s.o.) 6 WA	1 FAL, 1 VA 3 (2) RL 11 WA	1 FAL, 1 VA 1 BL, 4 RL 20 WA, 1 MEL	1 FAL, 1 VA 1 BL, 5 RL 14 WA	1 GL, 3 FAL, 8 VA 1 Leiter "Forsttechn." 14 RL (s.o.)	1 FAL, 7 VA 5 RL (4 im Emsland) 13 WA, ca. 15 ABM
fixierter Aufgaben- und Zielkatalog	nein	nein	nein	für Holzbetrieb ja, Forstbetrieb nein	nein	ja!	nein
waldbauliche Zielsetzung	konsequente Wertvorratspflege auf Basis des naturgemäßen Waldbaus	traditionelle intensive Pflege von naturnahen Mischbeständen mit Erzeugung wertvollen Starkholzes	standortgerechte Mischbestände, Erziehug von Wert- und Sonderhölzern	stabile Mischbestände mit marktgängigen Sortimenten (Holzhof)	BW: Fichten +Tannen-starkholz ND: Eichenwertholz Kiefernwertholz	intensive waldbauliche Pflege zur Steigerung der Wertleistung und Stabilisierung der Bestände, Nachhaltigkeit	Schmuckreisiggewinnung ist Schwerpunkt in Meppen, Industrieholz (1.u.2.AKL:77%)
wirtschaftliche Zielsetzung	betriebswirtschaftlich gesunde Beine d.h. Erwirtschaftung eines angemessenen Gewinns	angemessener Gewinn	"Überleben", angestrebt ist ein mäßiger, nachhaltiger Gewinn	angemessener Gewinn, langfristiger Erhalt und Mehrung der Substanz	angemessener Reinertrag zum Wohle des fürstlichen Hauses	angemessener Reinertrag zur Vermehrung des Vermögens und Bildung von Rücklagen	Gewinnmaximierung
sonst. Aufgaben bzw. Funktionen	-	FAL zugleich technische Aufsicht über den sonstigen Grundbesitz (u.a. 2000 ha landw. Fläche)	-	Der FAL ist gleichzeitig Leiter des Holzbetriebs	-	Dienstleistungsbetrieb "Riedesel-Forsttechnik" angegliedert	gemeinnützig, Gewinne gehen an Waisen, alte und kranke Menschen, bedrohte Tiere
Bemerkungen	Erwirtschaftung eines angemessenen Gewinns wird unter den heutigen Bedingungen als große Herausforderung betrachtet	-	dem Forstbetrieb angegliedert ist die Forsttechnikfirma HSM, kein Interview	WA sollen auf 2 Rotten verringert werden	hohe Reparationsleistungen in den Norddeutschen Flächen, Eichensaatgutbestände	einziger untersuchter privater Forstbetrieb mit einem ausformulierten Katalog der Ziele und Teilziele	der FAL ist zugleich Geschäftsführer der Stiftung, Alleingesellschafterin ist die "Fondation d'Arenberg"

ÜBERSICHT 4.04   Struktur der untersuchten privaten Forstbetriebe   (Stand Sommer 1992)

4. Beschreibung der Stichprobe

Charakteristika	KOMMUNALE FORSTBETRIEBE				
	Osterode	Hann-Münden	Göttingen	Frankfurt	Baden-Baden
Größe (ha)	1.100	3.000	1.550	ca. 6.050 davon 5.400 ha Wald	7.500
Besitzart	kommunal	kommunal	kommunal	kommunal	kommunal
Lage	Süd-West-Rand des Harzes, nordwestliches Harzvorland	südliches Weserbergland (Zusammenfluß von Werra und Fulda)	Göttinger Wald	Kreis Frankfurt/Stadt, S-O-Abhang des Taunus	Umgebung der Badener Senke
Anzahl der Reviere bzw. Forstdienstbezirke	1	4	2	7	9
Hauptwirtschaftsbaumarten	Fichte (78%) Buche (10%)	Buche (45%) Fichte (36%) Kiefer/Lärche (10%)	Buche (66%) Alh. (24%)	Eiche (33%) Kiefer (32%) Buche (19%)	Fichte (30%), Tanne (20%) Buche (19%) Kiefer/Lärche (12%)
Personalgliederung	1 FAL, 1VA 1BL, 1 RL 5 WA	1 FAL, 1 VA 1 RL + BL, 3 RL 14 WA (2 für NS/LS)	1 FAL, 2 VA 1 BL, 2 RL 12 WA	hD: 3, gD: 11, mD: 1, VA: 6, WA: 54, Arb: 41	1 FAL, 1 hD., 1 BL, 9 RL, 1 Biologe 1 Betriebshofl., 61 WA
fixierter Aufgaben- und Zielkatalog	Haushaltsplan der Stadt	Haushaltsrichtlinien der Stadt	Aufgabenkatalog existiert	innerhalb der Stadtverwaltung für jedes Amt	liegt vor
waldbauliche Zielsetzung	standortgerechte, vielseitige, artenreiche Waldbilder	naturgemäße Bewirtschaftung, einzelstammweise Nutzung	kahlschlagfreie Wertholzproduktion im Femelschlagverf.	pflegliche, nachhaltige Nutzung des Waldes	stabile, gemischte Waldformen
wirtschaftliche Zielsetzung	Kostendeckung	Verluste so gering wie möglich halten	Kostendeckung bzw. möglichst geringe Verluste	angemessener Ertrag, Kostendeckung	nachhaltige Holzproduktion zur Erzielung eines angemessenen Reinertrags
sonst. Aufgaben bzw. Funktionen	Schutz- (Trinkwassertalsperre) und Erholungsfunktion	Naturschutz- und Landespflegeaufgaben werden im großen Rahmen getätigt	Erholungswald, Öffentlichkeitsarbeit, Landespflege, Denkmäler	wirtschaftliche Nutzung ist gegenüber Schutz- und Erholungsfunktion in den Hintergrund getreten	Dienstleistungsfunktionen, ökologische Funktionen, Erholungsfunktion
Bemerkungen	wirtschaftliche Belange müssen, hinter die Wohlfahrtsfunktionen zurücktreten	-	-	extrem stark frequentiertes Naherholungsgebiet, großer Anteil an Öffentlichkeitsarbeit	Das FA Baden-Baden unterhalb eine Ökotruppe best. aus 2 Zivildi., 2 Prakt. u. 1 VA, Schutz- und Erholungsfunktion haben Vorrang, wenn nötig

ÜBERSICHT 4.05 Struktur der untersuchten kommunalen Forstbetriebe
(Stand Sommer 1992)

4.3 Realisierter Stichprobenumfang und Rücklaufquote

Bis zum Mai 1993 schickten 65% der angeschriebenen Forstamtsleiter (= 109) und 51% der Mitarbeiter (= 698) ihre Fragebögen zurück (Übersicht 4.06). Die Rücklaufquoten schwankten dabei in den LFV zwischen 70% (Niedersachsen) und 24% (Brandenburg)[1] und lagen im Mittel bei 52%. Von den nicht-staatlichen Forstbetrieben kamen insgesamt 58% der Fragebögen zurück. Die gesamte Rücklaufquote der LFV und der nicht-staatlichen Forstbetriebe bis Mai 1993 lag bei 53% und ist für sozialpsychologische postalische Umfragen dieser Art überdurchschnittlich hoch.[2] Die Stichprobe kann damit, insbesondere in Zusammenhang mit dem Auswahlverfahren (siehe Kap. 3.5), als repräsentativ betrachtet werden.

Spalte (1)	(2)	Rücklauf (Spalte A)			verwertbar von Spalte A			Rücklaufquote in % von Spalte A		
		FAL	MA	SUM	FAL	MA	SUM	FAL	MA	SUM
		(3)	(4)	(5)	(6)	(7)	(8)	(9)	(10)	(11)
LFV	NDS	23	132	155	23	126	149	77	69	70
	HE	19	124	143	19	120	139	61	63	63
	NRW	15	69	84	15	68	83	75	54	57
	THÜ	19	97	116	19	96	115	63	51	53
	BR	14	48	62	13	48	61	45	21	24
Σ LFV		90	470	560	89	458	547	63	50	52
nicht-staatlich	LWK	5	52	57	5	52	57	50	53	53
	privat	9	42	51	9	42	51	90	57	61
	kommunal	5	25	30	5	25	30	100	58	63
Σ nicht-staatlich		19	119	138	19	119	138	86	55	58
Σ LFV und nicht-staatlich		109	589	698	108	577	685	65	51	53
	Fref			64			64			97
	Fian			77			70			71
Σ Fref und Fian				141			134			81
Σ TOTAL		109	589	839	108	577	819	65	51	56
ÜBERSICHT 4.06	Realisierter Stichprobenumfang und Rücklaufquote									

Von den 698 eingegangenen Fragebögen der LFV und der nicht-staatlichen Forstbetriebe konnten schließlich 685 in die Untersuchung einbezogen werden. Nur 13 Fragebögen waren aufgrund fehlender Angaben nicht verwertbar.

---

[1] Der niedrige Rücklauf aus Brandenburg ist auf verwaltungsinterne Verzögerungen der Umfrage zurückzuführen. Als die Fragebögen, die im Gegensatz zu den anderen LFV in Brandenburg von zentraler Stelle aus zu den Oberförstereien verschickt wurden, dort ankamen, war der im Anschreiben gesetzte Rückgabetermin bereits verstrichen.

[2] LEITENBACHER, A.; TIMINGER, M. (1994): 'Aufschlußreiches Stimmungsbild der Bayerischen Staatsforstverwaltung', *AFZ*, 11/1994, S. 598-599

Bei der Rücklaufquote der an die Forstrefenrendare und Forstinspektorenanwärter ausgegebenen Fragebögen kamen sehr deutlich die Auswirkungen unterschiedlicher Befragungsmethoden zum Tragen. Zu einem Rücklauf von nahe 100% kam es bei denjenigen, die in der Gruppe befragt wurden. Die Rücklaufquote der 30 an die Inspektorenanwärter in Hessen postalisch zugestellten lag bei 7%. Lediglich zwei nicht verwertbare Fragebögen kamen zurück. Hierher rührt auch die niedrigere Rücklaufquote von 71% bei den Forstinspektorenanwärtern im Gegensatz zu der der Referendare, die bei 97% liegt. Alles in allem kamen die ´Auszubildenden´ der LFV auf eine Rücklaufquote von 82%. Auf eine Nachfaßaktion wurde verzichtet, weil anhand der Vielzahl der Bemerkungen zum Fragebogen ablesbar war, daß sich unter den Rückläufen sowohl Antworter mit positiver als auch negativer Einstellung zum Untersuchungsthema befanden. Durch die ´Erstantworter´ sind aus diesem Grund keine Ergebnisverzerrungen zu befürchten. Zudem hat sich in anderen empirischen Untersuchungen gezeigt, daß Nachfaßaktionen i.d.R. nur wenig Erfolg haben.[1]

Von den 839 zurückgeschickten Fragebögen (Rücklaufquote=56%) flossen letztendlich 819 verwertbare Bögen in die Untersuchung ein. Einzelne detaillierte Angaben können der Übersicht 4.06 entnommen werden.

5. STATISTISCHE METHODEN

Zur Auswertung wurden zunächst die Fragebogenergebnisse im PC am Institut für Waldarbeit und Forstmaschinenkunde zu einer Datenmatrix zusammengefügt. Nach Übertragung der Matrix auf die Rechenanlage VAXSTATION VAX/VMS V5.4-3 der Abteilung für Forstliche Biometrie und Informatik des Forstwissenschaftlichen Fachbereichs der Universität Göttingen begann die Datenanalyse mit dem Programmpaket ´Statistical Analysis System´ (SAS) in der Version 6.08, das alle für die Auswertung erforderlichen Prozeduren beinhaltet.[2],[3],[4] Die anzuwendenden statistischen Verfahren und die Wahl der dafür geeigneten Auswertungsprozeduren von SAS richten sich dabei nach der Datenherkunft und Datenstruktur.[5]

---

[1] vgl. SAUERMANN, P. (1975): ´Die Messung der Arbeitszufriedenheit durch schriftliche Mitarbeiterbefragung´, *Interview und Analyse, Zeitschrift für Marktforschung, Sozialforschung, Mediaforschung und Mediaplanung*, 2/1975, S. 212

[2] vgl. SAS-INSITUTE (1985): *SAS User´s Guide Basics Version 5*, SAS Institute Cory, North Carolina, 1290 S.

[3] vgl. GOGOLOK, J.; SCHUEMER, R.; STRÖHLEIN, G. (1992): *Datenverarbeitung und statistische Auswertung mit SAS, Bd. I: Einführung in das Programmsystem, Datenmanagement und Auswertung*, Stuttgart, Jena, New York: Fischer, 787 S.

[4] vergl.SCHUEMER, R.; STRÖHLEIN, G.; GOGOLOK, J. (1990):*Datenverarbeitung und statistische Auswertung mit SAS, Bd. II: Komplexe statistische Analyseverfahren*, Stuttgart, Jena, New York: Fischer, 437 S.

[5] vgl. SACHS, L. (1991): *Angewandte Statistik*, Berlin, Heidelberg: Springer, S. 103

5. Statistische Methoden - 83 -

Das Datenmaterial der vorliegenden Untersuchung entstammt einer Fragebogenaktion. Die Werte sind zum großen Teil ordinal (z.B. Items des FVVB und des ABB), zum Teil nominal (z.B. Items die mit ja oder nein zu beantworten sind) skaliert. Nach SACHS und BORTZ können auf ordinal skalierte Daten nur verteilungsfreie Verfahren angewendet werden.[1),2)]

Die in der Untersuchung vorkommenden Auswertungsgrößen sind zusammenfassend in der folgenden Übersicht 5.01 dargestellt.

Symbol	Benennung
N	Häufigkeit
min	Minimum (kleinster Wert)
max	Maximum (größter Wert)
$\bar{x}$	mittlere Itemausprägung
s	Standardabweichung
cv	Variationskoeffizient
ÜBERSICHT 5.01	Auswertungsgrößen

Der rechnerische Vergleich der einzelnen Teilstichproben erfolgte mit Hilfe des Rangsummentest von WILCOXON.[3)] Die Signifikanzniveaus wurden dabei wie folgt festgelegt:[4),5)]

- (*) $0,10 \geq p \leq 0,05$ signifikant bei einer Irrtumswahrscheinlichkeit von $\alpha = 10\%$
- (**) $0,05 \leq p \leq 0,001$ signifikant bei einer Irrtumswahrscheinlichkeit von $\alpha = 5\%$
- (***) $p \leq 0,001$ signifikant bei einer Irrtumswahrscheinlichkeit von $\alpha = 1\%$

[1)] vgl. SACHS, L. (1991): a.a.O., S. 204-206
[2)] vgl. BORTZ, J. (1993): a.a.O., S.141-165
[3)] vgl. GOGOLOK, J. et al. (1992): a.a.O., S. 679
[4)] vgl. BORTZ, J. (1993): a.a.O., S. 108-111
[5)] vgl. SACHS, L. (1992): a.a.O.,S. 188

6. ERGEBNISSE DER BEFRAGUNG

6.1 Demographische Angaben

Die demographischen Angaben der befragten Forstamtsleiter und Forstamtsleiterinnen (gemeinsame Abkürzung 'FAL`) und ihrer Mitarbeiter und Mitarbeiterinnen (gemeinsame Abkürzung 'MA´) lassen eine differenzierte Betrachtung der Altersstruktur, des Geschlechterverhältnisses, des Familienstands und der abgeschlossenen Berufsausbildung zu. Ebenso werden in diesem Zusammenhang Angaben über die derzeitige Funktion, Arbeitsplatzwechsel und Weiterbildung behandelt. Die Gesamtheit der Ergebnisse ist in den Übersichten 6.01 bis 6.10 zusammengefaßt, auf die bei der detaillierten Analyse der weiteren Untersuchungsergebnisse Bezug genommen wird. Die anonyme Befragung läßt grundsätzlich keine Zuordnung von Einzelfällen zu. Es können jedoch Tendenzen innerhalb der gebildeten Straten herausgefiltert werden.

6.1.1 Persönliche Angaben

6.1.1.1 Altersstruktur

Die Übersichten 6.01a und 6.01b geben einen Überblick über die Altersstruktur der Untersuchungsteilnehmer.

	FORSTAMTSLEITER und FORSTAMTSLEITERINNEN										
	Alle zus.	Landesforstverwaltungen						nicht-staatl. Forstbetriebe			
		zus.	NDS	HE	NRW	THÜ	BR	zus.	P	K	LWK
Spalte (1)	(2)	(3)	(4)	(5)	(6)	(7)	(8)	(9)	(10)	(11)	(12)
31-40 Jahre	26	26	22	26	40	26	15	26	**34**	20	20
41-50 Jahre	28	26	**39**	21	**47**	16		**37**	22	**60**	**40**
51-60 Jahre	**36**	**39**	**39**	**42**	13	**53**	**46**	21	22	20	20
> 60 Jahre	10	9		11		5	**39**	16	22		20
	100										
	MITARBEITER und MITARBEITERINNEN										
21-30 Jahre	12	12	3	10	16	19	19	15	22	12	12
31-40 Jahre	**39**	**36**	**43**	**41**	**44**	26	19	**50**	**44**	**44**	**58**
41-50 Jahre	23	25	28	26	16	**28**	25	13	7	16	15
51-60 Jahre	22	23	25	18	21	23	**29**	18	22	20	13
> 60 Jahre	4	4	1	5	3	4	8	4	5	8	2
Summe MA		100									

ÜBERSICHT 6.01a   Altersstruktur der Untersuchungsteilnehmer (%)

6.1 Demographische Angaben

Wie Übersicht 6.01a zeigt, haben an der Befragung Probanden im Alter von 21 bis über 60 Jahre teilgenommen. Aus Sp.2 wird ersichtlich, daß der Hauptteil (36%) der FAL, die den Fragebogen zurücksandten, sich in der Altersstufe 51-60 befindet.[1] Bei den MA hingegen liegt der Schwerpunkt mit 39% zwei Altersstufen jünger (31-40 Jahre). Ebenso sind 12% der MA jünger als 31 Jahre. Dieses Stratum ist bei den befragten Vorgesetzten unbesetzt. Älter als 60 Jahre sind von den befragten Vorgesetzten 10%. Brandenburg liegt hier mit 39% an der Spitze (Sp.8). Von den MA haben hingegen nur 4% das 60. Lebensjahr überschritten. Stratifiziert nach LFV und nicht-staatlichen Forstbetrieben zeigt sich, daß die FAL der nicht-staatlichen Forstbetriebe mehrheitlich im Stratum 41-50 Jahre liegen. Auffällig sind hier die FAL der LFV Nordrhein-Westfalen (Sp.6) und die der privaten Forstbetriebe (Sp.10), die mit 40% bzw. 34% in der Altersstufe 31-40 Jahre vertreten sind. Die Altersstruktur der MA ist insgesamt ausgeglichener als die der FAL. Mit Ausnahme der LFV Thüringen (Sp.7) und Brandenburg (Sp.8) haben die zwischen 31 und 40 Jahre alten MA am häufigsten geantwortet.

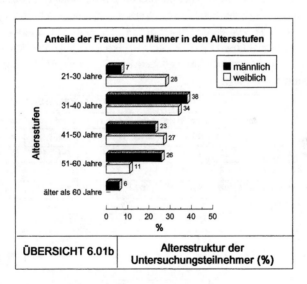

ÜBERSICHT 6.01b — Altersstruktur der Untersuchungsteilnehmer (%)

Ein Vergleich der Altersstruktur der Stichprobe mit der der Landesforstverwaltungen zeigt zumindest mit den für die Länder Niedersachsen[2] und Nordrhein-Westfalen[3] vorliegenden Alterspyramiden eine relativ gute Übereinstimmung.

---

[1] **Anmerkung**: Die jeweiligen Stratenschwerpunkte sind in allen Tabellen fett und kursiv gedruckt.

[2] MINISTERIUM FÜR ERNÄHRUNG, LANDWIRTSCHAFT UND FORSTEN (1994): *Jahresbericht der Niedersächsischen Landesforstverwaltung 1992*, S. 4

[3] ARBEITSSTAB AUFGABENKRITIK DER LANDESREGIERUNG BEIM FINANZMINISTERIUM (1994): *Organisationsuntersuchung der Landesforstverwaltung Nordrhein-Westfalen*, S. 33

Differenziert nach Geschlecht (Übersicht 6.01b) wird ein prozentualer Überhang an Frauen in den Altersstufen 21-30 (28% zu 7%) und 41-50 (27% zu 23%) deutlich. Der höhere Anteil an Frauen in der Altersstufe 41-50 Jahre ist mit ihrem Wiedereinstieg in den Beruf nach Versorgung der Kinder zu erklären. Relativ mehr Männer als Frauen sind hingegen in den Altersstufen 31-40 (38% zu 34%) und 51-60 (26% zu 11%) vertreten. Unter den über 60-jährigen (6%) befinden sich überhaupt keine Frauen mehr. Demnach sind mehr als die Hälfte der befragten Frauen jünger und 50% der Männer älter als 40 Jahre.

6.1.1.2 Geschlechterverhältnis

Forstwirtschaft ist (immer noch) eine von Männern dominierte Berufssparte (Übersicht 6.02). Von den insgesamt 685 verwertbaren Fragebögen der Landesforstverwaltungen und der nicht-staatlichen Forstbetriebe sind 103, das sind 15%, von Frauen zurückgeschickt worden (siehe auch Übersicht 4.06). Mit Ausnahme von drei Frauen aus den LFV Thüringen und Hessen, die sich an der Umfrage beteiligten, sind die FAL der untersuchten Verwaltungen männlich. Nicht ganz so extrem stellen sich die Verhältnisse unter den MA dar. Über alle untersuchten MA beträgt der Frauenanteil bei 17%. Den höchsten Frauenanteil unter den MA weist mit 31% die LFV Thüringen auf. Der niedrigste Anteil liegt mit 8% bei den untersuchten Forstämtern der LWKs.

	Alle zus.	\multicolumn{6}{c	}{Landesforstverwaltungen}	\multicolumn{4}{c	}{nicht-staatl. Forstbetriebe}
\multicolumn{12}{	c	}{FORSTAMTSLEITER und FORSTAMTSLEITERINNEN}
	Alle zus.	zus.	NDS	HE	NRW	THÜ	BR	zus.	P	K	LWK
Spalte (1)	(2)	(3)	(4)	(5)	(6)	(7)	(8)	(9)	(10)	(11)	(12)
weiblich	3	3		11		5					
männlich	97	97	100	89	100	95	100	100	100	100	100
Summe FAL	\multicolumn{11}{c	}{100}
\multicolumn{12}{	c	}{MITARBEITER und MITARBEITERINNEN}
weiblich	17	18	17	13	9	31	19	13	17	16	8
männlich	83	82	83	87	91	69	81	87	83	84	92
Summe MA	\multicolumn{11}{c	}{100}
ÜBERSICHT 6.02	\multicolumn{11}{l	}{Geschlechterverhältnis der Stichprobe in (%)}

6.1.1.3 Familienstände

Die Struktur der Familienstände in der Stichprobe kann den Übersichten 6.03a und 6.03b entnommen werden.

6.1 Demographische Angaben

	ALLE	Landesforstverwaltungen					nicht-staatl.Forstbetriebe			
	zus.	zus.	NDS	HE	NRW	THÜ	BR	zus.	P	K	LWK

FORSTAMTSLEITER UND FORSTAMTSLEITERINNEN

Spalte (1)	(2)	(3)	(4)	(5)	(6)	(7)	(8)	(9)	(10)	(11)	(12)
verheiratet	93	92	91	95	87	95	92	95	89	100	100
ledig	5	5	9	5	7			5	11		
geschieden verwitwet	2	3			6	5	8				
Summe FAL					100						

MITARBEITER und MITARBEITERINNEN

verheiratet	93	83	86	82	78	86	81	83	78	92	83
ledig	5	13	8	15	22	9	15	14	17	8	15
geschieden verwitwet	2	4	6	3		5	4	3	5		2
Summe MA					100						

ÜBERSICHT 6.03a — Struktur der Familienstände in der Stichprobe (%)

Von den untersuchten FAL sind 93% verheiratet und 5% ledig. 2% entfallen auf das Stratum 'geschieden/verwitwet'. Die befragten FAL der kommunalen Betriebe und der Forstämtern der LWK sind verheiratet. Den prozentual geringsten Anteil verheirateter FAL hat mit 87% die LFV Nordrhein-Westfalen. Den höchsten Anteil lediger FAL weisen mit 11% die privaten Forstbetriebe auf. Die MA sind mit 83% zu einen geringeren Anteil als die FAL verheiratet.

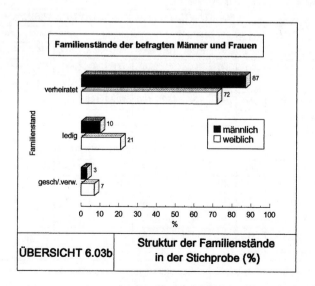

ÜBERSICHT 6.03b — Struktur der Familienstände in der Stichprobe (%)

Korrespondierend können mehr, d.h. 13%, dem Stratum 'ledig' zugeordnet werden. 4% der befragten MA sind geschieden oder verwitwet. Der kleinste relativen Anteil entfällt mit jeweils 78% auf die MA der privaten Forstbetriebe und der LFV Nordrhein-Westfalen. Der höchste Anteil lediger MA (22%) ist der LFV Nordrhein-Westfalen zuzurechnen. Der größere Anteil an Verheirateten unter den FAL läßt sich mit ihrem höheren Alter erklären. Umgekehrt bedingt ein durchschnittlich jüngeres Alter einen höheren Anteil an ledigen MA.

Stratifiziert nach Geschlecht (Übersicht 6.03b) zeigt sich mit 87% gegenüber 72% ein Überhang an verheirateten Männern. Relativ mehr Frauen sind ledig (21% zu 10%) und geschieden bzw. verwitwet (7% zu 3%). Auch hier korrespondiert der höhere Anteil an Frauen und das im Mittel geringere Alter mit dem Familienstand.

6.1.2 Berufsbezogene Angaben

6.1.2.1 Ausbildung

Angaben über die Ausbildung der Untersuchungsteilnehmer sind in den Übersichten 6.04a und 6.04b dargestellt.

Die FAL haben zu fast 100% eine Ausbildung an den Forstlichen Fakultäten der Universitäten abgeschlossen (Übersicht 6.04a, Sp.1). Hingegen sind unter den FAL der nicht-staatlichen Forstbetriebe auch einige mit Ausbildungen an Fachhochschulen (FH, insgesamt 1%) und an Forstschulen (1%). Bei den MA ist keine einheitliche Tendenz festzustellen.

	FORSTAMTSLEITER und FORSTAMTSLEITERINNEN										
	ALLE	Landesforstverwaltungen						nicht-staatl. Forstbetriebe			
	zus.	zus.	NDS	HE	NRW	THÜ	BR	zus.	P	K	LWK
Spalte (1)	(2)	(3)	(4)	(5)	(6)	(7)	(8)	(9)	(10)	(11)	(12)
FH	1							17	11	40	
Universität	98	100	100	100	100	100	100	67	89	60	80
Forstschule	1							16			20
Summe FAL	100										
	MITARBEITER und MITARBEITERINNEN										
Fachschule	20	22	6	9	9	47	62	14	29	4	14
FH	30	25	29	31	35	10	16	51	31	65	52
Universität	8	10	2	2	18	22	13	2		2	5
Forstschule	34	34	48	48	32	16	5	32	40	27	29
Sonstiges	8	9	15	10	6	5	4	1		2	
Summe MA	100										
ÜBERSICHT 6.04a	Ausbildung der Untersuchungsteilnehmer (%)										

6.1 Demographische Angaben

Dies liegt in erster Linie an den unterschiedlichen Funktionen, die von den MA ausgeführt werden und eine spezielle Ausbildung erfordern. Einzig auffällig ist die hohe Anzahl von Fachschulabsolventen, die von den MA der LFV Thüringen und Brandenburg angegeben wird. Hier wird ein Zusammenhang mit dem früheren Ausbildungssystem der ehemaligen DDR vermutet.

Wird der Bereich 'Ausbildung' nach Geschlecht differenziert (Übersicht 6.04b), wird deutlich, daß ein großer Teil der Frauen (32%), im Gegensatz zu ihren männlichen Kollegen (15%), eine Ausbildung an entsprechenden Fachschulen angibt. Noch stringenter ist der Unterschied im Stratum 'Sonstiges'. 35% aller befragten Frauen sind diesem Stratum zuzuordnen, aber nur 2% der Männer. Dieser Sachverhalt läßt sich mit der hauptsächlichen Tätigkeit der Frauen als Verwaltungsangestellte in den Forstverwaltungen und -betrieben verbinden.

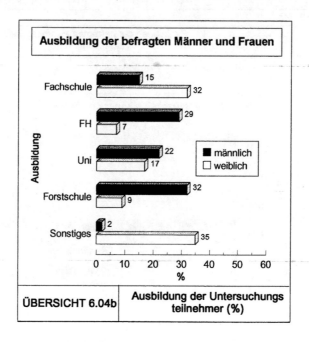

| ÜBERSICHT 6.04b | Ausbildung der Untersuchungsteilnehmer (%) |

6.1.2.2 Funktionen der Mitarbeiter und Mitarbeiterinnen

Mit Hilfe der Übersichten 6.05a und 6.05b wird die Gruppe der MA hinsichtlich ihrer Funktionen beschrieben und differenziert.

Mehr als die Hälfte (56%) aller Antworten der MA stammt von Revierleitern und Revierleiterinnen bzw. Forstbetriebsbeamten und Forstbetriebsbeamtinnen ((FBB), Übersicht 6.05a, Sp.2). Respektive in den einzelnen untersuchten LFV und nicht-

6. Ergebnisse der Befragung

Spalte (1)	ALLE zus.	Landesforstverwaltungen zus.	NDS	HE	NRW	THÜ	BR	nicht-staatl.Forstbetriebe zus.	P	K	LWK
	(2)	(3)	(4)	(5)	(6)	(7)	(8)	(9)	(10)	(11)	(12)
Ausbilder/in höherer Dienst	1	1	1					2	1		2
Dezernent/in	2	3	1		18						
Revierleiter/in	*56*	*52*	*59*	*51*	*52*	*40*	*66*	*70*	*67*	*77*	*64*
Ausbilder/in gehobener Dienst	2	2		3	1		6	2		4	
Funktionsbeamte/r	11	13	5	19	6	22	6	3		7	
Büroleiter/in mit forstl. Ausbildung	11	11	12	4	12	21	9	8	12	4	8
Büroleiter/in ohne forstl. Ausbildung	3	4	5	8	1		2				
Verwaltungsangestellte/r	*15*	*14*	*17*	*15*	*10*	*17*	*9*	*16*	*21*	*6*	*28*
Summe MA	100										

ÜBERSICHT 6.05a — Funktionen der befragten Mitarbeiter und Mitarbeiterinnen (%)

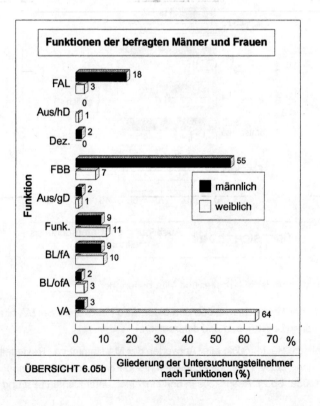

ÜBERSICHT 6.05b — Gliederung der Untersuchungsteilnehmer nach Funktionen (%)

staatlichen Forstbetrieben. Am zweithäufigsten haben, bis auf die LFV Hessen (Übersicht 6.05a, Sp.5) und Thüringen (Übersicht 6.05a, Sp.7), Verwaltungsangestellte die Fragebögen zurückgeschickt (alle MA zus. 15%). Auffällig ist der hohe Anteil an Antworten von Büroleitern mit forstlicher Ausbildung (21%) aus der LFV Thüringen (Übersicht 6.05a, Sp.7). Aus der LFV Nordrhein-Westfalen (Übersicht 6.05a, Sp.6) stammen 18% des Untersuchungsmaterials von Dezernenten.

Ein Blick auf Übersicht 6.05b verdeutlicht, daß 55% der Männer als FBB tätig sind, aber nur 7% der Frauen. Erwartungsgemäß entfällt der Hauptteil der 'weiblichen' Fragebögen auf Verwaltungsangestellte. Diese Funktion übten 64% aller Frauen aus. Von den Männern rechneten sich nur 3% dieser Funktion zu.

6.1.2.3 Weiterbildung der Forstamtsleiter und Forstamtsleiterinnen

An Weiterbildungsmaßnahmen hinsichtlich ihrer Führungsaufgabe haben bis zum Zeitpunkt der Untersuchung insgesamt 94% aller FAL teilgenommen. In den LFV Niedersachsen, Nordrhein-Westfalen und Thüringen sogar 100% (Übersicht 6.06).

	ALLE zus.	Landesforstverwaltungen						nicht-staatl.Forstbetriebe			
		zus.	NDS	HE	NRW	THÜ	BR	zus.	P	K	LWK
Spalte (1)	(2)	(3)	(4)	(5)	(6)	(7)	(8)	(9)	(10)	(11)	(12)
ja	*94*	*97*	*100*	*90*	*100*	*100*	*92*	*84*	*89*	*80*	*80*
nein	6	3		10			8	16	11	20	20
Summe FAL					100						
ÜBERSICHT 6.06	Teilnahme der FAL an Weiterbildungsmaßnahmen für Führungskräfte (%)										

Die verbleibenden 6%, die zum überwiegenden Teil den nicht-staatlichen Forstbetrieben angehören, bekundeten ein großes Interesse an Lehrgängen im Bereich der Menschenführung.

6.1.2.4 Arbeitsstellen in den letzten fünf Jahren

Der überwiegende Teil der FAL (59%) und MA (68%) besetzte in den letzten fünf Jahren dieselbe Stelle (Übersicht 6.07a und 6.07b, Sp.2). Einzige Ausnahme bilden in beiden Gruppe die Angehörigen der LFV Thüringen (Sp.7). Hier wechselte die Mehrheit der FAL (84%) und MA (53%) in den letzten fünf Jahren mindestens zweimal die Stelle (75% bzw. 76%). Ein ursächlicher Zusammenhang mit der Neuorganisation der Forstverwaltungen im Zuge der deutschen Wiedervereinigung wird vermutet.

Von den FAL geben insgesamt 41% an, mindestens zwei Stellen in den letzten fünf Jahren innegehabt zu haben. 73% von ihnen hatten zwei, 27% drei oder mehr Stellen. Gleiche Relationen gelten für die MA. Von zusammen 32% der MA mit mehreren Stellen wechselten 73% einmal, 22% sogar mindestens zweimal den Arbeitsplatz. Vergleicht man die Angaben der Angehörigen der LFV und der nichtstaatliche Forstbetriebe fällt auf, daß erstere weitaus öfter die Stellen wechseln (FAL: 47% zu 16%, MA: 35% zu 19%, Sp.3 und 9).

	ALLE zus.	Landesforstverwaltungen					nicht-staatl.Forstbetriebe			
		zus.	NDS	HE	NRW	THÜ	BR	zus.	P	K	LWK
Spalte (1)	(2)	(3)	(4)	(5)	(6)	(7)	(8)	(9)	(10)	(11)	(12)
dieselbe Stelle	*59*	*53*	*61*	*63*	*71*	16	*62*	*84*	*78*	*80*	100
mehrere Stellen	41	47	39	37	29	*84*	38	16	22	20	
Summe FAL	100										
von den 41% FAL mit mehreren Stellen in den letzten 5 Jahren hatten:											
2 Stellen	73	73	67	72	75	75	80	67	*100*	*100*	
3 Stellen	23	22	22	14	25	25	20	33			
> 3 Stellen	4	5	11	14							

ÜBERSICHT 6.07a — Anzahl der Arbeitsstellen der Forstamtsleiter und Forstamtsleiterinnen in den letzten 5 Jahren (%)

	ALLE zus.	Landesforstverwaltungen					nicht-staatl.Forstbetriebe			
		zus.	NDS	HE	NRW	THÜ	BR	zus.	P	K	LWK
Spalte (1)	(2)	(3)	(4)	(5)	(6)	(7)	(8)	(9)	(10)	(11)
dieselbe Stelle	*68*	*65*	*71*	*68*	*69*	47	*72*	*81*	*81*	88	*78*
mehrere Stellen	32	35	29	32	31	*53*	28	19	19	12	22
Summe MA	100										
von den 32% MA mit mehreren Stellen in den letzten 5 Jahren hatten:											
2 Stellen	*78*	*78*	75	75	*81*	80	*84*	77	*88*	73	67
3 Stellen	16	15	17	19	14	12	8	23	12	27	33
> 3 Stellen	6	7	8	6	5	8	8				

ÜBERSICHT 6.07b — Anzahl der Arbeitsstellen der Mitarbeiter und Mitarbeiterinnen in den letzten 5 Jahren (%)

Übersicht 6.07c differenziert die Anzahl der Arbeitsstellen nach Geschlecht. Es ist ersichtlich, daß die beteiligten Frauen mit 41% in den letzten fünf Jahren häufiger ihren Arbeitsplatz wechselten als Männer (32%). Diese Arbeitsplatzwechsel betreffen hauptsächlich den Bereich der Verwaltungsangestellten, in dem die Mehrheit der befragten Frauen tätig ist.

6.1 Demographische Angaben

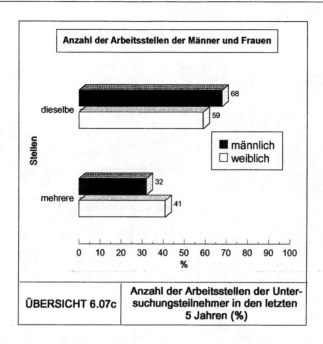

ÜBERSICHT 6.07c Anzahl der Arbeitsstellen der Untersuchungsteilnehmer in den letzten 5 Jahren (%)

6.1.2.5 Ausübungsdauer der derzeitigen Funktion, Dauer der Betriebszugehörigkeit und der Zusammenarbeit mit der/dem derzeitigen Vorgesetzten

Neben personen- und berufsbezogenen Angaben über die Untersuchungsteilnehmer müssen auch Informationen über die Ausübungsdauer der derzeitigen Funktion, die Dauer der Betriebszugehörigkeit und der Zusammenarbeit mit dem/der derzeitigen Vorgesetzten bzw. FAL mit in die Beurteilung der Ergebnisse einbezogen werden. Sie geben Aufschluß darüber, wie die Beurteilungen und Einschätzungen der Untersuchungsteilnehmer hinsichtlich ihrer Aussagefähigkeit eingestuft werden können. Dies gilt insbesondere für die Fremdbeschreibungen der FAL durch die MA. Je länger diese mit ihrem derzeitigen FAL zusammenarbeiten, desto größer wird die Wahrscheinlichkeit, den bzw. die FAL zutreffend zu beschreiben.

Übersicht 6.08 gibt einen Überblick über die Ausübungsdauer der derzeitigen Funktion. Von den FAL üben 27% ihre Funktion schon seit mehr als 20 Jahren aus (Sp.2). Unter den LFV (im Mittel 26% > 20 Jahre) stellen die FAL der LFV Thüringen und Brandenburg die Extreme dar. 84% der FAL aus Thüringen arbeiten erst seit 1-2 Jahren in der Funktion als Forstamtsleiter.

| | FORSTAMTSLEITER und FORSTAMTSLEITERINNEN ||||||||||
| | Alle | Landesforstverwaltungen ||||| nicht-staatl.Forstbetriebe |||
	zus.	zus.	NDS	HE	NRW	THÜ	BR	zus.	P	K	LWK
Spalte (1)	(2)	(3)	(4)	(5)	(6)	(7)	(8)	(9)	(10)	(11)	(12)
< 1 Jahr	3	3	4	5	6						
1 - 2 Jahre	21	26	18	5	6	84	8				
2 - 5 Jahre	16	16	18	11	27		31	16	22		20
5 - 10 Jahre	22	19	17	26	47	5		37	33	60	20
10 - 20 Jahre	11	10	17	16	13			16		20	40
> 20 Jahre	27	26	26	37	7	5	61	31	45	20	20
Summe FAL	100										
	MITARBEITER und MITARBEITERINNEN										
< 1 Jahr	5	5	4	4	6	8	4	6	2	12	
1 - 2 Jahre	19	21	14	12	19	45	17	13	17	6	20
2 - 5 Jahre	15	14	17	17	16	4	15	19	10	35	
5 - 10 Jahre	18	17	18	26	18	9	5	22	20	17	36
10 - 20 Jahre	20	21	29	20	23	9	26	16	14	15	20
> 20 Jahre	23	22	18	21	18	25	33	24	37	15	24
Summe MA	100										
ÜBERSICHT 6.08	Dauer der derzeitigen Funktion (%)										

Von den beteiligten FAL aus Brandenburg arbeiten hingegen 61% schon mehr als 20 Jahre in dieser Funktion. Die Mehrzahl der nicht-staatlichen FAL übt ihre derzeitige Tätigkeit 5 bis 10 Jahre aus, wobei die Dauer bzgl. der zwischen privaten, kommunalen und LWK-Betriebe zwischen 5 und mehr als 20 Jahren schwankt.

Bei den MA liegt der Schwerpunkt der Ausübungsdauer der derzeitigen Funktion mit 23% ebenfalls bei mehr als 20 Jahren, wobei der Anteil derjenigen, die zwischen 10 und 20 Jahren in der augenblicklichen Funktion tätig sind, mit 20% zu 11% bei den MA deutlich höher liegt (Übersicht 6.08, Sp.2). Wie bei den FAL der LFV sind die Extreme unter den MA der LFV (zus. 22% > 20 Jahre) bei den Mitarbeitern aus Thüringen und Brandenburg (Sp.7 und 8). 45% der thüringer MA arbeiten 1 bis 2 zwei Jahre in ihrer Funktion, 59% der brandenburgischen sogar länger als 10 Jahre (davon 33% länger als 20 Jahre).

Von den MA der nicht-staatlichen Forstbetriebe arbeitet knapp ein Viertel (24%) länger als 20 Jahre in ihrer Funktion, wobei nach Betriebsarten differenziert sich ein sehr uneinheitliches Bild ergibt (siehe Übersicht 6.08, Sp.9 bis 12).

6.1 Demographische Angaben - 95 -

Die Dauer der Tätigkeit in der jetzigen Stellung (Übersicht 6.08) ist insbesondere für die Beurteilung der Ergebnisse des ABB von Bedeutung.

	Alle zus.	FORSTAMTSLEITER und FORSTAMTSLEITERINNEN								
		Landesforstverwaltungen					nicht-staatl.Forstbetriebe			
		zus.	NDS	HE	NRW	THÜ	BR	zus.	P	K	LWK
Spalte (1)	(2)	(3)	(4)	(5)	(6)	(7)	(8)	(9)	(10)	(11)	(12)
< 1 Jahr	4	4	14		6						
1 - 2 Jahre	23	27	14	15	7	79	15				
2 - 5 Jahre	12	13	14	16	27		8	11	11		20
5 - 10 Jahre	18	15	18	16	20	11	8	33	34	50	20
10 - 20 Jahre	18	16	13	21	33		15	28	11	25	60
> 20 Jahre	25	25	27	32	7	10	54	28	44	25	
Summe FAL					100						
	MITARBEITER und MITARBEITERINNEN										
< 1 Jahr	5	5	3	4	9	7	2	7	2	13	
1 - 2 Jahre	23	27	13	16	12	75	15	9	17		12
2 - 5 Jahre	14	13	12	18	18	5	15	18	15	25	8
5 - 10 Jahre	19	18	21	26	22	3	13	25	12	29	36
10 - 20 Jahre	22	21	36	21	20	3	21	21	22	21	20
> 20 Jahre	17	16	15	15	19	7	34	20	32	10	24
Summe MA					100						

ÜBERSICHT 6.09 Dauer der Zugehörigkeit zur derzeitigen Dienststelle (Forstamt) (%)

Die Dauer der Betriebszugehörigkeit (Übersicht 6.09) gleicht einem Spiegelbild der Übersicht 6.08. Von den befragten FAL arbeiten 61% länger als 5 Jahre im selben Forstamt, von den MA 58% (Übersicht 6.09, Sp.2). Die Beurteilung der Gruppenatmosphäre steht in engem Zusammenhang mit der Dauer der Betriebszugehörigkeit

Hinsichtlich der Fremdbeurteilung der FAL durch die MA mit Hilfe des FVVB ist insbesondere die Dauer der Zusammenarbeit der MA mit dem von ihnen zu beurteilenden FAL von Bedeutung. Wie aus Übersicht 6.10, Sp.2 ersichtlich, arbeiten von sämtlichen befragten MA 63% mehr als zwei Jahre mit dem/der derzeitigen FAL zusammen. Lediglich von den MA der LFV Thüringen arbeitete zum Zeitpunkt der Befragung die Mehrzahl (65%) erst ein bis zwei Jahren mit ihrem FAL zusammen.

	FORSTAMTSLEITER und FORSTAMTSLEITERINNEN									
	Alle zus.	Landesforstverwaltungen						nicht-staatl. Forstbetriebe		
		zus.	NDS	HE	NRW	THÜ	BR	zus.	P	K	LWK
Spalte (1)	(2)	(3)	(4)	(5)	(6)	(7)	(8)	(9)	(10)	(11)	(12)
< 1 Jahr	8	7	18		6	5		17	12	40	
1 - 2 Jahre	39	45	56	31		90	30	6			20
2 - 5 Jahre	17	17	9	32	20		31	17			60
5 - 10 Jahre	14	13	4	32	27		8	16	38		
> 10 Jahre	22	18	13	5	47	5	31	44	50	60	20
Summe FAL	100										
	MITARBEITER und MITARBEITERINNEN									
< 1 Jahr	8	8	14	3	9	8	4	7	5	12	
1 - 2 Jahre	29	33	18	35	16	65	30	12	21	4	12
2 - 5 Jahre	19	18	16	24	27	5	19	25	17	34	20
5 - 10 Jahre	20	17	23	14	28	7	13	32	33	31	32
> 10 Jahre	24	24	29	24	20	15	34	24	24	19	36
Summe MA	100										

ÜBERSICHT 6.10 — Dauer der Zusammenarbeit mit dem/der derzeitigen Vorgesetzten (FAL) bzw. FAL (MA) (%)

6.1.3 Zusammenfassende Wertung der demographischen Angaben

Persönliche und berufliche Verhältnisse können Hintergründe für Arbeitszufriedenheit und Führungsverhalten von Organisationsmitgliedern sein. Ihre sorgfältige Interpretation ist Voraussetzung für die Analyse der weiteren Untersuchungsergebnisse.

In der vorliegenden Stichprobe sind sämtliche Altersklassen vertreten. Zudem spricht die relativ gute Übereinstimmung der ermittelten Alterspyramide mit den vorliegenden Daten der LFV Niedersachsen und Nordrhein-Westfalen hinsichtlich dieses Aspekts für die Repräsentativität der Stichprobe (vergl. Kap.6.1.1.1). Ebenso sind alle Funktionen in der Stichprobe vertreten. Den überwiegenden Teil der Antworten schickten Forstbetriebsbeamte bzw. Forstbetriebsbeamtinnen zurück.

15% der Fragebögen wurden von Frauen zurückgeschickt. Offizielle Angaben über den Anteil der Mitarbeiterinnen in den LFV und Forstbetrieben konnten nur für die LFV Nordrhein-Westfalen zu einem Vergleich herangezogen werden.[1] Der Anteil der Mitarbeiterinnen wird hier auf ca. 13% geschätzt. Von ihnen ist der größte Teil als Schreibkraft und Sekretärin tätig. Unter den Sachbearbeitern sind etwas

---
[1] vgl. ARBEITSSTAB AUFGABENKRITIK DER LANDESREGIERUNG BEIM FINANZMINISTERIUM (1994): a.a.O., S. 34

6.2 Einstellung zum Führungsverhalten   - 97 -

mehr als die Hälfte (55%) weiblich. Weibliche Forstbetriebsbeamte nehmen mit ca. 3% einen verschwindend geringen Teil ein. Von der Tendenz her sind diese Angaben der LFV Nordrhein-Westfalen mit den Ergebnissen der vorliegenden Untersuchung identisch (siehe Kap. 6.1.2.2).

Die Beurteilungsfähigkeit der Untersuchungsteilnehmer hinsichtlich ihrer Arbeitszufriedenheit, der Gruppenatmosphäre und insbesondere der Beurteilung der FAL durch die MA im Rahmen des FVVB hängt im wesentlichen von der Ausübungsdauer der derzeitigen Funktion, der Betriebszugehörigkeit und der Dauer der Zusammenarbeit mit dem derzeitigen Vorgesetzten ab. Hier konnte die Auswertung der demographischen Angaben zeigen, daß mehr als 90% der Befragten länger als ein Jahr ihre derzeitige Funktion ausüben. Ebenso befinden sich über 90% seit mehr als einem Jahr an derselben Dienststelle und arbeiten zum großen Teil seit dieser Zeit mit dem derzeitigen Vorgesetzten zusammen. Die Stichprobenstruktur spricht demnach für eine hohe Aussagekraft der Ergebnisse und deren Inhalte.

6.2 Einstellung zum Führungsverhalten

Die Einstellung der FAL zum Führungsverhalten wurde mit sieben Einzel-Items abgefragt. In den nachfolgenden Kapiteln werden die Ergebnisse nach den Gruppen 'Landesforstverwaltungen', 'nicht-staatliche Forstbetriebe' und 'Landesforstverwaltungen der Alten und Neuen Bundesländer' stratifiziert dargestellt und interpretiert. Zu Beginn sind jeweils die Antworthäufigkeiten der Gruppenmitglieder zu den sieben Einzel-Items tabellarisch abgebildet. Profile der zu drei Faktoren zusammengefaßten Einzel-Items erleichtern anschließend die übergreifende Ergebnisauswertung.

Als Vergleichsmaßstab für die Einordnung der Ergebnisse dient das 'Ideal-Profil' der Einstellung zum Führungsverhalten (Kap.3.3.1). Dieses Profil gilt dann als ideal, wenn ein kooperativer Führungsstil, der u.a. einen hohen Informationsgrad der Mitarbeiter voraussetzt, in einer Organisation propagiert wird.[1] Dies war in allen LFV, bei drei kommunalen und zwei privaten Forstbetrieben der Fall (siehe dazu Protokollbögen der Interviews, Anhang 1).

6.2.1 Ergebnisse der Umfrage in den Landesforstverwaltungen

Die Ergebnisse der Umfrage zur 'Einstellung zum Führungsverhalten' unter den FAL der LFV sind in den Übersichten 6.11, 6.12a und 6.12b wiedergegeben. Übersicht 6.11 zeigt die Einzel-Itemanalyse der 'Einstellung zum

---

[1] vgl. KÜBLER, H. (1978): *Organisation und Führung in Behörden*, Bd. 2: Personalwesen, Stuttgart: Kohlhammer, S. 145

Führungsverhalten´ der FAL der untersuchten fünf LFV. Übersicht 6.12a stellt die Mittelwerte der Befragungsergebnisse der fünf befragten LFV dar. In Übersicht 6.12b sind die Ergebnisse der einzelnen LFV vergleichend gegenübergestellt.

Die Angaben der FAL zeichnen, was ihre Führungseinstellung anbelangt, ein relativ homogenes Bild. Der überwiegende Teil von ihnen steht der kooperativen Führung aufgeschlossen gegenüber. Dies kommt im hohen Prozentsatz der nach HAIRE et al.[1] als ´modern´ zu wertenden Einstellungsäußerungen zu den Items 1, 2 und 3 zum Ausdruck. Eine kooperative Führungsform wird jedoch nur von 10,1% bis 28,1% der Befragten uneingeschränkt befürwortet.

Ein relativ geringer Anteil der FAL der LFV ist eher ´traditionell´ eingestellt. Nur einzelne lehnen kooperative Führung grundsätzlich ab. Dieses Spektrum spiegelt sich im Faktor EF1 des Einstellungsprofils (Übersicht 6.12a) wider. Der Mittelwert 3.79 weicht zwar vom Idealwert ´5´ ab, zeigt aber eine tendenziell positive Einstellung zu kooperativem Führungsverhalten.

Item-Nr.	Einzel-Items des Fragebogens zur ´Einstellung zum Führungsverhalten´	Antworten in %				
		"traditionell"		N = 89		"modern" [a]
		-- [b]	-	o	+	++
1	Belohnungen (Bezahlungen, Beförderungen, etc..) und Strafen (z.B. Ausbleiben von Beförderungen) sind nicht das beste Mittel, um Mitarbeiter zur Erfüllung ihrer Arbeit zu bewegen.	4.5	21.3	13.5	50.6	10.1
2	Wenn ich als Vorgesetzter Vorschläge und Kritik meiner Mitarbeiter nicht berücksichtige, dann verliere ich dadurch den Einfluß auf sie.	1.1	12.4	2.2	65.2	19.1
3	Die Erarbeitung von Zielsetzungen durch die Gruppe bietet Vorteile, die mit der Erarbeitung von Zielsetzungen durch Einzelpersonen nicht erreicht werden.	1.1	3.4	11.2	56.2	28.1
4	Ein guter Vorgesetzter sollte seinen Mitarbeitern ausführliche und vollständige Anweisungen geben, anstatt nur allgemeine Richtlinien zu geben und sich auf die Initiative der Mitarbeiter zu verlassen, die Einzelheiten selbst auszuarbeiten.	7.9	20.2	14.6	48.3	9.0
5	Ein Vorgesetzter sollte seinen Mitarbeitern nur solche Informationen geben, die für sie nötig sind, damit sie ihre unmittelbare Arbeit leisten können.	1.1	12.2	5.6	60.7	21.3
6	Der Durchschnittsmensch zieht es vor, geführt zu werden, möchte gerne der Verantwortung ausweichen und hat verhältnismäßig wenig Ehrgeiz.	1.1	33.7	12.4	49.4	3.4
7	Fähigkeiten zur Führung können von den meisten Menschen erworben werden - gleichgültig, was ihre besonderen angeborenen Eigenschaften sind	1.1	38.2	12.4	46.1	2.2
ÜBERSICHT 6.11	Einzel-Itemanalyse der Einstellung der FAL (LFV) zum ´Kooperativen Führungsstil´ (Items 1, 2, 3 = EF1), zu ´Information und Handlungsspielraum der MA´ (Items 4, 5 = EF2), und zur ´Fähigkeit der MA zu Führung und Eigeninitiative´ (Items 6, 7 = EF3)					

[a] HAIRE et. al verstehen unter ´traditionell´ eher autoritäre, unter ´modern´ eher mitarbeiterorientierte, kooperative Führungsformen

[b] Dabei bedeutet ++ = starke Zustimmung + = Zustimmung 0 = unentschlossen, weiß nicht
                   - = Ablehnung   -- = starke Ablehnung

---

[1] vgl. HAIRE, M.; GHISELLI, E.; PORTER, L. (1966): a.a.O., 298 S.

6.2 Einstellung zum Führungsverhalten

Grundsätzlich positiv ist auch die Einstellung der FAL zum Umfang der notwendigen Information und zum Handlungsspielraum der MA (Übersicht 6.11, Items 4, 5). Über die Hälfte der FAL zieht eine allgemeine Zielvorgabe der vollständigen und ausführlichen Arbeitsanweisung vor. Demgegenüber lehnen 28,1% diese Führungsweise eher ab und verlassen sich nicht auf die Initiativen der MA, Einzelheiten selbst auszuarbeiten. Der Faktor EF2 (Übersicht 6.12a) gibt mit 3.60 eine positive Einstellung zur informationszentrierten Führung wieder, liegt jedoch noch niedriger als der Faktor EF1.[1]

Ausgeglichen um die 'neutrale Position', mit Tendenz zu einer 'modernen' Führungseinstellung, sind die Antworten zur Frage nach der 'Fähigkeit der MA zu Führung und Eigeninitiative, Erlernbarkeit von Führungsfähigkeiten' verteilt (Items 6, 7). Dabei darf allerdings nicht übersehen werden, daß hinsichtlich der den MA zugebilligten Führungsbereitschaft und Eigeninitiative ein Drittel (33,7%) der FAL eher 'traditionell' eingestellt sind. Ebenso glauben 38,2% nicht, daß Führungsfähigkeiten von MA erworben können, während 46,1% es für durchaus möglich halten. Die Extrempositionen sind bei beiden Einzel-Items nur schwach besetzt. Der Mittelwert EF3 dieses Antwortspektrums befindet sich mit einem Wert von 3.15 nahe dem Idealwert 3. Er bringt zum Ausdruck, daß eine Führungskraft persönliche Voraussetzungen mitbringen muß. Führungsfähigkeiten sind allein durch Führungskräfteschulungen nicht erlernbar, können aber durch sie weiter entwickelt werden.

Landesforstverwaltungen NDS, HE, NRW, THÜ und BR				
N	$\bar{x}$	s		1 1.5 2 2.5 3 3.5 4 4.5 5
89	3.79	0.64	EF1	
89	3.60	0.89	EF2	
89	3.15	0.70	EF3	
ÜBERSICHT 6.12a			Einstellungsprofil zum Führungsverhalten der befragten FAL der fünf untersuchten LFV	

Das in den Antworten zum Ausdruck gebrachte 'Menschenbild' ist, gemessen an den Fähigkeiten, die man bei den Mitarbeitern erwartet, und nach den Aussagen darüber, welche Führungstechniken (bezogen auf Informationsweitergabe, Zielformulierung und Motivation) man für adäquat hält, nach HAIRE et al. insgesamt als eher 'modern' zu bezeichnen.

Eine Differenzierung der Ergebnisse in die einzelnen untersuchten LFV ergibt ähnliche Profile ohne signifikante Unterschiede (Übersicht 6.12b).

---

[1] Die Abkürzungen in den Einstellungsprofilen bedeuten:
N = Anzahl, $\bar{x}$ = arithmetischer Mittelwert,   s = Standardabweichung
EF1= Einstellung zum einem kooperativen Führungsstil
EF2= Einstellung zum notwendigen Umfang von Information und Handlungsspielraum der MA
EF3= Einstellung zur Fähigkeit der MA zu Führung und Eigeninitiative, Erlernbarkeit von Führungsfähigkeiten

Leicht heraus fallen lediglich die höheren Werte für EF1 (4.09) und EF2 (4.03) der LFV Nordrhein-Westfalens und die niedrigeren Werte für EF2 (3.16) und EF3 (2.76) der LFV Thüringen bzw. für EF2 (2.85) der LFV Brandenburg. Die höheren Werte der Faktoren EF1 und EF2 stehen möglicherweise mit dem jüngeren Durchschnittsalter der FAL der LFV Nordrhein-Westfalen in Zusammenhang.

Landesforstverwaltung Niedersachsen				
N	$\bar{x}$	s		1 1.5 2 2.5 3 3.5 4 4.5 5
23	3.86	0.61	EF1	
23	3.87	0.64	EF2	
23	3.24	0.54	EF3	
Landesforstverwaltung Hessen				
N	$\bar{x}$	s		1 1.5 2 2.5 3 3.5 4 4.5 5
19.00	3.74	0.63	EF1	
19.00	3.89	0.72	EF2	
19.00	3.37	0.76	EF3	
Landesforstverwaltung Nordrhein-Westfalen				
N	$\bar{x}$	s		1 1.5 2 2.5 3 3.5 4 4.5 5
15	4.09	0.74	EF1	
15	4.03	0.40	EF2	
15	3.17	0.79	EF3	
Landesforstverwaltung Thüringen				
N	$\bar{x}$	s		1 1.5 2 2.5 3 3.5 4 4.5 5
19	3.61	0.61	EF1	
19	3.16	1.01	EF2	
19	2.76	0.56	EF3	
Landesforstverwaltung Brandenburg				
N	$\bar{x}$	s		1 1.5 2 2.5 3 3.5 4 4.5 5
13	3.64	0.55	EF1	
13	2.85	1.07	EF2	
13	3.23	0.51	EF3	
ÜBERSICHT 6.12b	Einstellungsprofile zum Führungsverhalten der befragten FAL differenziert nach LFV			

Die jüngeren Vorgesetzten der LFV zeigen eine positivere Einstellung zum kooperativen Führungsstil (Anhang 5, Übersicht A.06). Eine Ausnahme bilden die FAL der Altersgruppe 'älter als 60 Jahre', die mit 3.92 die höchste Bewertung für EF1 erzielen. Ein Erklärungsansatz liegt in der Zusammensetzung dieses Stratums. Von den acht über 60 Jahre alten FAL kommen fünf aus der LFV Brandenburg. Es dürfte wahrscheinlich sein, daß diese 'sozial erwünschte Antworten' abgegeben haben. Die FAL haben nicht nach ihren eigenen persönlichen Einstellungen, die vielleicht noch von 'vor der Wende' geprägt sind, geantwortet, sondern danach, was ihrer Meinung nach von ihnen jetzt erwartet wird. Aus diesem Grund

6.2 Einstellung zum Führungsverhalten - 101 -

kann das Ergebnis in der Altersstufe 'älter als 60 Jahre' in positiver Richtung verzerrt sein.

Aus den Werten des Faktors EF2 läßt sich ableiten, daß die FAL der beiden östlichen Bundesländer insbesondere die ausführliche Information der Mitarbeiter zur Ausführung ihrer Arbeit für weniger wichtig halten als ihre westlichen Kollegen.

6.2.2 Ergebnisse der Umfrage in den nicht-staatlichen Forstbetrieben

Übersicht 6.13a gibt die Ergebnisse der Einzel-Itemanalyse der 'Einstellung zum Führungsverhalten' der FAL der nicht-staatlichen Forstbetriebe wieder. Die Einstellungsprofile sind in den Übersichten 6.13b und 6.13c zusammengefaßt.

Die in den Items 1, 2 und 3 zum Ausdruck gebrachte Einstellung der FAL der nicht-staatlichen Forstbetriebe zur kooperativen Führung zeichnet sich durch eine hohe Teambereitschaft aus. Fast 90% von ihnen sehen in der Erarbeitung von Zielsetzungen innerhalb der Gruppe Vorteile und mehr als drei Viertel (78,9%) erkennen positive Zusammenhänge zwischen der Berücksichtigung von Vorschlägen und Kritik ihrer MA und der Akzeptanz ihrer Führungsautorität. Die Ansichten über Belohnungen und Beförderungen als Mittel der Arbeitsmotivation und Sanktion gehen auseinander. Während über 40% der Befragten Bezahlung und Beförderung nicht für die beste Möglichkeit halten, MA zu motivieren oder zu bestrafen, vertreten 31,6% sehr wohl diese Auffassung.

Item-Nr.	Einzel-Items des Fragebogens zur 'Einstellung zum Führungsverhalten'	Antworten in %				
		"traditionell"		N = 19		"modern"
		--	-	o	+	++
1	Belohnungen (Bezahlungen, Beförderungen, etc.) und Strafen (z.B. Ausbleiben von Beförderungen) sind **nicht** das beste Mittel, um Mitarbeiter zur Erfüllung ihrer Arbeit zu bewegen.	0.0	31.6	26.3	**36.8**	5.3
2	Wenn ich als Vorgesetzter Vorschläge und Kritik meiner Mitarbeiter nicht berücksichtige, dann verliere ich dadurch den Einfluß auf sie.	0.0	21.1	0.0	**52.6**	26.3
3	Die Erarbeitung von Zielsetzungen durch die Gruppe bietet Vorteile, die mit der Erarbeitung von Zielsetzungen durch Einzelpersonen nicht erreicht werden.	0.0	5.3	5.3	**57.9**	31.6
4	Ein guter Vorgesetzter sollte seinen Mitarbeitern ausführliche und vollständige Anweisungen geben, anstatt nur allgemeine Richtlinien zu geben und sich auf die Initiative der Mitarbeiter zu verlassen, die Einzelheiten selbst auszuarbeiten.	15.5	21.1	10.5	**42.1**	10.5
5	Ein Vorgesetzter sollte seinen Mitarbeitern nur solche Informationen geben, die für sie nötig sind, damit sie ihre unmittelbare Arbeit leisten können.	0.0	10.5	0.0	**63.2**	26.3
6	Der Durchschnittsmensch zieht es vor, geführt zu werden, möchte gerne der Verantwortung ausweichen und hat verhältnismäßig wenig Ehrgeiz.	0.0	**42.1**	21.1	31.6	5.3
7	Fähigkeiten zur Führung können von den meisten Menschen erworben werden - gleichgültig, was ihre besonderen angeborenen Eigenschaften und Fähigkeiten sind.	0.0	**63.2**	10.5	26.3	0.0
ÜBERSICHT 6.13a	Einzel-Itemanalyse der Einstellung der FAL (nicht-staatliche Forstbetriebe) zum 'Kooperativen Führungsstil' (Items 1, 2, 3 = EF1), zu 'Information und Handlungsspielraum der MA' (Items 4, 5 = EF2), und zur 'Fähigkeit der MA zu Führung und Eigeninitiative' (Items 6, 7 = EF3)					

Allerdings ist auch mehr als ein Viertel der FAL in dieser Frage unentschlossen. Der Mittelwert von 3.72 (Übersicht 6.13b, EF1) läßt auf eine positive, aber nicht vorbehaltlose Grundhaltung zum kooperativen Führungsverhalten schließen.

Die Bandbreite der Antworten zum Item 4 schöpft die gesamte Antwortskala aus. Insgesamt 36,6% der FAL sind der Meinung, daß ihre MA, statt selbst Einzelheiten auszuarbeiten, eher ausführliche, detaillierte Arbeitsanweisungen benötigen. Über die Hälfte hält die Vorgabe allgemeiner Richtlinien und das Vertrauen auf die Eigeninitiative der MA für das richtige Führungsverhalten. Hinsichtlich des notwendigen Informationsumfangs sprechen sich fast 90% dafür aus, ihren MA mehr Informationen als zur unmittelbaren Arbeitsausführung nötig sind, zukommen zu lassen (Item 5).

Private und Kommunale Forstbetriebe und LWK Forstämter					
N	x̄	s			
19	3.72	0.59	EF1		
19	3.58	0.92	EF2		
19	2.82	0.48	EF3		
ÜBERSICHT 6.13b			Einstellungsprofil zum Führungsverhalten der befragten Forstamtsleiter der untersuchten nicht-staatlichen Forstbetriebe		

Der aus den Antworten errechnete Mittelwert von 3.58 (Übersicht 6.13b, EF2) zeigt eine tendenziell 'moderne' Einstellung zur informationszentrierten Führung. Wie schon bei den staatlichen FAL zu beobachten war, bleibt diese jedoch hinter der Einstellung zur kooperativer Führung zurück.

42,1% der nicht-staatlichen FAL glauben, daß ihre MA es vorziehen, geführt zu werden, Verantwortung scheuen und wenig Ehrgeiz besitzen (Item 6). Führungsbereitschaft und Eigeninitiative gestehen mehr als ein Drittel der FAL ihren MA zu. Die deutliche Mehrheit von ihnen (63,2%) hält Führungsfähigkeiten für nicht erlernbar (Item 7). Der dem Idealwert recht nahe Mittelwert von 2.82 (Übersicht 6.13b) bringt diese, im Vergleich zu den LFV 'traditionellere' Position nicht klar zum Ausdruck. Das in der Übersicht 6.13b dargestellte Einstellungsprofil der FAL der LFV unterscheidet sich insgesamt nur unwesentlich von dem der FAL nicht-staatlicher Forstbetriebe.

Die nach Besitzarten differenzierten Einstellungsprofile in Übersicht 6.13c unterscheiden sich dagegen deutlich. Bei einem Mittelwert größer als drei für den Faktor EF1 zeigen die FAL der nicht-staatlichen Forstbetriebe eine positiv ausgerichtete Grundeinstellung zum kooperativen Führungsstil. Den höchsten Wert erzielen die FAL der LWK-Forstämter (EF1=4.00).

6.2 Einstellung zum Führungsverhalten

				Private Forstbetriebe								
N	x̄	s		1	1.5	2	2.5	3	3.5	4	4.5	5
9	3.67	0.67	EF1									
9	3.89	0.89	EF2									
9	2.67	0.50	EF3									
				Kommunale Forstbetriebe								
N	x̄	s		1	1.5	2	2.5	3	3.5	4	4.5	5
5	3.53	0.51	EF1									
5	3.70	0.67	EF2									
5	3.00	0.35	EF3									
				Forstbetriebe der Landwirtschaftskammern								
N	x̄	s		1	1.5	2	2.5	3	3.5	4	4.5	5
5	4.00	0.53	EF1									
5	2.90	0.96	EF2									
5	2.90	0.55	EF3									

ÜBERSICHT 6.13c: Differenzierte Einstellungsprofile zum Führungsverhalten der befragten Forstamtsleiter der untersuchten nicht-staatlichen Forstbetriebe

Große Unterschiede existieren in der Einstellung zum notwendigen Informationsumfang und zum Handlungsspielraum der MA. Die FAL der LWK-Forstämter liegen mit einem Mittelwert von 2.9 für EF2 unter dem rechnerischen Mittelwert. Im Gegensatz zu den FAL der kommunalen und privaten Forstbetriebe läßt dies auf eine deutlich 'traditionellere' Einstellung schließen. Die FAL der privaten Forstbetriebe messen umfassender Information und Handlungsspielraum der MA (EF2) sogar eine höhere Bedeutung als der Kooperation (EF1) zu. Die Bereitschaft der MA, Führungsaufgaben zu übernehmen und Eigeninitiative zu entwickeln bzw. Führungsfähigkeiten zu erlernen, wird dagegen von den privaten FAL geringer eingeschätzt (EF3=2.67).

Ein Blick in die Interview-Protokollbögen der nicht-staatlichen Forstbetriebe zeigt, daß auf die Frage nach dem praktizierten Führungsstil nicht (wie bei den LFV) einheitlich mit 'kooperativ' geantwortet wurde. Jeweils sechsmal wurden 'kooperative' und '(situationsabhängige) Führung aus dem Bauch' angeführt. Die Stellvertreter der LWK sahen sich dagegen nicht in der Lage, den praktizierten Führungsstil einzuordnen. In einem Fall wurden ausdrücklich 'hierarchische Strukturen' angeführt (siehe Interview-Protokollbögen Nr. 6 bis 19, Anhang 1).

6.2.3 Alte und Neue Bundesländer

Die Ergebnisse der Einzel-Itemanalyse, differenziert nach Untersuchungsteilnehmern der Alten und Neuen Bundesländer, sind in den Übersichten 6.14a und 6.14b dargestellt. Übersicht 6.14c ermöglicht den Vergleich zwischen den untersuchten LFV der Neuen und Alten Bundesländern.

Item-Nr.	Einzel-Items des Fragebogens zur 'Einstellung zum Führungsverhalten'	Antwort in % "traditionell" N = 57 "modern"				
		--	-	o	+	++
1	Belohnungen (Bezahlungen, Beförderungen, etc.) und Strafen (z.B. Ausbleiben von Beförderungen) sind **nicht** das beste Mittel, um Mitarbeiter zur Erfüllung ihrer Arbeit zu bewegen.	7.0	14.0	10.5	**57.9**	10.5
2	Wenn ich als Vorgesetzter Vorschläge und Kritik meiner Mitarbeiter nicht berücksichtige, dann verliere ich dadurch den Einfluß auf sie.	1.8	10.5	1.8	**64.9**	21.1
3	Die Erarbeitung von Zielsetzungen durch die Gruppe bietet Vorteile, die mit der Erarbeitung von Zielsetzungen durch Einzelpersonen nicht erreicht werden.	0.0	0.0	10.5	**59.6**	29.8
4	Ein guter Vorgesetzter sollte seinen Mitarbeitern ausführliche und vollständige Anweisungen geben, anstatt nur allgemeine Richtlinien zu geben und sich auf die Initiative der Mitarbeiter zu verlassen, die Einzelheiten selbst auszuarbeiten.	1.8	10.5	19.3	**56.1**	12.3
5	Ein Vorgesetzter sollte seinen Mitarbeitern nur solche Informationen geben, die für sie nötig sind, damit sie ihre unmittelbare Arbeit leisten können.	0.0	3.5	7.0	**57.9**	31.6
6	Der Durchschnittsmensch zieht es vor, geführt zu werden, möchte gerne der Verantwortung ausweichen und hat verhältnismäßig wenig Ehrgeiz.	0.0	22.8	10.5	**61.4**	5.3
7	Fähigkeiten zur Führung können von den meisten Menschen erworben werden - gleichgültig, was ihre besonderen angeborenen Eigenschaften und Fähigkeiten sind.	1.8	40.4	14.0	**40.4**	3.5

ÜBERSICHT 6.14a — Einzel-Itemanalyse der Einstellung der FAL **(Alte Bundesländer)** zum 'Kooperativen Führungsstil' (Items 1, 2, 3 = EF1), zu 'Information und Handlungsspielraum der MA' (Items 4, 5 = EF2), und zur 'Fähigkeit der MA zu Führung und Eigeninitiative' (Items 6, 7 = EF3)

Item-Nr.	Einzel-Items des Fragebogens zur 'Einstellung zum Führungsverhalten'	Antwort in % "traditionell" N = 32 "modern"				
		--	-	o	+	++
1	Belohnungen (Bezahlungen, Beförderungen, etc.) und Strafen (z.B. Ausbleiben von Beförderungen) sind **nicht** das beste Mittel, um Mitarbeiter zur Erfüllung ihrer Arbeit zu bewegen.	0.0	34.4	18.8	**37.5**	9.4
2	Wenn ich als Vorgesetzter Vorschläge und Kritik meiner Mitarbeiter nicht berücksichtige, dann verliere ich dadurch den Einfluß auf sie.	0.0	15.6	3.1	**65.6**	15.6
3	Die Erarbeitung von Zielsetzungen durch die Gruppe bietet Vorteile, die mit der Erarbeitung von Zielsetzungen durch Einzelpersonen nicht erreicht werden.	3.1	9.4	12.5	**50.0**	25.0
4	Ein guter Vorgesetzter sollte seinen Mitarbeitern ausführliche und vollständige Anweisungen geben, anstatt nur allgemeine Richtlinien zu geben und sich auf die Initiative der Mitarbeiter zu verlassen, die Einzelheiten selbst auszuarbeiten.	18.8	**37.5**	6.3	34.4	3.1
5	Ein Vorgesetzter sollte seinen Mitarbeitern nur solche Informationen geben, die für sie nötig sind, damit sie ihre unmittelbare Arbeit leisten können.	3.1	25.0	3.1	**65.6**	3.1
6	Der Durchschnittsmensch zieht es vor, geführt zu werden, möchte gerne der Verantwortung ausweichen und hat verhältnismäßig wenig Ehrgeiz.	3.1	**53.1**	15.6	28.1	0.0
7	Fähigkeiten zur Führung können von den meisten Menschen erworben werden - gleichgültig, was ihre besonderen angeborenen Eigenschaften und Fähigkeiten sind.	0.0	34.4	9.4	**56.3**	0.0

ÜBERSICHT 6.14b — Einzel-Itemanalyse der Einstellung der FAL **(Neue Bundesländer)** zum 'Kooperativen Führungsstil' (Items 1, 2, 3 = EF1), zu 'Information und Handlungsspielraum der MA' (Items 4, 5 = EF2), und zur 'Fähigkeit der MA zu Führung und Eigeninitiative' (Items 6, 7 = EF3)

In ihrer überwiegend positiven, 'modern' ausgerichteten Einstellung zur kooperativen Führung unterscheiden sich die FAL der Alten und Neuen Bundesländer nur marginal (Items 1, 2 und 3). Dies drückt sich auch in den annähernd gleichen Mittelwerten des Faktors EF1 aus (Übersicht 6.14c).

6.2 Einstellung zum Führungsverhalten

Sehr deutliche Unterschiede sind in der Einstellung zur notwendigen Information und Arbeitsvorgabe sichtbar (Item 4). Während der überwiegende Teil der FAL der Alten Bundesländer es ihrer Einstellung nach bevorzugt, den MA durch die Vorgabe allgemeiner Richtlinien einen großen Handlungsspielraum zu geben, vertreten zusammen 56,3% der befragten FAL der Neuen Bundesländer die 'traditionelle' Einstellung, sich nicht auf die Initiative der MA zu verlassen, sondern stattdessen detaillierte Arbeitsanweisungen zu geben.

Ähnlich differiert auch die Einstellung der genannten Gruppen zum Umfang der an die MA weiterzureichenden Information (Item 5). Mehr als ein Viertel der FAL der Neuen Bundesländer hält es für richtig, den MA nur soviel Information zukommen zu lassen, wie diese zur Erledigung ihrer unmittelbaren Arbeit benötigen. Fast 90% ihrer westlichen Kollegen würden dagegen ihre MA umfassend informieren. Entsprechend groß ist die Differenz der beiden Mittelwertsfaktoren von EF2 (Übersicht 6.14c). Das Einstellungsprofil der FAL der LFV Brandenburg und Thüringen ähnelt damit stark dem der FAL der LWK.

Hinsichtlich ihrer Einstellung zur 'Fähigkeit der MA, Eigeninitiative zu ergreifen', antworten die FAL der Alten Bundesländer uneinheitlich (Item 7). Zwei Drittel der FAL trauen ihren MA Führungsaufgaben und Eigeninitiative zu. Die Auffassungen bzgl. der Erlernbarkeit von Führungsfähigkeiten verteilen sind dagegen nahezu paritätisch auf 'Zustimmung' und 'Ablehnung'. Die Extrempositionen nehmen nur wenige der Befragten ein. Der überwiegende Teil ihrer östlichen Kollegen spricht hingegen den MA Führungs- und Verantwortungsbereitschaft ab, während die Mehrheit Führungsfähigkeiten aber für erlernbar hält. Diese tendenziellen Unterschiede in der Auffassung vom MA kommen in den Mittelwerten von EF3 nicht zum Ausdruck (Übersicht 6.14c).

Alte Bundesländer (LFV NDS, HE und NRW)										
N	x̄	s		1	1.5 2	2.5 3	3.5 4	4.5 5		
57	3.88	0.66	EF1							
57	3.92	0.61	EF2							
57	3.26	0.68	EF3							
Neue Bundesländer (LFV THÜ und BR)										
N	x̄	s		1	1.5 2	2.5 3	3.5 4	4.5 5		
32	3.63	0.58	EF1							
32	3.03	1.03	EF2							
32	2.95	0.69	EF3							
ÜBERSICHT 6.14c			Einstellungsprofile zum Führungsverhalten der befragten FAL differenziert nach Alten und Neuen Bundesländern							

6.2.4 Diskussion der Ergebnisse

Die Einstellung der befragten Forstamtsleiter zum Führungsverhalten gibt Aufschluß über ihr Bild vom Menschen. Bei den einzelnen Befragten existieren recht unterschiedliche Menschenbilder, die nach Meinung der Testautoren einer 'traditionellen' oder 'modernen' Einstellung zugeordnet werden können. Nach McGREGORs Menschenbild-Typologien entsprechen diese Einstellungen seinen Theorien 'X' und 'Y' (Kap. 2.1.5.3.3). Das Menschenbild der meisten FAL ist aber, gemessen an den Fähigkeiten, die sie bei Mitarbeitern erwarten, und den für adäquat gehaltenen Führungstechniken, 'modern'. Der sichtbare Ausdruck dafür ist das individuelle Führungsverhalten der FAL.

Kooperative Führung[1] (EF1) wird von den FAL grundsätzlich, aber nicht vorbehaltlos befürwortet. Elemente kooperativer Führungsformen - wie Gruppenorientierung, gemeinsame Einflußausübung und die Ablehnung ausschließlich materieller Leistungsanreize zur Bedürfnisbefriedigung der MA - bestimmen ihre Einstellung zum Führungsverhalten.[2] Elementare Merkmale der kooperativen Führung sind jedoch auch umfassende Informations- und Kommunikationsbeziehungen bei angemessenem Handlungsspielraum (EF2). Schlecht informierte Mitarbeiter können nicht kompetent am Planungs- und Entscheidungsprozeß mitwirken.[3] Fehlende systematische Information wird automatisch zur Motivationsbarriere.[4]

Die FAL kommunaler und privater Betriebe stimmen umfangreicher Information der MA zu. Die ablehnende Haltung eines Großteils der FAL der LWKs und der LFV Thüringen und Brandenburg diesem Aspekt gegenüber zeigt, daß hier die innere Bereitschaft, die MA am gesamten Arbeitsgeschehen aktiv teilhaben zu lassen, nicht ausgeprägt ist. Für die Neuen Bundesländer ergibt sich eine mögliche Erklärung dafür aus den Interview-Protokollbögen (Anhang 2, Interview-Protokollbogen Nr. 5). Im Gegensatz zu allen anderen LFV antwortet der Vertreter der LFV Brandenburg auf die Frage nach dem praktizierten Führungsstil, daß bislang ein direktiver Stil ohne Entscheidungsfreiheiten vorherrschte. Ein neuer Stil müsse sich erst langsam entwickeln, respektive gelernt werden. Der einzelne erhielt im

---

[1] Unter kooperativer Führung wird im Anhalt an WUNDERER und GRUNWALD (1980) die zielorientierte soziale Einflußnahme zur Erfüllung gemeinsamer Aufgaben (Ziel-Leistungs-Aspekt) in/mit einer strukturierten Arbeitssituation (Organisationsaspekt) unter wechselseitiger, tendenziell symmetrischer Einflußausübung (partizipativer Aspekt) und konsensfähiger Gestaltung der Arbeits- und Sozialbeziehungen (prosozialer Aspekt) verstanden.

[2] In diesem Zusammenhang darf nicht übersehen werden, daß es sich bei den dargestellten Ergebnissen um Durchschnittswerte handelt, die extreme Einstellungen, sei es zu einem 'traditionellen' direktiven oder 'modernen', den heutigen sozialen Normen und Werten angemessenem Führungsverhalten, nicht deutlich zum Ausdruck bringen.

[3] vgl. ALBACH, H.; GABELIN, Th. (1977): *Mitarbeiterführung*, Bd. 9 der Reihe 'Universitätsseminar der Wirtschaft, Schriften für Führungskräfte', Wiesbaden: Gabler, S. 235-248

[4] vgl. EBENDA, S. 254

6.2 Einstellung zum Führungsverhalten - 107 -

damaligen System der DDR lediglich Informationen, die er zur unmittelbaren Erledigung seiner Aufgaben benötigte. Der Handlungsspielraum für eigenverantwortliches Arbeiten war dadurch eingeschränkt. Die Einstellung der FAL rührt von ihren Erfahrungen aus dieser Zeit her. Die Aussage im Interviewprotokoll der LFV Brandenburg wird durch die Befragungsergebnisse bestätigt.

Ebenso decken sich die Aussagen der Leiter der Forstabteilungen der Landwirtschaftskammern Hannover und Weser-Ems zur Bezeichnung des praktizierten Führungsstils mit den Testergebnissen. Beide Befragten geben an, daß der praktizierte Stil nicht einzuordnen ist. Die mangelnde Bereitschaft, den MA Information und Handlungsspielraum zu gewähren, widerspricht allerdings den organisationsstrukturellen Gegebenheiten der LWK-Forstämter und Bezirksförstereien (extrem große Verwaltungseinheiten (durchschnittlich 25.900ha bzw. 3.330ha) und Streulage der einzelnen Waldparzellen).

Die Einstellungen der Befragten zur Erlernbarkeit von Führungsfähigkeiten und der eingeschätzten Fähigkeit der MA, durch Eigeninitiative Führungsaufgaben übernehmen zu können (EF3), pendeln alle um den Idealwert drei. Die ähnlichen Mittelwerte des Faktors EF3 sind in den untersuchten Gruppen durch verschiedene Antwortkonstellationen zustande gekommen. Die dahinter stehenden unterschiedlichen Einstellungen zum Führungsverhalten - und damit auch zum Menschen - kommen erst in den Antworten auf die zu diesem Faktor gehörenden Einzel-Items zum Ausdruck. Dabei haben die FAL der nicht-staatlichen Forstbetriebe ein eher 'traditionelles', der Theorie 'X' entsprechendes Menschenbild, in dem die Eigenschaftstheorie der Führung mitschwingt (Kap 2.1.6.1). Der Bereitschaft, gruppenorientiert und informationszentriert zu führen, sind durch fehlendes Vertrauen in die Eigeninitiative der MA Grenzen gesetzt. Damit fehlt eine wesentliche Voraussetzung für die Verwirklichung von Delegation in der kooperativen Führung.

Das Menschenbild der FAL der LFV der Alten Bundesländer ist dagegen geschlossener. Es gibt keine sichtbaren inneren Widerstände gegen 'moderne' Führungsformen. Der Verwirklichung kooperativer Führung steht somit von ihren Einstellungen her nichts im Wege. Das fehlende Vertrauen vieler FAL der LFV Thüringen und Brandenburg in die Führungs- und Verantwortungsbereitschaft der MA kann sich, wie in den LWK, delegationshemmend auswirken. Diese Einstellung wird durch die geringe Bereitschaft, den MA Handlungsfreiheit einzuräumen, verstärkt. Bei vollständigen Arbeitsanweisungen ohne Handlungsspielraum besteht für die MA kein Anreiz, Eigeninitiative zu entwickeln. Dies erzeugt wiederum beim Vorgesetzten den Rückkopplungseffekt, seine MA ständig zur Arbeit motivieren zu müssen. Positiv im Hinblick auf die zu erwartende Entwicklung der Einstellung zum Menschen ist die optimistische Haltung der FAL der LFV Thüringen und Brandenburg zur Erlernbarkeit von Führungsfähigkeiten.[1] Mit Ausnahme der privaten Forstbetriebe ist diese Einstellung auch in allen übrigen untersuchten Forstverwaltungen vorherrschend.

Damit ist eine grundsätzlich erfolgversprechende Basis für Führungskräfteschulungen in den LFV gegeben. Verhalten resultiert aus dem Wunsch, Bedürfnisse zu befriedigen. Zu den Bedürfnissen gehören u.a. Einstellungen und Werthaltungen. Führungskräfteschulungen müssen deshalb zwei Ziele anstreben: die Vermittlung theoretischer Führungszusammenhänge und die Möglichkeit, Werte und Einstellungen zum Führungsverhalten in die gewünschte Richtung zu verändern. Erfolg ist zu erwarten, wenn die Teilnehmer Gelegenheit bekommen, etwas über ihr eigenes Bild vom Menschen zu erfahren. Die Tatsache, daß fast alle befragten FAL an Fortbildungsveranstaltungen für Führungskräfte teilgenommen haben, sagt nichts über eine daraus resultierende Einstellungsänderung zum Führungsverhalten aus (Übersicht 6.6., Kap 6.1). Das Training sollte das 'richtige' Verhalten so stark zu einem 'Erlebnis' bringen, daß es (relativ überdauernd) zu einem angestrebten Wert wird.[2]

Veranstaltungen, die erfolgreich Führungswissen vermitteln und eine Einstellungsänderung bewirken, garantieren jedoch nicht, daß die im Training erworbenen Einsichten, Kenntnisse und Fähigkeiten im betrieblichen Alltag zum Tragen kommen, weil die Organisationskultur, die das Insgesamt der in einer Organisation geltenden Werte und Normen repräsentiert, zum dominierenden und handlungsbestimmenden Faktor für den Führungsstil werden kann.[3] Eine Bedingung, unter der personales Führungstraining den Führungsstil in einer Organisation verändern kann, ist die gleichzeitige Veränderung der Führungssituation.[4] Andererseits steht in Frage, ob Persönlichkeiten, die aufgrund einer langjährigen charakterlichen Prägung eine starke Affinität zum Ausüben oder Hinnehmen 'autoritären' Führungsverhaltens zeigen, in diesem Punkte, in manchmal nur wenige Tage währenden Ausbildungsveranstaltungen, wesentlich zu ändern sind. Wo die (unbewußte) Bedürfnisstruktur und die (bewußten) menschlichen Leitbilder auf die Ausübung 'autoritärer Führerschaft' fixiert sind, dürften entscheidende Änderung kaum mehr zu erwarten sein. Abgeschwächt gilt das auch für die Fixierung auf das Hinnehmen autoritären Führungsverhaltens.[5] Das Führungskräftetraining ist bei der konsequenten Umsetzung von kooperativer Führung deshalb nur ein einzelner Baustein.

Inwieweit sich die Einstellungen der FAL zum Führungsverhalten in der Vorgesetzten-Verhaltens-Beschreibung niederschlagen, soll im folgenden Kapitel näher untersucht werden.

---
[1] Die Ideologie des Sozialismus kannte keine unveränderbaren Erbanlagen. Alles war erlernbar.
[2] vgl. DREYER, H. (1975): 'Motivationspsychologischer Ansatz zur Erfassung des Lerntransfers im Führungskräfte-Training', ZfAwi, 1/1975, S. 14-19
[3] vgl. MEYER-DOHM, P. (1984): 'Wie erfolgreich ist Führungstraining?' DBW, 44/1984, S. 507
[4] vgl. STAEHLE, W.H.; SYDOW, J. (1987): 'Führungsstiltheorien', in: KIESER, A.; REBER, G.; WUNDERER, R. (1987): Handwörterbuch der Führung, Stuttgart: Poeschel, Sp. 667
[5] vgl. SEIDEL, E. (1978): Betriebliche Führungsformen, Stuttgart: Poeschel, S. 580

6.3 Fragebogen zur Vorgesetzten-Verhaltens-Beschreibung (FVVB)

Um die Einordnung der Ergebnisse der Umfrage zur Vorgesetzten-Verhaltens-Beschreibung (Übersichten 6.15 bis 6.18) in den Testkontext zu erleichtern, wird an dieser Stelle auf das in Kap. 3.3.1 vorgestellte 'Ideal-Profil' des Vorgesetzten-Verhaltens verwiesen. Die Profile der Forstamtsleiter-Selbstbeschreibung werden durch in Punkten endenden, die der Fremdbeurteilung durch die MA in Pfeilen endenden Linien dargestellt.[1]

Für alle Profile gilt, daß sowohl die Selbstbeschreibungen der FAL als auch die Fremdbeurteilungen der FAL durch die MA vom 'Ideal-Profil' abweichen. Die FAL schätzen ihr Führungsverhalten in allen untersuchten LFV und Forstbetrieben durchschnittlich besser ein als ihre MA. Für die Ergebnisinterpretation in den folgenden Kapiteln sind vor allem die Beurteilungstendenzen von großer Bedeutung, weil sie Resultate der (realen) persönlichen Wahrnehmung des gezeigten bzw. erlebten Führungsverhaltens sind.

6.3.1 Ergebnisse der Umfrage in den Landesforstverwaltungen

Übersicht 6.15 stellt die mit Hilfe des FVVB ermittelten Vorgesetzten-Verhaltens-Profile (VVP) der Untersuchungsteilnehmer der Landesforstverwaltungen dar.

Landesforstverwaltungen NDS, HE, NRW, THÜ und BR														
MA			FAL				Vorgesetzten-Verhaltens-Profil							
N	x̄	s	N	x̄	s	F	1	1.5	2	2.5	3	3.5	4	4.5	5
455	3.75	0.89	89	4.31	0.42	F1									
455	3.16	0.72	89	3.81	0.35	F2									
455	3.30	0.97	89	4.08	0.51	F3									
455	3.38	0.75	89	3.76	0.57	F4									
455	3.32	0.97	89	4.09	0.52	F5									
ÜBERSICHT 6.15			Selbstbeschreibung der befragten FAL (●—●) Beschreibung der FAL durch die MA (◄—►)												

Die für die Faktoren F1, F2, F3 und F5 errechneten Werte bleiben hinter dem Idealwert 5 zurück, liegen jedoch in beiden Profilen über dem rechnerischen Mittelwert 3. Die höchste Bewertung (4.31) erzielen die FAL bei Faktor F1, 'freundliche Zuwendung und Respektierung'. Ihre zur Arbeit stimulierende Aktivität beurteilen

---

[1] Die Abkürzungen bedeuten:
   N   =   Anzahl   x̄ = arithmetischer Mittelwert,   s = Standardabweichung
   F1   =   Faktor 1 =   Freundliche Zuwendung und Respektierung
   F2   =   Faktor 2 =   Mitreißende, zur Arbeit stimulierende Aktivität
   F3   =   Faktor 3 =   Ermöglichung von Mitbestimmung und Beteiligung
   F4   =   Faktor 4 =   Kontrolle versus Laissez-faire
   F5   =   Faktor 5 =   Kombination aus freundliche Zuwendung/Aktivität (F1 und F2)

sie deutlich schlechter (F2= 3.81), sind aber gleichzeitig der Ansicht, ihren MA relativ häufig Gelegenheit zur Mitbestimmung zu geben (F3= 4.08). Die Beurteilungstendenz ist bezüglich der Faktoren F1, F2 und F3 bei den FAL und den MA gleichgerichtet, wenn auch die MA in der durchschnittlichen FAL-Beschreibung signifikant unter den Werten der FAL liegen.[1] Die geringste, aber dennoch signifikante Differenz zwischen FAL und MA liegt mit mit 0.38 beim Faktor F4. Dieser Faktor, der den Grad der Kontrolle durch den FAL gegen ein sog. ´Laissez-faire-Verhalten´ abgrenzen soll, wird von den MA nahe am Ideal-Wert liegend mit 3.38 bewertet. Interessanterweise ordnen sich die FAL hinsichtlich ihres Kontrollverhaltens mit 3.76 mehr in Richtung ´Laissez-faire´ ein. Die größte Differenz zwischen FAL und MA in der Beschreibung des Führungsverhaltens (0.78) existiert in der vom FAL eingeräumten Möglichkeit zur Mitbestimmung (F3). Diese Differenz zwischen den beiden Gruppen wird auch am Faktor F5 sichtbar (0.77), der ein Führungsverhalten erfaßt, "... *das durch freundliche Zuwendung und Respektierung und stimulierende Aktivität gekennzeichnet ist und den MA Mitbestimmung und Beteiligung ermöglicht ...*".[2] Ein Führungsverhalten, das durch hohe F5-Werte beschrieben wird, entspricht einem kooperativen Führungsstil, in dem sowohl der Ziel-Leistungsaspekt, der Organisationsaspekt, der partizipative und der prosoziale Aspekt zum Ausdruck kommen.[3] Je niedriger die Werte für F5 liegen, desto mehr weicht das von den MA empfundene von dem als optimal angesehenem Führungsverhalten ab.

Die Faktoren F1 und F3 können dem Aspekt ´Mitarbeiterorientierung´, F2 und F4 dem Aspekt ´Aufgabenorientierung´ zugeordnet werden[4] (vgl. Kap. 2.1.6.2 und 2.1.7.4). Dabei zeigt sich, daß der Aspekt der ´Mitarbeiterorientierung´ in den LFV sowohl in der Selbstbeschreibung der FAL als auch in der Fremdbeurteilung der FAL durch die MA höher bewertet wird als die ´Aufgabenorientierung´ (Anhang 5, A.16).

Die Ergebnisse der Vorgesetzten-Verhaltens-Beschreibung, differenziert nach einzelnen Landesforstverwaltungen, sind in Anhang 5 dargestellt.

6.3.2 Ergebnisse der Umfrage in den nicht-staatlichen Forstbetrieben

Übersicht 6.16a gibt einen Überblick über die Untersuchungsergebnisse der befragten nicht-staatlichen Forstbetriebe.

Auch bei den nicht-staatlichen Forstbetrieben zeigt sich deutlich die Tendenz,

---

[1] Fette, kursive Werte markieren signifikante Differenzen zwischen FAL und MA.
[2] vgl. FITTKAU, B.; FITTKAU-GARTHE, H. (1971): a.a.O., S. 10
[3] vgl. WUNDERER, R.; GRUNWALD, W. (1980): a.a.O., S. 2 und S. 103-106
[4] vgl. NACHREINER, F. (1978): *Die Messung des Führungsverhaltens*, Bern, Stuttgart, Wien: Huber, S. 83

6.3 Fragebogen zur Vorgesetzten-Verhaltens-Beschreibung

daß die FAL ihr Führungsverhalten (hier in allen Fällen) signifikant besser einstufen, als ihre Beurteilung durch die MA ausfällt. Die FAL beurteilen ihr Führungsverhalten ähnlich wie ihre staatlichen Kollegen. Die Differenzen zwischen FAL und MA fallen jedoch durch die insgesamt niedrigere MA-Beurteilung des Führungsverhaltens deutlicher aus als in den LFV.

Die Wahrnehmungen hinsichtlich des Führungsverhaltens gehen insbesondere bei den Faktoren F3 (Ermöglichung von Mitbestimmung) und F5 (optimales Führungsverhalten) auseinander. Während beide Faktoren bei den FAL einen Wert von knapp über vier erzielen, liegen sie bei den MA nur geringfügig über dem Skalen-Mittelwert 3. Ihr Kontrollverhalten (F4) stufen die FAL der befragten nichtstaatlichen Forstbetriebe weitaus 'lockerer' ein als dies von ihren MA empfunden wird.

Die 'Mitarbeiterorientierung' besitzt auch bei den FAL und MA der nichtstaatlichen Forstbetrieben einen höheren Stellenwert als die 'Aufgabenorientierung' (Anhang 5, A.16). Letztere liegt jedoch über der der LFV.

Nicht-staatliche Forstbetriebe												
MA			FAL			Vorgesetzten-Verhaltens-Profil						
N	x̄	s	N	x̄	s	F	1	1.5 2	2.5 3	3.5 4	4.5 5	
119	3.59	0.91	19	4.16	0.46	F1						
119	3.05	0.76	19	3.76	0.42	F2						
119	3.02	1.00	19	4.08	0.55	F3						
119	3.24	0.69	19	3.92	0.49	F4						
119	3.15	1.04	19	4.07	0.57	F5						
ÜBERSICHT 6.16a			Selbstbeschreibung der befragten FAL (●—●) Beschreibung der FAL durch die MA (◄—►)									

Die Stratifizierung der VVP aus Übersicht 6.16a in die der Untersuchungsteilnehmer der privaten, kommunalen und LWK-Forstämter zeigen die Übersichten 6.16b bis 6.16d.

Anders als die MA zeichnen die FAL der privaten Forstbetriebe ein sehr homogenes Bild ihres Führungsverhaltens (Übersicht 6.16b). Die Werte der einzelnen Faktoren schwanken marginal um den Skalenwert 4. Die höchste Faktorenbewertung vergeben sie für ihr Kontrollverhalten (F4=4.09). Wie die FAL der LFV Thüringen und Brandenburg setzen die FAL der privaten Betriebe eher auf Motivation der MA (F2) und kontrollieren weniger (F4 erhält die höchste von allen Faktorenbewertungen). Ähnlich der bereits beschriebenen VVP weichen die Wahrnehmungen des Führungsverhaltens hinsichtlich der gewährten (F3=3.81) und der empfundenen Mitbestimmungsmöglichkeiten (F3=3.17) am stärksten voneinander ab.

Im Gegensatz zu den privaten Forstbetrieben fällt bei den FAL der LWK die Selbstbeschreibung in den fünf Faktoren extrem heterogen aus (Übersicht 6.16c).

Die Skalenwerte der Faktoren F1, F2, F3 und F5 verfolgen dabei ähnliche Tendenzen wie schon in der Gesamtübersicht der nicht-staatlichen Forstbetriebe für die FAL beschrieben. Die MA schätzen die fünf Faktoren des Führungsverhaltens weit homogener ein. Auffallend ist auch hier wieder die Differenz von mehr als einem ganzen Skalenpunkt in der Beurteilung der Mitbestimmungsmöglichkeiten (F3) zwischen FAL und MA.

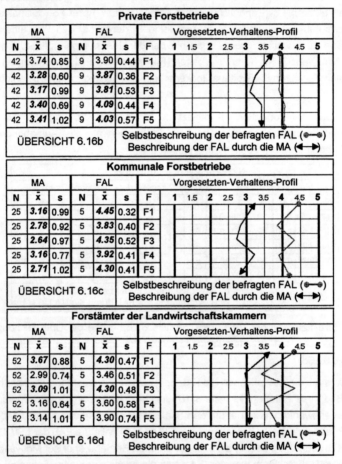

Die absolut größten Unterschiede bzgl. des praktizierten eigenen und des beschriebenen wahrgenommenen Führungsverhaltens treten über alle Faktoren zwischen den MA und FAL der kommunalen Forstbetriebe auf (Übersicht 6.16d). Im Mittel weichen Fremd- und Selbstbeschreibung um knapp 1,3 Skalenpunkte von einander ab. Die größte Abweichung von 1,76 Skalenpunkten entfällt wieder auf den Faktor F3 'Mitbestimmung'. Eine Ursachenanalyse scheint aus diesem Grund insbesondere in den kommunalen Forstbetrieben angebracht, da derartige Wahrnehmungsdiskrepanzen in allen fünf untersuchten kommunalen Forstbetrieben verzeichnet werden konnten.

6.3.3 Alte und Neue Bundesländer

Die Übersichten 6.17 und 6.18 ermöglichen einen Vergleich der Vorgesetzten-Verhaltens-Profile der FAL aus den Alten und Neuen Bundesländern.

Die in den VVP der LFV aller untersuchten Bundesländer (Übersicht 6.15) dargestellten Profil-Verläufe können durch eine differenzierte Analyse des Vorgesetzten-Verhaltens der FAL der untersuchten Alten und Neuen Bundesländer näher erklärt werden. Sowohl in den Profilen der Alten als auch der Neuen Bundesländer liegen die errechneten Werte für die Faktoren F1, F2, F3 und F5 bei MA und FAL durchgehend signifikant über dem rechnerischen Skalenmittelwert 3. Bei der Einzelbetrachtung der Profile fällt auf, daß sich die VVP der FAL und MA aus den LFV Thüringen und Brandenburg von allen am meisten ähneln und im Vergleich zu allen anderen Profilen relativ dicht beieinander liegen.

Alte Bundesländer (LFV NDS, HE und NRW)														
MA			FAL			Vorgesetzten-Verhaltens-Profil								
N	$\bar{x}$	s	N	$\bar{x}$	s	F	1	1.5	2	2.5	3	3.5	4	4.5	5
312	3.77	0.86	57	4.41	0.33	F1									
312	3.08	0.70	57	3.72	0.32	F2									
312	3.23	0.96	57	4.16	0.48	F3									
312	3.23	0.69	57	3.56	0.49	F4									
312	3.34	0.99	57	4.13	0.44	F5									
ÜBERSICHT 6.17			Selbstbeschreibung der befragten FAL (●—●) Beschreibung der FAL durch die MA (◄—►)												

Neue Bundesländer (LFV THÜ und BR)														
MA			FAL			Vorgesetzten-Verhaltens-Profil								
N	$\bar{x}$	s	N	$\bar{x}$	s	F	1	1.5	2	2.5	3	3.5	4	4.5	5
143	3.71	0.96	32	4.14	0.50	F1									
143	3.34	0.74	32	3.97	0.35	F2									
143	3.46	0.96	32	3.93	0.55	F3									
143	3.70	0.79	32	4.13	0.51	F4									
143	3.29	0.94	32	3.95	0.62	F5									
ÜBERSICHT 6.18			Selbstbeschreibung der befragten FAL (●—●) Beschreibung der FAL durch die MA (◄—►)												

Die höchsten Bewertungen erhält in beiden Gruppen - von MA und FAL - der Faktor F1 'Freundliche Zuwendung und Respektierung der Mitarbeiter'.

Bei FAL und MA gleichgerichtet niedriger wird der Faktor F2 'Stimulierende Aktivität' eingeschätzt. Lediglich die Differenz zwischen mitarbeiterorientiertem (F1) und aufgabenorientiertem Führungsverhalten (F2) ist in Thüringen und Brandenburg geringer.

Im Gegensatz zu allen anderen untersuchten Gruppen zeigen die VVP der untersuchten LFV der Neuen Bundesländer eine Besonderheit. Die größte Differenz zwischen Selbst- und Fremdbeschreibung liegt nicht (wie auch in den VVP der untersuchten Alten Bundesländer) beim Faktor F3 'Ermöglichung von Mitbestimmung', sondern in der Einschätzung der 'zur Arbeit stimulierenden Aktivität der FAL' (F2).

In der Einschätzung des Kontrollverhaltens liegen MA und FAL beider Gruppen eng zusammen, wenn auch die erzielten Skalenwerte der Befragten aus den Bundesländern Thüringen und Brandenburg insgesamt höher liegen, die Kontrolle durch die Vorgesetzten damit weniger intensiv ausgeübt bzw. erlebt wird.

Vergleicht man die FAL der Neuen und Alten Bundesländer miteinander, zeigen sich signifikante Differenzen bei den Faktoren F1 bis F4. Signifikant höher schätzen sich die FAL der untersuchten LFV Niedersachsen, Hessen und Nordrhein-Westfalen hinsichtlich der die Mitarbeiterorientierung charakterisierenden Faktoren F1 und F3 ein. Dagegen liegen die Mittelwerte für F2 - 'zur Arbeit stimulierende Aktivität'- und F4 - 'Kontrolle vs. Laissez-faire' - signifikant unter denen der Kollegen aus Thüringen und Brandenburg.

Signifikante Differenzen existieren bei den Mitarbeiter bzgl. der Faktoren F2, F3 und F4. Hier liegen die Mittelwerte der MA aus den untersuchten LFV der Alten Bundesländer unter denen der aus den Neuen.

Während auch bei den MA, insbesondere aber bei den FAL der Alten Bundesländer die Mitarbeiterorientierung höher als die Aufgabenorientierung eingestuft wird, beurteilten die FAL und MA der Neuen Bundesländer Mitarbeiter- und Aufgabenorientierung (nahezu) gleich (Anhang 5, A.16).

Deutlich zeigt sich die unterschiedliche Gewichtung von Aufgaben- und Mitarbeiterorientierung letztlich in der Bewertung der Faktors F5, der für einen optimalen Führungsstil steht. Beispielsweise geben sich die befragten FAL der Alten Bundesländer von allen Untersuchungsteilnehmern mit 4.13 den höchsten Skalenwert für F5. Eine Ableitung aus der von ihnen hoch eingestuften Zuwendung und Respektierung der MA und dem hohen Grad an gewährter Mitbestimmung.

6.3.4 Diskussion der Ergebnisse

Die Ergebnisse der Umfrage zum Vorgesetzten-Verhalten sind einerseits im Zusammenhang mit der Frage nach dem praktizierten Führungsstil (siehe Interview-Protokollbögen, Anhang 2, Frage 2), andererseits mit einem heute für sozial angemessen und effizient gehaltenem Führungsverhalten, der kooperativen Führung, zu diskutieren.[1),2)]

Die Messung des Führungsverhaltens mit Fragebögen ist nicht unproblematisch. NACHREINER[3)] weist darauf hin, daß die mit dem FVVB erhobenen Informationen nach eigenen Analysen auch immer einem erheblichen subjektiven Einfluß der Beschreibenden (MA) unterliegen. Insbesondere die Einstellungen der Beschreibenden (MA) dem Beschriebenen (FAL) gegenüber kommen in der subjektiven Komponente der Fremdbeschreibung zum Tragen.[4)] Zudem fällt eine Selbstbeschreibung i.d.R. unkritischer aus als die Fremdbeschreibung der eigenen Person. Die auch in der vorliegenden Untersuchung zu beobachtende grundsätzlich negative Abweichung der Fremd- von der Selbstbeschreibung läßt sich auf diese Ursachen zurückführen.[5)] Nicht das Phänomen abweichender Selbst- und Fremdbeschreibung an sich, sondern die unterschiedlich großen Diskrepanzen des wahrgenommenen Führungsverhaltens der untersuchten Gruppen sind von Interesse.

Daten aus Fragebögen zur Beschreibung des Vorgesetzten-Verhaltens können nicht (unbedingt) den Status unabhängiger Variablen (im statistischen Sinn) zur Charakterisierung des Führungsverhaltens für sich beanspruchen. Sie sind eher als abhängige Variablen zu betrachten, in denen sich - durch interpersonelle Kognition - bereits Wirkungen des Führungsverhaltens bei den Betroffenen manifestiert haben.[6)] In jeder Gruppe gibt es individuelle Unterschiede, die im Durchschnitt zwangsläufig zu einem vom Idealfall abweichenden Gesamtbild führen. Deshalb sind Abweichungen der VVP vom Ideal-Profil immer im Zusammenhang mit den Beurteilungstendenzen innerhalb der VVP zu diskutieren.

[1)] Auf die Frage nach dem praktizierten Führungsstil lautete die Antwort der interviewten leitenden Vorgesetzten der befragten LFV (mit Ausnahme von Brandenburg), der Forstamtsleiter dreier kommunaler und dreier privater Forstbetriebe, daß kooperativ geführt wird. Brandenburg sah als Ziel die kooperative Führung an. Führung 'aus dem Bauch' wurde bei drei privaten Forstbetrieben praktiziert. Die Vertreter der LWK und zwei FAL kommunaler Forstbetriebe sahen sich nicht in der Lage, den praktizierten Stil einzuordnen.

[2)] Für die LFV Hessen vgl. GONSCHORREK, U. (1994): 'Ein neues Führungskonzept für die hessische Landesforstverwaltung', *AFZ*, 22/1994, S. 1250

[3)] vgl. NACHREINER, F. (1978): *Die Messung des Führungsverhaltens*, Bern, Stuttgart, Wien: Huber, 206 S.

[4)] vgl. EBENDA, S. 152-153

[5)] Zum Problem der Fremd- und Selbstbeurteilung siehe auch: GUILFORD, J.P. (1964): *Persönlichkeit*, 6. Aufl., Weinheim, Basel: Beltz, S. 52-57

[6)] vgl. NACHREINER, F. (1978): a.a.O., S. 167

6.3.4.1 Diskussion der Ergebnisse des FVVB

In allen untersuchten Gruppen wird die 'Freundliche Zuwendung und Respektierung der Mitarbeiter' höher angesiedelt als die Führungsaufgabe der FAL 'zur Arbeit zu stimulieren' und die MA zu motivieren. Damit wird die Mitarbeiter- von der Aufgabenorientierung zugunsten der Mitarbeiterorientierung abgegrenzt. Der prosoziale Aspekt kooperativer Führung kann somit in allen untersuchten Gruppen als weitgehend erfüllt angesehen werden. Gute bzw. befriedigende zwischenmenschliche Beziehungen erleichtern die Bewältigung von Führungssituationen und damit das Erreichen der Organisationsziele.[1] Mitarbeiterorientierung umfaßt neben der Respektierung der MA auch deren Beteiligung am Entscheidungsprozeß. Literaturanalysen zum Begriffsinhalt der kooperativen Führung ergaben, daß diese partizipative Dimension an erster Stelle rangiert, während erst an zweiter Stelle die Qualität der interpersonellen Arbeits- und Führungsbeziehungen (prosoziale Dimension) steht.[2] Die immer wieder auftretenden großen Differenzen in der Wahrnehmung der Mitbestimmungsmöglichkeiten deuten auf Kommunikationsbarrieren hin. An dieser Stelle schließt sich der Kreis. Denn eine Voraussetzung für die Partizipation am Entscheidungsprozeß einer Gruppe oder Organisation liegt darin, daß die Mitarbeiter dafür einerseits motiviert sind, andererseits durch die Vorgesetzten motiviert werden.[3] Kommunikationsbarrieren manifestieren sich u.a. an folgenden Punkten:

- Informationen kommen verdünnt oder bleiben stecken
- Hintergrundinformationen fehlen
- Führungsentscheidungen sind zu wenig transparent
- Es mangelt an zwischenmenschlichen Beziehungen
- Beschlüsse fallen ohne Mitsprachemöglichkeit am 'grünen Tisch'

Die gute Beurteilung der 'Freundlichen Zuwendung und Respektierung der MA' schließt mangelhafte zwischenmenschliche Beziehungen als Ursache aus. Als sichere Ursache dürften die schon in der Umfrage zur 'Einstellung zum Führungsverhalten' aufgedeckten Vorbehalte vieler FAL, die MA umfassend zu informieren, gelten. Informationshemmnisse liegen jedoch nicht nur in der persönlichen Einstellung zum Führungsverhalten begründet. Sie können auch organisationsimmanent sein und dadurch ihrerseits das Verhalten der Vorgesetzten beeinflussen.[4]

---

[1] vgl. LATTMANN, CH. (1975): *Führungsstil und Führungsrichtlinien*, Bern, Stuttgart: Haupt, S. 42
[2] vgl. WUNDERER, R. (1987): 'Kooperative Führung', in: KIESER, A.; REBER, G.; WUNDERER, R. (Hrsg.): *Handwörterbuch der Führung*, Stuttgart: Poeschel, Sp. 1258
[3] vgl. MULDER, M. (1974): 'Machtausgleich durch Partizipation?', in: GROCHLA, E. (Hrsg.): *Management - Aufgaben und Instrumente*, Düsseldorf: Econ, 1. Aufl., S. 245
[4] Zu Informationshemmnissen in Linienorganisationen vgl.:
KÜBLER, H. (1978a): *Organisation und Führung in Behörden*, Bd. 1: Organisatorische Grundlagen, Stuttgart: Kohlhammer, S. 59
WUNDERER, R.; GRUNWALD, W. (1980): a.a.O., Bd. 2, S. 329-333

6.3 Fragebogen zur Vorgesetzten-Verhaltens-Beschreibung

Organisatorische Bedingungen und Hemmnisse kooperativer Führung wirken sich vorwiegend unmittelbar auf den partizipativen Aspekt kooperativer Führung aus. Das Untersuchungsmaterial zeigt für die LFV markant, daß es durchaus denkbar ist, daß aufgrund partnerschaftlicher Zusammenarbeit der prosoziale Aspekt realisiert wird, während wegen restriktiver organisatorischer Regelungen der partizipative Aspekt nur minimal verwirklicht werden kann. Und das, obwohl die FAL von ihrer Einstellung her die Teilhabe der MA am Entscheidungsprozeß befürworten (siehe Kap 6.2). Diese Situation wird als Human-Relation Situation oder partielle kooperative Führung bezeichnet.[1]

Informationsdefizite an sich wirken insgesamt demotivierend. Dies gilt auch für die FAL, die - wie in Kap. 6.5 noch zu zeigen sein wird - ebenfalls mit dem von der vorgesetzten Dienststelle gewährtem Informationsumfang nicht zufrieden sind. Die motivationshemmde Wirkung von Informationsdefiziten läßt sich deutlich an der niedrigeren Beurteilung der 'Stimulierenden Aktivität' durch die FAL selbst ablesen.[2]

Ganz offensichtlich führen die FAL eher personenbezogen als leistungs- oder ergebnisorientiert. Dies bestätigen auch die VVP zum eigenen Kontrollverhalten, wonach die FAL, ihrer Selbsteinschätzung zufolge, ihren MA in weiten Bereichen freie Hand lassen und mit der eher personenbezogenen Führung auf deren (Eigen)Motivation setzen. Dabei existieren keine signifikanten Differenzen in der Fremdbeurteilung der FAL durch die MA des Innen- und des Außendienstes (Anhang 5, Übersicht A.15).

Nach BLAKE/MOUTON, die wie die Autoren des FVVB in der Tradition der Ohio-Studien stehen, sollte Führungsverhalten sowohl eine hohe Mitarbeiter- als auch Aufgabenorientierung aufweisen.[3] Von allen Befragungsteilnehmern kommen die FAL der privaten Forstbetriebe und der LFV Thüringen und Brandenburg in ihrem Führungsverhalten dieser Anforderung recht nah. Dies bestätigen die im Vergleich zu den übrigen Gruppen relativ geringen Wertdifferenzen der Faktoren F1 und F2 der Fremdbeschreibung der FAL durch ihre MA. Der aufgezeigte Unterschied zwischen den privaten und öffentlichen Forstverwaltungen (mit Ausnahme der LFV Thüringen und Brandenburg) gibt Hinweise auf verschiedene Unternehmensphilosophien. Die FAL öffentlicher Verwaltungen müssen, da ihnen ausschließlich dienst- und beamtenrechtliche Belohnungs- und Sanktionsmöglichkeiten zur Verfügung stehen, auf die intrinsische Motivation ihrer MA setzten (siehe

---

STAEHLE, W.H. (1991): a.a.O., S. 668-672
[1] vgl. WUNDERER, R.; GRUNWALD, W. (1980): a.a.O., Bd. 2, S. 111-112
[2] Um Führungsdefizite in der Organisation zu lokalisieren und ein Gesamtbild der Führungsstrukturen zu erhalten, hätten die übergeordneten Dienststellen der Landesforstverwaltungen in die Untersuchung einbezogen werden müssen. Dies war dort jedoch nicht erwünscht.
[3] vgl. hierzu Kap. 2.1.7.4

Interview-Protokollbögen Nr. 1-5 und 12-18, Anhang 2 und Kap.6.5). Die FAL der privaten Forstbetriebe verfügen über eine breite Palette finanzieller Anreizmöglichkeiten als extrinsische Motivatoren (Interview-Protokollbögen 6-11, Anhang 2). In den LFV Thüringen und Brandenburg war die Mehrzahl der Beschäftigen zum Zeitpunkt der Befragung noch nicht verbeamtet und die Tatsache überhaupt einen Arbeitsplatz zu haben wurde von vielen als extrinsisches Arbeitsmotiv betrachtet (siehe Interview-Protokollbogen Nr.5). Die unterschiedliche Gewichtung der Aufgabenorientierung für das Führungsverhalten liegt in den unterschiedlichen Möglichkeiten der FAL, ihre MA zur Arbeit zu stimulieren und sie zu motivieren, begründet.

Die von der Mehrheit der Befragten (siehe Fußnote 1, S. 115) geäußerte Vorstellung, kooperativ zu führen, kann durch die Untersuchungsergebnisse nicht bestätigt werden. Zwar sind einige Merkmale kooperativen Führungsverhaltens, wie z.B. der prosoziale Aspekt, erfüllt. Andere, wie der partizipative oder auch die Motivierung der MA zur Erfüllung des Leistungsaspekts, sind dagegen weitaus weniger verwirklicht. Dies zeigen auch die vom Ideal-Wert abweichenden F5-Werten, die ein nicht optimales Führungsverhalten beschreiben und den Einfluß der Partizipation auf die 'Zufriedenheit' mit der Führung verdeutlichen.

Wenn jedoch die Einstellung des Großteils der befragten FAL zum Führungsverhalten vom Grundsatz her einer kooperativen Führung nicht im Wege steht (vgl. Kap. 6.2[1]) und sie zudem für eine Teilhabe der MA am Entscheidungsprozeß spricht, muß es daneben andere Gründe geben, die kooperativer Führung in den untersuchten Organisationen entgegenstehen bzw. ihre Umsetzung in den untersuchten Bereichen der Forstwirtschaft verhindern. Einerseits können dies organisationsimmanente Hemmnisse sein, andererseits innere Widerstände der Mitarbeiter. Beide Bereiche sollen im folgenden hinsichtlich ihrer Bedeutung für die Realisierung kooperativer Führungsformen, insbesondere auch unter dem Aspekt der 'öffentlichen Verwaltung' kurz diskutiert werden.

6.3.4.2 Die Bedeutung von Mensch und Organisation für die kooperative Führung in Forstverwaltungen und Forstbetrieben

Der Rahmen, in dem Führung stattfindet, ist die Organisation. Sei sie nun im Dienste privatwirtschaftlicher Tätigkeit oder dem Bereich der öffentlichen Verwaltung zuzurechnen. Von der Menschenführung, der interaktionalen Führung, die die Führungsbeziehungen unmittelbar und in individueller Weise beeinflußt, ist die strukturelle Führung abzugrenzen. Sie bezeichnet Führung durch Organisations- und Interaktionsstrukturen und steuert das Verhalten von Vorgesetzten und

---

[1] Ausnahmen sind die befragten FAL der LWK und der LFV Thüringen und Brandenburg mit Defiziten in der Bereitschaft, MA umfassend zu informieren und ihnen einen ausreichenden Handlungsspielraum zu gewähren, als Grundlage der Delegation.

Mitarbeitern mittelbar durch generelle Regelungen. Dabei spiegelt sich Führung durch Organisationsstrukturen vornehmlich in der formellen Macht- und Autoritätsstruktur wieder.

Strukturelle und interaktionale Führung müssen sich gegenseitig legitimieren und Zusammenarbeit zulassen. Nicht nur Regeln und Richtlinien müssen auf kooperative Führung zugeschnitten sein, sondern auch die Organisationsmitglieder müssen Bereitschaft und Interesse zeigen, in vollem Umfang nach ihr zu streben. Es zeigt sich jedoch, daß es aus verschiedenen Gründen oft am Willen zur Zusammenarbeit fehlt.

Ein falsches, einseitiges Verständnis der interaktionalen Führung verhindert oft, daß der Wille zur Zusammenarbeit entsteht und gefördert wird. Vorgesetzte und Mitarbeiter müssen in gleicher Weise als Führer und Geführte zur Verwirklichung der kooperativen Qualität beitragen. Der Mensch in der Verwaltung wird meist als Objekt zielgerichteter Beeinflussung von ´oben´ gesehen; nur selten ist der Verwaltungsmitarbeiter als Handlungssubjekt Ausgangspunkt der Betrachtung. Jeder Verwaltungsmitarbeiter, von der untersten Hierarchieebene bis zur Spitze, führt sich selbst und andere ebenso wie er Objekt von Führungsversuchen anderer ist. Diese ´Gleichzeitigkeit´ wird in der Führungsliteratur nur selten erwähnt.[1]

Vor allem bei Überlegungen, neue Führungsformen einzuführen, kommt der Aspekt der Wechselseitigkeit (als normative Grundlage kooperativer Führungsbeziehungen) zu kurz. Der Verhaltensänderung der Vorgesetzten wird zu viel, der der Mitarbeiter zu wenig Beachtung geschenkt. Simultanes Führungstraining in Arbeitsgruppen wird auch in Forstverwaltungen und Forstbetrieben viel zu wenig oder zu kurz praktiziert, meist aus kosten- oder arbeitstechnischen Gründen verworfen.[2]

Innere Widerstände gegen das Annehmen kooperativen Führungsverhaltens können zudem durch Ängste vor nachteiligen Entwicklungen bzw. Auswirkungen auf die eigene Person verursacht werden. Das Planen und Ändern von Arbeitsplätzen ist eine wesentliche Führungsaufgabe, die dann gelöst worden ist, wenn die Vorgaben, meist Rationalisierungen und Neuinvestitionen, möglichst in Übereinstimmung mit den betroffenen Arbeitnehmern, jedenfalls nicht gegen deren hartnäckigen Widerstand, durchgeführt werden konnten.[3] Dies gilt generell für alle Arten von Organisationen.

---

[1] vgl. TIMMERMANN, M.; ENDE, W. (1987): ´Führung in der öffentlichen Verwaltung´, in: KIESER, A.; REBER, G.; WUNDERER, R. (Hrsg.): *Handwörterbuch der Führung*, Stuttgart: Poeschel, Sp. 1574

[2] vgl. WUNDERER, R. (1987): a.a.O., Sp. 1270

[3] vgl. STIRN, H. (1984): 'Personalführung im Betrieb (Personalführungsgrundsätze) und Arbeitswissenschaft', *ZfAwi*, 4/1984, S. 203

Ein psychologisches Hemmnis, das zu den organisatorischen Hemmnissen überleitet, sind Statussymbole. Aus der Sicht der kooperativen Führung haben Statussymbole auf die "... *kollegiale Zusammenarbeit insoweit destruktive Auswirkungen, als Satussymbole durch die Betonung von Rang- und Machtunterschieden das individualistische Konkurrenzverhalten fördern*".[1] Statussymbole kommen auch in den untersuchten Landesforstverwaltungen und nicht-staatlichen Forstbetrieben in Form von z.B. Dienstuniformen und Rangabzeichen zum Tragen.

Mit der Entscheidung über die Organisationsstruktur wird zugleich eine Entscheidung über den zu praktizierenden Führungsstil getroffen und umgekehrt, weil Führung in den allgemeinen Kontext der Organisation eingebunden ist.[2),3),4)] Damit können Führungsstile nicht durch einen Verwaltungsakt eingeführt oder verändert werden.[5] Statt dessen muß die Frage gestellt werden, ob gegenwärtige Organisationsstrukturen einen gewünschten bzw. bevorzugten Führungsstil überhaupt zulassen. In Führungsanweisungen und -leitlinien wird immer wieder ein demokratischer, partizipativer oder kooperativer Führungsstil gefordert. Wenn die Organisationsstruktur die Mitarbeiter jedoch in regressive Stadien drängt, wird jeder Vorgesetzte kaum überwindbare Schwierigkeiten haben, seinerseits positive (progressive, i.G. zu regressive) Entwicklungen in Gang zu setzen. Darüber hinaus wird durch Regression (Entstehen von Agressions- und Projektionsobjekten, Reduktion der Kommunikation, etc.) die Fähigkeit, Konflikte produktiv auszutragen, beeinträchtigt.[6] Bei noch so guten Vorsätzen sieht der Vorgesetzte dann oftmals nur noch im ´Durchgreifen´ einen Ausweg.

Ebenso zu Frustration und aggressivem Verhalten führen, bei starker Beeinträchtigung der Leistungsbereitschaft, allzu starres Festlegen von Funktionen und Befugnissen, etwa durch perfektionistische Stellenbeschreibung, detaillierte Arbeitsanweisungen und häufige Kontrollen (hoher Formalisierungs- und Standardisierungsgrad der Organisation). Hierdurch wird weder "*... die Identifikation mit den Organisationszielen gefördert, noch das Vertrauen zwischen Vorgesetzten und Mitarbeitern gestärkt. Im Gegenteil: Das Interesse der Beschäftigten richtet sich auf Formalismen. ... Das Ressortdenken dominiert*".[7]

Unveränderbares Merkmal bei allen Forstbetrieben ist die Flächenstruktur. Sie

---

[1] vgl. WUNDERER, R.; GRUNWALD, W. (1980): a.a.O., Bd. 2, S. 327
[2] vgl. ZEPF, G. (1971): a.a.O., S. 32
[3] vgl. PREGLAU, M. (1980): ´Organisation, Führung und Identität´, in: MOREL, J.; MELEGHY, T.; PREGLAU, M. (Hrsg.): *Führungsforschung*, Göttingen: Hogrefe, S. 133 -169
[4] BLEICHER, K. (1970): a.a.O., S. 76
[5] vgl. GUSERL, R.; HOFMANN, M. (1976): *Das Harzburger Modell - Idee und Wirklichkeit und Alternativen zum Harzburger Modell*, 2. erw. Aufl., Wiesbaden: Gabler, S. 246
[6] vgl. FORSTER, W.A. (1981): 'Organisation und menschliche Bedürfnisse', ZfO, 1/1981, S. 13
[7] vgl. GOTTSCHALL, D. (1975): 'Führungsrichtlinien - Am Menschen vorbeigeschrieben?', *Manager Magazin*, 2/1975, S. 79

6.3 Fragebogen zur Vorgesetzten-Verhaltens-Beschreibung - 121 -

steht, ebenso wie gegenwärtige Organisationsstrukturen und weite Kontrollspannen, einer vollständigen Verwirklichung des kooperativen Führungsstils entgegen.

Hinsichtlich der Entscheidungsbeteiligung, ein Grundelement der kooperativen Führung, stößt die Möglichkeit, Mitarbeiter zu gegebener Zeit umfassend zu informieren, in der breiten und räumlich verteilten Struktur der Forstbetriebe, die sie von den 'klassischen' Betrieben der Betriebswirtschaftslehre unterscheiden, an ihre Grenzen. Alle Mitarbeiter kurzfristig zu einer Besprechung zusammenzuziehen ist außerordentlich schwierig. Unmittelbar zu fällende Entscheidungen müssen damit notgedrungen den FAL zufallen, um den Betriebsablauf nicht zu behindern. Die **gemeinsame** Entscheidungsfindung muß deshalb schon aus organisatorischen Gründen auf die Klärung wichtiger Sachverhalte im Zuge von Dienst- oder Mitarbeiterbesprechungen beschränkt bleiben. Wichtige und endgültige Entscheidungen werden durch die FAL gefällt, oder mit Hilfe von Erlassen durchgesetzt.

In den LFV widerspricht insbesondere das Führungsmittel des Erlasses, ein wesentliches Merkmal der öffentlichen Verwaltung, dem von den LFV propagierten kooperativen Führungsstil. Mit dem Erlaß teilt die übergeordnete Behörde der untergeordneten eine grundsätzliche Entscheidung mit, die diese dann zu befolgen, gegebenenfalls noch weiterzuleiten oder zu operationalisieren hat. Die untergeordnete Behörde kann zwar mittels Berichten Informationen zur Entscheidungsvorbereitung liefern, hat aber auf die Entscheidung selbst keinen direkten Einfluß. Zudem sind Beamte verpflichtet, sich an die Anweisungen ihres Dienstherrn zu halten. Der Beamte hat bei der pflichtgemäßen Amtsausübung sein Eigeninteresse zurückzustellen. Hier bleiben ihm keine weiträumigen Entscheidungsfreiheiten. So steht die Forderung nach kooperativer Führung der Tradition des Beamtentums diametral entgegen.[1]

Die Teilnahme am Entscheidungsprozeß stößt in der öffentlichen Verwaltung an weitere Grenzen. Vollständige Partizipation umfaßt die Teilnahme daran, was und wie etwas gemacht werden soll. Aus verfassungsrechtlichen Gründen ist in der öffentlichen Verwaltung eine Mitbestimmung im Regelfall allenfalls beim 'Wie' möglich. Dies wird in der Fachliteratur als 'konservativ unterlegter partizipativer Entscheidungsprozeß' bezeichnet und hat zum Inhalt die Selektion über den Mitteleinsatz, während die Ziele schon vom Management bestimmt sind.[2] Vergleichbar ist dies mit den Landes- bzw. Staatsforstverwaltungen. Die zu erfüllenden Ziele sind laut Vorgaben, in der Mehrzahl der Fälle über den Weg der Zielvorgabe, der direktiven Variante der Führung mit bzw. durch Ziele, zu erreichen.

Ein weiterer Sachverhalt, der gegen die Praktikabilität eines einheitlichen kooperativen Führungsstils in den LFV spricht, ist die gleichzeitige Erfüllung von

---
[1] vgl. WUNDERER, R.; GRUNWALD,W. (1980): a.a.O., S.105
[2] vgl. KÜBLER, H. (1978b): a.a.O., S. 38

Hoheits- und Wirtschaftsaufgaben.[1),2)] Eine kooperative Entscheidungsfindung ist bei Hoheitsaufgaben nicht möglich. Ein Hinweis hierauf gibt auch die Einordnung der LFV als öffentliche Verwaltung in das Schema von BLEICHER[3)] (Kap. 2.1.7.5.2). Hinsichtlich der Ausprägung von Organisations- und Führungselementen sind die LFV als bürokratische Organisation eher der direktiven oder autokratischen Seite zuzuordnen.[4)] Anders ist hingegen die Entscheidungsfindung bezüglich der forstbetrieblichen Aufgaben der LFV und der Forstämter, die diese zu operationalisieren haben, zu beurteilen. Betrieblicher Erfolg ist an kompetente orts- und zeitnahe Entscheidungen gebunden und wird durch Kooperation, Delegation und Beteiligung begünstigt. Strategische betriebliche Entscheidungen erfordern Flexibilität und leben vom Informationsaustausch zwischen Vorgesetzten und Mitarbeitern.

Zur Problematik der Durchsetzung kooperativer Führungsformen führen STAEHLE und SYDOW aus:[5)] *"Gemeinhin wird kooperativer Führungsstil als **einer** von mehreren möglichen Führungsstilen begriffen, ... Die defizitäre Begriffsbildung und Begriffsverwendung im Bereich der Führung läßt auch die Interpretation zu, daß lediglich die Grundausrichtung des Führungsstils kooperativ sein soll, im Einzelfall jedoch sehr wohl von diesem Führungsstil abgewichen werden darf und soll. In diesem Fall wird ein breites Spektrum eines mehr oder weniger kooperativen Führungsverhaltens mit dem Etikett 'kooperativ' versehen, auch wenn einzelne Ausprägungen diese Bezeichnung nicht verdienen (geschweige denn die Bezeichnung 'partizipativ' oder 'demokratisch'). ... Zweck dieser Verschleierung mag ... die Einsicht sein, daß echte kooperative Führung strukturelle Veränderungen hin zu einer partizipativen Organisation notwendig macht, und dies letztlich zu einem Abbau hierarchischer Machtstrukturen führen würde."*

Einige private und kommunale Betriebe versuchen neue Wege im Management zu gehen (siehe auch Kap.6.5). Auch die Landesforstverwaltungen werden aus wirtschaftlichen Überlegungen und Druck von außen zu Organisationsreformen veranlaßt. Sie eröffnen die Chance, strukturelle Voraussetzungen zu schaffen, um herrschende Vorstellungen von modernem, sozial angemessenem Führungsverhalten durch adäquate Managementkonzepte zu verwirklichen.

[1)] vgl. GIESEN, T. (1993): *Die Organisation der Forstverwaltung in Rheinland-Pfalz*, Dissertation, Fachbereich Rechts- und Wirtschaftswissenschaften der Johannes-Gutenberg-Universität Mainz, 304 S.

[2)] vgl. HELMSTÄDTER, E.; BECKER, G.; SEELING, U.; LEINERT, S. (1993): *Für eine leistungsfähige Forstwirtschaft*, 286 S.

[3)] vgl. BLEICHER; K: (1970): 'Zur Organisation von Leitung und Führung in der öffentlichen Verwaltung', in: MICHALSKI, W. (Hrsg.): *Leistungsfähigkeit und Wirtschaftlichkeit in der öffentlichen Verwaltung*, Hamburg: Weltarchiv GmbH, S. 75-76

[4)] vgl. ZEPF, G. (1971): a.a.O., S. 32

[5)] vgl. STAEHLE, W.H.; SYDOW, J. (1987): a.a.O., Sp.669

6.4 Gruppenatmosphäre

Die Untersuchung der Gruppenatmosphäre setzt voraus, daß eine Gruppe existiert. Die Merkmale einer Gruppe im soziologischen Sinne sind nach KRETSCHMAR das Vorhandensein von Gruppenbewußtsein, die Anerkennung als Gruppe und eine mehr oder weniger fest umrissene Mitgliederzahl. Die in einem Forstamt tätigen Personen sind als formelle Gruppe zu verstehen. Das Ziel der Aktivitäten formeller Gruppen ist formaler Natur, es ist also betriebskonform.[1]

Die Übersichten 6.19 bis 6.31 zeigen Polaritätsprofile, in denen die Ergebnisse der von den Untersuchungsteilnehmern beschriebenen Gruppenatmosphäre in den befragten Forstämtern dargestellt sind.

6.4.1 Ergebnisse der Umfrage in den Landesforstverwaltungen

Die Übersicht 6.19 stellt die Durchschnittswerte der Beurteilungen der Gruppenatmosphäre durch die FAL der LFV dar.

Landesforstverwaltungen NDS, HE, NRW, THÜ und BR		
N=79 1.... 5 5.5 6 6.5 7 7.5 8		
unfreundlich	6.9	freundlich
kühl	5.9	herzlich
enttäuschend	6.5	befriedigend
schwunglos	6.0	schwungvoll
unproduktiv	6.5	produktiv
kalt	6.2	warm
unkooperativ	6.7	kooperativ
feindselig	6.7	entgegenkommend
langweilig	6.7	interessant
Mittelwert	6.5	
ÜBERSICHT 6.19	Beurteilung der Gruppenatmosphäre in den Forstämtern durch die FAL der LFV	

Auf der Skala von 1 bis 8 liegen die erzielten Mittelwerte alle deutlich über dem rechnerischen Skalenmittel von 4.5 Die durchschnittlich höchste Bewertung fällt mit 6.9 auf das Itempaar ´unfreundlich-freundlich´. Die niedrigsten Beurteilungen erhalten bei den FAL die Itempaare ´kühl-herzlich´, und ´schwunglos-schwungvoll´ mit Werten von 5.9 und 6.0. Die FAL der LFV beschreiben über alle 9 Itempaare eine insgesamt positive Gruppenatmosphäre in den Forstämtern.

Eine grundsätzlich positive Gruppenatmosphäre beschreiben auch die Mittelwerte der Itempaare, die aus den Beurteilungen der MA der LFV errechnet wurden (Übersicht 6.20). Alle errechneten Werte liegen auch hier über dem rechnerischen

---
[1] Im Anhalt an: KRETSCHMAR, A. (1994): *Angewandte Soziologie im Unternehmen*, Wiesbaden: Gabler, S. 33

Skalenmittel von 4.5. Sie liegen jedoch in allen Fällen signifikant unter den Ergebnissen der Beurteilung der Gruppenatmosphäre durch die FAL[1]. Die höchste Beurteilung erhält auch bei den MA das Item-Paar 'unfreundlich-freundlich' (6.4). Am niedrigsten beurteilt werden, wie bei den FAL, die Item-Paare 'kühl-herzlich' (5.4), und 'schwunglos-schwungvoll' (5.3).

Landesforstverwaltungen NDS, HE, NRW, THÜ und BR		
N=357	1.... 5 5.5 6 6.5 7 7.5 8	
unfreundlich	6.4	freundlich
kühl	5.4	herzlich
enttäuschend	5.7	befriedigend
schwunglos	5.3	schwungvoll
unproduktiv	5.8	produktiv
kalt	5.5	warm
unkooperativ	5.8	kooperativ
feindselig	6.1	entgegenkommend
langweilig	5.9	interessant
Mittelwert	5.8	
ÜBERSICHT 6.20	Beurteilung der Gruppenatmosphäre in den Forstämtern durch die MA der LFV	

Eine Stratifizierung zeigt das gleiche Bild für die einzelnen LFV (Anhang 6, Übersichten A.17 bis A.26). Die im Durchschnitt über alle 9 Itempaare niedrigste Beurteilung der Gruppenatmosphäre vergeben die FAL Nordrhein-Westfalens (6.3) und die MA der LFV Niedersachsen (5.5). Am besten bewerten die FAL der LFV Thüringen und Niedersachsen (jeweils 6.6) und die MA Thüringens (6.1) die Gruppenatmosphäre in ihren Forstämtern. Vergleicht man die über alle Items gebildeten Mittelwerte, so liegen die größten Differenzen in der Beurteilung der Gruppenatmosphäre zwischen den FAL und MA der LFV Niedersachsen (1.1). Am geringsten ist der Unterschied bei den FAL und MA der LFV Thüringen und Brandenburg.

Für das Itempaar 'unfreundlich-freundlich' werden die höchsten Durchschnittsergebnisse sowohl bei den FAL als auch bei den MA fast aller LFV errechnet. Lediglich in der LFV Thüringen beurteilen die FAL das Itempaar 'feindselig-entgegenkommend' (7.0) besser als das Paar 'freundlich-unfreundlich' (6.7) (Anhang 6, Übersicht A.23). Die schlechteste Bewertung fällt in den LFV Niedersachsen und Thüringen (jeweils von den FAL und den MA) und den LFV Hessen und Nordrhein-Westfalen (nur MA) auf das Itempaar 'schwunglos-schwungvoll'.

Stellt man diese Ergebnisse der in Übersicht 3.4 vorgenommenen Einteilung der Itempaare in Aspekte der zwischenmenschlichen und sachlich-fachlichen Sphäre gegenüber, zeigt sich, daß die Itempaare, die ihrem Charakter nach eher dem zwischenmenschlichen Aspekt zuzuordnen sind, mit Ausnahme des

---

[1] Die fett und kursiv gedruckten Werte in den Übersichten markieren signifikante Differenzen.

6.4 Gruppenatmosphäre - 125 -

Itempaares 'kühl-herzlich' die oberen Rangplätze (z.B. 'unfreundlich-freundlich', 'feindselig-entgegenkommend') einnehmen. Die Itempaare der sachlich-fachlichen Sphäre, insbesondere 'schwunglos-schwungvoll', erhalten dagegen eher niedrigere Rangplätze (vgl. auch Übersicht 3.4).

6.4.2 Ergebnisse der Umfrage in den nicht-staatlichen Forstbetrieben

Die Ergebnisse der Umfrage in den nicht-staatlichen Forstbetrieben sind in den Übersichten 6.21 bis 6.28 wiedergegeben.

N=19	1.... 5	5.5	6	6.5	7	7.5	8		
unfreundlich								6.4	freundlich
kühl								5.6	herzlich
enttäuschend								6.6	befriedigend
schwunglos								6.2	schwungvoll
unproduktiv								6.9	produktiv
kalt								5.9	warm
unkooperativ								6.6	kooperativ
feindselig								6.5	entgegenkommend
langweilig								6.9	interessant
Mittelwert								6.4	

ÜBERSICHT 6.21: Beurteilung der Gruppenatmosphäre im Forstamt durch die FAL der nicht-staatlichen Forstbetriebe

Mit einem Mittelwert über alle 9 Itempaare von 6.4 beurteilen die FAL der nicht-staatlichen Forstbetriebe die Gruppenatmosphäre ähnlich wie ihre Kollegen aus den LFV (Übersicht 6.21). Die besten Bewertungen erhalten die Item-Paare 'unproduktiv-produktiv' und 'langweilig-interessant' mit jeweils 6.9. Die niedrigsten entfallen auch bei den nicht-staatlichen FAL auf die Itempaare 'kühl-herzlich' (5.6), und 'kalt-warm' (5.9).

N=108	1.... 5	5.5	6	6.5	7	7.5	8		
unfreundlich								6.4	freundlich
kühl								5.4	herzlich
enttäuschend								5.6	befriedigend
schwunglos								5.2	schwungvoll
unproduktiv								5.8	produktiv
kalt								5.4	warm
unkooperativ								5.6	kooperativ
feindselig								5.9	entgegenkommend
langweilig								5.7	interessant
Mittelwert								5.7	

ÜBERSICHT 6.22: Beurteilung der Gruppenatmosphäre im Forstamt durch die MA der nicht-staatlichen Forstbetriebe

Bei den MA der nicht-staatlichen Forstbetriebe (Übersicht 6.22) ist die Tendenz in der Gesamtbeurteilung der Gruppenatmosphäre (5.7) bei einer insgesamt etwas schlechteren Beurteilung ähnlich der der FAL. Die besten Beurteilungen erhalten die Item-Paare ´feindselig-entgegenkommend´ (5.9) und ´unproduktiv-produktiv´ (5.8). Die drei Itempaare ´kühl-herzlich´, ´schwunglos-schwungvoll´ und ´kalt-warm´ werden mit 5.4, 5.2 und 5.4 am niedrigsten bewertet. Signifikante Differenzen zwischen MA und FAL konnten für fünf der neun Itempaare und den Mittelwert nachgewiesen werden.

Stratifiziert man in private und kommunale Forstbetriebe und Forstämter der LWKs (Übersichten 6.23 bis 6.28), variieren die durchschnittlichen Werte der Itempaare und der Mittelwerte so erheblich, daß sie eingehender beschrieben werden sollen.

Private Forstbetriebe		
N=9	1.....5 5.5 6 6.5 7 7.5 8	
unfreundlich		6.4 freundlich
kühl		5.6 herzlich
enttäuschend		6.6 befriedigend
schwunglos		*6.6* schwungvoll
unproduktiv		7.1 produktiv
kalt		5.9 warm
unkooperativ		6.4 kooperativ
feindselig		6.0 entgegenkommend
langweilig		7.1 interessant
Mittelwert		6.4

ÜBERSICHT 6.23 Beurteilung der Gruppenatmosphäre im Forstamt durch die FAL der privaten Forstbetriebe

Private Forstbetriebe		
N=42	1.....5 5.5 6 6.5 7 7.5 8	
unfreundlich		6.4 freundlich
kühl		5.6 herzlich
enttäuschend		5.7 befriedigend
schwunglos		*5.6* schwungvoll
unproduktiv		6.3 produktiv
kalt		5.4 warm
unkooperativ		5.6 kooperativ
feindselig		5.9 entgegenkommend
langweilig		*6.0* interessant
Mittelwert		5.9

ÜBERSICHT 6.24 Beurteilung der Gruppenatmosphäre im Forstamt durch die MA der privaten Forstbetriebe

In den privaten Forstbetrieben (Übersichten 6.23 und 6.24) liegen die durchschnittlichen Beurteilungsergebnisse der FAL nur 0.5 Skalenpunkte über denen der MA. Signifikante Unterschiede in den Bewertungen treten nur bei zwei Itempaaren, ´schwunglos-schwungvoll´ und ´langweilig-interessant´, auf.

6.4 Gruppenatmosphäre

Die FAL bewerten mit jeweils 7.1 die Gruppenatmosphäre für die Itempaare 'langweilig-interessant' und 'unproduktiv-produktiv' am besten. Die niedrigsten Beurteilungen vereinigen bei FAL und MA die Itempaare 'kühl-herzlich' und 'kaltwarm' bzw. 'schwunglos-schwungvoll' und 'unkooperativ-kooperativ' auf sich. 'Unfreundlich-freundlich' erhält bei den MA die höchste Bewertung. Die MA der Privatforstbetriebe schätzen die Gruppenatmosphäre dabei insgesamt genauso ein wie ihre staatlichen Kollegen.

Die größte Differenz in der Beurteilung der Gruppenatmosphäre tritt zwischen den FAL und den MA der kommunalen Forstbetriebe auf. Die Bewertungsergebnisse aller Items sind signifikant voneinander verschieden. Im Durchschnitt über alle 9 Item-Paare beträgt die Differenz 1.9 (!) Bewertungspunkte (Übersichten 6.25 und 6.26). Hier ist allerdings zu berücksichtigen, daß in zwei der fünf befragten kommunalen Forstbetriebe die FAL keine Angaben zur Gruppenatmosphäre gemacht haben.

Kommunale Forstbetriebe		
N=3	1.....5 5.5 6 6.5 7 7.5 8	
unfreundlich		6.7 freundlich
kühl		5.7 herzlich
enttäuschend		7.3 befriedigend
schwunglos		6.7 schwungvoll
unproduktiv		7.7 produktiv
kalt		6.3 warm
unkooperativ		7.3 kooperativ
feindselig		7.7 entgegenkommend
langweilig		8.0 interessant
Mittelwert		7.0
ÜBERSICHT 6.25	Beurteilung der Gruppenatmosphäre im Forstamt durch die FAL der kommunalen Forstbetriebe	

Kommunale Forstbetriebe		
N=25	1.....5 5.5 6 6.5 7 7.5 8	
unfreundlich		6.0 freundlich
kühl		4.7 herzlich
enttäuschend		4.9 befriedigend
schwunglos		4.8 schwungvoll
unproduktiv		5.1 produktiv
kalt		4.8 warm
unkooperativ		5.0 kooperativ
feindselig		5.4 entgegenkommend
langweilig		5.4 interessant
Mittelwert		5.1
ÜBERSICHT 6.26	Beurteilung der Gruppenatmosphäre im Forstamt durch die MA der kommunalen Forstbetriebe	

Die Beurteilungen der Gruppenatmosphäre durch die MA der kommunalen Forstbetriebe fällt hinter alle übrigen Beurteilungsergebnissen zurück. Die höchste Bewertung erhält mit 6.0 das Itempaar 'freundlich-unfreundlich'. Das Profil läßt ansonsten keine Rückschlüsse über Präferenzen der zwischenmenschlichen oder sachlich-fachlichen Beurteilungskomponenten zu.

Die MA der LWK-Forstämter bewerten im Gegensatz zu allen anderen MA die Gruppenatmosphäre in ihren Forstämtern in allen 9 Itempaaren, davon drei signifikant, und den Mittelwert **besser** als ihre FAL (Übersichten 6.27 und 6.28). Sie stimmen hinsichtlich der Items, die den zwischenmenschlichen Bereich charakterisieren, mit den MA der LFV überein oder liegen sogar leicht darüber. Deutlich besser werden die sachlich-fachlichen Komponenten der Gruppenatmosphäre beurteilt. Die MA der LWK halten das Betriebsklima in ihren Forstämtern für ziemlich produktiv und interessant. Sie schätzen diese Parameter weit positiver ein als ihre FAL.

Forstämter der Landwirtschaftskammern		
N=5	1.... 5 5.5 6 6.5 7 7.5 8	
unfreundlich		6.2 freundlich
kühl		5.5 herzlich
enttäuschend		6.0 befriedigend
schwunglos		5.2 schwungvoll
unproduktiv		6.0 produktiv
kalt		5.6 warm
unkooperativ		6.4 kooperativ
feindselig		6.8 entgegenkommend
langweilig		5.8 interessant
Mittelwert		6.0

ÜBERSICHT 6.27 Beurteilung der Gruppenatmosphäre im Forstamt durch die FAL der Forstämter der LWK

Forstämter der Landwirtschaftskammern		
N=52	1.....5 5.5 6 6.5 7 7.5 8	
unfreundlich		6.4 freundlich
kühl		5.6 herzlich
enttäuschend		6.6 befriedigend
schwunglos		6.6 schwungvoll
unproduktiv		7.1 produktiv
kalt		5.9 warm
unkooperativ		6.4 kooperativ
feindselig		6.0 entgegenkommend
langweilig		7.1 interessant
Mittelwert		6.4

ÜBERSICHT 6.28 Beurteilung der Gruppenatmosphäre im Forstamt durch die MA der Forstämter der LWK

Vergleicht man die Beurteilungsergebnisse der FAL der drei nicht-staatlichen Forstbetriebskategorien mit denen ihrer staatlichen Kollegen, zeigt sich ein interessantes Bild. Die FAL der Privatforstbetriebe und der LWK-Forstämter beurteilen die Gruppenatmosphäre zwar etwas schlechter als die FAL der LFV. Die Profile sind sich jedoch sehr ähnlich. Dabei fällt auf, daß die Itempaare, die den

6.4 Gruppenatmosphäre

zwischenmenschlichen Aspekt charakterisieren, eher schlechter (die Itempaare 'kühl-herzlich' und 'kalt-warm' nehmen ausnahmslos die letzten Rangplätze ein), diejenigen, die dem sachlich-fachlichen Aspekt angehören, dagegen besser bewertet werden.

Noch deutlichere Unterschiede machen die kommunalen FAL in der Beurteilung der Gruppenatmosphäre. Während die Itempaare der zwischenmenschlichen Sphäre schlechter als in den LFV eingestuft werden, liegt die Beurteilung der Itempaare des sachlich-fachlichen Aspekts weit über der aller anderen untersuchten Forstbetriebe und Forstämter. Die kommunalen FAL beschreiben das Klima in ihren Betrieben als ziemlich befriedigend, sehr produktiv und sehr interessant.

6.4.3 Alte und Neue Bundesländer

Die Beurteilung der Gruppenatmosphäre durch die FAL und die MA der Neuen und Alten Bundesländer (Übersichten 6.29 bis 6.32) zeigen vom Profil her die gleichen Tendenzen wie die Polaritätsprofile aller untersuchten Landesforstverwaltungen zusammen (Übersichten 6.19 und 6.20).

Die FAL der Alten Bundesländer bewerten die Atmosphäre im Forstamt durchschnittlich mit 6.5 und liegen damit über dem Skalenmittel von 4.5. Die höchste Bewertung erhält das Itempaar 'unfreundlich-freundlich' (6.8). Die niedrigste Bewertung entfällt auf das Itempaar 'kühl-herzlich' mit 5.9 (Übersicht 6.29).

| Landesforstverwaltungen der untersuchten Alten Bundesländer ||||
N=50	1.... 5 5.5 6 6.5 7 7.5 8		
unfreundlich		6.8	freundlich
kühl		5.9	herzlich
enttäuschend		6.5	befriedigend
schwunglos		6.0	schwungvoll
unproduktiv		6.6	produktiv
kalt		6.1	warm
unkooperativ		6.7	kooperativ
feindselig		6.7	entgegenkommend
langweilig		6.7	interessant
Mittelwert		6.5	
ÜBERSICHT 6.29	Beurteilung der Gruppenatmosphäre im Forstamt durch die FAL der LFV NDS, HE und NRW		

Die MA der Alten Bundesländer beurteilen die Gruppenatmosphäre in allen 9 Itempaaren, und folglich auch im Gesamtdurchschnitt, signifikant schlechter als ihre FAL (Übersicht 6.30). Den höchsten Wert erzielt bei ihnen ebenfalls das Itempaar 'freundlich-unfreundlich' (6.3). Am schlechtesten empfinden die MA der Alten Bundesländer das Klima hinsichtlich des Items 'schwungvoll-schwunglos' (5.2).

Landesforstverwaltungen der untersuchten Alten Bundesländer			
N=253	1.... 5 5.5 6 6.5 7 7.5 8		
unfreundlich		6.3	freundlich
kühl		5.3	herzlich
enttäuschend		5.6	befriedigend
schwunglos		5.2	schwungvoll
unproduktiv		5.6	produktiv
kalt		5.4	warm
unkooperativ		5.6	kooperativ
feindselig		5.9	entgegenkommend
langweilig		5.8	interessant
Mittelwert		5.6	
ÜBERSICHT 6.30	Beurteilung der Gruppenatmosphäre im Forstamt durch die MA der LFV NDS, HE und NRW		

Das Profil der FAL der Neuen Bundesländer (Übersicht 6.31) unterscheidet sich nur geringfügig von dem der FAL aus den Alten. Der Rangsummentest von WILCOXON auf Mittelwertsunterschiede ergab, daß die Differenzen zwischen den Beurteilungen der FAL der Alten und Neuen Bundesländern nicht signifikant sind. Mit Bewertungen von jeweils 6.8 sind ´unkooperativ-kooperativ´ und ´feindselig-entgegenkommend´ die beiden am höchsten eingestuften Itempaare. Der niedrigste Wert für das Paar ´kühl-herzlich´ (5.8) deutet an, daß die Gruppenatmosphäre eher sachlich eingestuft wird.

Landesforstverwaltungen der untersuchten Neuen Bundesländer			
N=29	1.... 5 5.5 6 6.5 7 7.5 8		
unfreundlich		6.7	freundlich
kühl		5.8	herzlich
enttäuschend		6.4	befriedigend
schwunglos		6.0	schwungvoll
unproduktiv		6.4	produktiv
kalt		6.3	warm
unkooperativ		6.8	kooperativ
feindselig		6.8	entgegenkommend
langweilig		6.6	interessant
Mittelwert		6.5	
ÜBERSICHT 6.31	Beurteilung der Gruppenatmosphäre im Forstamt durch FAL der LFV THÜ und BR		

Von den MA der Neuen Bundesländer - sie stufen die Gruppenatmosphäre etwas schlechter ein als ihre FAL - unterscheiden sich die FAL nur in vier Fällen signifikant. Hierbei handelt es sich um die Itempaare ´schwunglos-schwungvoll´ (5.6), ´kalt-warm´ (5.8), ´unkooperativ-kooperativ´ (6.3) und den Mittelwert (6.1, Übersicht 6.32). Die MA der Neuen Bundesländer stufen im Gegensatz zu ihren Vorgesetzten das Itempaar ´unfreundlich-freundlich´ (6.6) am höchsten, die Itempaare ´kühl-herzlich´ und ´schwunglos-schwungvoll´ (5.6) am niedrigsten ein.

6.4 Gruppenatmosphäre - 131 -

Landesforstverwaltungen der untersuchten Neuen Bundesländer									
N=104	1....	5	5.5	6	6.5	7	7.5	8
unfreundlich							6.6	freundlich
kühl							5.6	herzlich
enttäuschend							6.1	befriedigend
schwunglos							5.6	schwungvoll
unproduktiv							6.1	produktiv
kalt							5.8	warm
unkooperativ							6.3	kooperativ
feindselig							6.4	entgegenkommend
langweilig							6.1	interessant
Mittelwert							*6.1*	
ÜBERSICHT 6.32	Beurteilung der Gruppenatmosphäre im Forstamt durch die MA der LFV THÜ und BR							

Eine Gegenüberstellung der Ergebnisse der MA der Alten und Neuen Bundesländer zeigt, daß die Differenzen **zwischen** den MA in allen 9 Itempaaren und der Gesamtbeurteilung signifikant sind, wobei die MA der Alten Bundesländer das Klima in ihren Forstämtern schlechter beurteilen als ihre ostdeutschen Kollegen.

Sowohl die FAL als auch die MA der befragten LFV der Alten und Neuen Bundesländer bewerten die Gruppenatmosphäre hinsichtlich des zwischenmenschlichen Aspekts am besten. Die Itempaare ´unfreundlich-freundlich´ und ´feindselig-entgegenkommend´ befinden sich ausnahmslos unter den höchsten Beurteilungen. Die letzten Rangplätze nehmen einheitlich die Itempaare ´kühl-herzlich´, dem zwischenmenschlichen Aspekt zugehörig, und ´schwunglos-schwungvoll´, dem sachlich-fachlichen Aspekt zugehörig ein.

Eine zusätzliche Differenzierung in MA des Außen- und Innendienstes ergibt, daß die Außendienstmitarbeiter das Klima in ihren Forstämtern durchgängig schlechter empfinden als ihre Kollegen im Innendienst (Anhang 6, Übersicht A.27).

6.4.4 Diskussion der Ergebnisse

Die durchgehend positive Beurteilung der Gruppenatmosphäre (alle Werte liegen über dem rechnerischen Mittel von 4.5) durch die FAL und die MA zeugt von einem grundsätzlich gesunden Betriebsklima in den untersuchten Forstämtern und Forstbetrieben. Die Atmosphäre ist freundlich, wird aber im Ganzen als eher kühl und kalt empfunden. Man ist in der Regel entgegenkommend und zeigt sich kooperativ, ist dabei sachlich und distanziert.

An der Spitze der Beurteilungsskalen stehen dabei, mit Ausnahme der FAL und MA der privaten Forstbetriebe, in der Mehrzahl der Auswertungen Itempaare, die der zwischenmenschlichen Atmosphäre zuzurechnen sind bzw. eine Bedeutung für den Individualerfolg haben. Die in der Rangfolge der Itempaare oben stehenden Merkmale der zwischenmenschlichen Sphäre, sind entscheidend für den Arbeitserfolg und die Effizienz kleinerer Büros (und damit kleiner Gruppen), wie sie z.B. in Forstämtern oder den Verwaltungen der privaten und kommunalen Forstbetriebe vorkommen.[1] Hier kann man nur in einer angenehmen Gruppenatmosphäre zurechtkommen, da sich die kleine Belegschaft eines Forstamtsbüros sonst gegenseitig blockiert. Am Ende der Skalen befinden sich häufiger Aspekte aus dem sachlich-fachlichen Bereich respektive Itempaare, die der Gruppenerhaltung bzw. der Gruppenzielorientierung zugerechnet werden können.

FAL und MA der privaten Forstbetriebe setzen dabei in der Bewertung der Gruppenatmosphäre unterschiedliche Schwerpunkte. Während für die FAL sachlich-fachliche bzw. gruppenzielorientierte Itempaare die oberen Rangplätze einnehmen, stehen bei den MA Itempaare, die die zwischenmenschliche Atmosphäre charakterisieren an oberster Position. Sachlich-fachliche bzw. gruppenzielorientierte Itempaare nehmen bei ihnen eine Mittelstellung ein. Das untere Ende in der Beurteilungsskala nehmen sowohl bei den FAL als auch bei den MA die Itempaare 'kalt-warm', 'kühl-herzlich' und 'schwunglos-schwungvoll' ein. Die FAL zeigen sich demnach zufriedener mit den sachlich-fachlichen Aspekten und deren Einfluß auf das Betriebsklima. Die MA bewerten dagegen die zwischenmenschlichen Aspekte höher, wobei sich beide Gruppen über die weniger positiv empfundenen Einflußgrößen des Betriebsklimas einig sind.

In den LFV, aber auch beim Vergleich Alte und Neue Bundesländer, fallen insbesondere die positive Einschätzung der zwischenmenschlichen Atmosphäre und die verhältnismäßig niedrige Einschätzung der Aktivität im Forstamt auf. Der fehlende Schwung in den Gruppen liegt möglicherweise in der öffentlichen Verwaltungen immanenten bürokratischen Arbeitsweise begründet. Viele Arbeiten unterliegen genauen Vorschriften und Direktiven übergeordneter Behörden und bedingen eine oftmals schwerfällige Struktur.[2] Die damit verbundene Einschränkung der Entscheidungsfreiheit der Gruppe und der Gruppenmitglieder wirkt i.d.R. motivationshemmend. Motivation aber ist der Motor für eine schwungvolle und produktive Zusammenarbeit in der Gruppe. Diese Aussage wird durch die Beurteilung der Produktivität in der Gruppe, insbesondere in den LFV, unterstützt. Sie nimmt auf der Beurteilungsskala eine Mittelposition ein. Die Arbeitsteams von staatlichen Forstämtern sind in dem Sinne keine 'Hochleistungsmannschaften', da hier viele hoheitliche Verwaltungstätigkeiten abzuwickeln sind (z.B. Förderangelegenheiten). Bei diesen vielfach trockenen Routinearbeiten stehen absolute Korrektheit und

---

[1] vgl. WEINERT, A.B. (1987a): a.a.O., S. 323
[2] vgl. BLEICHER; K: (1970): 'Zur Organisation von Leitung und Führung in der öffentlichen Verwaltung', in: MICHALSKI, W. (Hrsg.): *Leistungsfähigkeit und Wirtschaftlichkeit in der öffentlichen Verwaltung*, Hamburg: Weltarchiv GmbH, S. 73

6.4 Gruppenatmosphäre

genaue Anwendung von Gesetzten und Verordnungen und weniger die Abwicklung möglichst vieler Fälle im Vordergrund. Zudem erschwert die Vermischung von Hoheits- und Betriebsaufgaben die Einschätzung der Effektivität[1] und Produktivität.

Dies ist in privaten Forstbetrieben anders gelagert. Sie sind als Wirtschaftsbetriebe zu betrachten und haben keine hoheitlichen Aufgaben zu bewältigen. Der betriebliche Erfolg ist eng an die Produktivität und Effizienz des Arbeitsteams gekoppelt. So befinden sich bei den Beschäftigten und insbesondere bei den FAL der privaten Forstbetriebe Itempaare der sachlich-fachlichen Atmosphäre unter den am höchsten eingestuften Merkmalen der Gruppenatmosphäre.

Die Forderung nach wirtschaftlichem Handeln gilt in gewissem Rahmen auch für die kommunalen Forstbetriebe und Forstämter der LWK. Von seiten der Kommunen wird erwartet, daß sich der Betrieb (zumindest einigermaßen) selbst trägt. Maßnahmen der Neu- bzw. Umorganisation kommunaler Forstbetriebe, die zu mehr Flexibilität und zur Verbesserung der wirtschaftlichen Handlungsmöglichkeiten führen sollen werden vorgestellt und/oder diskutiert.[2]

Industrielle Organisationssysteme pflegen im Schnitt alle 15 Jahre eine wesentliche durchgreifende Reorganisation durchzumachen. Grund hierfür ist die dynamische Systemumwelt.[3] Tendenzen zur Reorganisation beginnen sich im Bereich der staatlichen Forstverwaltungen erst seit einiger Zeit abzuzeichnen.[4] Die Forstverwaltung und ihre Organisation waren sakrosankt. Und das, obwohl sich die Bedingungen, denen sich das Organisationssystem 'Forstverwaltung' gegenüber sieht, sicherlich durch eine Erweiterung und Komplizierung seiner Umweltbeziehungen und Aufgaben, aber auch durch veränderte Anforderungen des in ihr tätigen Menschen und den Anforderungen neuzeitlicher Verwaltungsmittel verändert haben.

Letztendlich erhoffen sich auch die durch die LWK betreuten privaten Waldbesitzer in Niedersachsen in der Regel einen positiven Ertrag aus ihren Waldflächen. Interesse an der Gruppe und Produktivität erhalten somit auch die besten Bewertungen, die niedrigsten Bewertungen erhalten Items, die aus dem zwischenmenschlichen Bereich stammen.

---

[1] Effizienz und Effektivität gehen auf einen gemeinsamen lateinischen Begriffsursprung zurück, der grob mit 'Wirksamkeit' übersetzt werden kann. Es wurde bisweilen der Versuch unternommen, die Begriffe dahingehend zu differenzieren, daß Effektivität als Maßgröße für die wirksame Aufgabenerfüllung (Output) und Effizienz als Maßgröße der Wirtschaftlichkeit (Input/Output) verstanden werden.

[2] Z.B. Stadtforstamt Göttingen oder das Forstamt der Stadt Brilon.

[3] vgl. BLEICHER; K: (1970): a.a.O., S.76

[4] Siehe in diesem Zusammenhang die Neuorganisation der LFV Nordrhein-Westfalen: BRABÄNDER, H.D. (1972): 'Zur Neugliederung in Nordrhein-Westfalen', *AFZ*, 18/1972, S. 374-376 und 19/1972, S. 389-392

Diese Differenzen zwischen staatlichen und nicht-staatlichen Forstbetrieben geben einen Hinweis auf die Führungsprobleme, die sich u.a. bei der gleichzeitigen Ausübung bzw. Durchführung von Hoheits- und Verwaltungsaufgaben ergeben.[1]

Das bis auf eine Ausnahme auftretende Phänomen der besseren Beurteilung der Gruppenatmosphäre durch die Vorgesetzten ist nicht ungewöhnlich. Beschwerden über Mißstände erreichen, wenn überhaupt, höchstens sehr gefiltert höhere Ebenen. Chefs bekommen viele Unstimmigkeiten und Spannungen innerhalb ihrer Abteilungen und auf unteren Ebenen erfahrungsgemäß nicht mit. Kritik der MA an der Arbeit, am Umgang mit oder an Personen, Vorgesetzte eingeschlossen, werden gegenüber dem Leiter selten oder gar nicht geäußert. Wenn, dann findet Kommunikation darüber unter den MA und meist auf einer Ebene statt. Folglich hat der Vorgesetzte den Eindruck eines guten Betriebsklimas, auch wenn im Detail an der einen oder anderen Stelle Spannungen oder im Extremfall sogar Konflikte existieren.[2]

In engem Zusammenhang hiermit sind auch die unterschiedlichen Beurteilungen der MA im Außen- und im Innendienst zu sehen. Auf der Ebene der Mitarbeiter werden dem Außendienstler, neben den zur Erfüllung seiner Aufgaben notwendigen Informationen, auf informellem Weg eher Mißstände und negative Geschehnisse als Erfolge oder positive Ereignisse aus dem Bürobereich des Forstamts mitgeteilt. Als Folge davon ist sein Bild vom Betriebsklima im Forstamt schlechter als es seine Kollegen im Büro selbst empfinden. Beide Sachverhalte können u.a. als eine Folge der Kontakthäufigkeiten zwischen den FAL und den MA angesehen werden. Die Kontakthäufigkeit schwankt extrem zwischen den Außen- und Innendienstmitarbeitern der LFV und nicht-staatlichen Forstbetrieben. 94% der MA im Innendienst geben an, ihren Vorgesetzten mehrmals am Tag bzw. ständig zu sehen (LFV). 67% der Außendienstmitarbeiter, bekommen ihren FAL nur einmal in der Woche oder seltener zu Gesicht (Anhang 6, Übersicht A.27).

Die relativ geringe Kontakthäufigkeit der Revierleiter resp. Forstbetriebsbeamten zum Forstamtsbüro und zum FAL kann neben der jedem Menschen eigenen subjektiven Wahrnehmung von Situationen auch tatsächlich andere Komponenten der Gruppenatmosphäre betonen. Es ist z.B. denkbar, daß das Arbeitsklima durch die seltenen und kurzen Kontakte von sachlich-fachlichen Inhalten bestimmt ist. In der kurzen, zur Verfügung stehenden Zeit müssen dabei möglichst viele Probleme geklärt werden. Gelte dieser theoretische Ansatz, müßten die MA des Außendienstes die sachlich-fachlichen bzw. gruppenzielorientierten Items besser als ihre

---

[1] vgl. WISSENSCHAFTLICHER BEIRAT BEIM BUNDESMINISTERIUM FÜR ERNÄHRUNG, LANDWIRTSCHAFT und FORSTEN (1994): *Forstpolitische Rahmenbedingungen und konzeptionelle Überlegungen zur Forstpolitik*, Bonn, S. 38-45

[2] vgl. KRETSCHMAR, A. (1994): a.a.O., S. 21-23

6.5 Arbeitszufriedenheit

Kollegen im Büro beurteilen. Das Gegenteil ist jedoch der Fall. Die Itempaare 'schwunglos-schwungvoll', 'unproduktiv-produktiv' und 'langweilig-interessant' werden von den Forstbetriebsbeamten deutlich schlechter bewertet. Ursachen hierfür können u.a. Frustrationserlebnisse sein, die sich bei ihnen im Zuge der Aufgabenerledigung und -bewältigung durch das Forstamt manifestierten. Die Bewertungsdifferenzen in der sozialen Komponente bzw. des Individualerfolgs sind dagegen nicht signifikant. Eine gesonderte soziologische Untersuchung zu Einstellungen, Wahrnehmung und Erwartungen der einzelnen Personen der Gruppe wäre hier von Interesse.

In jedem Fall ist jedoch zu prüfen, inwieweit der Schwung und damit die Produktivität bzw. Effizienz der Gruppe gesteigert und gleichzeitig das Betriebsklima verbessert werden können. Maßnahmen zur Verbesserung der Organisations- und Verwaltungsstrukturen, des Führungsstils, der Führungsmittel u.a. stehen hier zur Diskussion.

Inwieweit die subjektiven Wahrnehmungen und Gefühle der Gruppenmitglieder zum Betriebsklima, vor allem im zwischenmenschlichen und sachlich-fachlichen Bereich, sich auf die Arbeitszufriedenheit auswirken, soll anhand der Ergebnisse des folgenden Kap. 6.5 'Arbeitszufriedenheit' überprüft werden.

6.5 Arbeitszufriedenheit (AZ)

Der Fragenkomplex 'Arbeitszufriedenheit' umfaßt zum einen die Items 'Einbindung in die Verwaltungshierarchie', 'Zufriedenheit mit Mittelbehörden und Ministerien', zum anderen den Arbeitsbeschreibungsbogen (ABB) von NEUBERGER (siehe hierzu Kap. 3.3.4). Um eine Einordnung der Ergebnisse des ABB zu erleichtern, werden die Ergebnisse der o.g. Items denen des ABB vorangestellt. Die Auswertung der Befragung nach der Berufswiederwahl bildet den Abschluß.

Bewertungs- stufen der einzelnen ABB-Items	positiv formuliert, z.B. fair	1		2		3		4
		völlig falsch		eher falsch		eher zutreffend		völlig zutreffend
	negativ formuliert, z.B. faul	1		2		3		4
		völlig zutreffend		eher zutreffend		eher falsch		völlig falsch
Bewertungsstufen der Kuningesichter		1	2	3	4	5	6	7
		Gesicht mit heruntergezogenen Mundwinkeln			neutrales Gesicht			lachendes Gesicht
3.59 OuL FOA LFV AAZ ALZ AZ	= Mittelwert, berechnet aus den einzelnen ABB-Items der jeweiligen Skala = Organisation und Leitung = Forstamt = Landesforstverwaltung = Allgemeine Arbeitszufriedenheit = Allgemeine Lebenszufriedenheit = Arbeitszufriedenheit							
ÜBERSICHT 6.33	Legende für die Übersichten 6.38 bis 6.46 und 6.78 bis 6.79							

Übersicht 6.33 gibt eine kurze Erläuterung der Übersichten 6.38 bis 6.46. Dabei kennzeichnen niedrige Werte in den Übersichten Unzufriedenheit, hohe Werte Zufriedenheit mit den jeweiligen Arbeitsaspekten 'Kollegen' bis 'Bezahlung'.

6.5.1 Ergebnisse der Items 'Einbindung in die Verwaltungshierarchie', 'Zufriedenheit mit Mittelbehörden und Ministerien' [1)]

Die Auswertung der Items 'Einbindung in die Verwaltunghierarchie' und 'Zufriedenheit mit Mittelbehörden und Ministerien' sind in den Übersichten 6.34 bis 6.36 wiedergegeben.

Von den befragten FAL geben 91% an, sich in die Verwaltungshierarchie eingebunden zu fühlen; 9% verneinen dies (Übersicht 6.34, Sp.2). Größere Abweichungen von diesem Ergebnis zeigen sich dabei in der LFV Nordrhein-Westfalen und unter den befragten FAL der LWK. Von den FAL aus Nordrhein-Westfalen fühlen sich 80%, von denen der LWK 75% in die Verwaltungshierarchie eingebunden; 20% bzw. 25% dagegen nicht (Übersicht 6.34, Sp.6 und Sp.9).

Von den MA geben 83% an, sich in die Verwaltungshierarchie eingebunden zu fühlen; 17% nicht. Größere Differenzen zu diesem Ergebnis zeigen sich unter den MA der LFV Hessen und den MA der LWKs. 77% der MA der LFV Hessen und 69% der MA der LWKs sagen aus, sich zur Verwaltung gehörig zu fühlen. 23% bzw. 31% haben eher das Gefühl, nicht 'dazuzugehören' (Übersicht 6.57, Sp.2, 5 und 9).

		FORSTAMTSLEITER und FORSTAMTSLEITERINNEN						
	Alle zus.	Landesforstverwaltungen						nicht-staatl.Forstbetriebe
		zus.	NDS	HE	NRW	THÜ	BR	LWK
Spalte (1)	(2)	(3)	(4)	(5)	(6)	(7)	(8)	(9)
ja	91	92	96	95	80	95	92	75
nein	9	8	4	5	20	5	8	25
Summe FAL	100							
	MITARBEITER und MITARBEITERINNEN							
ja	83	83	85	77	81	87	83	69
nein	17	17	15	23	19	13	17	31
Summe MA	100							
ÜBERSICHT 6.34	Fühlen Sie sich in die Verwaltungshierarchie eingebunden? (%)							

Auf die Frage nach der Zufriedenheit mit den jeweiligen Mittelbehörden antworten 52% der Befragten mit 'ja', 48% mit 'nein' (Übersicht 6.58, Sp.2). Zwischen den befragten LFV zeigen sich dabei deutliche Unterschiede.

[1)] Diese Fragen fehlten in den Fragebögen der privaten und kommunalen Forstbetriebe.

6.5 Arbeitszufriedenheit

	Alle zus.	FORSTAMTSLEITER und FORSTAMTSLEITERINNEN						nicht-staatl.Forstbetriebe
		Landesforstverwaltungen						
		zus.	NDS	HE	NRW	THÜ	BR[a]	LWK
Spalte (1)	(2)	(3)	(4)	(5)	(6)	(7)	(8)	(9)
ja	52	53	74	47	33	37	69	40
nein	48	47	26	53	67	63	31	60
Summe FAL				100				
	MITARBEITER und MITARBEITERINNEN							
ja	41	41	50	27	25	46	71	41
nein	59	59	50	73	75	54	29	59
Summe MA				100				
ÜBERSICHT 6.35	Sind Sie mit der (jeweiligen) Mittelbehörde zufrieden? (%)							

[a] Brandenburg besitzt eine zweistufige Organisation. Die Frage bezieht sich hier auf das dem Ministerium direkt unterstellte Landesforstamt als Landesoberbehörde.

Die Extreme bilden die LFV Niedersachsen und Nordrhein-Westfalen (Übersicht 6.58, Sp.4 und 6). In Niedersachsen sind knapp drei Viertel (74%) der befragten FAL zufrieden und gut ein Viertel (26%) unzufrieden mit der Arbeit der Mittelbehörden. In Nordrhein-Westfalen geben nur 33% an, mit den Mittelbehörden zufrieden zu sein. 67% sind dagegen unzufrieden. In die gleiche Richtung tendieren die Antworten aus Thüringen (Übersicht 6.35, Sp.7). Überwiegend unzufrieden mit den Mittelbehörden zeigen sich auch die FAL der LWK (Übersicht 6.35, Sp.9).

Die Zufriedenheit mit den Mittelbehörden fällt unter den MA (41% zufrieden, 59% unzufrieden) insgesamt schlechter aus als unter den FAL (Übersicht 6.55, Sp.2). Hierbei ist allerdings zwischen den Neuen und Alten Bundesländern zu unterscheiden. Sind die MA der LFV Niedersachsen, Hessen und Nordrhein-Westfalen durchgehend unzufriedener mit der Arbeit der Mittelbehörden als ihre FAL, so zeigen sich die MA der LFV Thüringen und Brandenburg leicht zufriedener. Am wenigsten zufrieden sind die MA der LFV Hessen und Nordrhein-Westfalen (Übersicht 6.35, Sp.5 und 6). Von ihnen gibt jeweils nur ein Viertel an, mit dem Mittelbehörden zufrieden zu sein. Dagegen sind in Brandenburg 71% zufrieden und 29% unzufrieden mit der Mittelbehörde (Übersicht 6.35, Sp.8).

Die Frage ´Sind Sie mit dem (jeweiligen) Ministerium zufrieden?´ beantworten 47% der befragten FAL mit ´ja´, 53% mit ´nein´ (Übersicht 6.36, Sp.2). Die Ergebnisse der einzelnen LFV differieren dabei stark. So sind in Brandenburg 62% mit der Arbeit des Ministeriums einverstanden, 38% nicht (Übersicht 6.36, Sp.8). Mehrheitlich zufrieden, wenn auch knapp, erklären sich auch die FAL der LFV Hessen und Thüringen (Übersicht 6.36, Sp.5 und 7). Mit der Arbeit des Ministeriums einverstanden sind nur 20% der FAL in Nordrhein-Westfalen. 80% entscheiden sich für ein eindeutiges 'nein'. Eher unzufrieden mit der Führungsspitze der LFV sind auch die FAL in Niedersachsen (Übersicht 6.36, Sp.4 und 6).

60% der befragten FAL der LWK-Forstämter beurteilen die Arbeit der Abteilung für Forstwirtschaft in den Landwirtschaftskammern, ebenfalls eher negativ (Übersicht 6.36, Sp.9).

	Alle	\multicolumn{6}{c	}{FORSTAMTSLEITER und FORSTAMTSLEITERINNEN}	nicht-staatl.Forstbetriebe
		Landesforstverwaltungen						
	zus.	zus.	NDS	HE	NRW	THÜ	BR	LWK
Spalte (1)	(2)	(3)	(4)	(5)	(6)	(7)	(8)	(9)
ja	47	48	46	*58*	20	*53*	*62*	40
nein	*53*	52	*54*	42	*80*	47	38	*60*
Summe FAL	\multicolumn{8}{c	}{100}
	\multicolumn{8}{c	}{MITARBEITER und MITARBEITERINNEN}
ja	37	37	28	31	23	*54*	*71*	28
nein	*63*	*63*	*72*	*69*	*77*	46	29	*72*
Summe MA	\multicolumn{8}{c	}{100}
ÜBERSICHT 6.36	\multicolumn{8}{c	}{Sind Sie mit dem (jeweiligen) Ministerium zufrieden? (%)}

Die Auswertung der Mitarbeiterantworten auf die Frage nach der Zufriedenheit mit dem jeweiligen Ministerium fällt deutlich schlechter zu Ungunsten der Ministerien aus. Nur 37% aller befragten MA sind mit den jeweiligen Ministerien und deren Arbeit zufrieden (Übersicht 6.36, Sp.2). Eine differenzierte Betrachtung der Alten und Neuen Bundesländer erscheint auch hier angebracht. Im Gegensatz zu den MA der beiden befragten Neuen Bundesländer, in denen die MA mehrheitlich mit den Ministerien zufrieden sind (Übersicht 6.36, Sp.7 und 8), erklären sich zwei Drittel bis drei Viertel der MA der LFV Niedersachsen, Hessen und Nordrhein-Westfalen mit der Arbeit ihrer Ministerien nicht einverstanden (Übersicht 6.36, Sp.4, 5 und 6). Ähnlich negativ äußern sich 72% der befragten MA der LWK-Forstämter (Übersicht 6.59, Sp.9).

Die von den FAL und MA am häufigsten genannten Kritikpunkte an Mittelbehörden und Ministerien sind in Übersicht 6.37, S. 139 wiedergegeben.

6.5.2 Ergebnisse der Umfrage in den Landesforstverwaltungen

Die Übersichten 6.38 bis 6.46 stellen die Ergebnisse der Umfrage nach der Arbeitszufriedenheit der Untersuchungsteilnehmer (im folgenden AZ bezeichnet) hinsichtlich der verschieden Aspekte der Arbeit dar.

6.5 Arbeitszufriedenheit

	FAL	MA
1. Zielsystem der Forstwirtschaft		
◆ klare Linie fehlt, Innovationslosigkeit Festhalten an alten Konzepten, zukunftsweisende Konzepte fehlen	9	24
2. Kritik an Mittelbehörden und Ministerien		
2.1 Verwaltungs-/ Organisationsstruktur		
◆ MIN neigt zum Zentralismus (NRW)	3	3
◆ MB ist überflüssig	2	17
◆ Beamtenstruktur ist starr, zu wenig leistungsorientiert zu **hierarchisch**, unmodern (traditionsbeladen),	5	41
◆ zu **bürokratisch, zu langsam**, zu unbeweglich **umständlich, unflexibel,** formalistisch, zuviel Papierkrieg	13	94
◆ MIN und MB zu teuer, uneffektiv, **zu viele Leute, Wasserkopf, aufgebläht, unproduktiv**	0	17
2.2 Führungsstil und Führungsaufgabe		
◆ kooperative Zusammenarbeit fehlt, direktive Führung ('Überstülpen' von Neuerungen aller Art), Mißtrauen gegenüber MA und deren Fähigkeiten, Reglementierung, Hineinregieren/Durchregieren	16	31
◆ **Entscheidungen werden nicht begründet, sind nicht nachvollziehbar, mangelnde Transparenz**	5	23
◆ zu viele Fehler im Management/Führung **Inkompetenz** der Führungsspitze/Subversion, Orientierungslosigkeit	7	7
◆ widersprüchliche Anweisungen/Informationen, schlechte Koordination MB/MIN oder der Referate	10	22
◆ schlechter, kein Informationsfluß von MB oder MIN nach 'unten'	0	25
◆ Basis hat kein Mitspracherecht	2	24
2.3 Sachliche Kritikpunkte		
◆ **politischer Einfluß zu schwach, schlechte Interessenwahrung, kein Rückgrat, kein Durchsetzungsvermögen** Kompetenzverlust der Forstwirtschaft, schlechte Forstpolitik unterliegt zu sehr fachfremden Einflüssen	12	41
◆ wenig entscheidungsfreudig, träge	5	3
◆ **undurchsichtige Personalpolitik**, Fehlbesetzungen, fragliche Kompetenz durch häufige Wechsel	6	16
◆ **Praxisferne (z.B. von Erlassen), übergeordnete Behörde hat Kontakt zur Basis verloren,** abgehoben, Erfahrungen gelten nichts	8	77
◆ Öffentlichkeitsarbeit, Bild in der Öffentlichkeit verbessern	3	18
2.4 Kritik am zwischenmenschlichen Umgang		
◆ Selbstherrlichkeit, Erhabenheit, Arroganz, Klassengesellschaft	2	26
◆ es fehlt heute an menschlicher Wärme, Umgangston	2	11
◆ Forstverwaltung tut wenig für die MA, MA-Belange werden nicht vertreten, insb. nicht der Angestellten	0	12
3. Sonstiges		
◆ in Extreme fallend, nur eigene Karriere interessiert, Radfahrermentalität, 'Vitamin-B' zählt nur, Kritik wird nicht gehört bzw. nicht erwünscht, Intrigen	0	15

ÜBERSICHT 6.37 Was stört oder ärgert Sie an der Mittelbehörde und/oder dem Ministerium? (Anzahl der Nennungen, Mehrfachnennungen möglich)

Landesforstverwaltungen NDS, HE, NRW, THÜ und BR

Bewertungsstufen Items		1 1.5 2 2.5 3 3.5 4
Kollegen	Mittelwert	3.40
	Kunin	5.42
Vorgesetzte	Mittelwert	3.14
	Kunin	4.87
Tätigkeit	Mittelwert	3.46
	Kunin	5.58
Arbeits-bedingungen	Mittelwert	3.05
	Kunin	5.22
OuL/Forstamt	Mittelwert	3.02
	Kunin	5.00
OuL/LFV	Mittelwert	2.55
	Kunin	4.08
Entwicklung	Mittelwert	3.07
	Kunin	5.04
Bezahlung	Mittelwert	2.87
	Kunin	4.71
Bewertungsstufen Kunin		1 2 3 4 5 6 7
AAZ	Kunin	5.44
ALZ	Kunin	5.57
Bewertungsstufen Kunin		1 2 3 4 5 6 7

ÜBERSICHT 6.38 — Durchschnittliche Ausprägung von AZ der befragten FAL

Landesforstverwaltungen NDS, HE, NRW, THÜ und BR

Bewertungsstufen Items		1 1.5 2 2.5 3 3.5 4
Kollegen	Mittelwert	3.22
	Kunin	5.16
Vorgesetzte	Mittelwert	2.97
	Kunin	4.65
Tätigkeit	Mittelwert	3.12
	Kunin	5.35
Arbeits-bedingungen	Mittelwert	2.80
	Kunin	4.91
OuL/Forstamt	Mittelwert	2.62
	Kunin	4.30
OuL/LFV	Mittelwert	2.22
	Kunin	3.40
Entwicklung	Mittelwert	2.47
	Kunin	3.93
Bezahlung	Mittelwert	2.51
	Kunin	3.86
Bewertungsstufen Kunin		1 2 3 4 5 6 7
AAZ	Kunin	4.72
ALZ	Kunin	5.14
Bewertungsstufen Kunin		1 2 3 4 5 6 7

ÜBERSICHT 6.39 — Durchschnittliche Ausprägung von AZ der befragten MA

6.5 Arbeitszufriedenheit

Die Auswertungsergebnisse der befragten FAL und MA der LFV hinsichtlich ihrer AZ sind in den Übersichten 6.38 und 6.39 wiedergegeben.[1] Die fett und kursiv hervorgehobenen Zahlen am rechten Tabellenrand markieren dabei signifikante Unterschiede zwischen den FAL und den MA der in die Untersuchung einbezogenen LFV.

Die Aussagen der FAL und MA bzgl. ihrer Arbeitszufriedenheit unterscheiden sich sowohl in den acht Aspekten ('Kollegen' bis 'Bezahlung') als auch in der Bewertung der Allgemeinen Arbeitszufriedenheit (AAZ) und der Allgemeinen Lebenszufriedenheit (ALZ) bis auf zwei Fälle (Kunin 'Vorgesetzte' und Kunin 'Tätigkeit') ausnahmslos signifikant. Es fällt auf, daß die Zufriedenheit mit den Aspekten 'Kollegen', 'Vorgesetzte', 'Tätigkeit' und 'Arbeitsbedingungen' durchgehend höher ausfällt als die der Aspekte 'OuL', 'Entwicklung' und 'Bezahlung'.

Am meisten zufrieden sind die FAL mit ihrer Tätigkeit (3.46) und den Kollegen (3.40). Die niedrigsten Bewertungen entfallen auf die Aspekte 'Bezahlung' (2.87) und 'OuL/LFV' (2.55). Korrespondierend zeigen die MA größte Zufriedenheit mit den Kollegen (3.22) und ihrer Tätigkeit (3.12). Beide Werte liegen signifikant unter denen der FAL. Die Bereiche 'Bezahlung' (2.45) und 'OuL/LFV' (2.22) bilden auch bei den MA mit signifikant niedrigeren Werten den Abschluß der Zufriedenheitsbetrachtungen.

6.5.3 Ergebnisse der Umfrage in den nicht-staatlichen Forstbetrieben

Von der Tendenz ähnlich stellen sich die beiden AZ-Profile der FAL und MA der untersuchten nicht-staatlichen Forstbetriebe dar (Übersichten 6.40 und 6.41).

Bis auf drei Ausnahmen (Kunin 'Kollegen', 'Vorgesetzte' und 'Tätigkeit') unterscheiden sich auch bei den Untersuchungsteilnehmern der nicht-staatlichen Forstbetriebe FAL und MA signifikant (fett und kursiv markierte Zahlen). Korrespondierend zu den Ergebnissen aus den LFV wird sowohl von den FAL als auch von den MA die größte Zufriedenheit hinsichtlich der Aspekte 'Tätigkeit' und 'Kollegen' zum Ausdruck gebracht. Die Mittelwerte der beiden Skalen liegen für die FAL bei 3.52 bzw. 3.38 (Übersicht 6.40) und für die MA bei 3.34 bzw. 3.18 (Übersicht 6.41). Die geringste Zufriedenheit existierte bei den FAL und MA hinsichtlich der Aspekte 'Bezahlung' (2.95 bzw. 2.32) und 'OuL/Forstamt' (3.08 bzw. 2.54).[2]

Beim Vergleich der AZ-Profile der LFV und der nicht-staatlichen Forstbetriebe fällt auf, daß hinsichtlich der acht untersuchen Aspekte die FAL und MA der nicht-staatlichen Forstbetriebe zumindest entweder im Mittelwert oder in der Kunin-Be-

---

[1] Die Ergebnisse für die einzelnen LFV können dem Anhang 7, Übersicht A.30 bis A.39, entnommen werden.

[2] Die Frage nach der Zufriedenheit mit der 'OuL/LFV' bleibt an dieser Stelle undiskutiert, weil sie nicht direkt mit der AZ der Untersuchungsteilnehmer in nicht-staatlichen Forstbetrieben zusammenhängt. Sie soll allerdings als Zusatzinformation mit beachtet werden.

Nicht-staatliche Forstbetriebe			
Bewertungsstufen Items		1 1.5 2 2.5 3 3.5 4	
Kollegen	Mittelwert		3.38
	Kunin		5.58
Vorgesetzte	Mittelwert		3.18
	Kunin		4.61
Tätigkeit	Mittelwert		3.52
	Kunin		5.67
Arbeits-bedingungen	Mittelwert		3.10
	Kunin		5.58
OuL/Forstamt	Mittelwert		3.08
	Kunin		4.94
OuL/LFV [a]	Mittelwert		2.05
	Kunin		3.00
Entwicklung	Mittelwert		3.20
	Kunin		5.32
Bezahlung	Mittelwert		2.95
	Kunin		4.84
Bewertungsstufen Kunin		1 2 3 4 5 6 7	
AAZ	Kunin		5.58
ALZ	Kunin		6.16
Bewertungsstufen Kunin		1 2 3 4 5 6 7	
ÜBERSICHT 6.40		Durchschnittliche Ausprägung von AZ der befragten FAL	

[a] Dieser Aspekt wurde nur von den FAL und MA der LWK-Forstämter beurteilt.

Nicht-staatliche Forstbetriebe			
Bewertungsstufen Items		1 1.5 2 2.5 3 3.5 4	
Kollegen	Mittelwert		3.18
	Kunin		5.21
Vorgesetzte	Mittelwert		2.85
	Kunin		4.66
Tätigkeit	Mittelwert		3.34
	Kunin		5.56
Arbeits-bedingungen	Mittelwert		2.78
	Kunin		5.07
OuL/Forstamt	Mittelwert		2.54
	Kunin		4.25
OuL/LFV	Mittelwert		2.32
	Kunin		3.67
Entwicklung	Mittelwert		2.55
	Kunin		3.97
Bezahlung	Mittelwert		2.32
	Kunin		3.77
Bewertungsstufen Kunin		1 2 3 4 5 6 7	
AAZ	Kunin		4.86
ALZ	Kunin		5.55
Bewertungsstufen Kunin		1 2 3 4 5 6 7	
ÜBERSICHT 6.41		Durchschnittliche Ausprägung von AZ der befragten MA	

wertung, meistens jedoch in beiden zufriedener als ihre Kollegen aus den staatliche Verwaltungen sind. Die Ausnahme bilden die Bewertungen der 'OuL/LFV' aus der Sicht der nicht-staatlichen FAL bzw. 'OuL/Forstamt' und 'Bezahlung' aus der Sicht MA.

6.5.4 Alte und Neue Bundesländer

Die Übersichten 6.42 bis 6.45 enthalten die AZ-Profile der Untersuchungsteilnehmer aus den Neuen und Alten Bundesländern.

Einheitlich sind sowohl die FAL (Übersicht 6.42 und 6.43) als auch die MA (Übersicht 6.44 und 6.45) der Alten und Neuen Bundesländer mit ihrer Tätigkeit am meisten zufrieden. Signifikante Unterschiede treten dabei lediglich bei dem Vergleich der MA auf. Die MA der Neuen Bundesländer (Übersicht 6.45) bewerten ihre Zufriedenheit mit der Tätigkeit signifikant höher als die MA aus den Alten Bundesländern (Übersicht 6.44). Ebenfalls sehr zufrieden sind FAL und MA mit ihren Kollegen. Korrespondierend zum Aspekt 'Tätigkeit' unterscheiden sich auch in diesem Bereich nur die MA im Mittelwert signifikant, wobei wiederum die MA der Neuen Bundesländer zufriedener sind. Die FAL zeigen dagegen eine signifikante Differenz in der Bewertung der Kunin-Frage.

Die geringste Zufriedenheit ist in allen Straten beim Aspekt 'OuL/LFV', dicht gefolgt von den Arbeitsbereichen 'Bezahlung' und 'Entwicklung' zu beobachten. Signifikante Differenzen zwischen den FAL der Alten und Neuen Bundesländern treten hinsichtlich der Zufriedenheit mit dem Aspekt 'Bezahlung' auf. Die Zufriedenheit mit der eigenen Entwicklung differiert nur in der Bewertung der Kunin-Frage signifikant. Die MA unterscheiden sich in den Aspekten 'OuL/LFV' und 'Entwicklung' statistisch abgesichert; der Arbeitsbereich 'Bezahlung' nur bzgl. des Mittelwerts. Der Vergleich der Allgemeinen Arbeitszufriedenheit (AAZ) und der Allgemeinen Lebenszufriedenheit (ALZ) zeigt, daß die Untersuchungsteilnehmer der LFV Niedersachsen, Hessen und Nordrhein-Westfalen in beiden Fällen zufriedener sind als diejenigen aus den LFV Thüringen und Brandenburg.

Für die FAL ergeben sich signifikante Unterschiede für die Allgemeine Arbeitszufriedenheit (5.74 zu 4.91) und die Allgemeine Lebenszufriedenheit (5.96 zu 4.87, jeweils Übersichten 6.42 und 6.43); die Bewertungen der MA differieren in der Allgemeine Lebenszufriedenheit signifikant (5.40 zu 4.57, Übersichten 6.44 und 6.45). Auffallend ist, daß sowohl die FAL als auch die MA aus den Neuen Bundesländern, im Gegensatz zu ihren Kollegen aus den Alten Bundesländern, mit ihrer Allgemeine Lebenszufriedenheit weniger zufrieden sind als mit ihrer Allgemeine Arbeitszufriedenheit.

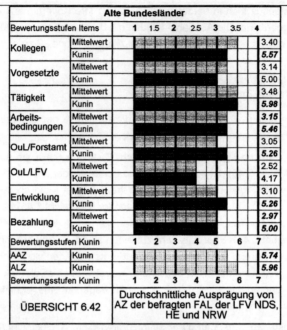

Alte Bundesländer			
Bewertungsstufen Items		1 1.5 2 2.5 3 3.5 4	
Kollegen	Mittelwert		3.40
	Kunin		5.57
Vorgesetzte	Mittelwert		3.14
	Kunin		5.00
Tätigkeit	Mittelwert		3.48
	Kunin		5.98
Arbeits-bedingungen	Mittelwert		3.15
	Kunin		5.46
OuL/Forstamt	Mittelwert		3.05
	Kunin		5.26
OuL/LFV	Mittelwert		2.52
	Kunin		4.17
Entwicklung	Mittelwert		3.10
	Kunin		5.26
Bezahlung	Mittelwert		2.97
	Kunin		5.00
Bewertungsstufen Kunin		1 2 3 4 5 6 7	
AAZ	Kunin		5.74
ALZ	Kunin		5.96
Bewertungsstufen Kunin		1 2 3 4 5 6 7	
ÜBERSICHT 6.42		Durchschnittliche Ausprägung von AZ der befragten FAL der LFV NDS, HE und NRW	

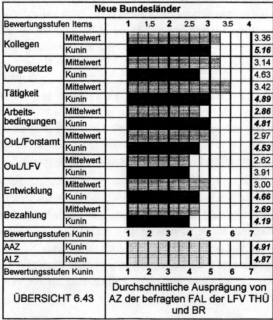

Neue Bundesländer			
Bewertungsstufen Items		1 1.5 2 2.5 3 3.5 4	
Kollegen	Mittelwert		3.36
	Kunin		5.16
Vorgesetzte	Mittelwert		3.14
	Kunin		4.63
Tätigkeit	Mittelwert		3.42
	Kunin		4.89
Arbeits-bedingungen	Mittelwert		2.86
	Kunin		4.81
OuL/Forstamt	Mittelwert		2.97
	Kunin		4.53
OuL/LFV	Mittelwert		2.62
	Kunin		3.91
Entwicklung	Mittelwert		3.00
	Kunin		4.66
Bezahlung	Mittelwert		2.69
	Kunin		4.19
Bewertungsstufen Kunin		1 2 3 4 5 6 7	
AAZ	Kunin		4.91
ALZ	Kunin		4.87
Bewertungsstufen Kunin		1 2 3 4 5 6 7	
ÜBERSICHT 6.43		Durchschnittliche Ausprägung von AZ der befragten FAL der LFV THÜ und BR	

6.5 Arbeitszufriedenheit

Alte Bundesländer			
Bewertungsstufen Items		1 1.5 2 2.5 3 3.5 4	
Kollegen	Mittelwert		3.15
	Kunin		5.14
Vorgesetzte	Mittelwert		2.95
	Kunin		4.66
Tätigkeit	Mittelwert		3.29
	Kunin		5.40
Arbeitsbedingungen	Mittelwert		2.81
	Kunin		4.97
OuL/Forstamt	Mittelwert		2.58
	Kunin		4.28
uL/LFV	Mittelwert		2.11
	Kunin		3.26
Entwicklung	Mittelwert		2.45
	Kunin		3.83
Bezahlung	Mittelwert		2.41
	Kunin		3.81
Bewertungsstufen Kunin		1 2 3 4 5 6 7	
AAZ	Kunin		4.72
ALZ	Kunin		5.40
Bewertungsstufen Kunin		1 2 3 4 5 6 7	
ÜBERSICHT 6.44		Durchschnittliche Ausprägung von AZ - befragte MA der LFV NDS, HE und NRW	

Neue Bundesländer			
Bewertungsstufen Items		1 1.5 2 2.5 3 3.5 4	
Kollegen	Mittelwert		3.36
	Kunin		5.22
Vorgesetzte	Mittelwert		3.02
	Kunin		4.61
Tätigkeit	Mittelwert		3.39
	Kunin		5.24
Arbeitsbedingungen	Mittelwert		2.78
	Kunin		4.76
OuL/Forstamt	Mittelwert		2.69
	Kunin		4.32
OuL/LFV	Mittelwert		2.46
	Kunin		3.71
Entwicklung	Mittelwert		2.63
	Kunin		4.13
Bezahlung	Mittelwert		2.55
	Kunin		3.97
Bewertungsstufen Kunin		1 2 3 4 5 6 7	
AAZ	Kunin		4.71
ALZ	Kunin		4.57
Bewertungsstufen Kunin		1 2 3 4 5 6 7	
ÜBERSICHT 6.45		Durchschnittliche Ausprägung von AZ - befragte MA der LFV THÜ und BR	

6.5.5 Arbeitszufriedenheit und Funktion

In Übersicht 6.46 ist die Arbeitszufriedenheit in den acht Arbeitsbereichen 'Kollegen' bis 'Bezahlung' differenziert nach Funktionen wiedergegeben.

ABB-Skalen	Funktionen[a]						
	FAL	DEZ	FBB	FKT	BLmfA	BLofA	VA
Spalte (1)	(2)	(3)	(4)	(5)	(6)	(7)	(8)
Kollegen	*3,39*	3,15	3,17	3,26	3,31	**3.08**	3,35
Kunin	*5,42*	5,27	5,09	5,14	5,29	**4.94**	5,40
Vorgesetzte	*3,14*	2,93	2,94	3,01	3,11	**2.75**	3,04
Kunin	4,87	4,87	4,57	4,70	*4,94*	**4.24**	4,78
Tätigkeit	*3,46*	3,17	3,37	3,27	3,36	**3.11**	3,24
Kunin	*5,58*	5,47	5,45	5,07	5,23	**4.88**	5,43
Arbeitsbed.	3,05	2,92	**2.64**	2,85	3,05	2,94	*3,11*
Kunin	5,22	*5,33*	4,84	4,91	4,88	**4.82**	5,11
OuL/Forstamt	*3,02*	2,62	2,56	2,69	2,73	**2.48**	2,73
Kunin	*5,00*	4,47	**4.17**	4,36	4,46	4,18	4,67
OuL/LFV	*2,55*	2,17	2,18	2,20	2,24	**2.08**	2,44
Kunin	*4,08*	3,53	3,27	3,38	3,46	**3.24**	3,95
Entwicklung	*2,95*	2,61	**2.40**	2,65	2,64	2,57	2,41
Kunin	*5,04*	4,36	3,87	4,10	3,98	4,06	**3.83**
Bezahlung	2,87	*2,99*	**2.32**	2,69	2,58	2,59	2,49
Kunin	4,71	*5,20*	**3.55**	4,47	4,06	4,12	3,97
AAZ	*5,44*	5,00	4,67	4,72	4,75	**4.47**	4,92
ALZ	5,57	*5,67*	5,10	5,17	**4.82**	5,24	5,38

5,44 = höchste Zufriedenheit mit einem der acht Aspekte
2.64 = niedrigste Zufriedenheit mit einem der acht Aspekte

ÜBERSICHT 6.46: AZ aller befragten FAL und MA der Landesforstverwaltungen, differenziert nach Funktionen

[a]
FAL : Forstamtsleiter
DEZ : Dezernenten (NRW)
FBB : Forstbetriebsbeamte bzw. entsprechende Bezeichnungen
FKT : Funktionsbeamte bzw. entsprechende Bezeichnungen
BLmfA : Büroleiter mit forstlicher Ausbildung
BLofA : Büroleiter ohne forstliche Ausbildung
VA : Verwaltungsangestellte/r

Von den erfaßten Funktionen sind mit 12 von 18 möglichen Fällen auffallend häufig die FAL am zufriedensten. Die verbleibenden sechs Möglichkeiten entfallen auf Dezernenten (Sp.3=4), Büroleiter mit forstlicher Ausbildung (Sp.6=1) und Verwaltungsangestellte (Sp.8=1). Die Büroleiter ohne forstliche Ausbildung (Sp.7), die fast ausnahmslos der LFV Nordrhein-Westfalen angehören, äußern in 11 von 18 Fällen die niedrigsten Zufriedenheiten. Fünfmal ordnen sich die Forstbetriebsbeamten (Sp.4) am unteren Ende der Zufriedenheitsskala ein und jeweils einmal Büroleiter mit forstlicher Ausbildung (Sp.6) und Verwaltungsangestellte (Sp.8). Dezernenten, Funktionsbeamte und Büroleiter mit forstlicher Ausbildung nehmen hinsichtlich ihrer Arbeitszufriedenheit eine Mittelposition ein.

6.5.6 Berufswiederwahl

| | FORSTAMTSLEITER und FORSTAMTSLEITERINNEN ||||||||||
| | Alle | Landesforstverwaltungen |||||| nicht-staatl.Forstbetriebe |||
	zus.	zus.	NDS	HE	NRW	THÜ	BR	zus.	P	K	LWK
Spalte (1)	(2)	(3)	(4)	(5)	(6)	(7)	(8)	(9)	(10)	(11)	(12)
ja	*62*	*63*	*52*	*74*	*60*	*52*	*85*	*61*	*67*	*60*	*50*
s.wahrscheinl.	19	19	22	5	20	32	15	17	11	20	25
vielleicht	17	18	26	21	20	16		11	11		25
nein	2							11	11	20	
Summe FAL	100										
	MITARBEITER und MITARBEITERINNEN									
ja	*48*	*47*	*33*	*40*	*53*	*60*	*66*	*53*	*45*	*61*	*48*
s.wahrscheinl.	26	26	32	19	28	25	26	29	40	20	32
vielleicht	18	19	27	25	12	12	6	14	10	15	20
nein	8	8	8	16	7	3	2	4	5	4	
Summe MA	100										
ÜBERSICHT 6.47	Würden Sie Ihren Beruf, wenn Sie mit all Ihren gemachten Erfahrungen vor der Berufswahl stünden, wiederwählen? (%)										

Die abschließende Frage nach der Berufswiederwahl (Übersicht 6.47) beantwortet die Mehrzahl der Untersuchungsteilnehmer positiv (Übersicht 6.47, Sp.2). Insgesamt würden 62% der FAL und 48% der MA, stünden sie erneut vor der Wahl, ihren derzeitigen Beruf wiederwählen. Fast identisch sind die Verhältnisse unter den FAL bei einer Differenzierung der Ergebnisse in LFV und nicht-staatliche Forstbetriebe. Staatliche und nicht-staatliche MA unterscheiden sich dagegen deutlicher. Während 47% der MA aus den LFV für eine erneute Berufswiederwahl stimmen, sind dies in den nicht-staatlichen Forstbetrieben sogar mehr als die Hälfte (53%). Für 'nein' entscheiden sich in den LFV 8% und in den nicht-staatlichen Betrieben 4% der MA.

Die Stratifizierung in die einzelnen LFV ergibt ein leicht differenziertes Bild. Unter den FAL der LFV stimmen in Brandenburg 85% für 'ja' (Sp.8). Die fehlenden 15% entscheiden sich für 'sehr wahrscheinlich'. In Niedersachsen (Sp.4) und Thüringen (Sp.7) würden 52% der FAL ihren Beruf wiederwählen. Dabei weist Niedersachsen von allen befragten Forstverwaltungen mit 26% den höchsten Anteil derjenigen auf, die ihren derzeitigen Beruf nur 'vielleicht' erneut ergreifen würden. Für 2% der FAL, die ausschließlich aus Privat- und Kommunalbetrieben stammen, käme eine nochmalige Berufswiederwahl überhaupt nicht in Frage (Sp. 2, 10, 11).

Der höchste Anteil an MA, die eine erneute Berufswiederwahl befürworten (66%), entfällt ebenfalls auf die LFV Brandenburg (Sp.8). Von den LFV weist Niedersachsen mit 33% den geringsten Anteil von Beschäftigten auf (Sp.4), die die Frage nach der Berufswiederwahl bejahen, gefolgt von den MA der privaten Forstbetriebe mit 45% (Sp.10). Die mit Abstand meisten MA, die eindeutig ihren derzeitigen Beruf nicht wieder ergreifen würden, entfallen auf die LFV Hessen (16%, Sp.5). Zusammen mit denjenigen MA, die sich für ´vielleicht´ entscheiden (25%), stehen in Hessen 41% der befragten Mitarbeiter einer erneuten Berufswiederwahl eher ablehnend gegenüber. Gleiches gilt für insgesamt 35% (27% ´vielleicht´ und 8% ´nein´) der MA aus der LFV Niedersachsen (Sp.4).

Eine Differenzierung der Untersuchungsteilnehmer aller Sparten in Mitarbeiter und Mitarbeiterinnen zeigt, daß gegenüber 78% der Männer 62% der Frauen die Frage nach der Berufswiederwahl mit einem ´ja´ bzw. ´sehr wahrscheinlich´ beantworten. Einer erneuten Berufswiederwahl gegenüber eher ablehnend (´vielleicht´ und ´nein´) stehen 22% der Männer und 38% der Frauen (Übersicht A. 63).

In der Gesamtsumme der Befragten stimmen FAL und MA der untersuchten LFV und Forstbetriebe mehrheitlich einer erneuten Wahl desselben Berufes zu. Der Anteil derjenigen, die sich für einen anderen entscheiden würden, ist dabei unter den MA größer ist als unter den FAL.

6.5.7 Diskussion der Ergebnisse

Zufriedenheit ist ein Erlebnistatbestand. Bewertungen des Ist-Zustands erfolgen vor dem Hintergrund des derzeitigen Bewußtseinsstands (Erwartungen, Bedürfnisse, Ansprüche, Ideologien), der wiederum determiniert ist durch die ´objektive´ Lage.[1] D.h. im Moment der Befragung bestimmt die persönliche Bewertung der augenblicklichen Situation die Differenz vom bisher Erlebten zum eigentlich Gewünschten und damit den Grad der (Un)Zufriedenheit. Je mehr Unzufriedenheit geäußert wird, desto größer ist gleichzeitig die Überzeugung von der Machbarkeit des Solls, des Gewünschten.

"Arbeitszufriedenheit ist einesteils erfahrungsbedingt, andererseits aber auch erfahrungsbedingend. Arbeitszufriedenheit ist somit immer eine Reflexion der Geschichte und Zukunft des Arbeitenden. Berichtete Arbeitszufriedenheit kann darum nicht unmittelbar auf objektive Daten bezogen oder gar als objektives Datum mißverstanden werden."[2] Eine Organisation, die die Arbeitszufriedenheit ihrer Mitglieder feststellt, verschafft sich vielmehr Aufschluß über die aus bestimmten Erwartungen ihrer Mitglieder resultierenden Vergleiche der wahrgenommenen Situation mit von ihnen für realisierbar gehaltenen Alternativen.

---
[1] vgl. NEUBERGER, O.; ALLERBECK, M. (1978): a.a.O., S. 49ff
[2] vgl. DIESELBEN, S. 26

6.5 Arbeitszufriedenheit

Die Ergebnisse der Befragung werden getrennt nach den Items ´Fühlen Sie sich in die Verwaltungshierarchie eingebunden?´ und der offenen Frage ´Sind Sie zufrieden mit den Mittelbehörden und Ministerien? Wenn nicht, was stört Sie?´ und den Ergebnissen des ABB diskutiert.

Beide Teilaspekte der Arbeitszufriedenheit zeigen deutlich, das Unzufriedenheit in den Forstverwaltungen in den meisten Fällen kein menschliches Problem, kein Problem der Kollegen und Vorgesetzten und auch keines der Arbeitsbedingungen und des Tätigkeitsfeldes ist. Sie ist vielmehr auf verwaltungstechnische und organisationsstrukturelle Ursachen zurückzuführen.

6.5.7.1 Diskussion der Kritik an Mittelbehörden und Ministerien

Die Befragten der LFV identifizieren sich zu einem gewissen Grad mit der jeweiligen Verwaltung und fühlen sich vom Grundsatz her zu ihr gehörig.

Trotzdem sind viele der FAL und MA der LFV mit den Mittelbehörden und Ministerien nicht zufrieden. Die von ihnen in einer ´Meckerecke´ des Fragebogens gegenüber der vorgesetzten bzw. obersten Forstbehörde vorgebrachten kritischen Kommentare geben deutliche Anhaltspunkte für eine Ursachenanalyse. Sie können in der Mehrzahl HERZBERGs ´Kontext-Faktoren´ zugeordnet werden, deren (Nicht)Vorhandensein Unzufriedenheit bewirkt (siehe auch Kap. 2.2.3.3.1).[1],[2]

Von den FAL und MA häufig angesprochen wurde das **(fehlende) Zielsystem** der LFV bzw. das Fehlen einer klaren Linie und **Innovationslosigkeit**. Angesichts der Vielzahl von Veröffentlichungen und der nicht endenden Diskussionen über Ziele und Zielsysteme in Forstverwaltungen ist diese Verunsicherung und Unzufriedenheit nicht verwunderlich (siehe auch Kap. 4, Übersichten 4.4 und 4.5).[3] Die Problematik der Zielbildung beruht darauf, daß die Ziele öffentlicher

---

[1] vgl. HERZBERG, F.; MAUSNER, B.; SNYDERMAN, B. (1959): a.a.O., 157 S.
[2] vgl. ZINK, K.J. (1975): 'Ergebnisse empirischer Motivationsforschung', ZfAwi, 2/1975, S. 104-110
[3] BUNDESMINISTER der FINANZEN (1991): *Die Bundesforstverwaltung - Aufgaben, Zielsetzungen, Probleme*, Bonn
DERTZ, W. (1987): ´Naturschutz ohne Forstwirtschaft?, *AFZ*, 8/1987, S. 170-173
DERTZ, W. (1989): ´Was müssen Forst- und Holzwirtschaft jetzt tun?, *AFZ*, 5/1989, S. 107-109
DERTZ, W. (1989): ´Forstpolitische Ziele und Waldwirtschaft in Hessen´, *AFZ*, 46/1989, S. 1203-1206
DÜSSEL, V. (1991b): 'Die Rolle des Staatsforstbetriebes für die Holzbereitstellung und den Holzabsatz', *Tagungsband Ligna '91*, Institut für Waldarbeit und Forstmaschinenkunde, Institut für Forstbenutzung, Universität Göttingen, 1991, S. 139-150
FREUDENSTEIN, J. (1994): a.a.O., S. 1248-1249
FUNKE, K.-H. (1990): 'Zu den Zielsetzungen der Niedersächsischen Landesforstverwaltung', *AFZ*, 51-52/1990, S. 1314-1316
HOCHHÄUSER, H. (1992): 'Quo vadis Landesforstverwaltung Nordrhein-Westfalen?', *AFZ*, 19/1992, S. 1017-1023

Organisationen aus viel komplexeren Interaktionen mit der politischen Umwelt resultieren als die Ziele im privatwirtschaftlichen Bereich.[1] Daneben bestätigen diese Kommentare aus sozial-psychologischer Sicht die von BECKER und SEELING im Hinblick auf forstliche Zielsysteme getroffenen Aussagen.[2] Auf die Bedeutung eines vorhandenen Zielsystems für die Arbeitszufriedenheit weisen u.a. BRUGGEMANN et al. hin. Nach diesen Autoren muß, um das Gefühl erfolgreichen Arbeitens zu entwickeln, *"... die Tätigkeit als Beitrag zu einem sinnvollen Ziel betrachtet werden können."* [3]

Hinsichtlich der Verwaltungs- und Organisationsstruktur wurde den Mittelbehörden und Ministerien in erster Linie **Bürokratismus**, Unbeweglichkeit, **Unflexibilität**, Umständlichkeit, Trägheit, **Formalismus** und *'zuviel Papierkrieg'* vorgeworfen. Diese Kritik wird allerdings nicht nach Aufgabenbereichen der Forstverwaltungen differenziert geäußert. Eine Flexibilisierung und Entbürokratisierung der Organisationsstruktur wird aus forstpolitischen Gründen gefordert und von wissenschaftlicher Seite befürwortet.[4],[5]

Eine mögliche soziale Folge davon wäre das Ansteigen der Partizipationsrate (Förderung des Gruppenzusammenhalts). Diese wiederum ist eine wesentliche Voraussetzung für das Identifikationsgefühl der FAL und MA mit dem Betrieb und fördert zusammen mit prosozialen Verhaltensweisen (höhere Arbeitszufriedenheit)

KÖPF, E.U. (1991): 'Wem dient die Landesforstverwaltung?', *AFZ*, 8/1991, S. 395-403
OTT, W. (1991): *'Gemeinwohlprinzip und erwerbswirtschaftliche Ziele im öffentlichen Wald - ein Widerspruch'*, *FoHo*, 14/1991, S. 375-377
PABST, H. (1991): 'Ziele in der öffentlichen Forstwirtschaft', *AFZ*, 8/1991, S. 404-407
PUTTKAMER, J.v. (1991): 'Stellungnahme zu: Ziele in der öffentlichen Forstwirtschaft', *AFZ*, 12/1991, S. 590-591
SÄGLITZ, J. (1990): *'Probleme und Ziele der Forstwirtschaft in den Neuen Bundesländern'*, *AFZ*, 51-52/1990, S. 1325-1327
SCHUMACHER, W. (1991): 'Zukunftsorientierte Weiterentwicklung des Zielsystems der Forstwirtschaft', *AFZ*, 8/1991, S. 391-394
STURM, K.; WALDENSPUHL, T. (1990): *'Zur Urteilsbegründung des Bundesverfassungsgerichts über das Wirtschaftsziel im öffentlichen Wald'*, *AFZ*, 45/1990, S. 1146-1148
THIELEN, J.; ZIESLING, V. (1992): 'Unternehmensstrategie in der Forstwirtschaft', *AFZ*, 13/1992, S. 685-687
WAGNER, H.-G. (1993): 'Zu: Quo vadis Forstverwaltung NRW?', *AFZ*, 2/1993, S. 76

[1] vgl. BANNER, G. (1975): 'Ziel- und ergebnisorientierte Führung in der Kommunalverwaltung', *AfKwi*, Stuttgart: Kohlhammer, 14. Jg., 1975, S. 31
[2] vgl. BECKER, G.; SEELING, U. (1993): *'Zielsetzung und Organisation von Forstunternehmen'*, in: HELMSTÄSTER, E.; BECKER, G.; SEELING, U.; LEINERT, S. (Hrsg.): *Für eine leistungsfähige Forstwirtschaft*, Teil II, S. 10-15, S. 116
[3] vgl. BRUGGEMANN, A.; GROSKURTH, P.; ULICH, E. (1975): a.a.O., S. 70
[4] vgl. WISSENSCHAFTLICHER BEIRAT BEIM BUNDESMINISTERIUM FÜR ERNÄHRUNG, LANDWIRTSCHAFT und FORSTEN (1994): a.a.O., 62 S.
[5] vgl. ARBEITSGEMEINSCHAFT DEUTSCHER WALDBESITZERVERBÄNDE (1994): *'AGDW stellt klare Forderungen an die Politik: Positionspapier der Arbeitsgemeinschaft Deutscher Waldbesitzerverbände zur Verbesserung der rechtlichen, wirtschaftlichen und organisatorischen Bedingungen der deutschen Forstwirtschaft'*, *Holz-Zentralblatt*, 142/1994, S. 2381

6.5 Arbeitszufriedenheit

u.a. die Arbeitsleistung.[1),2)] BLEICHER führt zur Notwendigkeit von Reorganisationsbestrebungen in Verwaltungen aus: *"Insbesondere ist es die Frage nach der Zweckmäßigkeit und Effizienz einer derart konzipierten Verwaltungsorganisation, wenn die Unterstellung einer statischen Systemumwelt aufgehoben wird, obwohl sich die Bedingungen, denen sich das Organisationssystem 'Verwaltung' gegenübersieht, sicherlich durch eine Erweiterung und Komplizierung seiner Umweltbeziehungen ... und Aufgaben, durch veränderte Anforderungen des in ihm tätigen Menschen und den Anforderungen neuzeitlicher Verwaltungsmittel verändert haben".*[3)]

Das Problem der Effizienzbestimmung in öffentlichen Verwaltungen ist nicht Gegenstand der vorliegenden Arbeit. Auf vorhandene Fachliteratur wird an dieser Stelle hingewiesen.[4),5)]

Auf der Ebene des Führungsstils und der Führungsaufgabe kritisieren sowohl FAL als auch MA am häufigsten die **fehlende 'kooperative Zusammenarbeit'**, die sich in einer direktiven Führung ('Überstülpen' von Neuerungen bzw. Änderungen aller Art), **Durchregieren** und vor allem im - so empfundenen - **Mißtrauen** insbesondere der Ministerien gegenüber den MA der untergeordneten Ebenen ausdrückt. Hinzu kommt ein von den MA als extrem schlecht empfundener **Informationsfluß** von 'oben' nach 'unten'. Auf mangelnde Kooperationsbereitschaft weist auch die Kritik am zwischenmenschlichen Umgang hin, die insbesondere den Ministerien Selbstherrlichkeit, Arroganz, Erhabenheit und 'Klassengesellschaft' vorwirft.

Die aufgezählten Kritikpunkte werden von WUNDERER und GRUNWALD zu den neun elementaren Merkmalen gezählt, die Voraussetzung für kooperative Führungsformen sind.[6)] Ihr von den FAL und MA der LFV empfundenes Fehlen deutet auf autokratische Führungsstrukturen."[7)] Schwerwiegend ist vor allem das empfundene Mißtrauen, da es Ursache für die übrigen kritisierten Mißstände sein kann.

Vertrauen ist eine sozio-kulturelle und sozialpychologische Voraussetzung

---

[1)] vgl. TOBY, D.W.; LISCHERON, J.H. (1980): 'Ergebnisse der empirischen Partizipationsforschung im Überblick', in: GRUNWALD, W.; LILGE, H.-G. (Hrsg.): *Partizipative Führung*, Bern, Stuttgart: Haupt, S. 103
[2)] vgl. WUNDERER, R.; GRUNWALD, W. (1980): *Führungslehre*, Bd. II: *Kooperative Führung*, Berlin, New York: de Gruyter, S. 410
[3)] vgl. BLEICHER; K: (1970): 'Zur Organisation von Leitung und Führung in der öffentlichen Verwaltung', in: MICHALSKI, W. (Hrsg.): *Leistungsfähigkeit und Wirtschaftlichkeit in der öffentlichen Verwaltung*, Hamburg: Weltarchiv GmbH, S. 55-56
[4)] vgl. DERLIEN, H.-U. (1974): 'Theoretische und methodische Probleme der Beurteilung organisatorischer Effizienz der öffentlichen Verwaltung', *ZfVwi*, 7/1974, S. 1-22
[5)] vgl. MAYNTZ, R. (1978): *Soziologie der öffentlichen Verwaltung*, Heidelberg, Karlsruhe: Müller, S. 126-131
[6)] vgl. WUNDERER, R.; GRUNWALD, W. (1980): *Führung*, Bd. II: *Kooperative Führung*, Berlin, New York: de Gruyter, S. 2, S.99-106
[7)] vgl. BLEICHER; K: (1970): a.a.O., S. 71

konsensfähiger Arbeits- und Sozialbeziehungen. Eine partnerschaftliche Zusammenarbeit fordert und fördert wechselseitiges Vertrauen zwischen Organisationsmitgliedern. Vertrauen ist somit sowohl Bedingung als auch Folge kooperativer Führung.[1] Es stärkt zugleich die Sozialbeziehungen, die ihrerseits über die Erfüllung des prosozialen Aspekts zur Steigerung des Wohlbefindens führen. Daneben steht Vertrauen in positivem Zusammenhang z.B. mit Kommunikation, Zusammenhalt, Problemlösung u.ä. Letztere Sachverhalte sind wiederum Aspekte des Arbeitslebens, die die Arbeitszufriedenheit von Individuen beeinflussen. Die Gründe für die Existenz von Mißtrauen sollten von den betroffenen Organisationen unbedingt ausfindig gemacht und abgestellt werden.

Die Zufriedenheit der MA steht in deutlicher Abhängigkeit von ihrer Informiertheit über betriebliche Angelegenheiten.[2] Das Gefühl, schlecht informiert zu sein, kann verschiedene Auswirkungen haben. Einige Beispiele sollen dies verdeutlichen:

- Der MA hat in konkreten Arbeitssituationen Informationsdefizite und kann deshalb nicht sachgerecht entscheiden. Sofern der MA in der Arbeitssituation alleine ist, wird er entweder seine Entscheidung aufschieben oder nach bestem Wissen und Gewissen handeln. In beiden Fällen bleibt ein Gefühl der Unsicherheit.

- Sind in einer gemeinsam zu bewältigenden Situation auch andere, besser informierte Personen beteiligt, wird sich der nicht oder schlecht informierte MA von der vorgesetzten Dienststelle benachteiligt fühlen.

- Sofern die fehlende Information zur Beteiligung an innerbetrieblichen Entscheidungsprozessen notwendig ist, wird sich der MA ausgeschlossen fühlen.

- Aufgrund fehlender Hintergrundinformationen kann die Wichtigkeit gegebener Informationen nicht ausreichend eingeschätzt werden.

Im Kap. 6.3.4.1 sind durch Führungsverhalten bedingte und organisationsimmanente Ursachen für mangelhaften Informationsfluß diskutiert. In jedem Fall ist die Übermittlung von Informationen in modernen Führungsformen eine zentrale Aufgabe von Führungskräften.[3]

Durchregieren ist vom Prinzip her ein Führungsfehler. *"Die Delegation der Verantwortung verbietet dem Vorgesetzten ein Eingreifen in die Verantwortungsbereiche aller ihm direkt oder indirekt unterstellten Mitarbeiter (Verbot des Durchregierens), von Fällen akuter Gefahr abgesehen."* [4] Durchregieren stellt die Sachkompetenz der übergangenen Mitarbeiter infrage und stört das Vertrauensverhältnis zwischen Vorgesetztem und Mitarbeitern. Situationen, die Durchregieren

---

[1] vgl. WUNDERER, R.; GRUNWALD, W. (1980): a.a.O.; S. 101 und S.264
[2] vgl. PLEITNER, H.J. (1981): *Die Arbeitszufriedenheit von Unternehmern und Mitarbeitern in gewerblichen Betrieben*, Berlin, München, St. Gallen: Duncker & Humblot, S. 134
[3] vgl. TITSCHER, S. (1987): 'Kommunikation als Führungsinstrument', in: KIESER, A.; REBER, G.; WUNDERER, R. (Hrsg.): *Handwörterbuch der Führung*, Stuttgart: Poeschel, Sp. 1205-1210
[4] vgl. BISANI, F. (1985): *Personalführung*, 3., überarb. Aufl., Wiesbaden: Gabler, S. 132

6.5 Arbeitszufriedenheit

rechtfertigen, können beispielsweise durch Informationsdefizite der verantwortlichen Mitarbeiter entstehen.

Arbeitszufriedenheit ist ein Ziel moderner Organisationen. Die gegenüber den LFV vorgebrachten Kritikpunkte zeigen diesbezüglichen Verbesserungsbedarf des Zielsystems, der Verwaltungs- und Organisationsstruktur und des Führungsverhaltens. Die Bereitwilligkeit, Änderungen zu akzeptieren, hängt dabei von der Höhe der Arbeitszufriedenheit ab und ob der Unzufriedene bereits resigniert hat.[1),2)] Andererseits wird Unzufriedenheit im Sinne konstruktiver Arbeitsunzufriedenheit i.d.R. nur da verbal geäußert, wo Hoffnung auf Verbesserung besteht (siehe auch Kap. 2.2.4).[3)] Veränderungen, gleich welcher Art, werden nur dann zu mehr Arbeitszufriedenheit führen und erfolgreich sein, wenn die Bedürfnisse der MA beherzigt und die Basis schon in der Planungsphase mit einbezogen wird.

Dem Themenkomplex 'Kommunikationsprobleme' ist auch die geäußerte sachliche Kritik, die übergeordneten und obersten Forstbehörden seien **praxisfern** und hätten den **Kontakt zur Basis** verloren, zuzuordnen. Unzufriedenheiten treten unweigerlich auf, wenn Entscheidungen der übergeordneten Forstbehörden in den Augen der MA der Bezug zum tatsächlich Machbaren vor Ort fehlt. Die Ursachen solcher Konflikte können vielfältiger Natur - z.B. auch unzureichender Informationsfluß von 'unten' nach 'oben' - sein und sind anhand der vorliegenden Umfrageergebnisse nicht zu analysieren.[4)] In jedem Fall ist es Aufgabe der Führungsebene, die Ursachen zu ergründen, da dererlei betriebsinterne Konflikte sich negativ auf Motivation und Leistungsbereitschaft der MA auswirken.

Ein Großteil der Untersuchungsteilnehmer empfindet den **politischen Einfluß** als zu schwach (kein Rückgrat, keine Durchsetzungsvermögen). Dies äußert sich insbesondere in der Meinung, daß die Forstverwaltungen zu viele Kompetenzen verloren haben, da sie zu sehr fachfremden Einflüssen unterliegen. v. STAUFFENBERG umschreibt den geringen politischen Einfluß und den Verlust von Kompetenzen wie folgt: *"Es entsteht in der Öffentlichkeit der Eindruck, die Forstwirtschaft sei das eine, der Naturschutz und der Umweltschutz das andere".*[5)] Die Organisationsmitglieder fühlen sich als Opfer politischer Entscheidungsprozesse, denen sie ohnmächtig gegenüber stehen. Die hieraus resultierende Unzufriedenheit läßt sich nicht durch Veränderungen innerhalb der Organisation 'Forstverwaltung' beheben.

[1)] vgl. SAUERMANN, P. (1975): 'Die Messung der Arbeitszufriedenheit durch schriftliche Mitarbeiterbefragung', *Interview und Analyse, Zeitschrift für Marktforschung, Sozialforschung, Mediaforschung und Mediaplanung*, 2/1975,
[2)] vgl. BRUGGEMANN, A.; GROSKURTH, P.; ULICH, E. (1975): a.a.O.; S. S. 132-136
[3)] vgl. EBENDA, S. 133
[4)] vgl. KURTZ, H.-J. (1983): *Konfliktbewältigung im Unternehmen*, Köln: Deutscher Instituts-Verlag, S. 39-87
[5)] vgl. STAUFFENBERG, F.-L. Graf v. (1992): 'Der Rang der Holzproduktion in der forstlichen Zielsetzung', *AFZ*, 13/1992, S. 689

6.5.7.2 Diskussion der Ergebnisse des ABB

Der ABB wurde von Vertretern aller Waldbesitzarten einschließlich der LWK in Niedersachsen beantwortet. Die acht untersuchten Teilaspekte werden diskutiert und in den Kontext der Bedeutungsrangfolge der einzelnen Aspekte des Arbeitslebens von NEUBERGER[1] und BUSSEMEIER[2] gestellt. Die Bedeutungsrangfolge[3] der acht Arbeitsbereiche ermittelte NEUBERGER an 2000 Versuchspersonen unterschiedlichster Berufssparten in einer Untersuchung über Arbeitszufriedenheit. Zu einer fast identischen Rangfolge kommt BUSSEMEIER in einer Befragung an 108 verunfallten Waldarbeitern. Wie Zufriedenheitsaussagen sind auch Bedeutungsurteile subjektive Reflexionen der wahrgenommenen Situation und deshalb zeitlichen Veränderungen unterworfen. Die daraus resultierende ungenügende Reliabilität der Bedeutungsgewichtung ist ein Argument, auf die multiplikative Gewichtung der Zufriedenheit in den einzelnen Arbeitsbereichen mit der 'Bedeutung' zu verzichten.[4] Eine Bedeutungsgewichtung der einzelnen Aspekte vermindert sogar die Korrelation zur Allgemeinen Arbeitszufriedenheit (AAZ) in beträchtlichem Maße, so daß einfache Aussagen besser geeignet sind als gewichtete.[5]

Die größte Zufriedenheit zeigen die Befragten mit dem Aspekt 'Tätigkeit'. Hohe Zufriedenheit mit der ausgeübten Tätigkeit ist häufig Auslöser intrinsischer Motivation. Hierin liegt eine Erklärung für den hohen Anteil an FAL und MA, die ihren derzeitigen Beruf uneingeschränkt wiederwählen würden. Damit ist jedoch noch nicht gesagt, daß die Befragten ihre Tätigkeit ausschließlich betriebszielkonform ausüben. Dies setzte gleichzeitig eine betriebszielgerichtete Leistungsmotivation voraus. Ein wesentlicher Aspekt soll kurz beleuchtet werden.

Die Aufgabenspektren und die Konkretisierung der Arbeitsanweisungen für die verschiedenen erfaßten Funktionen differieren erheblich. Während beispielsweise für Verwaltungsangestellte etwa im Rahmen von Routinearbeiten oder spezifischen Arbeitsanweisungen des Vorgesetzten tägliche 'Arbeitsziele' vorgegeben sind, haben Revierleiter und Forstbetriebsbeamte bei der Erfüllung ihrer Aufgaben oft größeren Entscheidungsspielraum. Sie müssen sich dann an übergeordneten Zielen orientieren können, um sicher zu gehen, daß ihre Entscheidung im Sinne der Forstverwaltung bzw. des Forstbetriebes ist. Für sie kann die anhaltende Zieldiskussion in der Forstwirtschaft zum inneren Konflikt führen, was zwangsläufig

---

[1] vgl. NEUBERGER, O.; ALLERBECK, M. (1978): a.a.O., S. 118
[2] vgl. BUSSEMEIER, D. (1993): a.a.O., Anhang 3, S. 73
[3] NEUBERGER: Bezahlung, gesicherter Arbeitsplatz, Tätigkeit, Kollegen, Vorgesetzter, Arbeitsbedingungen, Entwicklung, Organisation und Leitung
BUSSEMEIER: gesicherter Arbeitsplatz, Bezahlung, Tätigkeit, Kollegen, Arbeitsbedingungen, Vorgesetzter, Entwicklung, Organisation und Leitung
[4] vgl. NEUBERGER, O.; ALLERBECK, M. (1978): a.a.O., S. 75
[5] vgl. DIESELBEN, S. 89

6.5 Arbeitszufriedenheit

der Orientierung an selbstgesetzten Zielen Vorschub leistet. Während die Arbeit der Innendienstmitarbeiter regelmäßiger Kontrolle durch den Vorgesetzten unterliegt, können die Arbeiten der Forstbetriebsbeamten und Revierleiter nur stichprobenartig überprüft werden. Die zum Ausdruck gebrachte hohe Zufriedenheit mit der Tätigkeit ist demnach nicht unbedingt als Erfolg der jeweiligen betrieblichen Organisation zu werten, sondern spiegelt lediglich den Grad der Befriedigung persönlicher Bedürfnisse am Arbeitsplatz wider.

Etwas schlechter werden die Arbeitsbedingungen zur Ausübung der Tätigkeit beschrieben. Die von den FAL und MA als anstrengend empfundene Arbeit (Übersicht A.50, A.58) muß nach ihren Aussagen insbesondere in den Landesforstverwaltungen zum Teil mit beschränkter Arbeitsmittelausstattung bewältigt werden. Die Ursachen hierfür sind vielfältig. Sie reichen von beschriebener unbefriedigender Büroausstattung bis hin zu schlechten Zuständen von Dienstwohnungen. Die schlechtere Bewertung der Arbeitsbedingungen durch die MA kann insbesondere bei den Forstbetriebsbeamten in der stärkeren Witterungsabhängigkeit begründet liegen.

Arbeitsbedingungen zählen zu den extrinsischen Arbeitsmotiven und sind Bestandteil humaner Arbeitsgestaltung.[1),2)] Es kann deshalb grundsätzlich unterstellt werden, daß Forstbetriebe bestrebt sind, ihren Mitarbeitern günstige Arbeitsbedingungen zu schaffen. Verbesserungen der Arbeitsbedingungen sind ebenfalls Gegenstand betriebswirtschaftlicher Abwägungen. Für den Betrieb ist zu überlegen, ob sich eine Verbesserung der (technischen und/oder sozialen) Arbeitsbedingungen auf Dauer 'bezahlt' macht. Nicht selten sind Arbeitsbedingungen Ausdruck der betrieblichen Finanzlage.

Zufrieden sind die Befragten ebenfalls mit ihren Kollegen und Vorgesetzten. Der Umgang der Organisationsmitglieder untereinander wird im großen und ganzen positiv empfunden. Dies schließt an die Untersuchungsergebnisse zur Beurteilung der Gruppenatmosphäre an (Kap. 6.4), die das Betriebsklima als eher freundlich, entgegenkommend und kooperativ beschreiben.

Weniger zufrieden sind sowohl FAL als auch MA mit ihrer Bezahlung. Mit Ausnahme der MA der LFV Brandenburg und der privaten Forstbetriebe sind die MA mit ihrer Bezahlung absolut unzufrieden. Unzufriedenheit mit der Bezahlung tritt dann auf, wenn sie als zu niedrig und ungerecht empfunden wird. Eine Ursache dafür kann z.B. in den Arbeitszeiten liegen. Hiervon sind insbesondere die Forstbetriebsbeamten bzw. Revierleiter betroffen, deren Arbeitszeiten i.d.R. länger sind als das Soll.

[1)] vgl. NEUBERGER, O.; ALLERBECK, M. (1978): a.a.O., S. 29
[2)] vgl. KLEINBECK, U.; SCHMIDT, K.H.; ERNST, G.; RUTENFRANZ, J. (1980): 'Motivationale Aspekte der Arbeitszufriedenheit', ZfAwi, 4/1980, S. 200

Auch in den als unzureichend empfundenen Entschädigungsregelungen für dienstlich genutzte Privatfahrzeuge liegt eine mögliche Begründung für die im Verhältnis zu den MA höhere Zufriedenheit der FAL mit der Bezahlung.

Die Unzufriedenheit mit der Bezahlung steht in engem Zusammenhang mit der persönlichen beruflichen Entwicklung, denn Aufstiegschancen sind mit der Perspektive 'höhere Bezahlung' verknüpft. Mehrleistung bei gleichbleibender Bezahlung wird dann in Kauf genommen, wenn sich daraus entsprechende Aufstiegsmöglichkeiten ergeben. Dies ist zumindest in den LFV nicht der Fall, da die Befragten teilweise von 'Sonnenuntergangsbeförderungen' sprechen.

Verglichen mit anderen privatwirtschaftlichen Unternehmungen - Waldbewirtschaftung ist auch in den Landesforstverwaltungen eine privatwirtschaftliche Tätigkeit - sind die Leistungsanreize durch steigende Bezahlung oder materielle Belohnung tatsächlich geringer (siehe Protokollbögen, Anhang 2). Besonders für junge Forstbetriebsbeamte rsp. Revierleiter oder Büromitarbeiter wirkt ihr Beruf deshalb gegenüber anderen Berufen nicht sonderlich attraktiv. Angesichts negativer Betriebsergebnisse der Landesforstverwaltungen und ebenso vieler Kommunalwaldbetriebe, öffentlicher Sparmaßnahmen, leerer öffentlicher Kassen und der schwierigen Ertragssituation der Forstbetriebe mit den geringen Aussichten, diese in naher Zukunft gravierend zu verbessern, sind die Chancen auf bessere Bezahlung und Besoldung eher gering. Ebenso stellt die leistungsgerechte Bezahlung innerhalb von Verwaltungen aufgrund von fehlenden Leistungs- und Effizienzkriterien ein größeres Problem dar. Um so wichtiger sind daher Verbesserungen in den (immateriellen) Bereichen der Forstverwaltungen und Forstbetriebe, die Ursachen für Unzufriedenheit sind.

Letztlich ist ein gewisser Zusammenhang zwischen Funktion und Arbeitszufriedenheit abzuleiten. Bei einem Vergleich der Funktionen vergeben die befragten FAL eindeutig am häufigsten die höchsten Zufriedenheitswerte. Der Befund hoher Arbeitszufriedenheit kann jedoch ideologisch begründet sein.[1] So könnten die Forstamtsleiter, deren Beurteilungen grundsätzlich die höchsten Zufriedenheitswerte erzielen, Verschlechterungen gleich welcher Art für sich befürchten, wenn sich im Bereich der Forstverwaltungen etwas ändert. Darüber hinaus kommt oft die Angst vor Veränderungen hinzu, die den gesicherten und gewohnten Zustand einer vielleicht besseren, aber ungewissen Zukunft vorzieht. Vermutlich haben die meisten der FAL ihr Berufsziel erreicht. Inhalt ihrer Tätigkeit und das zu bewältigende Aufgabenspektrum bieten ihnen größeren Entfaltungsspielraum und mehr Entscheidungsbefugnisse als ihren MA. An dieser Stelle stellt sich die Frage, warum die Büroleiter ohne forstliche Ausbildung von den untersuchten Funktionen die niedrigsten Zufriedenheit in den meisten Arbeitsbereichen aufweisen. Es ist

---

[1] vgl. NEUBERGER, O.; ALLERBECK, M. (1978): a.a.O., S. 49ff

6.5 Arbeitszufriedenheit

anzunehmen, daß viele von ihnen in anderen Verwaltungen bessere Erfahrungen gemacht haben, durch die Unflexibilität an ihrem Arbeitsplatz enttäuscht sind und ihre Aufstiegsmöglichkeiten geringer sind.

Unzufriedenheit in Teilbereichen, auch wenn sie insgesamt für die Arbeitszufriedenheit von hoher Bedeutung sind, kann dann ertragen werden, wenn in anderen wichtigen Teilbereichen hohe Zufriedenheit besteht. Dieser 'Kompensationseffekt' darf für die drei Teilbereiche 'Bezahlung', 'Tätigkeit' und 'gesicherter Arbeitsplatz' angenommen werden.

Der Einfluß, den die Unzufriedenheit mit Verwaltungs- und Organisationsstrukturen auf die Allgemeine Arbeitszufriedenheit (AAZ) der FAL und MA der LFV mit anderen abgefragten, differenzierten Aspekten des Arbeitslebens hat, ist, entsprechend ihrer Position in der Bedeutungsrangfolge, eher gering. So ist es erklärlich, daß trotz aller Kritik an Mittelbehörden und Ministerien und der relativ niedrigen Zufriedenheit mit der Organisation und Leitung in den Forstämtern durchschnittlich ca. 60% der FAL und knapp 50% der MA ihren Beruf erneut ergreifen würden. Der niedrigere Anteil bei den MA läßt sich durch die weitaus geringere Zufriedenheit der MA mit der Bezahlung, einem der beiden wichtigsten Aspekte der Arbeitszufriedenheit, erklären. Man sollte jedoch nicht die 19% der FAL und die 26% der MA, die ihren Beruf nur vielleicht oder gar nicht wiederwählen würden, unbeachtet lassen. Insbesondere bei einer getrennten Betrachtung der weiblichen Untersuchungsteilnehmer stehen immerhin 38% der Frauen in den LFV und nichtstaatlichen Forstbetrieben einer erneuten Berufswiederwahl ablehnend gegenüber. Dieser hohe Anteil von Frauen, die zum größten Teil im Verwaltungs- bzw. Forstamtsbüro fast ohne Aufstiegsmöglichkeiten tätig ist, sollte Anlaß zu einer Ursachenstudie sein. Entscheidend für den zu analysierenden Handlungsbedarf ist vor allem die weitere Entwicklung der Zufriedenheit in den untersuchten Teilaspekten. Eine gleichgerichtete Anschlußuntersuchung zu Arbeitszufriedenheit bietet sich hier an. Aus humanitären und sozial verträglichen Gründen empfiehlt es sich, gerade auch für diejenigen, die in Teilbereichen ihrer Arbeit unzufrieden sind, Lösungen zu finden. Ebenso bedeutet die Zufriedenheit in einzelnen Aspekten des Arbeitslebens nicht, daß es nicht genügend Ansatzpunkte - insbesondere organisationsstruktureller Natur - gibt, Verbesserungen vorzunehmen.

Die Allgemeine Arbeitszufriedenheit (AAZ) gibt ein Gesamtbild der Zufriedenheit mit den untersuchten Teilaspekten. Bei der Einschätzung der AAZ gewichten die Befragten individuell die einzelnen Komponenten der Arbeitssituation unterschiedlich stark. Zudem gehen weitere Aspekte mit Bedeutung für die AAZ, die über die acht beurteilten Teilaspekte nicht erfaßt wurden, mit in die Bewertung ein. Dies erklärt, warum trotz größerer Unzufriedenheit in einzelnen Arbeitsbereichen alle Untersuchungsteilnehmer eine relativ hohe AAZ zum Ausdruck bringen.

Zwischen Allgemeiner Arbeitszufriedenheit (AAZ) und Allgemeiner Lebenszufriedenheit (ALZ) existieren im allgemeinen keine engen Korrelationen.[1] Es ist in diesem Zusammenhang jedoch bemerkenswert, daß die Einschätzung der Allgemeinen Arbeitszufriedenheit im Durchschnitt niedriger ausfällt, als die der Allgemeinen Lebenszufriedenheit. So wird auch in der vorliegenden Untersuchung, mit Ausnahme der Befragten aus den Neuen Bundesländern, die Allgemeine Lebenszufriedenheit höher bewertet als die Allgemeine Arbeitszufriedenheit. Hieraus wird ersichtlich, daß die Arbeit im Vergleich zu anderen Lebensbereichen häufiger als Bereich enttäuschter Erwartungen erlebt wird.[2] Die im Verhältnis zur Allgemeinen Arbeitszufriedenheit niedrigere Allgemeine Lebenszufriedenheit der Untersuchungsteilnehmer aus den Neuen Bundesländern ist als Folge der Wiedervereinigung und dem daraus resultieren Wertewandel zu werten und vor allem auf die zum Zeitpunkt der Befragung noch sehr unsicheren Verhältnisse in der zukünftigen Beschäftigtenstruktur der beiden LFV Thüringen und Brandenburg zurückzuführen.

---

[1] vgl. NEUBERGER, O.; ALLERBECK, M. (1978): a.a.O., S. 57
[2] vgl. DIESELBEN, S. 57

6.6 Ergebnisse der Gruppenbefragungen der Forstreferendare und Forstinspektorenanwärter

6.6.1 Demographische Angaben

6.6.1.1 Persönliche Angaben

Die Übersicht 6.48 enthält personenbezogene demographische Angaben der befragten Forstreferendare und Forstreferendarinnen (FREF) bzw. Forstinspektorenanwärter und Forstinspektorenanwärterinnen (FIAN).

Spalte (1)		FREF und FIAN	FREF	FIAN
	(2)	(3)	(4)	(5)
Alter	21 - 30 Jahre	76	63	87
	31 - 40 Jahre	24	37	13
		100		
Geschlecht	weiblich	13	24	3
	männlich	87	76	97
		100		
Familienstand	verheiratet	26	23	29
	ledig	73	76	71
	geschieden oder verwitwet	1	1	0
		100		
ÜBERSICHT 6.48	Altersstruktur, Geschlechterverhältnis und Familienstände der FREF und FIAN (%)			

76% der 134 befragten FREF und FIAN entfallen auf die Altersstufe 21-30 Jahre (Sp. 3). Knapp ein Viertel (24%) von ihnen ist älter als 30 Jahre. Betrachtet man FREF und FIAN getrennt (Sp. 4 und 5), zeigt sich, daß 63% der 64 befragten FREF jünger und 37% älter als 30 Jahre sind. Der Anteil der FIAN an der jüngeren Altersstufe liegt dagegen bei 87%, der in der älteren bei 13%.

Von den Befragten sind 13% weiblich. Differenziert man nach den zwei verschiedenen Laufbahnen, zeigt sich, daß sich relativ mehr Frauen unter den FREF befinden (24%). Von den 70 befragten FIAN sind nur 3% weiblich.

Befragt nach dem Familienstand geben 26% an, verheiratet zu sein. 73% sind ledig und 1% geschieden/verwitwet. Eine getrennte Betrachtung zeigt, daß trotz des höheren Alters der FREF, relativ weniger von ihnen verheiratet sind (23% zu 29%).

6.6.1.2 Berufsbezogene Angaben

Die Antworten auf die berufsbezogenen Items können den Übersichten 6.49 bis 6.51 entnommen werden.

Ihrem angestrebten Berufsziel gemäß absolvierten 100% der FREF ihr Studium an der Universität und 98% der FIAN an der Fachhochschule. 2% der FIAN wurden an einer (Forst-)Fachschule ausgebildet (Übersicht 6.49).

Spalte (1)		FREF und FIAN (2)	FREF (3)	FIAN (4)
		(2)	(3)	(5)
Ausbildung	Fachschule	1	0	2
	Fachhochschule	50	0	98
	Universität	49	100	0
		100		
ÜBERSICHT 6.49		Häufigkeitsverteilung (%) des Items 'Ausbildung'		

Auf die Frage nach den Arbeitsstellen der letzten fünf Jahre (Übersicht 6.50) geben 40% der Befragten an, dieselbe Stelle gehabt zu haben. 60% von ihnen hatten mehrere Arbeitsstellen. Von diesen besetzte der größte Teil (54%) zwei Stellen; 36% drei (Sp.2). Von den FREF (Sp.3) arbeiteten 67% an mehreren Stellen von denen 62% zwei und 26% drei Stellen hatten. Der größte Anteil der FIAN (Sp.4) mit mehreren Stellen (53%) besetzte in den letzten fünf Jahren drei (50%), 43% zwei Stellen. Mehr als 3 Stellen wurden von 10% der befragten FREF und FIAN angegeben. Der relative Anteil der FREF mit mehr als drei Stellen lag mit 12% zu 7% leicht über dem der FIAN.

Spalte (1)	FREF und FIAN (2)	FREF (3)	FIAN (4)
Stellenzahl			
dieselbe Stelle	40	33	47
mehrere Stellen	60	67	53
	100		
von den FREF/FIAN mit mehreren Stellen in den letzten 5 Jahren hatten:			
2 Stellen	54	62	43
3 Stellen	36	26	50
> 3 Stellen	10	12	7
	100		
ÜBERSICHT 6.50	Anzahl der Arbeitsstellen der FREF und FIAN in den letzten 5 Jahren (%)		

6.6 Ergebnisse der Forstreferendare und Forstinspektorenanwärter

Der Dauer der Ausbildung entsprechend liegt der Schwerpunkt der Antworten auf die Fragen nach der 'Dauer der derzeitigen Funktion', der 'Dauer der Zugehörigkeit zum derzeitigen Forstamt' und der 'Dauer der Zusammenarbeit mit dem/der derzeitigen FAL' zwischen einem halben Jahr (33%, 69% und 74%) und maximal zwei Jahren (67%, 31% und 26%, Übersicht 6.51).

Spalte (1)	(2)	FREF und FIAN (3)	FREF (4)	FIAN (5)
Dauer der derzeitigen Funktion	< 1 Jahr	33	19	45
	1-2 Jahre	67	81	55
		100		
Zugehörigkeit zur derzeitigen Dienststelle	< 1 Jahr	69	72	66
	1-2 Jahre	31	28	34
		100		
Dauer der Zusammenarbeit mit der/ dem derzeitigen FAL	< 1 Jahr	74	71	77
	1-2 Jahre	26	29	23
		100		
ÜBERSICHT 6.51	Häufigkeitsverteilung (%) der Items 'Dauer der derzeitigen Funktion', 'Dauer der Zugehörigkeit zum derzeitigen Forstamt' und 'Dauer der Zusammenarbeit mit dem/der derzeitigen FAL'			

Eine Stratifizierung nach FREF und FIAN ergibt ähnliche Relationen in den Antworthäufigkeiten. Die Zeiträume sind mit rund einem Jahr jedoch lang genug, um eine Beurteilung der Vorgesetzten und der AZ hinsichtlich der eigenen Tätigkeit abgeben zu können. Dies spricht für die Aussagefähigkeit der Ergebnisse.

6.6.2 Fragebogen zur Vorgesetzten-Verhaltens-Beschreibung (FVVB)

Übersicht 6.52 stellt die mit Hilfe des FVVB durch die FREF und FIAN erstellten Vorgesetzten-Verhaltens-Beschreibungen der jeweiligen FAL dar. Sowohl die FREF als auch die FIAN waren zuvor gebeten worden, nicht ihren direkten Vorgesetzten, sondern den/die FAL des jeweiligen Ausbildungsforstamtes zu beurteilen. Dabei gibt die in Punkten endende Linie die Ergebnisse der FIAN, die in Pfeilen endende die der FREF wieder.

Die VVP der FREF und FIAN unterscheiden sich nur in der Bewertung des Faktors F4 'Kontrolle vs. Laissez-faire' signifikant voneinander. Die Mittelwerte Werte aller Faktoren liegen bei den FREF und den FIAN zwischen den Skalenwerten drei und vier. Sie weichen somit zwar von den Idealwerten ab (siehe Ideal-Profil des Vorgesetzten-Verhaltens, Kap. 3.3.2), beschreiben damit aber ein insgesamt positives Führungsverhalten der FAL.

Die freundliche Zuwendung und Respektierung der FREF und FIAN von seiten der jeweiligen FAL (F1) wird von den Befragten mit durchschnittlich 3.93 am besten beurteilt (Sp.1). Demgegenüber fällt die Einstufung der 'zur Arbeit stimulierenden Aktivität' der MA durch die FAL, wie schon bei den in Kap. 6.3 beschriebenen Profilen der LFV, mit 3.46 (Sp.1) deutlich schlechter aus. Wie ihre Kollegen aus den Forstämtern, scheinen auch sie den Schwung in der Führung zu vermissen.

Forstreferendare/Forstreferendarinnen und Forstinspektorenanwärter/Forstinspektorenanwärterinnen														
Sp. (1)			(2)			(3)				(4)				
FREF+FIAN			FREF			FIAN				Vorgesetzten-Verhaltens-Profil				
N	x̄	s	N	x̄	s	N	x̄	s	F	1 1.5	2 2.5	3 3.5	4 4.5	5
134	3.93	0.78	64	3.89	0.75	70	3.96	0.80	F1					
134	3.46	0.64	64	3.42	0.63	70	3.50	0.64	F2					
134	3.33	0.86	64	3.35	0.81	70	3.30	0.90	F3					
134	3.59	0.66	64	*3.42*	0.66	70	**3.74**	0.63	F4					
134	3.77	0.80	64	3.87	0.72	70	3.68	0.86	F5					
ÜBERSICHT 6.52			Beschreibung der FAL durch die FREF (←→) Beschreibung der FAL durch die FIAN (●—●)											

Die den FREF und FIAN ermöglichte Mitbestimmung wird von beiden Gruppen fast identisch wahrgenommen. Mit durchschnittlich 3.33 Skalenpunkten liegt diese Beurteilung zwar noch über dem Skalenmittel drei, aber am unteren Ende der gesamten Faktorenbewertungen. Das Empfinden hinsichtlich der ausgeübten Kontrolle durch die FAL (F4) differiert signifikant. Dies ergab die Überprüfung der Straten FREF (Sp.2) und FIAN (Sp.3) mit dem Rangsummentest von WILCOXON auf Mittelwertunterschiede (fett und kursiv gedruckte Zahlen). Eine Erklärung liegt darin, daß sowohl FREF als auch FIAN statt des direkten Vorgesetzten die FAL ihres Ausbildungsforstamtes beschreiben sollten, es aber anzunehmen ist, daß die FIAN im Gegensatz zu den FREF weniger Kontakt zu diesen haben und somit nicht so häufig seiner (ständigen) Kontrolle unterliegen.

Das erlebte Führungsverhalten wird durch den Faktor F5 mit durchschnittlich 3.77 Skalenpunkten recht positiv eingestuft. Die Einzelbewertung der FAL der Ausbildungsforstämter durch die FIAN fällt dabei schlechter aus als durch die FREF.

6.6.3 Gruppenatmosphäre

Die Umfrageergebnisse zur Beurteilung der Gruppenatmosphäre in den Forstämtern sind in den Übersichten 6.53 (FREF) und 6.54 (FIAN) wiedergegeben.

In der Summe wird die Gruppenatmosphäre positiv eingestuft. Die FREF bewerteten sie mit 6.0 etwas besser als die FIAN (5.7). Die positivsten Bewertungen erhielten in beiden Straten die Item-Paare des zwischenmenschlichen Aspekts

6.6 Ergebnisse der Forstreferendare und Forstinspektorenanwärter - 163 -

'unfreundlich-freundlich' (FREF= 6.6, FIAN = 6.4) und 'feindselig-entgegenkommend' (FREF= 6.5, FIAN= 6.1). Die niedrigsten Beurteilungen entfielen bei den FREF auf die Item-Paare 'kühl-herzlich' (5.5) und 'kalt-warm' bzw. 'schwunglos-schwungvoll' mit jeweils 5.6. Die FIAN stuften mit 5.2 'kühl-herzlich' und 'schwunglos-schwungvoll' am unteren Ende der Bewertungsergebnisse ein, gefolgt von 'kalt-warm' mit 5.3.

Eine Überprüfung der Differenzen zwischen FREF und FIAN mit dem Rangsummentest von WILCOXON konnte jedoch keine signifikanten Unterschiede aufzeigen.

Forstreferendare und Forstreferendarinnen		
	1....5 5.5 6 6.5 7 7.5 8	
unfreundlich		6.6 freundlich
kühl		5.5 herzlich
enttäuschend		5.9 befriedigend
schwunglos		5.6 schwungvoll
unproduktiv		6.0 produktiv
kalt		5.6 warm
unkooperativ		6.1 kooperativ
feindselig		6.5 entgegenkommend
langweilig		6.1 interessant
Mittelwert		6.0

ÜBERSICHT 6.53   Beurteilung der Gruppenatmosphäre in den Forstämtern durch die FREF

Forstinspektorenanwärter und Forstinspektorenanwärterinnen		
	1....5 5.5 6 6.5 7 7.5 8	
unfreundlich		6,4 freundlich
kühl		5,2 herzlich
enttäuschend		5,5 befriedigend
schwunglos		5,2 schwungvoll
unproduktiv		5,7 produktiv
kalt		5,3 warm
unkooperativ		5,8 kooperativ
feindselig		6,1 entgegenkommend
langweilig		5,6 interessant
Mittelwert		5,7

ÜBERSICHT 6.54   Beurteilung der Gruppenatmosphäre in den Forstämtern durch die FIAN

6.6.4 Arbeitszufriedenheit (AZ)

Entsprechend Kap. 6.5 werden auch bei den FREF und FIAN die Ergebnisse der Items 'Einbindung in die Verwaltungshierarchie', 'Zufriedenheit mit Mittelbehörden und Ministerien' denen des ABB von NEUBERGER vorangestellt. Die Antworten auf die Frage nach der 'Berufswiederwahl' bilden wieder den Anschluß.

Übersicht 6.55 zeigt, daß sich 57% der Befragten in die Verwaltungshierarchie eingebunden fühlen. 43% betrachten sich eher als 'außen vor' gelassen. Auf die Frage zur Zufriedenheit mit den Mittelbehörden gibt die Hälfte der FREF und FIAN (51%) an, mit ihnen zufrieden zu sein. 49% sind hingegen unzufrieden. Deutlicher fällt die Unzufriedenheit mit den zuständigen Ministerien aus. Ein Drittel der Befragten (33%) erklärt sich mit den Ministerien zufrieden, während 67% unzufrieden sind.

	Forstreferendare/Forstreferendarinnen und Forstinspektorenanwärter/Forstinspektorenanwärterinnen	
Spalte (1)	(2)	(3)
Einbindung in die Verwaltungshierarchie	ja	57
	nein	43
		100
Zufriedenheit mit den jeweiligen Mittelbehörden	ja	51
	nein	49
		100
Zufriedenheit mit den jeweiligen Ministerien	ja	33
	nein	67
		100
ÜBERSICHT 6.55	Häufigkeitsverteilung (%) der Items 'Einbindung in die Verwaltungshierarchie', und 'Zufriedenheit mit Mittelbehörden und Ministerien'	

Die Übersichten 6.56 und 6.57 stellen, als Ergebnis des ABB, die durchschnittliche Ausprägung der Arbeitszufriedenheit der FREF und FIAN dar.[1]

Bei Betrachtung aller acht Aspekte der AZ und der Fragen zur Allgemeinen Arbeitszufriedenheit und Allgemeinen Lebenszufriedenheit sind die FREF mit ihrer Arbeit etwas zufriedener als die FIAN. Die FREF vergeben die höchsten Bewertungen auf die Skalen 'Kollegen' (3.20/5.36) und 'Vorgesetzte' (3.11/5.10). Eher unzufrieden sind sie mit ihrer Entwicklung (2.20/3.20) und der Organisation und Leitung der Landesforstverwaltung (2.11/3.11). Letzteres korrespondiert mit der Aussage der FREF hinsichtlich der Zufriedenheit mit den Ministerien.

Ebenfalls am unteren Ende der Zufriedenheitsskala wird von den FREF die Zufriedenheit mit der Bezahlung (2.35/3.69) eingeordnet. Ihre Allgemeine Lebenszufriedenheit bewerten die FREF mit 5.16 deutlich höher als ihre Allgemeine Arbeitszufriedenheit (4.55).

---

[1] Legende für die Übersichten 6.56 und 6.57 siehe Kap. 6.5.

6.6 Ergebnisse der Forstreferendare und Forstinspektorenanwärter

Forstreferendare und Forstreferendarinnen			
Bewertungsstufen Items		1 1.5 2 2.5 3 3.5 4	
Kollegen	Mittelwert		3.20
	Kunin		5.36
Vorgesetzte	Mittelwert		3.11
	Kunin		5.10
Tätigkeit	Mittelwert		*2.86*
	Kunin		*4.79*
Arbeits-bedingungen	Mittelwert		2.91
	Kunin		4.97
OuL/Forstamt	Mittelwert		2.66
	Kunin		*4.57*
OuL/LFV	Mittelwert		2.11
	Kunin		3.11
Entwicklung	Mittelwert		2.22
	Kunin		3.20
Bezahlung	Mittelwert		*2.35*
	Kunin		*3.69*
Bewertungsstufen Kunin		1 2 3 4 5 6 7	
AAZ	Kunin		4.55
ALZ	Kunin		5.16
Bewertungsstufen Kunin		1 2 3 4 5 6 7	
ÜBERSICHT 6.56		Durchschnittliche Ausprägung von AZ der befragten FREF	

Forstinspektorenanwärter und Forstinspektorenanwärterinnen			
Bewertungsstufen Items		1 1.5 2 2.5 3 3.5 4	
Kollegen	Mittelwert		3.09
	Kunin		4.99
Vorgesetzte	Mittelwert		3.03
	Kunin		4.74
Tätigkeit	Mittelwert		*3.06*
	Kunin		*5.22*
Arbeits-bedingungen	Mittelwert		2.81
	Kunin		5.13
OuL/Forstamt	Mittelwert		2.53
	Kunin		*3.99*
OuL/LFV	Mittelwert		2.11
	Kunin		3.15
Entwicklung	Mittelwert		2.27
	Kunin		3.21
Bezahlung	Mittelwert		*1.87*
	Kunin		*2.56*
Bewertungsstufen Kunin		1 2 3 4 5 6 7	
AAZ	Kunin		4.33
ALZ	Kunin		4.84
Bewertungsstufen Kunin		1 2 3 4 5 6 7	
ÜBERSICHT 6.57		Durchschnittliche Ausprägung von AZ der befragten FIAN	

Uneinheitlicher präsentieren sich hingegen die FIAN. Hinsichtlich der Skalenmittelwerte geben sie an, am ehesten mit ihren Kollegen (3.09) und der Tätigkeit (3.06) zufrieden zu sein. Bezüglich der Kunin-Gesichter erhält der Arbeitsaspekt ´Tätigkeit´ (5.22) die höchste Bewertung, gefolgt von der Kunin-Bewertung der Skala ´Arbeitsbedingungen´ (5.13). Die niedrigsten Bewertungen erhalten von den FIAN die Arbeitsbereiche ´Bezahlung´ (1.87/2.56) und ´Organisation und Leitung/Landesforsverwaltung´ (2.11/3.15). Ebenfalls unzufrieden zeigen sich die FIAN mit ihrer eigenen Entwicklung (2.27/3.21). Die Allgemeine Arbeits- und Lebenszufriedenheit wird von den FIAN mit 4.33 bzw. 4.84 niedriger als von den FREF bewertet.

Der Rangsummentest von WILCOXON zeigt signifikante Unterschiede zwischen FREF und FIAN für die Arbeitsaspekte ´Tätigkeit´ (FREF unzufriedener) und ´Bezahlung´ (FIAN unzufriedener) an. Ebenfalls signifikant unterscheiden sich die Kunin-Bewertungen ´Organisation und Leitung/Forstamt´. Hier zeigen sich die FREF zufriedener.

Übersicht 6.58 stellt abschließend die Auswertung der Frage nach der Berufswiederwahl dar. In den Antworten der Befragten spiegelt sich deutlich die partielle Unzufriedenheit mit verschiedenen Arbeitsaspekten wieder. So stimmen von den 134 Befragten nur 28% einer Berufswiederwahl uneingeschränkt zu, während 20% sie für sehr wahrscheinlich halten. 48% stehen einer erneuten Berufswiederwahl demnach positiv gegenüber.

Spalte (1)	FREF und FIAN (3)		FREF (4)		FIAN (5)	
ja	28	48	25	49	30	46
sehr wahrscheinlich	20		24		16	
vielleicht	32	52	27	51	37	54
nein	20		24		17	
	100					
ÜBERSICHT 6.58	Würden Sie Ihren Beruf, wenn Sie mit all Ihren gemachten Erfahrungen vor der Berufswahl stünden, wiederwählen? (%)					

Eher unsicher zeigen sich insgesamt 52% bei der Frage nach der Berufswiederwahl. Von diesen entscheiden sich 32% für ´vielleicht´, ein Fünftel aller Befragten (20%) gibt eindeutig an, den gewählten Beruf nicht wiederzuwählen.

Die getrennte Betrachtung der FREF und FIAN zeigt, daß der Anteil der FIAN, die ihren derzeitigen Beruf vielleicht oder gar nicht wiederwählen würden, mit 54% über dem der FREF liegt (51%).

6.6.5 Zusammenfassende Diskussion der Ergebnisse

Die Ergebnisse der Befragung der FREF und FIAN müssen sicherlich in einem anderen Licht gesehen werden als die der Bediensteten der LFV und nichtstaatlichen Forstbetriebe. Das Arbeitsverhältnis ist, dem Ausbildungscharakter entsprechend, zeitlich befristet. Die Möglichkeiten einer anschließenden Übernahme in den Staatsdienst haben sich in den letzten Jahren drastisch verschlechtert. Insbesondere die ungewissen beruflichen Zukunftsaussichten können dabei Hauptursachen für (erlebte) Frustrationen und Unzufriedenheiten sein. Ungeachtet dessen kann eine Untersuchung aber interessante Aufschlüsse darüber geben, wie FREF und FIAN ihre Ausbildungszeit erleben.

Der größte Anteil der Befragten entfällt auf die Altersstufe 21 bis 30 Jahre. Dies deutet darauf hin, daß die meisten der Auszubildenden i.d.R. kurz nach Beendigung des Studiums (an einer Universität oder einer Fachhochschule) ihre Referendarszeit respektive ihre Anwärterzeit in einer der untersuchten Landesforstverwaltungen aufgenommen haben. Frauen sind sowohl unter den FREF als auch unter der FIAN vertreten, Verheiratete und Ledige kommen in beiden Gruppen der Stichprobe vor.

Hinsichtlich der Anzahl der besetzten Arbeitsstellen ist erstaunlich, daß trotz des relativ jungen Durchschnittsalters, 60% der Befragten mehrere Stellen in den letzten fünf Jahren hatten. Die Ursache könnte hier einerseits in den Wartezeiten auf Zulassung zum Studium (dies gilt insbesondere für das Studium an der Forstlichen Fachhochschulen mit einem hohen Numerus Clausus), der Notwendigkeit, während des Studiums arbeiten zu müssen oder auch in ´Leerlaufzeiten´ die mit Jobs vor Aufnahme des Referendariats bzw. vor Beginn der Anwärterzeit überbrückt wurden, liegen.

Das Vorgesetzten-Verhalten der FAL wird sowohl von den FREF als auch von den FIAN tendenziell positiv beurteilt. Die Mitarbeiterorientierung (F1 und F3) der FAL wird dabei etwas über der Sach- bzw. Aufgabenorientierung (F2 und F4) eingestuft. Beide Gruppen bescheinigen den FAL eine freundliche Zuwendung und Respektierung der MA (F1). Menschliche Kompetenz wird den FAL im großen und ganzen zugesprochen. Die Möglichkeit, am Forstamtsgeschehen aktiv durch Mitsprache und Mitbestimmung teilzunehmen, wird dagegen etwas niedriger gewertet (F3). Ihrer Führungsaufgabe, die MA zur Arbeit zu motivieren und damit auch die Aktivität in der Arbeitsausführung zu steigern, kommen die FAL weniger als der Pflege der zwischenmenschlichen Beziehungen nach (F2). Ihnen wird im Rahmen ihrer Aufgabenorientierung eine leichte Tendenz zum Laissez-faire-Verhalten bescheinigt. Die Beurteilungsergebnisse für den Faktor 5, der Gesamtbeurteilung des wahrgenommenen Führungsverhaltens, zeigen schließlich, daß die befragten FREF und FIAN das Führungsverhalten der FAL nicht negativ werten, es jedoch noch nicht als optimal betrachten.

Insgesamt ist die Vorgesetzten-Verhaltens-Beschreibung der FAL geringfügig besser als die der MA der LFV Niedersachsen, Hessen und Nordrhein-Westfalen, ähnelt ihr aber trotz des relativ kurzen Beurteilungszeitraums, die den FREF und FIAN zur Verfügung stand, sehr. Die Kritik am Führungsverhalten, die sich insbesondere in der geringen Aktivität der FAL, MA zu motivieren und in den als gering empfundenen Mitbestimmungsmöglichkeiten ausdrückt, ist für die Tätigen in den LFV offensichtlich, so daß die in der Diskussion zum Vorgesetzten-Verhalten in Kap. 6.3 getroffenen Aussagen prinzipiell auch für die FREF und FIAN gelten. Als mögliches extrinsisches Arbeitsmotiv kann bei FREF und FIAN die Beurteilung ihrer Leistungen durch die direkten Vorgesetzten angesehen werden. Aber auch dieses kann als Motivator entfallen, wenn die anschließenden Übernahmemöglichkeiten kaum Chancen versprechen. Aus der Sicht der FREF und FIAN ergeben sich für die Faktoren F3 und F4 jedoch noch weitere Gesichtspunkte.

FREF und FIAN befinden sich in einer Ausbildung, durch die Fachkompetenz erst erworben werden soll. Aus diesem Grund können sie noch nicht aktiv an Entscheidungen partizipieren, ihre Mitbestimmungsmöglichkeiten sind von vornherein (noch) geringer. Aus dem gleichen Grund müßte die Kontrolle der ´Auszubildenden´ eigentlich einen höheren Stellenwert einnehmen. Lernen bedeutet gleichzeitig auch Kontrolle der Lernergebnisse und des Lernerfolgs, und zwar nicht erst durch Prüfungen nach Abschluß der Ausbildung.

Korrespondierend zu den Ergebnissen der LFV der untersuchten Neuen Bundesländern spiegelt sich die relativ hohe Einstufung der zwischenmenschlichen Beziehungen und die niedrigere der Aufgabenorientierung im Führungsprozeß in der Beurteilung der Itempaare der wieder. Positiv beschriebene Itempaare des mitmenschlichen Aspekts stehen den schlechter bewerteten der sachlich-fachlichen Sphäre gegenüber. Damit bestätigen die Ergebnisse der Untersuchung zur Gruppenatmosphäre die sich schon in den VVP abgezeichneten Tendenzen. Die größere Nähe der FREF zum jeweiligen FAL ist dabei wahrscheinlich der Grund, warum diese die Gruppenatmosphäre geringfügig besser beschreiben.

Die großen Unzufriedenheiten insbesondere mit den Ministerien deuten auch bei den FREF und FIAN auf sachliche und organisationelle Differenzen hin. Dies zeigt sich beeindruckend in den beschriebenen Ergebnissen des ABB. Während auch der ABB die alles in allem positiv zu betrachtenden Zufriedenheiten mit den Aspekten ´Tätigkeit und Arbeitsbedingungen´, insbesondere aber mit ´Kollegen und Vorgesetzten´ bestätigt, schlagen sich die Unzufriedenheiten im sachlich-fachlichen und organisationellen Bereich in den Beurteilungen der Aspekte 'OuL/LFV', 'Entwicklung' und 'Bezahlung' nieder. Bei Betrachtung des Aspektes `Entwicklung´ muß jedoch in diesem Zusammenhang berücksichtigt werden, daß die Aussichten zur Übernahme in den Staatsdienst gerade zum Zeitpunkt der Untersuchung sich drastisch verschlechterten und damit sicherlich Auswirkungen auf die Beantwortung des ABB hatten.

Die schlechten Zukunftsperspektiven lassen sich markant an den Antworten auf die Frage zur Berufswiederwahl ablesen. Im Gegensatz zu den übrigen Untersuchungsteilnehmern der LFV Niedersachsen, Hessen und Nordrhein-Westfalen steht die Mehrheit der FREF und FIAN bereits zu Beginn des beruflichen Einstiegs einer erneuten Berufswahl eher ablehnend gegenüber. Negative Effekte auf die Arbeitsmotivation als Folge sind zu erwarten.

Die unabhängige Befragung der FREF und FIAN bestätigt somit eindrucksvoll die Umfrageergebnisse insbesondere in den untersuchten LFV der Alten Bundesländer.

7. GESAMTDISKUSSION

Die Befragungen zur Einstellung zum Führungsverhalten, zum Vorgesetztenverhalten, zur Gruppenatmosphäre und zur Arbeitszufriedenheit ergeben ein schlüssiges Bild vom Führungsgeschehen in den untersuchten Landesforstverwaltungen und Forstbetrieben. Abschließend sind die Ergebnisse der vier Teiluntersuchungen vor dem Hintergrund zu diskutieren, daß die Mehrheit der befragten Landesforstverwaltungen und Forstbetriebe kooperative Führungsformen anstreben. Auswirkungen der Organisationsform und des Status 'öffentliche Verwaltung' auf das Führungsverhalten, die Gruppenatmosphäre und Arbeitszufriedenheit werden aufgezeigt.

Die Verwirklichung eines angestrebten Führungsstils wird häufig allein auf die Fähigkeiten einer Führungskraft zurückgeführt, diesen umsetzen zu können. Neben persönlichen Voraussetzungen wird das Führungsverhalten jedoch auch von der Führungssituation, den Werthaltungen des Führenden seinen Mitmenschen gegenüber und dem Willen der Mitarbeiter, sich führen zu lassen, beeinflußt. Voraussetzung für eine erfolgreiche Umsetzung dieses Ziels ist einerseits die Bereitschaft und innere Einstellung der Beschäftigten, sich daran aktiv zu beteiligen. Andererseits müssen die äußeren Bedingungen den angestrebten Führungsstil zulassen.

Auffallend, aber durchaus bekannt, ist das Phänomen der 'besseren' Befragungsergebnisse der Vorgesetzten gegenüber denen ihrer MA. Damit kann und soll die Frage nicht beantwortet werden, welche Ebene 'Recht hat' oder ob die

Aussagen der beiden Ebenen im Fall der Übereinstimmung der 'Wirklichkeit' entsprechen. Dies soll auch nicht Gegenstand der Diskussion sein. Die Aussagen von FAL und MA bilden zusammen einen wichtigen Teil der von beiden Partnern sozial wahrgenommenen Wirklichkeit ab.[1]

Die Werthaltung, die ein Vorgesetzter seinen Mitarbeitern entgegenbringt, manifestiert sich in seinem individuellen Bild vom Menschen. Es wird besonders an Testbestandteilen sichtbar, die auf zwischenmenschliche Beziehungen abstellen. Die grundsätzlich positive Einstellung der FAL zum Menschen bestätigt sich in der positiven Selbst- und Fremdbeurteilung der freundlichen Zuwendung und Respektierung der MA durch die FAL in der Untersuchung des Vorgesetzten-Verhaltens. Die durchschnittlich überwiegend gut bewerteten zwischenmenschlichen Beziehungen spiegeln sich in einem als angenehm beschriebenen Betriebsklima wieder. Wie konsistent die Ergebnisse hinsichtlich der Verwirklichung des prosozialen Aspekts sind, untermauert die in fast allen untersuchten Gruppen angetroffene hohe Zufriedenheit mit Kollegen und Vorgesetzten. Sie wird nur durch die große Diskrepanz zwischen den Ergebnisse der an der Befragung beteiligten kommunalen Forstamtsleiter und ihren Mitarbeitern durchbrochen, die wegen des geringen Stichprobenumfangs hier jedoch nicht als repräsentative Beispiele weiter diskutiert werden sollen.

Differenzen in der Einstellung zum Führungsverhalten mit erkennbarer Auswirkung auf das Vorgesetzten-Verhalten bestehen zwischen den befragten Gruppen in den Ansichten über den notwendigen Informationsgrad der Mitarbeiter, dem zu gewährenden Handlungsspielraum und der Erlernbarkeit von Führungsfähigkeiten.

Die von den FAL der LWK für nicht so wichtig gehaltene Information und im Zusammenhang damit der den MA gewährte Handlungsspielraum schlagen sich deutlich in deren niedrigeren und von der Selbstbeurteilung der FAL stark differierenden Faktorenwerten der Vorgesetzten-Verhaltens-Beschreibungen, die die Mitbestimmungsmöglichkeiten charakterisieren, nieder. Unzureichende Information über das betriebliche Geschehen läßt bei den betroffenen Mitarbeitern das Gefühl entstehen, an Entscheidungen nicht partizipieren zu können. Anders ist die Wahrnehmung der Mitbestimmungsmöglichkeiten der Mitarbeiter der LFV Thüringen und Brandenburg. Der Partizipationsgrad wird, verglichen mit der direktiven Führung zu DDR-Zeiten, weit höher empfunden, obwohl die Informationsneigung der FAL gering ist.

Beide Aspekte, Handlungsspielraum und Informiertheit, beeinflussen das delegative Moment kooperativer Führung. Dabei hängt die Fähigkeit einer Führungskraft zur Delegation, neben strukturellen Voraussetzungen, davon ab, inwieweit sie

---

[1] vgl. WILPERT, B. (1977): *Führung in deutschen Unternehmen*, Berlin, New York: de Gruyter, S. 25

7. Gesamtdiskussion

den MA die Fähigkeit, Führungs- und Handlungsverantwortung übernehmen zu können, zuspricht. Diese Bereitschaft zur Delegation ist in den untersuchten Gruppen wenig ausgeprägt und am ehesten in den LFV der Alten Bundesländer gegeben. Eine weiterführende Untersuchung zum Delegationsverhalten in den Untersuchungsgruppen brächte sicher weitere interessante Aufschlüsse.

In kooperativen Führungsformen sind aufgaben- und mitarbeiterorientierte Merkmale des Führungsverhaltens gleich wichtig. In der Vorgesetzten-Verhaltens-Beschreibung stufen mit Ausnahme der privaten alle FAL ihre, die MA zur Arbeit stimulierenden Aktivität, niedriger ein als ihre Mitarbeiterorientierung. Die Profilverläufe der MA-Fremdbeurteilung bestätigen dies eindrucksvoll. Als logische Konsequenz bewerten die MA die Gruppenatmosphäre in ihren Forstämtern entsprechend. Die niedrigsten Skalenpunkte erhalten, über alle MA betrachtet, Itempaare, die den sachlich-fachlichen Aspekt der Gruppenatmosphäre charakterisieren. Die Allgemeine Arbeitszufriedenheit bzw. ihre einzelnen Aspekte werden hiervon nicht in besonderem Maße betroffen, wird sie doch in erster Linie von guten zwischenmenschlichen Beziehungen positiv beeinflußt.

Eine derartige Übereinstimmung von Aufgabenorientierung und Stellung der sachlich-fachlichen Itempaare in der Bewertung der Gruppenatmosphäre ist bei den FAL nicht festzustellen. Im Gegensatz zu den MA werden Itempaare des sachlich-fachlichen Aspekts von den FAL mehrheitlich am höchsten beurteilt. Dieser Widerspruch zwischen der Beschreibung des eigenen Führungsverhaltens und der Position der sachlich-fachlichen Itempaare in ihrer Bedeutung für die Gruppenatmosphäre kann aus Vorstellungen von einem ´guten´, leistungsorientierten Vorgesetzten stammen, dessen Eigenschaften sich die FAL unbewußt selbst zuschreiben.

Die einzigen, bei denen Aufgabenorientierung und Beurteilung der Itempaare zur Beschreibung der Gruppenatmosphäre konform gehen, sind die FAL der privaten Forstbetriebe. Mitarbeiter- und Aufgabenorientierung besitzen bei ihnen im FVVB den gleichen Stellenwert, so daß die hohe Einstufung der sachlich-fachlichen Itempaare gerechtfertigt erscheint.

Diese unterschiedlichen Ergebnisse zeigen, daß Reserven in der aufgaben- und leistungsorientierten Führung aus bestimmten Gründen nicht mobilisiert werden. Da nur von den privaten FAL die Aufgaben- der Mitarbeiterorientierung gleichgestellt wird, ist die Frage zu stellen, ob dieses Defizit in den untersuchten ´öffentlichen´ Forstverwaltungen strukturell bedingt ist.

Die hohe Zufriedenheit der FAL und der MA mit den Arbeitsbereichen ´Tätigkeit´, ´Kollegen´, ´Arbeitsbedingungen´ und ´Vorgesetzte´ ist Ausdruck für positiv empfundene zwischenmenschliche Beziehungen. In Verbindung mit einem sicheren Arbeitsplatz wiegen diese Aspekte Unzufriedenheiten in anderen Bereichen wie ´Organisation und Leitung` und ´Bezahlung´ auf. Deutlich abzulesen ist dies an den durchgängig hohen Allgemeinen Arbeitszufriedenheiten, die über den Skalenmittelwerten liegen.[1] Diese Zufriedenheit kann auch nicht darüber hinwegtäuschen, daß trotz der überwiegend positiven Einstellung einige wichtige Merkmale kooperativer Führung, wie umfassende Information, Motivierung der Mitarbeiter und deren Beteiligung an Entscheidungsvorgängen, unzureichend ausgeprägt sind. Zur Verbesserung interaktionaler Führungsbeziehungen können FAL und MA in gleichem Maße beitragen, vorausgesetzt, daß beiden Gruppen die Gelegenheit gegeben wird, gemeinsam ihre Führungsfähigkeiten in dafür ausgerichteten Veranstaltungen zu entwickeln. Die hohe Akzeptanz kooperativer Führungsformen bietet dafür gute Voraussetzungen.

Da Führung aber auch strukturell, d.h. durch die jeweilige Führungssituation und -umgebung geprägt ist, ist eine Gesamtbetrachtung der Untersuchungsergebnisse im Kontext der Organisation angebracht, um zu klären, welchen Einfluß strukturelle (Umgebungs)Variablen auf das Führungsverhalten, die Gruppenatmosphäre und letztlich auch auf die Arbeitszufriedenheit der Beschäftigten haben.

Der Einfluß der Organisation auf das Führungsgeschehen und die Arbeitszufriedenheit kann durch sämtliche Teiluntersuchungen verfolgt werden. Ausgenommen davon ist die Befragung zur ´Einstellung zum Führungsverhalten´, da in ihr persönliche Werthaltungen zum Ausdruck kommen, die - im großen und ganzen - unabhängig von der Organisation sind.

Bei der Betrachtung der VVP fallen vor allem zwei Ergebnisse ins Auge: die, mit Ausnahme der FAL privater Forstbetriebe und der LFV Thüringen und Brandenburg, gleichgerichteten, markant niedrigeren Skalenwerte der ´zur Arbeit stimulierenden Aktivität der FAL´ und die extremen Diskrepanzen in der Einschätzung der gewährten und empfundenen Mitbestimmungsmöglichkeiten.

Die Einheit von Hoheits- und Betriebsaufgaben in den LFV bedingt, daß die Verantwortungsträger Beamte sein müssen. Der Beamtenstatus gibt Vorgesetzten nur wenig Möglichkeiten zur Motivierung der MA an die Hand. Gewinnbeteiligung, Prämien oder außertarifliche Bezahlung - Variablen extrinsischer Motivierung - sind als Führungsmittel ausgeschlossen. Was bleibt sind verbales Lob und verbaler Tadel, vielleicht noch ´beschleunigte´ Beförderungen. Im öffentlichen Dienst hat demnach die freiwillige, ´intrinsische´ Motivation schon infolge begrenzter Sanktionsmöglichkeiten ein besonderes Gewicht.[2] Auslöser intrinsischer Motivation sind

---

[1] Dabei darf bei der Gesamtbetrachtung der Ergebnisse nicht übersehen werden, daß es sich um Durchschnittswerte handelt, die natürlich nicht ausschließen, daß im Einzelfall durchaus gravierende Unzufriedenheiten mit dem Vorgesetzten, seinem Führungsverhalten, dem Betriebsklima und den einzelnen Aspekten der Arbeit existieren.

[2] vgl. WUNDERER, R.; GRUNWALD, W. (1980): a.a.O., S. VII

7. Gesamtdiskussion

u.a. Arbeitsbedingungen und die Tätigkeit selbst. Beide Aspekte des Arbeitslebens erhalten von FAL und MA mit die höchsten Bewertungen und können so ihrerseits zur Motivation 'von innen' beitragen. Das Fehlen extrinsischer Arbeitsmotive zeigt sich letztlich in der Unzufriedenheit der MA mit ihrer Entwicklung und ihrer Bezahlung. Die Möglichkeiten, MA zu motivieren, liegen demnach fast ausschließlich im zwischenmenschlichen Bereich. Die Vorbildfunktion der FAL gewinnt dadurch an Bedeutung und erklärt deren höhere Einstufung mitarbeiterorientierter Führung gegenüber ihren Kollegen aus den Privatforstbetrieben.

Die organisationsstrukturell bedingten eingeschränkten Motivierungsmöglichkeiten der FAL schlagen sich auch in den Beschreibungen der Gruppenatmosphäre durch die MA nieder, die in vielen Fällen als ziemlich schwunglos und unproduktiv empfunden wird.

Den positiven Einfluß extrinsischer Motivatoren[1] auf die Aktivität des FAL und die Arbeitszufriedenheit belegen dagegen eindeutig die Untersuchungsergebnisse aus den privaten Forstbetrieben. Sowohl FAL als auch MA zeigen von allen Untersuchungsteilnehmern die höchsten Zufriedenheiten mit ihrer beruflichen Entwicklung, Bezahlung und der Allgemeinen Arbeitszufriedenheit. Die Gruppenatmosphäre wird überwiegend produktiv empfunden.

Die Möglichkeiten und Grenzen der Mitbestimmung, insbesondere in den Forstämtern des öffentlichen Verwaltungsarms (LFV, Kommunen und LWK) wurden bereits in Kap. 6.3 diskutiert. Unveränderbare Strukturmerkmale, wie die große Flächenausdehnung von Forstbetrieben schränken eine umfassende Partizipation der MA zeitlich und räumlich ein. In den öffentlichen Forstverwaltungen können MA schon aus verfassungsrechtlichen Gründen nur an bestimmten betrieblichen Entscheidungen beteiligt werden.[2] Die (politisch gewollte) hierarchische Organisationsstruktur verleitet dazu, auch partizipations- oder gar delegationsfähige Entscheidungen mit autokratischen Führungsmitteln durchzusetzen. Die Praxis zeigt aber, wie auch in der Kritik an Mittelbehörden und Ministerien geäußert, daß ministeriale Entscheidungen zum Teil nicht begründet und nachvollziehbar erscheinen und im Extremfall sogar 'durchregierend' getroffen werden. Die Folgen sind extreme Unzufriedenheit mit der Organisation und Leitung der Forstämter aber mehr noch mit der LFV. Die von den Untersuchungsteilnehmern der LFV geäußerte Kritik an den Mittelbehörden und Ministerien ist auf die gegebenen organisationellen Bedingungen und ihre Nachteile für den von allen fünf LFV geforderten Führungsstil zurückzuführen. *"Nach herrschender Auffassung ist die Realisierung, insbesondere des partizipativen Aspekts der Führung ohne wesentliche organisatorische Veränderungen des traditionellen Ein- oder Mehrliniensystems und ihrer*

---

[1] Die FAL der befragten Forstämter nannten finanzielle Anreize u.a. in Form von Umsatzbeteiligung, Erfolgsprämien und Gewinnbeteiligung.

[2] vgl. KÜBLER, H. (1978): a.a.O., S. 39

Mischformen kaum möglich".[1)]

Die aus dem Status der (öffentlichen) Verwaltung herrührenden Restriktionen kooperativer Führung wie Bürokratie, Linienorganisation, Hoheitsaufgaben und ausgeprägte hierarchische Strukturen zeigen, daß sich Führung in der öffentlichen Verwaltung - wegen ihrer Bindung an Recht und Gesetz - vor allem aber aufgrund ihres bürokratischen und immer auch politischen Charakters, größeren Anstrengungen unterziehen muß, als in der privaten Arbeitsorganisation.[2)] Die bedingungslose Verfolgung eines demokratischen Führungsstils innerhalb der Verwaltung unter den gegebenen heutigen Umständen würde zu einer unaufrichtigen Führungsfassade werden. Die gegenwärtige Struktur der staatlichen Forstverwaltungen läßt von den Bedingungen und den aufgezeigten Zusammenhängen her für einen demokratischen, kooperativen Führungsstil wenig Raum.[3)]

Das bedeutet, daß auch Bemühungen, durch neue Führungsleitlinien und Führungsgrundsätze, als Beiträge zur Demokratisierung des Arbeitsprozesses, einen Wandel im Führungsverhalten zu bewirken, scheitern müssen. Zum Thema 'Führungsleitlinien' führt JACOB[4)] aus: *'Soweit sich die LFV Führungsleitlinien oder ähnliches gegeben haben, wird mit jenen meist explizit 'ein gutes Betriebsklima' angestrebt* (so etwa in den 'Leitlinien für die Zusammenarbeit und Führung bei der LFV Baden-Württemberg (1991) oder der 'Leitlinie für die Führung und Zusammenarbeit in der Hessischen LFV' (1993)[5)], a.d.V.) *und zu diesem Zweck unter anderem ein 'kooperativer Führungsstil' gefordert. Die damit verfolgte allgemeine Zielsetzung besteht, auch hier ganz im Einklang mit der Human-Relations-Bewegung, darin, 'Motivation zu vermitteln ... (und damit den) Arbeitserfolg zu erhöhen'. Angesichts des lediglich programmatischen Charakters, der solchen Leitlinien in der Regel eigen ist, kann jedoch bezweifelt werden, daß hiermit ein entscheidender Einfluß auf die konkrete Arbeitssituation ... ausgeübt werden kann.'*

Die in der Einleitung gestellte Forderung nach Humanisierung des Arbeitslebens, gilt auch für die Arbeit im öffentlichen Dienst.[6)] Kooperative Führung,

---

[1)] vgl. WUNDERER, R.; GRUNWALD, W. (1980): a.a.O., S. 108
[2)] vgl. TIMMERMANN, M.; ENDE, W. (1987): 'Führung in der öffentlichen Verwaltung', in: KIESER, A.; REBER, G.; WUNDERER, R. (1987): *Handwörterbuch der Führung*, Stuttgart: Poeschel, Sp. 1575
[3)] vgl. BLEICHER, K: (1970): 'Zur Organisation von Leitung und Führung in der öffentlichen Verwaltung', in: MICHALSKI, W. (Hrsg.): *Leistungsfähigkeit und Wirtschaftlichkeit in der öffentlichen Verwaltung*, Hamburg: Weltarchiv GmbH, S.76
[4)] vgl. JACOB, J. (1992): 'Zur Entwicklung der Arbeitssituation gewerblicher Arbeitnehmer unter den Bedingungen industrieller Fertigung im Vergleich zur Waldarbeit', FA, 5/1992, S. 201
[5)] LANDESFORSTVERWALTUNG BADEN-WÜRTTEMBERG (1991): *Leitlinien für die Zusammenarbeit und Führung*, Stuttgart, 101 S.; HESSISCHES MINISTERIUM FÜR LANDESENTWICKLUNG, WOHNEN, LANDWIRTSCHAFT, FORSTEN UND NATURSCHUTZ (1993): *Leitlinie für die Führung und Zusammenarbeit in der Hessischen Landesforstverwaltung*, 10 S.; NIEDERSÄCHSISCHES INNENMINISTERIUM (1993): *Allgemeine Handlungsziele für die niedersächsische Landesverwaltung und allgemeine Grundsätze für Führung und Zusammenarbeit in der niedersächsische Landesverwaltung*, Wolfenbüttel, 16 S.
[6)] vgl. THIEME, W. (1984): *Verwaltungslehre*, 4. erw., Aufl., Köln, Berlin, Bonn, München: Heymann, S. 437

8. Resümee

Demokratisierung und Humanisierung der Arbeitswelt stehen in Wechselwirkung mit gesamtgesellschaftlichen Demokratisierungsprozessen, denn in einem demokratischen Staatswesen sollten auch dessen Subsysteme (Parteien, öffentliche Verwaltung, Betriebe etc.) nach demokratischen Prinzipien organisiert sein.

Jede Organisation bedarf ständiger Änderung. Sie muß sich an die Wandelnden Aufgaben sowie an eine sich stets in Veränderung befindliche Umwelt anpassen. Diese Chance nutzen zum Teil mit großem Erfolg private Forstbetriebe. Es gilt die Chance aber ebenso für die im Umbruch befindlichen 'öffentlichen' Forstverwaltungen nutzbar zu machen. Die Verwaltung selbst, als wichtigster Informant der am politischen Bildungsprozeß Beteiligten, bietet die beste Voraussetzung zur Veränderung des Systems von innen her.

8. RESÜMEE AUS DEN ERFAHRUNGEN MIT DEN VERWENDETEN FRAGEBÖGEN

Der Fragebogen, der die Grundlage der vorliegenden Untersuchung bildet, fand bei den Untersuchungsteilnehmern überwiegend positiven Anklang. Wenn, dann war Gegenstand der Kritik in erster Linie die große Anzahl der gestellten Fragen und damit zusammenhängend die Beantwortungsdauer. Um den Fragebogen zu verkürzen, böte sich aus diesem Grund für einen nochmaligen Einsatz die Verwendung der Skalen in ihrer Originallänge an.

Eine Erweiterung sollte hingegen beim ABB erfolgen. Die Ergänzung der Umfrage zur Arbeitszufriedenheit um eine eigenständige Ermittlung der Bedeutungsrangfolge der einzelnen Arbeitsbereich scheint sinnvoll, da sie generell für Verwaltungsbereiche, insbesondere für die öffentliche Verwaltung, noch nicht existiert.

Um einen umfassenden Überblick über das Führungsgeschehen und die Arbeitszufriedenheit in Forstverwaltungen und Forstbetrieben zu gewährleisten, sollten zukünftige Untersuchungen nicht nur auf den Forstamtsbereich beschränkt bleiben. Dazu scheint die parallele Befragung der Mittelbehörden, Ministerien und Stabstellen, die für die vorliegende Untersuchung nicht bewilligt wurde, unverzichtbar. Optimal wäre eine direkte Zuordnung von Vorgesetzten und Mitarbeitern, wie sie z.B. zur internen (anonymen) Auswertung von den befragten privaten und kommunalen Forstbetriebe ermöglicht wurde. Stärken und Schwächen im Führungsverhalten und in der Arbeitszufriedenheit offenbaren sich so viel charakteristischer.

In den Bereichen, in denen sich deutlich niedrigere Zufriedenheiten mit der Führung und einzelnen Arbeitsbereichen zeigen, kann schließlich in einem zweiten Untersuchungsabschnitt mit einer auf die konkreten Organisationen zugeschnittenen Erhebungstechnik noch detaillierter die Ursachenstruktur ergründet werden. In erster Linie bieten sich dazu dann nicht standardisierte, unstrukturierte Interviews, Gruppendiskussionen etc. an.

9. ZUSAMMENFASSUNG

Zentrum der Arbeitswissenschaft ist die Gestaltung menschlicher Arbeit. Gegenwärtige Entwicklungstendenzen, wie der zunehmende Anteil von Arbeitnehmern im Dienstleistungsbereich, haben eine Aufgabenverschiebung und -erweiterung innerhalb der Arbeitswissenschaft bedingt und weitere Forschungsfelder eröffnet. Die Arbeitsgestaltung muß neben den Fragen der 'Ausführbarkeit' und 'Erträglichkeit' von Tätigkeiten in zunehmenden Maße auch die Aspekte der 'Zumutbarkeit' und 'Zufriedenheit' mit berücksichtigen. Auch in der Forstlichen Arbeitswissenschaft kann sich die 'Humanisierung des Arbeitslebens' und die Steigerung der allgemeinen Lebensqualität nicht nur auf die Waldarbeit beschränken, sondern muß auch die Tätigkeiten im Verwaltungsbereich berücksichtigen. Bislang spielten sozial-psychologische, empirische Fragestellungen eine untergeordnete Rolle in der Forstlichen Arbeitswissenschaft.

Initiiert durch sich abzeichnende allgemeine Umbruchbestrebungen, kamen in den Anfängen der vorliegenden Arbeit Anregungen aus der forstlichen Praxis, die Themenkomplexe 'Führung' und 'Arbeitszufriedenheit' in der Forstwirtschaft näher zu untersuchen. Ziel der Untersuchung ist es, sozial-psychologische Grundlageninformation zu schaffen und über Erfahrungen mit dem verwendeten Fragebogen zur Erfassung von Führungsverhalten und Arbeitszufriedenheit zu berichten.

Der empirische Teil der Arbeit begann mit Interviews leitender Mitarbeiter der LFV, der Leiter der Abteilung Forsten in den Landwirtschaftskammern Weser-Ems und Hannover und von Forstamtsleitern kommunaler und privater Forstbetriebe, in deren Verlauf sich als angestrebtes und praktiziertes Führungsverhalten die kooperative Führung herauskristalisierte. Die theoretischen Grundlagen von 'Führung' und 'Arbeitszufriedenheit' werden in einer kurzen Literaturarbeit der eigentlichen Untersuchung vorangestellt. Untersuchungsgrundlage bilden vier frei zugängliche, standardisierte Tests, mit denen in schriftlicher, anonymer Befragung Einstellungen zum Führungsverhalten, Vorgesetzten-Verhalten, Gruppenatmosphären und Arbeitszufriedenheit bei Forstamtsleitern und Mitarbeitern von fünf Landesforstverwaltungen und mehreren nicht-staatlichen Forstbetrieben gemessen werden.

Nach einer statistisch-deskriptiven Analyse der 819 beantworteten Fragebögen werden die Ergebnisse zuerst getrennt nach den verschiedenen Testverfahren und anschließend zusammen im Kontext 'Organisation' und der Forderung nach kooperativer Führung diskutiert.

Die erste Auswertung der demographischen Angaben ergibt eine ausgewogene Zusammensetzung der Stichprobe. Der Fragebogen zur 'Einstellung zum Führungsverhalten' zeigt in den untersuchten Landesforstverwaltungen ein positives Menschenbild der Forstamtsleiter mit einer grundsätzlichen Befürwortung

9. Zusammenfassung

kooperativer Führungsformen. Die Forstamtsleiter der Landesforstverwaltungen Thüringen und Brandenburg vertreten allerdings in Teilbereichen ein eher 'taditionelles' Menschenbild. Große Differenzen in der Einstellung zum Führungsverhalten treten dagegen zwischen den Forstamtsleitern der privaten, kommunalen und Landwirtschaftskammer Forstämter auf.

Die positive Einstellung zum Menschen wird deutlich in den Testergebnissen des Fragebogens zur Vorgesetzten-Verhaltens-Beschreibung sichtbar. Durchgehend gute zwischenmenschliche Beziehungen stehen dabei ungünstiger beschriebenen aufgaben- und leistungsorientierten Aspekten und unbefriedigenden Mitbestimmungsmöglichkeiten gegenüber. Mit Ausnahme der Mitarbeiter der kommunalen Forstbetriebe, bewerten Mitarbeiter und Forstamtsleiter das Führungsverhalten zwar überdurchschnittlich gut, aber noch verbesserungsfähig.

Den Untersuchungskomplex 'Arbeitszufriedenheit' leitet die Umfrage zur Gruppenatmosphäre ein, mit der das Betriebsklima in den befragten Forstämtern umschrieben wird. Auch hier zeigt sich deutlich die sich schon in der Beschreibung des Vorgesetzten-Verhaltens erkennbare Präferenz mitarbeiterorientierter, zwischenmenschlicher gegenüber aufgaben- bzw. sachlich-fachlich orientierte Gesichtspunkte des Arbeitslebens ab. Die Gruppenatmosphäre im sachlich-fachlichen Bereich wird dagegen häufig weniger positiv beschrieben. Ausnahmen sind die Forstamtsleiter und Mitarbeiter der privaten Forstbetriebe, die für Aufgabenorientierung stehende, sachlich-fachliche Itempaare an oberste Position der Gruppenatmosphäre setzen.

Die Ergebnisse des Arbeitsbeschreibungsbogens zur Messung der Arbeitszufriedenheit zeigen, mit i.d.R. signifikanten Differenzen in den Höhen der Skalenbewertungen, in allen untersuchten Verwaltungen gleiche Beurteilungstendenzen. Die Befragten bescheinigen insbesondere den Aspekten 'Vorgesetzte', 'Kollegen', 'Arbeitsbedingungen' und vor allem 'Tätigkeit' die höchsten Zufriedenheiten. Ursachen für Arbeitsunzufriedenheit sehen alle Untersuchungsteilnehmer in der 'Organisation und Leitung des Forstamts', der 'Bezahlung' und der 'beruflichen Entwicklung'. Häufigster Gegenstand von Unzufriedenheitsäußerungen und schriftlicher Kritik sind jedoch 'Organisation und Leitung der Landesforstverwaltungen'. Deutlich zeigt sich dies in den Antworten auf die Frage, was die Probanden an den Mittelbehörden und Ministerien stört. Neben dem allgemeinen Führungsstil und der unzureichenden Erfüllung der Führungsaufgabe stehen sachliche Kritikpunkte, wie zu schwacher politischer Einfluß, Praxisferne und undurchsichtige Personalpolitik und in erster Linie verwaltungs- und organisationsstrukturelle Aspekte im Zentrum der Kritik. Die Befragung der Forstreferendare und Forstinspektorenanwärter bestätigt diese Ergebnisse in nahezu allen Punkten.

9. Zusammenfassung

Die Verwirklichung des prosozialen Aspekts kooperativer Führung hat für positive Arbeitszufriedenheit und Gruppenatmosphäre herausragende Bedeutung. Das Fehlen extrinsischer Arbeitsmotivatoren kommt insbesondere in den Forstverwaltungen des 'öffentlichen' Verwaltungsarms zum tragen. Die Mängel im Führungsverhalten, vor allem in den von den Mitarbeitern als unzureichend empfundenen Mitbestimmungsmöglichkeiten, und die Unzufriedenheiten mit einzelnen Aspekten des Arbeitslebens sind nicht ursächlich auf die Forstamtsleiter, sondern vornehmlich auf organisationsstrukturelle Gegebenheiten zurückzuführen.

Einige Merkmale kooperativer Führung können in den untersuchten Forstämtern und Forstbetrieben als verwirklicht betrachtet werden. Der Umsetzung anderer Merkmale stehen Charakteristika wie Flächen- und Organisationsstruktur entgegen. Auswirkungen auf Teilbereiche der Arbeitszufriedenheit sind offensichtlich. Hierin offenbart sich, daß das genannte Ziel der untersuchten Landesforstverwaltungen und der Mehrheit der befragten nicht-staatlichen Forstbetriebe, kooperativ zu führen, ohne organisatorische Änderungen kaum möglich ist. Vielmehr bietet es sich an, im Zuge laufender oder geplanter Verwaltungs- und Strukturreformen die Chancen zu nutzen einerseits individuelle, anwendbare und umsetzungsfähige Führungskonzepte behutsam einzuführen, andererseits durch Organisationsänderungen rsp. -vereinfachungen dem Anliegen der 'Humanisierung des Arbeitslebens' auch im Verwaltungsbereich von Forstverwaltungen und Forstbetrieben Rechnung zu tragen.

10. LITERATURVERZEICHNIS

10.1 Zitierte Literatur

ADAMS, J.S. (1963): 'Towards an understanding of inequity', *Journal of Abnormal and Social Psychology*, 67/1963, S. 422-436

ADAMS, J.S. (1965): 'Inequity in social exchange', in: BERKOWITZ, L. (Hrsg.): *Advances in experimental social psychology*, Vol 2., New York, London: Academic Press, Inc., S. 157-189

ALBACH, H.; GABELIN, Th. (1977): *Mitarbeiterführung*, Bd. 9 der Reihe 'Universitätsseminar der Wirtschaft, Schriften für Führungskräfte', Wiesbaden: Gabler, 608 S.

ALLERBECK, M. (1977): *Ausgewählte Probleme der Führungsforschung - Eine empirische Studie*, Dissertation, München, 345 S.

ARBEITSGEMEINSCHAFT DEUTSCHER WALDBESITZERVERBÄNDE (1994): 'AGDW stellt klare Forderungen an die Politik: Positionspapier der Arbeitsgemeinschaft Deutscher Waldbesitzerverbände zur Verbesserung der rechtlichen, wirtschaftlichen und organisatorischen Bedingungen der deutschen Forstwirtschaft', *Holz-Zentralblatt*, 142/1994, S. 2381

ARBEITSSTAB AUFGABENKRITIK DER LANDESREGIERUNG NRW (1994): *Organisationsgutachten der Landesforstverwaltung NRW*, 209 S. plus 220 S. Anhang

ARGYRIS, CH. (1957): *Personality and organization - The conflict between system and the individual*, New York: Harper & Row, 291 S.

ASCHAUER, E. (1970): *Führung: Eine soziologische Analyse anhand kleiner Gruppen*, Stuttgart: Enke, 120 S.

ATTESLANDER; P. (1991): *Methoden der empirischen Sozialforschung*, 6., neubearb. und erw. Aufl., Berlin, New York: de Gruyter, 414 S.

BANNER, G. (1975): 'Ziel- und ergebnisorientierte Führung in der Kommunalverwaltung', *AfKwi*, Stuttgart: Kohlhammer, 14. Jg., 1975, S. 22-40

BARNES, L.B. (1960): *Organizational systems and engineering groups: A comparative study of two technical groups in industry*, Boston: Division of Research, Harvard University, 190 S.

BARTH, R. (1992): 'Der Wald in Brandenburg', *AFZ*, 18/1992, S. 956-959

BASS, B.M.C. (1981): *Stogdill's Handbook of Leadership*, New York, London: Free Press, 856 S.

BASTINE, R. (1972): 'Gruppenführung', in: GRAUMANN, C.F. (Hrsg.): *Handbuch der Psychologie*, 7/2, Göttingen: Hogrefe, S. 1654-1709

BENDIX, R. (1960): *Herrschaft und Industriearbeit*, Frankfurt: Europäische Verlagsanstalt, 611 S.

BENTRUP, H.-H. (1990): 'Gesamtkonzeption für eine ökologische Bewirtschaftung des Staatswaldes in NRW', *AFZ*, 28 und 29/1990, S. 757-758

BERGLER, R. (1975): *Das Eindrucksdifferential: Theorie und Technik*, Stuttgart, Wien: Huber, 248 S.

BIENECK, H.-J-; RÜCKERT, A. (1994): 'Neue Herausforderungen für die Arbeitswissenschaft - Konsequenzen aus den EG-Richtlinien', *ZfAWl*, 1/1994, S. 1-4

BISANI, F. (1985): *Personalführung*, 3., überarb. Aufl., Wiesbaden: Gabler, 198 S.

BLAKE, R.; MOUTON, I.S. (1968): *Verhaltenspsychologie im Betrieb*, Düsseldorf, Wien: Econ, 340 S.

BLEICHER; K: (1970): 'Zur Organisation von Leitung und Führung in der öffentlichen Verwaltung', in: MICHALSKI, W. (Hrsg.): *Leistungsfähigkeit und Wirtschaftlichkeit in der öffentlichen Verwaltung*, Hamburg: Weltarchiv GmbH, S. 53-80

BLEICHER, K. (1971): *Perspektiven für Organisation und Führung von Unternehmungen*, Baden-Baden - Bad Homburg v.d.H.:Gehlen, 155 S.

BLEICHER, K. (1972): 'Zur Zentralisation und Dezentralisation von Entscheidungsaufgaben der Unternehmung', in: GROCHLA, E. (Hrsg.): *Unternehmensorganisation*, Reinbeck: Rowohlt, S. 72-87

BLOCH, G.W.; MUELLER-DARSS, H. (1993): 'Bilanz forstlicher Arbeitswissenschaften', *AFZ*, 14/93, S. 391-394

BORTZ, J (1984): *Lehrbuch der empirischen Forschung für Sozialwissenschaftler*, Berlin, Heidelberg, New York: Springer, 649 S.

BORTZ, J. (1993): *Statistik für Sozialwissenschaftler*, 4. Auflage, Berlin, Heidelberg, New York: Springer, 753 S.

BOWER, M. (1967): *Die Kunst, zu führen, Düsseldorf*, Wien: Econ, 287 S.

BRABÄNDER, H.D. (1972): 'Zur Neugliederung in Nordrhein-Westfalen', *AFZ*, 18/1972, S. 374-376 und 19/1972, S. 389-392

BROWN, J.A.C. (1956): *Psychologie der industriellen Leistung*, Reinbeck: Rowohlt, 167 S.

BRUGGEMANN, A. (1974): 'Zur Unterscheidung verschiedener Formen der Arbeitszufriedenheit', *AuL*, 28/1974, S. 281-284

BRUGGEMANN, A. (1976): 'Zur empirischen Untersuchung verschiedener Formen von Arbeitszufriedenheit', *ZfAwi*, 2/1976, S. 71-74

BRUGGEMANN, A.; GROSKURTH, P.; ULICH, E. (1975): *Arbeitszufriedenheit*, Bern, Stuttgart, Wien: Huber, 180 S.

BUNDESMINISTER der FINANZEN (1991): *Die Bundesforstverwaltung - Aufgaben, Zielsetzungen, Probleme*, Bonn

BUSSEMEIER, D. (1993): *Psychologische und soziale Unfallursachen bei der Waldarbeit - Eine Befragungsanalyse*, Dissertation, Forstwissenschaftlicher Fachbereich der Universität Göttingen, 292 S.

DERLIEN, H.-U. (1974): 'Theoretische und methodische Probleme der Beurteilung organisatorischer Effizienz der öffentlichen Verwaltung', *ZfVwi*, 7/1974, S. 1-22

DERTZ, W. (1987): 'Naturschutz ohne Forstwirtschaft?, *AFZ*, 8/1987, S. 170-173

DERTZ, W. (1989): 'Was müssen Forst- und Holzwirtschaft jetzt tun?7, *AFZ*, 5/1989, S. 107-109

DERTZ, W. (1989):'Forstpolitische Ziele und Waldwirtschaft in Hessen', *AFZ*, 46/1989, S. 1203-1206

DERTZ, W. (1991): 'Bewirtschaftung eines naturnahen Ökosystems ist Verpflichtung!', *AFZ*, 8/1991, S. 386-390

DREYER, H. (1975): 'Motivationspsychologischer Ansatz zur Erfassung des Lerntransfers im Führungskräfte-Training', *ZfAwi*, 1/1975, S. 14-19

10.1 Zitierte Literatur

DÜSSEL, V. (1991a): 'Neuorganisation der Forstverwaltung in Thüringen', *AFZ*, 6/1991, S. 272-276

DÜSSEL, V. (1991b): 'Die Rolle des Staatsforstbetriebes für die Holzbereitstellung und den Holzabsatz', *Tagungsband Ligna '91*, Institut für Waldarbeit und Forstmaschinenkunde, Institut für Forstbenutzung, Universität Göttingen, 1991, S. 139-150

DUNETTE, M. (1976.): *Handbook of industrial and organizational psychology*, Chicago: Rand McNelly College Publishing Company, 1740 S.

FESTINGER, L.A. (1957): *A theory of cognitive dissonance*, Evanston, Illionois: Row, Peterson, dt.: FESTINGER, L. (1978): *Theorie der kognitiven Dissonanz*, Bern, Stuttgart, Wien: Huber, 423 S.

FIEDLER, F.E. (1964): 'A Contingency Model of Leadership Effectiveness', in: BERKOWITZ, L. (Hrsg.): *Advances of Experimental Social Psychology*, New York, London: Academic Press, S. 149-190

FIEDLER, F.E. (1967): *A theory of leadership effectiveness*, New York, London, Toronto, Sidney: McGraw-Hill, 310 S.

FIEDLER, F.E.; CHEMERS, M.M. (1974): *Leadership and effective management*, Glenview, Illinois: Scott Foresman and Company, 166 S.

FIEDLER, F.E.; CHEMERS, M.M.; MAHAR, L. (1976): *Improving leadership effectiveness: The leader match concept*, 2nd ed. 1984, New York, Chichester, Brisbane, Toronto, Singapore: Wiley, 269 S.

FITTKAU-GARTHE, H. (1970): *Die Dimensionen des Vorgesetztenverhaltens und ihre Bedeutung für die emotionalen Einstellungsreaktionen der unterstellten Mitarbeiter*, Dissertation, Hamburg, 289 S.

FITTKAU, B.; FITTKAU-GARTHE, H. (1971): *Fragebogen zur Vorgesetzten-Verhaltens-Beschreibung (FVVB), Handanweisung*, Göttingen: Hogrefe, 20 S.

FORD, H. (1923): *Mein Leben und Werk*, Leipzig: List, 328 S.

FORSTER, W.A. (1981): 'Organisation und menschliche Bedürfnisse', *ZfO*, 1/1981, S. 9-13

FORSTVERWALTUNG DER ARENBERG-MEPPEN GmbH und ARENBERG-NORDKIRCHEN GmbH (1991): ´Merkblatt zur Forstwirtausbildung bei der Arenberg-Meppen GmbH und der Arenberg-Nordkirchen GmbH´, 5 S.

FREUDENSTEIN, J. (1994): ´Zielsetzung für den hessischen Staatswald´, *AFZ*, 22/1994, S. 1248-1249

FUNKE, K.-H. (1990): ´Zu den Zielsetzungen der Niedersächsischen Landesforstverwaltung´, *AFZ*, 51-52/1990, S. 1314-1316

GELLERMAN, S. (1972): *Motivation und Leistung*, Düsseldorf: Econ, 364 S.

GHISELLI, E.E. (1966): *The validity of occupational aptitude tests*, New York: Wiley, 155 S.

GIESEN, T. (1993): *Die Organisation der Forstverwaltung in Rheinland-Pfalz*, Dissertation, Fachbereich Rechts- und Wirtschaftswissenschaften der Johannes-Gutenberg-Universität Mainz, 304 S.

GOGOLOK, J.; SCHUEMER, R.; STRÖHLEIN, G. (1992): *Datenverarbeitung und statistische Auswertung mit SAS, Bd. I: Einführung in das Programmsystem, Datenmanagement und Auswertung*, Stuttgart, Jena, New York: Fischer, 787 S.

GONSCHORREK, U. (1994): 'Ein neues Führungskonzept für die hessische Landesforstverwaltung', *AFZ*, 22/1994, S. 1249-1250

GOTTSCHALL, D. (1975): 'Führungsrichtlinien - Am Menschen vorbeigeschrieben?', *Manager Magazin*, 2/1975, S. 76-79

GRAEN, G.B.; DAWES, R.; WEISS, D.J. (1968): 'Need type and job satisfaction among industrial scientists', *JoAP*, 52/1968, S. 286-289

GROSKURTH, P. (1974): 'Arbeitszufriedenheit als normatives Problem', *AuL*, 11/1974, S. 285-288

GRUNWALD, W.; LILGE, H.-G. (1980): *Partizipative Führung*, Bern, Stuttgart: Haupt, 372 S.

GUILFORD, J.P. (1964): *Persönlichkeit*, 6. Aufl., Weinheim, Basel: Beltz, 580 S.

GUSERL, R.; HOFMANN, M. (1976): *Das Harzburger Modell - Idee und Wirklichkeit und Alternativen zum Harzburger Modell*, 2. erw. Aufl., Wiesbaden: Gabler, 328 S.

HÄBERLE, S. (1993): 'Eine wissenschaftstheoretische Bestimmung der Arbeitswissenschaft', *ZfAwi*, 4/1993, S. 239-243

HAIRE, M.; GHISELLI, E.; PORTER, L. (1966): *Managerial thinking: An international thinking*, New York, London, Sidney: Wiley und Sons, 298 S.

HELMSTÄDTER, E.; BECKER, G.; SEELING, U.; LEINERT, S. (1993): *Für eine leistungsfähige Forstwirtschaft*, 286 S.

HERZBERG, F.; MAUSNER, B.; SNYDERMAN, B. (1959): *The motivation to work*, 2nd. ed., New York: Wiley, 157 S.

HESSISCHES MINISTERIUM FÜR LANDESENTWICKLUNG, WOHNEN, LANDWIRTSCHAFT, FORSTEN UND NATURSCHUTZ (1993): *Wald in Hessen. Jahresbericht der Hessischen Landesforstverwaltung 1991*, 153 S.

HESSISCHES MINISTERIUM FÜR LANDESENTWICKLUNG, WOHNEN, LANDWIRTSCHAFT, FORSTEN UND NATURSCHUTZ (1993): *Leitlinie für die Führung und Zusammenarbeit in der Hessischen Landesforstverwaltung*, 10 S.

HESSISCHES MINISTERIUM FÜR LANDESENTWICKLUNG, WOHNEN, LANDWIRTSCHAFT, FORSTEN UND NATURSCHUTZ (1994): *Wald in Hessen. Jahresbericht der Hessischen Landesforstverwaltung 1992*, 142 S.

HETTINGER, TH.; WOBBE, G. Hrsg. (1993): *Kompendium der Arbeitswissenschaft*, Ludwigshafen (Rhein): Kiehl, 711 S.

HILL, W.; FEHLBAUM, R.; ULRICH, P. (1994): *Organisationslehre*, Bd. 1, 5. Aufl., Bern, Stuttgart, Wien: Haupt, 366 S.

HILL, W.; FEHLBAUM, R.; ULRICH, P. (1994): *Organisationslehre*, Bd. 2, 4. Aufl., Bern, Stuttgart, Wien: Haupt, 278 S.

HINZ, R. (1992): 'Forstpolitische Aufgaben in Brandenburg', *AFZ*, 18/1992, S. 941-943

HOCHHÄUSER, H. (1992): 'Quo vadis Landesforstverwaltung Nordrhein-Westfalen?', *AFZ*, 19/1992, S. 1017-1023

HOHENLOHE-WALDENBURG, F.K. Fürst zu (1991): 'Fakten und Ziele in einem größeren Privatforstbetrieb', *AFZ*, 19/1991, S. 998-1003

HOMANS, G.C. (1961): *Social behavior: Its elementary forms*, New York: Harcourt, Brace and World, Inc. (deutsch 1968), 404 S.

10.1 Zitierte Literatur

HOPPOCK, R.C. (1935): *Job satisfaction*, New York: Harper and Brothers, 303 S.

JACOB, J. (1992): 'Zur Entwicklung der Arbeitssituation gewerblicher Arbeitnehmer unter den Bedingungen industrieller Fertigung im Vergleich zur Waldarbeit', *FA*, 5/1992, S. 196-203

JÄGER, D. (1988): *Exkursionsführer 'Forstbetrieb Salem'*, 8 S.

JÄGER, D. (1992a): *Zur Organisationsfrage im Forstbetrieb Salem*, 19 S.

JESTAEDT, J. (1992): *Einflüsse von Kranvollerntern auf die Gestaltung des Forstbetriebes - Dargestellt am Beispiel der Waldgesellschaft der Riedesel Freiherrn zu Eisenbach/Lauterbach*, Dissertation, Forstwissenschaftlicher Fachbereich der Universität Göttingen, 160 S.

KASTENHOLZ, E. (1993): Menschliches Fehlverhalten als Unfallursache bei der Waldarbeit', *FA*, Jg.65/1994, S.54-57

KIESER, A.; REBER, G.; WUNDERER, R. (1987): *Handwörterbuch der Führung*, Stuttgart: Poeschel, 2164 Sp.

KLEINBECK, U.; SCHMIDT, K.H.; ERNST, G.; RUTENFRANZ, J. (1980): 'Motivationale Aspekte der Arbeitszufriedenheit', *ZfAwi*, 4/1980, S. 200-206

KMIECIAK, P. (1978): 'Werteverfall als Kernproblem westlicher Gegenwartsgesellschaften?', *Sonde*, 2/2, S. 126-137

KÖPF, E.U. (1991): 'Wem dient die Landesforstverwaltung?', *AFZ*, 8/1991, S. 395-403

KORMAN, A.K. (1970): 'Toward a hypothesis of work behavior', *JoAP*, 54/1970, S. 31-41

KÜBLER, H. (1978a): *Organisation und Führung in Behörden, Bd. 1: Organisatorische Grundlagen*, Stuttgart: Kohlhammer, 228 S.

KÜBLER, H. (1978b): *Organisation und Führung in Behörden, Bd. 2: Personalwesen*, Stuttgart: Kohlhammer, 212 S.

KRETSCHMAR, A. (1994): *Angewandte Soziologie im Unternehmen*, Wiesbaden: Gabler, 77 S.

KURTZ, H.-J. (1983): *Konfliktbewältigung im Unternehmen*, Köln: Deutscher Instituts-Verlag, 116 S.

LANDESFORSTVERWALTUNG BADEN-WÜRTTEMBERG (1991): *Leitlinien für die Zusammenarbeit und Führung*, Suttgart, 101 S.

LATTMANN, CH. (1975): *Führungsstil und Führungsrichtlinien*, Bern, Stuttgart: Haupt, 70 S.

LATTMANN, CH. (1981): *Die verhaltenswissenschaftlichen Grundlagen der Führung des Mitarbeiters*, Bern, Stuttgart: Haupt, 565 S.

LAUX, E. (1975): *Führung und Führungsorganisation in der öffentlichen Verwaltung*, Stuttgart: Kohlhammer, 151 S.

LEITENBACHER, A.; TIMINGER, M. (1994): 'Aufschlußreiches Stimmungsbild der Bayerischen Staatsforstverwaltung', *AFZ*, 11/1994, S. 598-599

LEWIN, K. (1938): 'The conceptual representation and the measurement of psychological forces', *Contr. psychol. Theory*, Durham, D.C.: Duke University Press 1, No. 4

LIKERT, R. (1932):'A technique for the measurement of attitudes', *Archives of Psychology*, 140/1932, S. 1-55

LILGE, H.-G. (1981): 'Menschenbilder als Führungsgrundlage', ZfO, 1/1981, S. 14-22

LINDGREN, P.; NILSSON, T.; NORIN, K.; THOR, G. (1993): 'Workplace 2000', SkogForsk, Redogörelse 4/1993, S. 12-69

LOCKE, E.A. (1976): 'The nature and causes of job satisfaction', in: DUNETTE, M. (Hrsg.): Handbook of industrial and organizational psychology, Chicago: Rand McNelly College Publishing Company, S. 1297-1349

LOYCKE, H.J. (1953): 'Menschenführung in der Forstwirtschaft', in: ANNONYMUS (Hrsg.): Forstliche Arbeitslehre und Menschenführung, Wien, München: Fromme, S. 29-37

LUCZAK, H.; VOLPERT, W.; et al. (1989): Arbeitswissenschaft. Kerndefinition - Gegenstandskatalog - Forschungsgebiete, 3. Aufl., Köln: Verlag TÜV Rheinland, 106 S.

MASLOW, A.H. (1954): Motivation and personality, New York: Harper and Row, 369 S., deutsch: (1981): Motivation und Persönlichkeit, Reinbek: Rowohlt, 396 S.

MAYER, A.; NEUBERGER, O. (1974): 'Gibt es einen optimalen Führungsstil?', PMuA, 4/1974, S. 157-161

MAYNTZ, R. (1978): Soziologie der öffentlichen Verwaltung, Heidelberg, Karlsruhe: Müller, 265 S.

MAYO, E. (1945): The social problems of an industrial civilization, Boston, Mass.: Harvard University, Graduate School of Business, 148 S.

MAYO, E. (1966): The human problems of an industrial civilization, New York: Viking, 187 S., (orig. publ. 1933)

McGREGOR, D. (1960): The human side of enterprise, New York: McGraw-Hill, 247 S.

MICHALSKI, W. (Hrsg.) (1970): Leistungsfähigkeit und Wirtschaftlichkeit in der öffentlichen Verwaltung, Hamburg: Weltarchiv GmbH, 119 S.

MINISTERIUM FÜR ERNÄHRUNG, LANDWIRTSCHAFT UND FORSTEN (1994): Jahresbericht der Niedersächsischen Landesforstverwaltung 1992, 70 S. plus Anhang

MINISTERIUM FÜR ERNÄHRUNG, LANDWIRTSCHAFT UND FORSTEN DES LANDES BRANDENBURG (1992): Jahresbericht Forstwirtschaft 1991, 100 S.

MINISTERIUM FÜR ERNÄHRUNG, LANDWIRTSCHAFT UND FORSTEN DES LANDES BRANDENBURG (1994): Wald und Forstwirtschaft in Brandenburg. Landeswaldbericht 1992, 101 S.

MORSE, N.C. (1953): Satisfaction in white-collar jobs, Ann Arbor: University of Michigan, 235 S.

MÜLLER, G.F. (1989): 'Menschenbilder in der Organisationspsychologie', PuGK, 13/1989, S. 61-71

MULDER, M. (1974): 'Machtausgleich durch Partizipation?', in: GROCHLA, E. (Hrsg.): Management - Aufgaben und Instrumente, Düsseldorf: Econ, 1. Aufl., S. 238-249

MURL (1991): Wald und Forstwirtschaft in Nordrhein-Westfalen. Landeswaldbericht 1991, 65 S.

10.2 Gelesene, nicht zitierte Literatur

NACHREINER, F. (1978): *Die Messung des Führungsverhaltens*, Bern, Stuttgart, Wien: Huber, 206 S.

NEUBERGER, O. (1974): *Messung der Arbeitszufriedenheit*, Stuttgart, Berlin, Köln, Mainz: Kohlhammer, 228 S.

NEUBERGER, O. (1976a): *Führungsverhalten und Führungserfolg*, Berlin: Duncker und Humblot, 311 S.

NEUBERGER, O. (1976b): 'Der Arbeitsbeschreibungsbogen - Ein Verfahren zur Messung von Arbeitszufriedenheit´, *Problem und Entscheidung, Arbeiten zur Organisationspsychologie*, Heft 15, München, 129 S.

NEUBERGER, O. (1990): *Führen und geführt werden*, 3. überarb. Aufl. von 'Führung', Stuttgart: Enke, 320 S.

NEUBERGER, O.; ALLERBECK, M. (1978): *Messung und Analyse von Arbeitszufriedenheit - Erfahrungen mit dem ABB*, Schriften zur Arbeitspsychologie, Nr. 26, Bern, Stuttgart, Wien: Huber, 224 S.

NIEDERSÄCHSISCHES INNENMINISTERIUM (1993): *Allgemeine Handlungsziele für die niedersächsische Landesverwaltung und allgemeine Grundsätze für Führung und Zusammenarbeit in der niedersächsische Landesverwaltung*, Wolfenbüttel, 16 S.

OTT, B. (1981): 'Arbeitszufriedenheit und Arbeitsproduktivität', *ZfO*, 6/1981, S. 313-320

OTT, W. (1991): 'Gemeinwohlprinzip und erwerbswirtschaftliche Ziele im öffentlichen Wald - Ein Widerspruch´, *FoHo*, 14/1991, S. 375-377

PABST, H. (1991): 'Ziele in der öffentlichen Forstwirtschaft´, *AFZ*, 8/1991, S. 404-407

PLEITNER, H.J. (1981): *Die Arbeitszufriedenheit von Unternehmern und Mitarbeitern in gewerblichen Betrieben*, Berlin, München, St.Gallen: Duncker & Humblot, 588 S.

PREGLAU, M. (1980): 'Organisation, Führung und Identität´, in: MOREL, J.; MELEGHY, T.; PREGLAU, M. (Hrsg.): *Führungsforschung*, Göttingen: Hogrefe, S. 133 -169

PUTTKAMER, J.v. (1991): 'Stellungnahme zu: Ziele in der öffentlichen Forstwirtschaft´, *AFZ*, 12/1991, S. 590-591

RAHN, H.-J. (1992): *Führung von Gruppen*, Arbeitshefte Führungspsychologie, Bd. 16, 2. Aufl., Heidelberg: Sauer, 102 S.

REDDIN, W.J. (1970): *Managerial effectiveness*, New York: McGraw-Hill, 352 S.

RIPKEN, H. (1991): 'Organisatorisch relevante Entwicklungstendenzen in der Forstwirtschaft Deutschlands', *AFZ*, 18/1991, S. 906-915

RIPKEN, H. (1994): 'Grundlagen für die Entwicklung der Organisation in der Niedersächsishen Landesforstverwaltung´, *FoHo*, S. 695-698

ROETHLISBERGER, F.J.; DICKSON, W.J. (1967): *Management and the worker*, Cambridge, Mass.: Harvard University Press, 615 S. (orig. publ. 1939)

ROTH, B.T. (1972): *Das Kontingenzmodell von F.E. FIEDLER. Eine empirische Untersuchung*, unveröffentlichte Diplomarbeit München, 1972

SACHS, L. (1991): *Angewandte Statistik*, Berlin, Heidelberg: Springer, 848 S.

SÄGLITZ, J. (1990): 'Probleme und Ziele der Forstwirtschaft in den Neuen Bundesländern´, *AFZ*, 51-52/1990, S. 1325-1327

SAGL, W. (1993): *Organisation von Forstbetrieben*, Hamburg, Berlin: Parey, 205 S.

SAS-INSITUTE (1985): *SAS User's Guide Basics Version 5*, SAS Institute Cory, North Carolina,

SAUERMANN, P. (1975): 'Die Messung der Arbeitszufriedenheit durch schriftliche Mitarbeiterbefragung', *Interview und Analyse, Zeitschrift für Marktforschung, Sozialforschung, Mediaforschung und Mediaplanung*, 2/1975, S. 208-213

SCHAFFER, R.H. (1953): 'Job satisfaction as related to need satisfaction in work', *Psychological Monographs*, 67/1953 (whole No. 364)

SCHEIN, E.H. (1965): *Organizational psychology*, Englewood Cliffs N.J.

SCHRIFTENREIHE DER BUNDESANSTALT FÜR ARBEITSSCHUTZ (1985): *Humanisierung des Arbeitslebens in der Forstwirtschaft*, Tagungsbericht, Wirtschaftsverlag NW: Dortmund, 236 S.

SCHUEMER, R.; STRÖHLEIN, G.; GOGOLOK, J. (1990):*Datenverarbeitung und statistische Auswertung mit SAS, Bd. II: Komplexe statistische Analyseverfahren*, Stuttgart, Jena, New York: Fischer, 437 S.

SCHUMACHER, W. (1991): 'Zukunftsorientierte Weiterentwicklung des Zielsystems der Forstwirtschaft', *AFZ*, 8/1991, S. 391-394

SEIDEL, E. (1978): *Betriebliche Führungsformen*, Stuttgart: Poeschel, 667 S.

STADT BADEN-BADEN (Hrsg.) (1983): *Allgemeine Angaben über den Forstbezirk*, 8 S.

STADT FRANKFURT/MAIN (Hrsg.) (1987): *Das Forstamt 'Frankfurter Stadtwald*, 66 S.

STADT OSTERODE AM HARZ (Hrsg.) (1992): *Kurzübersicht des Stadtwaldes*, 5 S.

STAEHLE, W.H. (1980): 'Menschenbilder in Organisationstheorien', in: GROCHLA, E. (Hrsg.): *Handwörterbuch der Organisation*, 2. überarb. Aufl., Stuttgart: Poeschel, S. 1301-1313

STAEHLE, W.H. (1990): *Management*, 6. überarb. Aufl., München: Vahlen, 961 S.

STAEHLE, W.H.; SYDOW, J. (1987): 'Führungsstiltheorien', in: KIESER, A.; REBER, G.; WUNDERER, R. (1987): *Handwörterbuch der Führung*, Stuttgart: Poeschel, Sp. 661-671

STAUFFENBERG, F.-L. Graf v. (1992): 'Der Rang der Holzproduktion in der forstlichen Zielsetzung', *AFZ*, 13/1992, S. 688-689

STEINLIN, H. (1963): 'Gedanken zur Menschenführung im Forstbetrieb', *FA*, 4/1963, S. 55-59

STIRN, H. (1984): 'Personalführung im Betrieb (Personalführungsgrundsätze) und Arbeitswissenschaft', *ZfAwi*, 4/1984, S. 201-204

STOGDILL, R.M. (1948): 'Personal factors associated with leadership. A survey of literature', *JoP*, 25/1948, S. 35.71

STOGDILL, R.M. (1974): *Handbook of leadership*, New York: Free Press, 613 S.

STURM, K.; WALDENSPUHL, T. (1990): 'Zur Urteilsbegründung des Bundesverfassungsgerichts über das Wirtschaftsziel im öffentlichen Wald', *AFZ*, 45/1990, S. 1146-1148

TANNENBAUM, R.; SCHMIDT, W.H. (1958): 'How to choose a leadership pattern', *Harvard Business Review*, 36,2/1958, S. 95-101

TANNENBAUM, R.; SCHMIDT, W.H. (1973): 'Retrospective commentary to how to choose a leadership pattern', *Harvard Business Review*, 5,6/1973, S. 162-180

TAYLOR, F.W. (1911): *The principles of scientific management*, New York, London; deutsch: ROESLER, R. (1917): *Die Grundsätze wissenschaftlicher Betriebsführung*, München, Berlin: Oldenbourg, 156 S.

THIEME, W. (1984): *Verwaltungslehre*, 4. erw., Aufl., Köln, Berlin, Bonn, München: Heymann, 548 S.

THÜRINGER MINISTERIUM FÜR LANDWIRTSCHAFT UND FORSTEN (1992): *Die Forstwirtschaft in Thüringen*, 49 S.

THÜRINGER MINISTERIUM FÜR LANDWIRTSCHAFT UND FORSTEN (1993): *Die Forstwirtschaft in Thüringen*, 63 S.

THIELEN, J.; ZIESLING, V. (1992): 'Unternehmensstrategie in der Forstwirtschaft', *AFZ*, 13/1992, S. 685-687

TIMMERMANN, M.; ENDE, W. (1987): ´Führung in der öffentlichen Verwaltung´, in: KIESER, A.; REBER, G.; WUNDERER, R. (1987): *Handwörterbuch der Führung*, Stuttgart: Poeschel, Sp. 1573-1583

TOBY, D.W.; LISCHERON, J.H. (1980): ´Ergebnisse der empirischen Partizipationsforschung im Überblick´, in: GRUNWALD, W.; LILGE, H.-G. (Hrsg.): *Partizipative Führung*, Bern, Stuttgart: Haupt, S. 99-128

TRÄNKLE, U. (1982a): 'Untersuchungen zur Verständlichkeit dreier Fragebogen zur Messung der Arbeitszufriedenheit', *PuP*, 26/1982, S. 170-181

TRÄNKLE, U. (1982b): 'Über Zusammenhänge zwischen der sprachlichen Schwierigkeit von Fragebogen-Items, test-statistischer Gütekriterien und Beantwortungsverhalten', *Diagnostica*, 28/1982, S. 289-306

TSCHEULIN, D.; RAUSCHE, A. (1970): 'Beschreibung und Messung des Führungsverhaltens in der Industrie mit der deutschen Version des Ohio-Fragebogens', *PuP*, 14/1970, S. 49-64

VROOM, V.H. (1964): *Work and Motivation*, New York, London, Sidney: Wiley, 331 S.

WAGNER, H.-G. (1993): 'Zu: Quo Vadis Forstverwaltung NRW?', *AFZ*, 2/1993, S. 76

WEINERT, A.B. (1984): 'Menschenbilder in Organisations- und Führungstheorien: Erste Ergebnisse einer empirischen Überprüfung', *ZfB*, 54(1)/1984, S. 30-62

WEINERT, A.B. (1987a): *Lehrbuch der Organisationspsychologie*, 2. erw. Aufl., München, Weinheim: PVU, 566 S.

WEINERT, A.B. (1987b): ´Menschenbilder und Führung´, in: KIESER, A.; REBER, G.; WUNDERER, R. (Hrsg): *Handwörterbuch der Führung*, Stuttgart: Poeschel, Sp. 1427-1442

WILPERT, B. (1977): *Führung in deutschen Unternehmen*, Berlin, New York: de Gruyter, 188 S.

WISSENSCHAFTLICHER BEIRAT BEIM BUNDESMINISTERIUM FÜR ERNÄHRUNG, LANDWIRTSCHAFT und FORSTEN (1994): *Forstpolitische Rahmenbedingungen und konzeptionelle Überlegungen zur Forstpolitik*, Bonn, 62 S.

WITTE, I.M. (1928): *F.W. Taylor - Der Vater der Wissenschaftlichen Betriebsführung*, Stuttgart: Poeschel, 100 S.

WUNDERER, R. (1979a): Das 'Leader-Match-Concept' als F.E. FIEDLERs 'Weg zum Führungserfolg', in: WUNDERER, R. (Hrsg.): *Humane Personal- und Organisationsentwicklung*, Berlin: de Gruyter, S. 219-255

WUNDERER, R. (1979b): *Humane Personal- und Organisationsentwicklung*, Berlin: Duncker und Humblot, 480 S.

WUNDERER, R.; GRUNWALD, W. (1980): *Führung*, Bd.I: *Grundlagen der Führung*; Bd. II: *Kooperative Führung*, Berlin, New York: de Gruyter, 526 S. und 590 S.

WUNDERER, R. (1987): 'Kooperative Führung', in: KIESER, A.; REBER, G.; WUNDERER, R. (1987): *Handwörterbuch der Führung*, Stuttgart: Poeschel, Sp. 1257-1274

ZEIDLER, K. (1971): *Rollenanalyse von Führungskräften der Wirtschaft: Eine empirische Untersuchung über die Erwartungen an die Merkmale und das Verhalten von kaufmännischen Führungskräften der Wirtschaft*, Dissertation, Erlangen-Nürnberg, 370 S. + Anhang

ZEPF, G. (1971): *Kooperativer Führungsstil und Organisation*, Dissertation, Köln, 231 S.

ZIMMERMANN, E.; ENCKE, B.-G. (1992): 'Ziele und Aufgaben der Forstpolitik in Brandenburg', *AFZ*, 18/1992, S. 938-940

ZENTRALARCHIV für EMPIRISCHE SOZIALFORSCHUNG; ZENTRUM für UMFRAGEN, METHODEN und ANALYSEN (ZA/ZUMA) e.V. (Hrsg.) (1983): *ZUMA-Handbuch sozialwissenschaftlicher Skalen*, Teil 1 und 2, Eigendruck des Zentrum für Sozialwissenschaften, Bonn

10.2 Gelesene, nicht zitierte Literatur

ANDREWS, I.R.; HENRY, M.M. (1972): 'Management attitudes toward pay', in: TOSI, H.L.; HOUSE, R.J.; DUNNETTE, M.D. (Hrsg.): *Managerial motivation and compensation. A selection of readings*, East Lansing: MSU Business Studies, S. 350-361

ATTEMS, R. (1979): 'Der Zusammenhang zwischen Motivation und Führungsstil', *FB/IE*, 28(3)/1979, S. 147-151

BANNER, G. (1975): 'Ziel- und ergebnisorientierte Führung in der Kommunalverwaltung', *AfKwi*, Stuttgart: Kohlhammer, 14. Jg., 1975, S. 22-40

BARTKE, R. (1975): 'Arbeitsstrukturierung in der öffentlichen Verwaltung', *ZfAwi*, 3/1975, S. 182-185

BARTOL, K.M. (1975): 'Male versus female leaders: Effects on perceived leader behaviour and satisfaction in a hospital', *PP*, 28/1975, S. 533-547

BAUER, F. (1990): 'Zur künftigen Organisationsstruktur der Thüringer Landesforstverwaltung', *AFZ*, 33-34/1990, S. 861-862

BAUMGARTEN, R.; KEßLER, A.; TREUZ, W. (1973): 'Weg zur Erarbeitung einer Führungskonzeption in der öffentlichen Verwaltung', *ZfO*, 3/1973, S. 134-141

BAUMGARTEN, R. (1974): *Betriebliche Führungsstile - Eine Untersuchung zur Typologie und Effizienz von Führungsstilen*, Dissertation, Berlin, 235 S.

10.2 Gelesene, nicht zitierte Literatur

BECKERAD, P.G. v. (1976): 'Führungsgrundsätze - Ein Instrument zur Bewältigung von Führungsproblemen im Arbeitsprozeß?', *VuF*, Bd. 4(2), 1976, S. 63-75

BENNIS, W.; NANUS, B. (1990): *Führungskräfte*, Frankfurt, New York: Campus, 209 S.

BERTHEL, J. (1974): 'Strukturierung und Operationalisierung von Zielsystemen in der Unternehmung', in: WILD, J. (Hrsg.): *Unternehmensführung*, Berlin: Duncker und Humblot, S. 378-408

BEYERLE, P. (1973): 'Führungsstil und menschliche Erwartungen', *Fortschrittliche Betriebsführung*, 22/1973, S. 121-128

BIEDING, F.; SCHOLZ, K. (1971): *Personalführungssysteme*, Arbeits- und betriebkundliche Reihe, Köln: Bund-Verlag, 212 S.

BISCHOFF, S. (1986a): *Männer und Frauen in Führungspositionen in der Bundesrepublik Deutschland - Ergebnisse einer schriftlichen Umfrage*, Hrsg.: CAPITAL, Köln, 112 S.

BISCHOFF, S. (1986b): 'Hosenrolle - Frauen als Führungskräfte', *Capital*, Bd. 26, 12/86, S. 284-289

BLASCHKE, D. (1972): *Determinanten des Erfolges in Führungspositionen der Wirtschaft*, Dissertation, Wirtschafts- und Sozialwissenschaftliche Fakultät der Friedrich-Alexander-Universität Erlangen-Nürnberg, 225 S. + 55 S. Anhang

BLAUROCK, H. (1990): 'Organisationsstruktur und Aufgabenfelder in der Abteilung Forstwesen', *AFZ*, 22-23/1990, S. 536-538

BLEICHER, K. (1969): 'Führungsstil, Führungsformen und Organisationsformen', *ZfO*, 1969, S. 31-40

BÖHRET, C.; JUNKERS, M.-T. (1976): *Führungskonzepte für die öffentliche Verwaltung*, Stuttgart, Berlin, Köln, Mainz: Kohlhammer, 179 S.

BÖTTCHER, S. (1974): '"Führung durch Ziele" und die öffentliche Verwaltung', *VuF, Schriften der Bundesakademie für öffentliche Verwaltung*, 1/1974, Bonn: Heymanns, S. 31-42

BOSETZKY, H. (1974): '"Dunkelfaktoren" bei der Beförderung im öffentlichen Dienst', *ZfVwi*, 7/1974, Berlin: Duncker und Humblot, S. 427-438

BRITT, A.; BRUDERER, A. (1981): 'Ist Zusammenarbeit steuer- und regulierbar?', *ZfO*, 1/1981, S. 23-26

COOK, H.; STINGLE, S. (1974): 'Cooperative behaviour in children', *Psychological Bulletin*, 12/1974, S. 918-933

DAHM, K.-W. (1989): 'Ethikbedarf und Managerschulung: Kann man Führungskräfte ethisch erziehen?', *PF*, 6/1989, S. 586-591

DAMKOWSKI, W. (1975): 'Managementkonzepte und Managementtechniken - ihre Awendung und Eignung in der öffentlichen Verwaltung', *ZfO*, 3/1975, S. 153-160

DAY, D.R. und STOGDILL, R.M. (1972): 'Leader behaviour of male and female supervisors: A comparative study', *PP*, 25/1972, S. 353-360

DEMMER, CHR. (Hrsg.) (1988): *Frauen im Management*, Wiesbaden: Gabler, 323 S.

DERSCHKA, P.; GOTTSCHALL, D. (1980): ´Mehr reden statt regeln´, *Manager Magazin*, 11/1980, S. 57-66

10. Literaturverzeichnis

DOMSCH, M.; REGNET, E. (Hrsg.) (1990): *Weibliche Fach- und Führungskräfte*, Stuttgart: Schöffer, 217 S.

DOMSCH, M.; KRÜGER-BASENER, M. (1990): 'Personalplanung und Mobilität: Dual Career Couples', in: DOMSCH, M.; REGNET, E. (Hrsg.): *Weibliche Fach- und Führungskräfte*, Stuttgart: Schöffer, S. 124-139

DREYER, H.; GRABITZ, H. (1971): 'Über den Wert psychologischer Eignungsuntersuchungen bei der Auslese von potentiellen Führungskräften', *PR*, 3/1971, S. 187-196

DRUMM, H.J. (1974): 'Zur Koordinations- und Allokationsproblematik bei Organisationen mit Matrix-Struktur', in: WILD, J. (Hrsg.): *Unternehmensführung*, Berlin: Duncker und Humblot, S. 326-348

FAßBENDER, S. (1972): 'Gruppendynamische Elemente in der Weiterbildung betrieblicher Führungskräfte', *GD*, 1/1972, S. 429-435

FIEDLER, F.E.; CHEMERS, M.M.; MAHAR, L. (1979): *Der Weg zum Führungserfolg*, Stuttgart: Poeschel, 231 S.

FISCHER, G. (1969): 'Aufgaben und Inhalt betrieblicher Menschenführung', *Personal*, 7/1969, S. 206-211

FRANK, H.H. (1977): *Women in the organization*, University of Pensylvania Press, USA, 310 S.

FRESE, E. (1974): 'Zum Vergleich von Führungsmodellen', in: WILD, J. (Hrsg.): *Unternehmensführung*, Berlin: Duncker und Humblot, S. 224-249

FRITSCHE, H.-P. (1991): 'Betriebsanalyse in einer Großprivatwald-Forstverwaltung', *AFZ*, 23/1991, S. 1176-1178

GOTTSCHALL, J. (1988): 'Schule der Querdenker', *Manager Magazin*, 4/1988, S. 308-319

GROCHLA, E. (1974): *Management - Aufgaben und Instrumente*, Düsseldorf: Econ, 1. Aufl., 384 S.

GROTH, K. (1981): 'Führungsgrundsätze und Organisationsentwicklung', *ZfO*, 5/1981, S. 253-255

HÄBERLE, S. (1977): 'Leistung und Lohn - Ein Zusammenhang?', *FA*, 11/1977, S. 221-226

HASEL, K. (1991): *Rückschau; Rechenschaftsablage über 50 Jahre Arbeit in Verwaltung und Wissenschaft*, Freiburg, 67 S.

HASELOFF, O.W. (1968): 'Managementstrategie und Führungsstile im Unternehmen', *Kommunikation, ZfPuO*, 4/1968, S. 1-24

HAUG, H. (1991): 'Früh Verantwortung übernehmen', *Innovatio*, 11/1991, S. 59-61

HAUSCHILDT, J. (1974): 'Freiheitsgrade beim Setzen neuer Ziele', in: WILD, J. (Hrsg.): *Unternehmensführung*, Berlin: Duncker und Humblot, S. 412-440

HEINEN, E. (1976): *Grundfragen der entscheidungsorientierten Betriebswirtschaftslehre*, München: Goldmann, 478 S.

HEINIMANN, H.R. (1992): 'Forschungs- und Entwicklungsprojekte der deutschsprachigen forsttechnischen Institutionen - eine Übersicht', in: HÖWECKE, B.; THEES, O. (Hrsg.): *19. Zusammenkunft der deutschsprachigen arbeitswissenschaftlichen und forsttechnischen Institute und Forschungsanstalten vom 21.4. bis 24.4.1992 in Birmensdorf, Schweiz*. Tagungsbericht, Eidgenössische Forschungsanstalt für Wald, Schnee und Landschaft, S. 45-54

10.2 Gelesene, nicht zitierte Literatur

HENTZE, H. (1976):'Konfliktpotentiale in Organisationen: Ihre Entstehung und Bewältigung', *ZfAwi*, 3/1976, S. 138-141

HILF, H.H. (1979): 'Die Entwicklung der Arbeitswissenschaft in der Forstwirtschaft', *ZfAWI*, 2/1979, S. 65-68

HÖHN, R. (1966): *Stellenbeschreibung und Führungsanweisung*, Bad Harzburg: WWT, 9. Aufl., 335 S.

HULIN, C.L.; SMITH, P.C. (1964): 'Sex differences in job satisfaction', *JoAP*, 49/1964, S. 88-92

JURGENSEN, C.E. (1978): 'Job preferences - What makes a job good or bad?', *JoAP*, 3/1978, S. 267-276

KAUFMANN, H. (1960): *The Forest Ranger - A Study in Administration behaviour*, Baltimore: John Hopkins Press, 259 S.

KIRCHNER, J.H.; ROHMERT, W. (1974): *Ergonomische Leitregeln zur menschengerechten Arbeitsgestaltung*, München, Wien: Carl Hanser Verlag, 174 S.

KLEIN, P. (1980): *Fallstrick Intrige*, Kissing: WEKA, 200 S.

KNEBEL, H. (1982): ´Einführung von Führungsgrundsätzen´, in: TÖPFER, A.; ZANDER, E. (Hrsg.): *Führungsgrundsätze und Führungsinstrumente*, Frankfurt/Main: Metzner, S. 194-263

KORNHAUSER, A. (1965): *Mental health of the industrial worker. A Detroit study*, New York, London, Sidney: Wiley, 354 S.

KRUSE, L. (1987): 'Führung ist männlich: Der Geschlechtsrollen-Bias in der psychologischen Forschung', *GD*, 18/1987, S. 251-267

KUBICEK, H. (1984): 'Führungsgrundsätze als Organisationsmythen und die Notwendigkeit von Entmythologisierungsversuchen', *ZfB*, 54(1)/1984, S. 4-29

KUNCZIK, M. (1972): *Führung - Theorien und Ergebnisse*, 1. Aufl., Düsseldorf, Wien: Econ, 312 S.

LANGHEINRICH, P. (1991): 'Wir brauchen kein Management sondern Leadership!', *VDI-Nachrichten*, 28/1991, S. 33

LATHAM, G.P. (1974): 'Improving job performance through training in goal setting', *JoAP*, 2/1974, S. 187-191

LAWLER, E.E. (1971): *Pay and organizational effectiveness: A psychological review*, New York: McGraw-Hill, 318 S.

LEMPERT, W.; THOMSSEN, W. (1974): *Berufliche Erfahrung und gesellschaftliches Bewußtsein*, Stuttgart: Klett, 364 S. + 175 S. Anhang

LEPPER, M. (1972): 'Teams in der öffentlichen Verwaltung', *ZfVwi*, 2/1972, S. 141-172

LIEBEL, H. (1978): *Führungspsychologie*, Göttingen, Toronto, Zürich: Hogrefe, 199 S.

LIEGERT, F. (1973): *Führungspsychologie für Vorgesetzte*, München: Wirtschaftsverlag Langen-Müller/Herbig, 116 S.

LIENERT, G.A. (1989): *Testaufbau und Testanalyse*, 4., neu ausgestattete Aufl., München, Weinheim: PVU, 599 S.

LÖHNER, M. (1991): 'Die preußischen Tugenden sind passé', *Innovatio*, 11/1991, S. 50-55

LODEN, M. (1988): *Als Frau im Unternehmen führen - Feminine Leadership*, Freiburg/Brsg.: Haufe, 300 S.

LÜCK, H.E. (1972): 'Zum Begriff der Gruppendynamik', GD, 1/1972, S. 123-126

LUHMANN, N. (1973): 'Zurechnung von Beförderungen im öffentlichen Dienst', ZfS, 4/1973, S. 326-351

LUKATIS, I. (1972): *Organisationsstrukturen und Führungsstile in Wirtschaftsunternehmen*, Akademische Verlagsanstalt, Frankfurt/Main, 328 S.

MACIOSZEK, H.-G. (1976): 'Zur Bedeutung und Erfassung von Persönlichkeitsmerkmalen bei der Auswahl von Führungskräften', ZfAwi, 3/1976, S. 135-137

MÄDING, E. (1973): 'Aufgaben der öffentlichen Verwaltung', ZfVwi, 3/1973, S. 257-282

McCLELLAND, D.C. (1976): 'Nette Kerle sind schlechte Vorgesetzte', PH, 3/1976, S. 68-70

MEYER, U. (1991): 'Das System der Forstinspektion in der Niedersächsischen Landesforstverwaltung', AFZ, 23/1991, S. 1174-1175

MEYER-DOHM, P. (1984): 'Wie erfolgreich ist Führungstraining?' DBW, 44/1984, S. 506-508

MICHEL-ALDER, E. (1990): ´Schluß mit dem Verschleiß weiblicher Talente! Das Netzwerk der Initiative 'Taten statt Worte'´, in: DOMSCH, M.; REGNET, E. (Hrsg.): *Weibliche Fach- und Führungskräfte*, Stuttgart: Schöffer, S. 180-194

MÖHLENBRUCH, N. (1976): 'Arbeits- und Berufsmotivation in der Waldarbeit', FTI, 9/1976, S. 65-68

MÜLDER; D. (1954): *Der laufende Betrieb in den staatlichen Forstämtern in Theorie und Praxis*, Hannover: Schaper, 92 S.

MÜLLER-MERBACH, H. (1975): 'Stand, Aufgaben und offene Fragen der Organisationstheorie', ZfAwi, 2/1975, S. 66-71

MULDER, M. (1977): *The daily power game*, International series on the quality of working life, vol. 6, Martinus Nijhoff Social Sciences Division, Leiden, Netherlands, 96 S.

NAGEL, K. (1981): 'Grundsätze einer erfolgreichen Unternehmensführung', ZfO, 7/1981, S. 365-368

NEUBAUER, W.F. (1973): 'Determinanten der Einstellung zum Vorgesetzten', AuL, 2/1973, S. 38-41

NEUBERGER, O. (1972): 'Experimentelle Untersuchung von Führungsstilen', GD, 1/1972, S. 192-219

NIEDER, P. (1977): 'Führungsverhalten aus entscheidungstheoretischer Sicht', ZfAwi, 1/1977, S. 15-17

OTT, W. (1992): 'Anforderungen an eine zukunftsfähige Forstpolitik', AFZ, 19/1992, S. 1018-1023

PARKER, R.S. und SUBRAMANIAN, V. (1964): 'Public and private administration', *International Review of Administration Science*, 30/1964, S. 354-366

PLATZER, H.B. (1953): 'Das Problem Leiter und Mitarbeiter im Forstbetrieb', in: ANNONYMUS (Hrsg.): *Forstliche Arbeitslehre und Menschenführung*, Wien, München: Fromme, S. 38-50

10.2 Gelesene, nicht zitierte Literatur

POLZ, K.; TRISCHLER, M. (1991): 'Das Interkulturelle - Chance und Challenge', *Innovatio*, 11/1991, S. 47-49

PREUSS, E. (1987): *Die Frau als Manager*, Veröffentlichungen der Hochschule St. Gallen, Bern, Stuttgart: Haupt, 531 S.

REHKUGLER, H.; SCHINDEL, V. (1976): 'Führung und Demokratie', *ZfAwi*, 3/1976, S. 129-134

REHSCHUH, D. (1984): 'Humanisierung des Arbeitslebens in der Forstwirtschaft', *FTI*, 12/1984, S. 95-96

REMER, A. (1978): *Personalmanagement: Mitarbeiterorientierte Organisation und Führung von Unternehmungen*, 1. Aufl., Berlin, New York: de Gruyter, 509 S.

RIGER, St.; GALLIGAN, P. (1980): 'Women in Management - An Exploration of Competing Paradigms', *AP*, 10/1980, S. 902-910

RIPKEN, H. (1992): 'Entwicklung der Arbeitskosten und der Arbeitsproduktivität in der Niedersächsischen Landesforstverwaltung', *FoHo*, 1/1992, S. 3-9

ROHMERT, W.; RUTENFRANZ, J. (1975): *Arbeitswissenschaftliche Beurteilung der Belastung und Beanspruchung an unterschiedlichen industriellen Arbeitsplätzen*, Bundesministerium für Arbeit und Soziales, Bonn, 293 S.

ROSEMANN, B. (1975): *Vorgesetzte und Mitarbeiter*, Dissertation, Philosophische Fakultät Mainz, 359 S.

ROSENSTIEL, L. v. (1975): 'Arbeitsleistung und Arbeitszufriedenheit', *ZfAwi*, 2/1975, S. 72-78

ROSENSTIEL, L. v. (1983): 'Wertwandel und Führungsnachwuchs', *PF*, 11/1983, S. 214-220

ROTH, E. (1967): *Einstellung als Determination individuellen Verhaltens*, Göttingen: Hogrefe, 160 S.

ROTH, E. (1972): *Persönlichkeitspsychologie*, Stuttgart, Berlin, Köln, Mainz: Kohlhammer, 154 S.

ROTTER, J.B. (1980): 'Interpersonal Trust, Trustworthiness, and Gullibility', *AP*, 1/1980, S. 1-7

RÜHL, G. (1978): 'Untersuchungen zur Struktur der Arbeitszufriedenheit', *ZfAwi*, 3/1978, S. 140-160

RUSTEMEYER, R.; THRIEN, S. (1989): 'Die Managerin - der Manager', *ZfAuOP*, 33/1989, S. 108-116

RUTENFRANZ, J. (1979): *Humanisierung des Arbeitslebens - Sozialethische und präventivmedizinische Aspekte*, Vortrag an der Katholischen Akademie, Schwerte

SARGES, W. (1976): 'Führungsstil und Arbeitsleistung', *PuP*, 20/1976, S. 110-119

SCHARFENKAMP, N. (1983): *Management-by-Konzepte - Eine kritische Bestandsaufnahme*, Universität Bochum, 49 S.

SCHATZ, R. (1991): 'Die Mängel liegen vor der eigenen Tür', *Innovatio*, 11/1991, S. 41-43

SCHMIDT, J. (1973): 'Kommunikation in der öffentlichen Verwaltung', *AfKwi*, 1. Halbjahresband, S. 306-323

SCHMIDT-BRASSE, U.; NEUBERGER, O. (1973): 'Vorgesetztenverhalten, Absentismus und Zufriedenheit', *Zeitschrift für experimentelle und angewandte Psychologie*, Bd. 20, 4/1973, S. 663-683

SCHRADER, J. (1991): 'Das Angebot gilt jedem', *Innovatio*, 11/1991, S. 63-65

SCHREYÖGG, G. (1973): 'Führungsstil, Führungssituation und Effektivität I - Zur Problematik des Fiedler'schen Kontingenzmodells', *AuL*, 2/1973, S. 29-36

SCHWARZ, G. (1985): *Die heilige Ordnung der Männer, Patriarchalische Hierarchie und Gruppendynamik*, Opladen: Westdeutscher Verlag, 264 S.

SCHWARZ, H. (1977): *Betriebsorganisation als Führungsaufgabe*, 8. neubearb. Aufl., Verlag Moderne Industrie, 447 S.

SEIFERT, K.H. (1969): 'Untersuchungen zur Frage der Führungseffektivität', *PuP*, 13/1969, S. 49-64

SIEVERS, B. (1989): 'Führung als Perpetierung von Unreife', *GD*, 20/1989, S. 43-50

STEAD, B.A. (1978): *Women in Management*, New York (07632): Prentice Hall Inc. Englewood Cliffs, USA, 362 S.

STEINLE, C. (1978a): *Führung: Grundlagen, Prozesse und Modelle der Führung in der Unternehmung*, Stuttgart: Poeschel, 270 S.

STEINLE, C. (1978b): 'Führungsstilforschung in der Sackgasse', *ZfAwi*, 4/1978, S. 209-217

STENGEL, M. (1990): ´Karriereorientierung und Karrieremotivation: Einstieg und Aufstieg von Frauen in Organisationen´, in: DOMSCH, M.; REGNET, E. (Hrsg.): *Weibliche Fach- und Führungskräfte*, Stuttgart: Schöffer, S. 67-92

STEUBER, K. (1991): 'Eine Kultur von Lehren und Lernen', *Innovatio*, 11/1991, S. 44-45

STRUTZ, H. (1991): 'Gespräch statt Check-up', *Innovatio*, 11/1991, S. 38-40

TERBORG, J.R. (1977): 'Women in Management: A research review', *JoAP*, 62/1977, S. 647-664

TÖPFER, A.; ZANDER, E. (Hrsg.) (1982a): *Führungsgrundsätze und Führungsinstrumente*, Frankfurt/Main: Metzner, 271 S.

TÖPFER, A.; ZANDER, E. (1982b): ´Bausteine eines kooperativen Führungskonzeptes´, in: DIESELBEN (Hrsg.): *Führungsgrundsätze und Führungsinstrumente*, Frankfurt/Main: Metzner, S. 1-28

TOSI, H.L.; HOUSE, R.J.; DUNNETTE, M.D. (1972): *Managerial motivation and compensation. A selection of readings*, East Lansing: MSU Business Studies, 539 S.

TZSCHUPKE, W. (1993): 'Der Zielbezug in der forstlichen Erfolgskontrolle', *FA*, 1/1993, S. 20-28

VOLK, H. (1981): 'Ist das Harzburger Modell überholt?', *ZfO*, 8/1981, S. 466-467

VOOSEN, H. (1977): 'Führen nach Grundsätzen - Abkehr von starren Modellen', *PF*, 11/1977, S. 210-212

VOOSEN, H. (1978): 'Mitarbeiterförderung und Personalentwicklung', *PF*, 10/1978, S. 197-202

VROOM, V.H. (1981): 'Führungsentscheidungen in Organisationen', *DBW*, 2/1981, S. 183-193

10.2 Gelesene, nicht zitierte Literatur

WEINERT, A.B. (1990): 'Geschlechtsspezifische Unterschiede im Führungs- und Leistungsverhalten', in: DOMSCH, M.; REGNET, E. (Hrsg.): *Weibliche Fach- und Führungskräfte*, Stuttgart: Schöffer, S. 35-66

WERDER, W. (1976): *Die Einstellung des Mitarbeiters zum Führungsstil der Unternehmung*, Dissertation, Zürich, Bern: Haupt, 256 S.

WILD, J. (1973): 'Management-by-Objectives als Führungsmodell für die öffentliche Verwaltung', *ZfVwi*, 3/1973, S. 283-316

WILD, J (Hrsg.) (1974a): *Unternehmensführung*, Berlin: Duncker und Humblot, 556 S.

WILD, J. (1974b): 'Betriebswirtschaftliche Führungslehre und Führungselemente', in: WILD, J (Hrsg.) (1974): *Unternehmensführung*, Berlin: Duncker und Humblodt, S. 144-179

WILD, J.; SCHMIDT, P. (1973): 'Managementsysteme für die Verwaltung: PPBS und Mbo', *ZfVwi*, 2/1973, S. 145-166

WUNDERER, R. (1991): 'Bestimmungsgründe für den Erfolg von Führungskräften', *PMuA*, 7/1991, S. 256-258

ZINK, K.J. (1975): 'Ergebnisse empirischer Motivationsforschung', *ZfAwi*, 2/1975, S. 104-110

Verzeichnis der Zeitschriften und der verwendeten Abkürzungen

AfKwi	Archiv für Kommunalwissenschaft
AFZ	Allgemeine Forstzeitschrift
AP	American Psychologist
AuL	Arbeit und Leistung
DBW	Die Betriebswirtschaft
BDFaktuell	Zeitschrift des Bundes Deutscher Forstleute
FA	Forstarchiv
FB/IE	Fortschrittliche Betriebsführung/Industrial Engineering
FoHo	Forst und Holz
FTI	Forsttechnische Informationen
JoAP	Journal of Applied Psychology
JoP	Journal of Psychology
Personal	Personal
PF	Personalführung
PH	Psychologie Heute
PR	Psychologische Rundschau
PuGK	Psychologie und Gesellschaftskritik
PuP	Psychologie und Praxis
GD	Gruppendynamik
PMuA	Personal-Mensch und Arbeit
VuF	Verwaltung und Fortbildung
ZfAuOP	Zeitschrift für Arbeits- und Organisationspsychologie
ZfAwi	Zeitschrift für Arbeitswissenschaft
ZfB	Zeitschrift für Betriebswirtschaftslehre
ZfO	Zeitschrift für Organisation
ZfS	Zeitschrift für Soziologie
ZfVwi	Die Verwaltung, Zeitschrift für Verwaltungswissenschaft

11. ANHANG

Anhang 1:

Anschreiben und Fragebögen

a) Anschreiben an die Forstämter, S. III

b) Fragebogen für die Vorgesetztenstichprobe (weiblicher FAL), S. IV-XVI

c) Fragebogen für die Mitarbeiterstichprobe (männlicher FAL), S. XVII-XXIX

Anhang 1

Institut für Waldarbeit und Forstmaschinenkunde
Forstliche Arbeitswissenschaft
der Universität Göttingen

Leiter: Prof.Dr.S.Häberle

Institut für Waldarbeit · Büsgenweg 4 · D-3400 Göttingen-Weende

An die
Leiterin des Forstamtes

D-3400 Göttingen-Weende, den 28.10.1992
Büsgenweg 4
Tel.: (0551) 39-3572/3571   Fax: 0551-393510

Sehr geehrte Damen und Herren,

das Institut für Waldarbeit und Forstmaschinenkunde, Forstliche Arbeitswissenschaft der Universität Göttingen geht z.Zt. im Rahmen einer Dissertation, die von Frau Teutenberg-Raupach bearbeitet wird, Fragen der Motivation und Menschenführung in verschiedenen Forstverwaltungen nach.
Die Landesforstverwaltungen der Länder Niedersachsen, Brandenburg, Hessen, Thüringen und Nordrhein-Westfalen, mehrere private und kommunale Forstbetriebe sowie die Landwirtschaftskammern Hannover und Weser-Ems haben sich bereit erklärt, diese Untersuchung zu unterstützen.

Das Ministerium in Wiesbaden hat Sie vor einiger Zeit davon unterrichtet und Ihnen mitgeteilt, daß wir uns in absehbarer Zeit bei Ihnen melden werden.
Anbei übersende ich Ihnen nun die Fragebögen (incl. frankierter Briefumschläge für die Rückantworten) für Sie und Ihre Mitarbeiter, mit der Bitte, sie zu verteilen (Verteiler bitte an Sie selbst, stellvertr. Forstamtsleiter/in, Büroleiter/in, eine Verwaltungsangestellte, soweit in Ihrem Forstamt vertreten und alle Revierleiter/innen).

Für etwaig auftretende Fragen stehen wir Ihnen natürlich gerne zur Verfügung.
Über eine rege Teilnahme Ihrerseits würden wir uns sehr freuen und bedanken uns für Ihre Mühe.

Mit freundlichen Grüßen

(Prof. Dr. S. Häberle)

Anhang 1 - IV -   *Mitarbeiter/in*

**Institut für Waldarbeit und Forstmaschinenkunde,
Forstliche Arbeitswissenschaft**
der Universität Göttingen

Direktor: Prof. Dr. S. Häberle

Institut für Waldarbeit - Büsgenweg 4 - D-3400 Göttingen-Weende

D-3400 Göttingen-Weende, den 30.09.1992
Büsgenweg 4
Tel.: (0551) 39-3572/3571 Fax: 0551-393510

Sehr geehrte Damen und Herren,

in einer Dissertation am Institut für Waldarbeit und Forstmaschinenkunde, an der auch das Institut für Wirtschafts- und Sozialpsychologie der Universität Göttingen beratend mitwirkt, wird zur Zeit den Fragen der Motivation und Führung in Forstbetrieben und Forstverwaltungen nachgegangen. Eine weitere Fragestellung, die im Rahmen dieser Arbeit untersucht werden soll ist die, inwieweit es lohnend erscheint, das Thema 'Menschenführung' in die Ausbildung an den Fachhochschulen und Universitäten einzubeziehen.
Anlaß zur Bearbeitung dieser Thematik sind Anregungen aus der forstlichen Praxis, die in letzter Zeit immer wieder an die Forstlichen Fakultäten herangetragen worden sind; offensichtlich wird dem Thema "Führung" dort aktuelles Interesse eingeräumt.

Ich wäre Ihnen sehr verbunden, wenn Sie uns bei der o.g. Untersuchung behilflich sein könnten.
Die Durchführung der Fragebogenaktion wird von der Landesforstverwaltung Nordrhein-Westfalens wohlwollend begleitet. Der BDF und die GGLF sind von der Fragebogenaktion in Kenntnis gesetzt worden und befürworten sie. Die Beantwortung der Fragen ist jedoch gänzlich freiwillig. Selbstverständlich verläuft die gesamte Aktion anonym (Rücksendung des beantworteten Fragebogens in einem beigefügten Umschlag **ohne** Absender direkt an das Institut für Waldarbeit). Ebenso werden die Ergebnisse der Fragebogenaktion nicht forstamtsweise, sondern lediglich global landesweit ermittelt und ausgewertet. Rückschlüsse auf den einzelnen Beantworter sind nicht möglich. Eine Vernichtung der Daten nach Ablauf der Untersuchung wird aus Datenschutzgründen garantiert.

Ihrer (anonymen) Rücksendung sehe ich mit Interesse entgegen.

Mit freundlichen Grüßen

(Prof. Dr. S. Häberle)

Einige Informationen zu unserem Fragebogen:

Der Fragebogen besteht aus 3 Teilen. Im ersten Abschnitt (A) geht es um die Fragestellung: "Wie verhalten sich Vorgesetzte ihren Mitarbeitern gegenüber?". Der zweite Abschnitt (B) ist Fragen der "Arbeitszufriedenheit" gewidmet. Der Abschnitt (C) "Persönliche Daten"- soll uns lediglich das Einordnen und die Stratifizierung der Daten im Rahmen der Analyse ermöglichen.

Auf den folgenden Seiten finden Sie Fragen zum Verhalten Ihres Vorgesetzten. Beantworten Sie diese bitte so, wie Sie es in Ihrer Zusammenarbeit mit Ihrem Vorgesetzten erlebt haben. I H R Urteil - unabhängig davon, was Ihre Kollegen denken - ist für uns wertvoll. Es gibt also kein "richtig" oder "falsch". Nur das, was Sie persönlich erfahren und erlebt haben, ist von Bedeutung.

Seien Sie in Ihren Angaben bitte offen und kritisch; wir sind an Ihren wirklichen Erfahrungen interessiert.

Es ist wichtig, daß Sie alle Fragen beantworten. Verlassen Sie sich bitte bei den Fragen, die Sie nur schwer beantworten können, ganz auf Ihr Gefühl.

Anleitung:

In folgenden finden Sie verschiedene Verhaltensbeschreibungen von Vorgesetzten. Hinter jeder Beschreibung sind jeweils fünf Abstufungen der Stärke oder der Häufigkeit dieses Verhaltens angegeben: Versuchen Sie jetzt bitte, Ihren Vorgesetzten so zu beschreiben, wie Sie ihn persönlich erlebt haben; durchkreuzen Sie jeweils die Zahl der ausgewählten Antwortstufe, die nach Ihrer Meinung am ehesten seinem Verhalten entspricht.

Ein Beispiel zur Erläuterung:

1) Er kritisiert seine Mitarbeiter auch in Gegenwart anderer.

1. oft   2. relativ häufig   3. hin u. wieder   4. selten   5. fast nie

Sie durchkreuzen die Antwortstufe 2 (siehe Beispiel), wenn Sie der Meinung sind, daß Ihr Vorgesetzter r e l a t i v h ä u f i g seine Mitarbeiter in Gegenwart anderer kritisiert.

Bitte überlegen Sie bei den einzelnen Fragen nicht lange! Geben Sie Ihren ersten Eindruck an. Er ist meistens der treffendste. Lassen Sie zudem bitte keine Beschreibung aus.

A. FRAGEBOGEN ZUR VORGESETZTEN-VERHALTENSBESCHREIBUNG
(Beurteilen Sie hier bitte *Ihren Forstamtsleiter!*)

1) Er kritisiert seine unterstellten Mitarbeiter auch in Gegenwart anderer.

1. oft   2. relativ häufig   3. manchmal   4. selten   5. fast nie

2) Er zeigt Anerkennung, wenn einer seiner Mitarbeiter gute Arbeit leistet.

1. fast nie   2. selten   3. manchmal   4. häufig   5. fast immer

3) Er bemüht sich, langsam arbeitende Mitarbeiter zu größeren Leistungen zu ermuntern.

1. sehr selten   2. selten   3. hin u. wieder   4. relativ häufig   5. oft

4) Er weist Änderungsvorschläge zurück.

1. fast immer   2. häufig   3. manchmal   4. selten   5. fast nie

5) Er weist seinen Mitarbeitern spezifische Arbeitsaufgaben zu.

1. fast nie   2. selten   3. manchmal   4. häufig   5. fast immer

6) Er ändert Arbeitsgebiete und Aufgaben seiner Mitarbeiter, ohne es mit ihnen vorher besprochen zu haben.

1. oft   2. relativ häufig   3. hin u. wieder   4. selten   5. sehr selten

7) Hat man persönliche Probleme, so hilft er einem.

1. sehr selten   2. selten   3. manchmal   4. hin u. wieder   4. relativ häufig   5. oft

8) Er steht für seine Mitarbeiter und ihre Handlungen ein.

1. fast nie   2. selten   3. manchmal   4. häufig   5. fast immer

9) Er behandelt seine Mitarbeiter als gleichberechtigte Partner.

1. fast nie   2. selten   3. manchmal   4. häufig   5. fast immer

10) Er überläßt seine Mitarbeiter sich selbst, ohne sich nach dem Stand ihrer Arbeit zu erkundigen.

1. fast immer   2. häufig   3. manchmal   4. selten   5. fast nie

11) Er "schikaniert" den Mitarbeiter, der einen Fehler macht.

1. fast immer   2. häufig   3. manchmal   4. selten   5. fast nie

Anhang 1

12) Er legt Wert darauf, daß Termine genau eingehalten werden.
   1. überhaupt nicht 2. wenig 3. zu einem gewissen Grad 4. relativ stark 5. sehr stark

13) Er entscheidet und handelt, ohne es vorher mit seinen Mitarbeitern abzusprechen.
   1. oft 2. relativ häufig 3. hin u. wieder 4. selten 5. sehr selten

14) In Gesprächen mit seinen Mitarbeitern schafft er eine gelöste Stimmung, so daß sie sich frei und entspannt fühlen.
   1. fast nie 2. selten 3. manchmal 4. häufig 5. fast immer

15) Treffen seine Mitarbeiter selbständig Entscheidungen, so fühlt er sich übergangen und ist verärgert.
   1. oft 2. relativ häufig 3. manchmal 4. selten 5. sehr selten

16) Er gibt seinen Mitarbeitern Aufgaben, ohne ihnen zu sagen, wie sie sie ausführen sollen.
   1. fast immer 2. häufig 3. manchmal 4. selten 5. fast nie

17) Er achtet auf Pünktlichkeit und Einhaltung von Pausenzeiten.
   1. fast gar nicht 2. kaum 3. etwas 4. relativ stark 5. sehr stark

18) Er ist freundlich, und man hat leicht Zugang zu ihm.
   1. fast nie 2. selten 3. manchmal 4. häufig fast 5. immer

19) Er reißt durch seine Aktivität seine Mitarbeiter mit.
   1. überhaupt nicht 2. kaum 3. etwas 4. stark 5. sehr stark

20) Seine Anweisungen gibt er in Befehlsform.
   1. überhaupt nicht 2. relativ häufig 3. manchmal 4. selten 5. sehr selten

21) Bei wichtigen Entscheidungen holt er erst die Zustimmung seiner Mitarbeiter ein.
   1. fast nie 2. selten 3. manchmal 4. häufig 5. fast immer

22) Er freut sich besonders über fleißige und ehrgeizige Mitarbeiter.
   1. überhaupt nicht 2. kaum 3. etwas 4. stark 5. sehr stark

23) Persönlichen Ärger oder Ärger mit der übergeordneten Dienststelle läßt er an seinen Mitarbeitern aus.
   1. oft 2. relativ häufig 3. manchmal 4. selten 5. fast nie

24a) Auch wenn er Fehler entdeckt, bleibt er freundlich.
   1. fast nie 2. selten 3. manchmal 4. häufig 5. fast immer

24b) Er hinterfragt Fehler.
   1. fast nie 2. selten 3. manchmal 4. häufig 5. fast immer

25) Er wartet, bis seine Mitarbeiter neue Ideen vorantreiben, bevor er es tut.
   1. fast immer 2. häufig 3. manchmal 4. selten 5. fast nie

26) Er versucht, seinen Mitarbeitern das Gefühl zu geben, daß er der "Chef" ist und sie unter ihm stehen.
   1. sehr stark 2. stark 3. etwas 4. kaum 5. überhaupt nicht

27) Er ist am persönlichen Wohlergehen seiner Mitarbeiter interessiert.
   1. überhaupt nicht 2. wenig 3. etwas 4. relativ stark 5. sehr stark

28) Er paßt die Arbeitsgebiete genau den Fähigkeiten und Leistungsmöglichkeiten seiner Mitarbeiter an.
   1. fast nie 2. selten 3. manchmal 4. häufig 5. fast immer

29) Der Umgangston mit seinen Mitarbeitern verstößt gegen Takt und Höflichkeit.
   1. oft 2. relativ häufig 3. manchmal 4. selten 5. niemals

30) Er regt seine Mitarbeiter zur Selbständigkeit an.
   1. überhaupt nicht 2. kaum 3. etwas 4. stark 5. sehr stark

31) In "Geschäftsflauten" zeigt er eine optimistische Haltung und regt zu größerer Aktivität an.
   1. überhaupt nicht 2. wenig 3. zu einem gewissen Grad 4. relativ stark 5. sehr stark

32) Nach Auseinandersetzungen mit seinen Mitarbeitern ist er nachtragend.
   1. oft 2. relativ häufig 3. manchmal 4. selten 5. fast nie

33a) Er tadelt mangelhafte Arbeit.

   1. fast immer 2. häufig 3. manchmal 4. selten 5. fast nie

33b) Er lobt gute Arbeit.

   1. fast immer 2. häufig 3. manchmal 4. selten 5. fast nie

34) Er legt besonderen Wert auf Zusammenarbeit zwischen den Mitarbeitern.

   1. überhaupt nicht 2. kaum 3. etwas 4.stark 5. sehr stark

35) Er legt besonderen Wert auf Zusammenarbeit mit anderen Dienststellen.

   1. überhaupt nicht 2. kaum 3. etwas 4.stark 5. sehr stark

36) Er hält seine Mitarbeiter auf dem laufenden über das, was im Forstamt vor sich geht.

   1. überhaupt nicht 2. kaum 3. etwas 4.stark 5. sehr stark

37) Er geht einem Mitarbeiter aus dem Weg, wenn er weiß, daß dieser ihm ein Problem vortragen möchte.

   1. fast immer 2. häufig 3. manchmal 4. selten 5. fast nie

38) Er setzt sich mit Vorschlägen und Vorstellungen seiner Mitarbeiter auseinander, auch wenn sie von seinen eigenen abweichen.

   1. fast nie 2. selten 3. manchmal 4. häufig 5. fast immer

39) Er überträgt seinen Mitarbeitern Aufgaben, ohne ihnen deutlich zu machen, in welchem größeren Zusammenhang sie stehen.

   1. fast immer 2. häufig 3. manchmal 4. selten 5. fast nie

40) Wenn er seinen Mitarbeitern Aufgaben stellt, gibt er die Art der Durch- bzw. Ausführung im allgemeinen an.

   1. bis in alle Einzelheiten genau 2. weitgehend 3. teilweise
   4. nur in groben Zügen 5. gar nicht, sondern überläßt sie dem Ermessen des einzelnen

41) Er kennt die individuellen Besonderheiten jedes einzelnen Mitarbeiters ganz genau und stellt sich in seinem/ihrem Verhalten entsprechend darauf ein.

   1. überhaupt nicht 2. kaum 3. etwas 4.stark 5. sehr stark

42) Er hat auf seine eigenen Vorgesetzten

   1. sehr viel Einfluß 2. viel Einfluß 3. etwas Einfluß 4. wenig Einfluß
   5. sehr wenig Einfluß

43a) Vertretbare Pannen und Fehler der Mitarbeiter bereinigt er allein und leitet sie nicht an seinen eigenen Vorgesetzten weiter.

   1. fast nie 2. selten 3. manchmal 4. häufig 5. fast immer

43b) Schwerwiegende Verfehlungen seiner Mitarbeiter gibt er an seinen eigenen Vorgesetzten weiter.

   1. fast nie 2. selten 3. manchmal 4. häufig 5. fast immer

44a) Er überläßt leistungsstarke und eingearbeitete Mitarbeiter sich selbst, ohne sich nach dem Stand ihrer Arbeit zu erkundigen.

   1. fast immer 2. häufig 3. manchmal 4. selten 5. fast nie

44b) Er überläßt leistungsschwächere oder neue Mitarbeiter sich selbst, ohne sich nach dem Stand ihrer Arbeit zu erkundigen.

   1. fast immer 2. häufig 3. manchmal 4. selten 5. fast nie

45a) Treffen seine Mitarbeiter selbständig Entscheidungen, die innerhalb ihrer Befugnisse liegen, so fühlt er sich übergangen und ist verärgert.

   1. oft 2. relativ häufig 3. manchmal 4. selten 5. fast nie

45b) Treffen seine Mitarbeiter selbständig Entscheidungen, die über ihre Befugnisse hinausgehen, so fühlt er sich übergangen und ist verärgert.

   1. oft 2. relativ häufig 3. manchmal 4. selten 5. fast nie

46) Wenn er Fehler entdeckt,

   1. wird er meist sehr ärgerlich 2. wird er meist ärgerlich
   3. reagiert er meist sachlich neutral 4. bleibt er meist freundlich
   5. bleibt er meist sehr freundlich

Anhang 1

Geben Sie bitte bei der folgenden Frage am rechten Rand an, in wieviel % der Fälle die einzelnen Antwortmöglichkeiten zutreffen (zusammen 100%)!

47) Bei Entscheidungen, die die Tätigkeit seiner Mitarbeiter im Betrieb berühren

1. teilt er ihnen seine Entscheidung mit, ohne nähere Gründe dafür zu nennen ...... %
2. teilt er ihnen seine Entscheidung mit und erläutert gleichzeitig seine Gründe für diesen Entschluß ...... %
3. spricht er mit ihnen über die verschiedenen Möglichkeiten ehe er sich für eine davon entscheidet ...... %
4. bespricht er mit ihnen über die verschiedenen Möglichkeiten, bis eine Lösung gefunden ist, mit der sowohl er als auch seine Mitarbeiter einverstanden sind ...... %
5. stellt er ihnen die verschiedenen Möglichkeiten vor, läßt sie selbst entscheiden und akzeptiert die Entscheidung, auch wenn er selbst eigentlich anders entschieden hätte ...... %

48) Um die Verhaltensbeschreibung, die Sie gegeben haben, besser verstehen zu können, ist es für uns wichtig zu wissen, wie häufig sie überhaupt im allgemeinen Kontakt zu Ihrem Vorgesetzten haben, sei es, daß Sie mit ihm zusammenarbeiten, mit ihm sprechen oder ihn nur sehen.

Bitte kreuzen Sie für Sie zutreffende Antwort an:

1. eigentlich ständig, den ganzen Tag über
2. mehrmals am Tag, nämlich ca. ...... mal (bitte Häufigkeit angeben)
3. etwa 1x am Tag
4. etwa alle 2 Tage
5. etwa 2x pro Woche
6. etwa 1x pro Woche
7. seltener, und zwar .... (bitte Häufigkeit angeben)

49) Sind spontane Besprechungen bzw. Termine mit Ihrem Vorgesetzten möglich?

1. fast nie 2. selten 3. manchmal 4. häufig 5. fast immer

50) Ist Ihr Vorgesetzter gut erreichbar?

1. fast nie 2. selten 3. manchmal 4. häufig 5. fast immer

51) Ihr Vorgesetzter überfordert seine Mitarbeiter durch die Menge der ihnen übertragenen Aufgaben.

1. fast immer 2. häufig 3. manchmal 4. selten 5. fast nie

52) Ihr Vorgesetzter ist durch die ihm von seiner vorgesetzten Dienststelle übertragenen Aufgaben überfordert.

1. sehr selten 2. selten 3. hin u. wieder 4. relativ häufig 5. oft

53) Kritisiert Ihr Vorgesetzter häufig ungerechtfertigt und/oder ohne zu hinterfragen?

1. sehr selten 2. selten 3. hin u. wieder 4. relativ häufig 5. oft

54) Unterstützt Ihr Vorgesetzter Weiterbildungswünsche?

1. fast immer 2. häufig 3. manchmal 4. selten 5. fast nie

B. FRAGEN ZUR ARBEITSZUFRIEDENHEIT

Das Verhalten eines Vorgesetzten kann nicht isoliert von der gesamten Arbeitssituation betrachtet werden, in der er selbst und Sie, seine Mitarbeiter stehen. Man muß das Verhalten vielmehr damit im Zusammenhang sehen, um es interpretieren zu können.
Ich bitte Sie deshalb, auch die Fragen auf den folgenden Seiten zu beantworten. Diese Fragen bzw. Aussagen sprechen verschiedene Aspekte Ihrer gegenwärtigen Arbeitssituation an, z.B. die Atmosphäre in Ihrer Arbeitsgruppe, Ihre Kollegen, Ihre Tätigkeit, Ihre Arbeitsbedingungen, Ihr Forstamt usw.

Beschreiben Sie bitte die Atmosphäre in Ihrem Forstamt, indem Sie die Ausprägungen verschiedener Beurteilungsgesichtspunkte ankreuzen.

Verwenden Sie dazu die unten auf diesem Blatt angegebenen Wortpaare, die in ihrer Bedeutung entgegengesetzt sind, z.B. "freundlich" und "unfreundlich". Der Abstand zwischen den beiden Worten ist in 8 Felder unterteilt, die 8 unterschiedliche Ausprägungsgrade bedeuten.

Wenn Sie nun die Atmosphäre in Ihrem Forstamt einschätzen, dann machen Sie bitte ein Kreuz in eines der 8 Felder auf der Linie zwischen den beiden Wörtern. Wenn Sie z.B. meinen, die Atmosphäre in Ihrer Gruppe sei eher freundlich als unfreundlich, dann machen Sie Ihr Kreuz (X) in die betreffende Spalte, also so:

freundlich   unfreundlich

8	7	6	5	4	3	2	1
sehr freund- lich	ziemlich freund- lich	einiger- maßen freundlich	eher freund- lich	eher un- freund- lich	einiger- maßen unfreundlich	ziemlich unfreund- lich	sehr unfreund- lich
			X				

Beachten Sie bitte die Wörter an beiden Seiten der Skalen, bevor Sie Ihr Kreuz machen. Bitte arbeiten Sie auch hier wieder schnell; sicherlich ist Ihre erste Antwort die beste.
Lassen Sie bitte kein Wortpaar aus, und machen Sie in keiner Zeile zwei Kreuze.

	sehr	ziem- lich	eini- germ.	eher	eini- germ.	ziem- lich	sehr	
	8	7	6	5	4	3	2	1
freundlich								unfreundlich
herzlich								kühl
befriedigend								enttäuschend
schwungvoll								schwunglos
produktiv								unproduktiv
warm								kalt
kooperativ								unkooperativ
entgegenkommend								feindselig
interessant								langweilig

Bitte nehmen Sie auf den folgenden Seiten Stellung zu Ihrer gegenwärtigen Arbeit (z.B. zu Ihren Kollegen, Arbeitsbedingungen, Bezahlung usw.).
Äußern Sie dabei Ihre ganz persönliche Meinung!

So etwa sehen die folgenden Seiten aus:

Meine Kollegen:

	völlig zutreffend	eher zutreffend	eher falsch	völlig falsch
hilfreich				
fähig				
unangenehm				

Und so sollen Sie vorgehen:

Wenn Sie z.B. Ihre Kollegen für sehr "hilfreich", einigermaßen "fähig" und keineswegs "unangenehm" halten, dann kreuzen Sie bitte wie folgt an:

Meine Kollegen:

	völlig zutreffend	eher zutreffend	eher falsch	völlig falsch
hilfreich	—X—			
fähig		—X—		
unangenehm				—X—

Es ist klar, daß es bei jeder Arbeit gute und schlechte Seiten gibt. Sie sollen so antworten, wie Sie im großen und ganzen normalerweise darüber denken.

Überlegen Sie auch hier wieder nicht lange - die erste Reaktion ist auch hier die beste!

Bitte lassen Sie keine Feststellungen aus!

B.] Meine Kollegen:

Gemeint sind die *Kolleginnen und Kollegen*, mit denen Sie unmittelbar zusammenarbeiten und die für Sie wichtig sind.
Hier können Sie natürlich nur ein Durchschnittsurteil zu bilden.

	völlig zutreffend	eher zutreffend	eher falsch	völlig falsch
55) stur				
56) hilfreich				
57) bin mit ihnen zufrieden				
58) sympathisch				
59) unfähig				
60) guter Zusammenhalt				
61) faul				
62) dumm				
63) angenehm				
64) neidisch				
65) kritisch				
66) egoistisch				

67) Kreuzen Sie bitte das Gesicht an, das Ihrer Einstellung am ehesten entspricht.

(KUNIN - Gesichter)

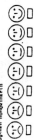

Gesicht mit herunter-
gezogenen Mundwinkeln   Lachendes Gesicht

B.2 Mein Vorgesetzter:

Gemeint ist hier *Ihr Forstamtsleiter* (FI-Anwärter bitte den jeweiligen Forstbetriebsbeamten beurteilen).

	völlig zutreffend	eher zutreffend	eher falsch	völlig falsch
68) ungerecht				
69) aktiv				
70) rücksichtsvoll				
71) unhöflich				
72) unfähig				
73) setzt sich für uns ein				
74) fair				
75) unbeliebt				
76) vertraue ihm				
77) informiert schlecht				
78) läßt uns mitreden				
79) nörgelt viel				
80) verlangt viel				
81) lobt wenig				
82) delegiert wenig				
83) unnahbar				
84) elitär				

85) Kreuzen Sie bitte das Gesicht an, das Ihrer Einstellung am ehesten entspricht.

(KUNIN - Gesichter)

Gesicht mit herunter- Lachendes Gesicht
gezogenen Mundwinkeln

B.3 Meine Tätigkeit:

Gemeint ist der *Inhalt Ihrer Tätigkeit, die Art Ihrer Arbeitsaufgaben*.

	völlig zutreffend	eher zutreffend	eher falsch	völlig falsch
86) gefällt mir				
87) langweilig				
88) festgefahren				
89) unselbständig				
90) nutzlos				
91) angesehen				
92) enttäuschend				
93) unterfordert mich				
94) sehe Ergebnisse				
95) kann meine Fähigkeiten einsetzen				
96) kann eigene Ideen verwirklichen				
97) verantwortungsvoll				
98) kenne meine Befugnisse				
99) eindeutige Zielsetzung				
100) weiß, was man von mir erwartet				
101) weiß, wofür ich verantwortlich bin				
102) weiß, was ich tun muß				
103) weiß, daß ich meine Zeit richtig eingeteilt habe				

104) Kreuzen Sie bitte das Gesicht an, das Ihrer Einstellung am ehesten entspricht.

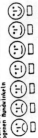

(KUNIN - Gesichter)

Gesicht mit herunter- Lachendes Gesicht
gezogenen Mundwinkeln

B.4 Meine Arbeitsbedingungen

Gemeint sind die *Bedingungen*, unter denen Sie Ihre Arbeit verrichten, z.B. Umgebung, Hilfsmittel, Maschinen, Lärm, Temperatur, Zeit, usw.

	völlig zutreffend	eher zutreffend	eher falsch	völlig falsch
105) bequem	—			
106) schlecht	—			
107) sauber	—			
108) angenehm	—			
109) anstrengend	—			
110) unruhig	—			
111) viel Platz	—			
112) gesundheitsgefährdend	—			
113) ermüdend	—			
114) günstige Arbeitszeiten	—			
115) flexible Arbeitszeiten	—			
116) witterungsausgesetzt	—			
117) schmutzig	—			
118) beschränkte Ausstattung mit Arbeitsmitteln	—			

119) Kreuzen Sie bitte das Gesicht an, das Ihrer Einstellung am ehesten entspricht.

(KUNIN - Gesichter)

Gesicht mit heruntergezogenen Mundwinkeln ☹ ☐   ☹ ☐   😐 ☐   🙂 ☐   😀 ☐ Lachendes Gesicht

B.5.1 Organisation und Leitung

Gemeint ist, wie Sie das *Forstamt (in dem Sie arbeiten) als Ganzes sehen*, wie die Zusammenarbeit zwischen dem Forstamt und den verschiedenen Verwaltungsebenen funktioniert.

	völlig richtig	eher richtig	eher falsch	völlig falsch
120) schwach	—			
121) an der Meinung der Leute interessiert	—			
122) ungenügende Information	—			
123) traditionsbehaftet	—			
124) fortschrittlich	—			
125) umständlich	—			
126) schlechtes Betriebsklima	—			
127) Durcheinander	—			
128) stolz auf sie	—			
129) fühle mich wohl hier	—			
130) wir können mitreden	—			
131) schlechte Planung	—			
132) tut wenig für die Mitarbeiter	—			
133) leistungsfähig	—			
134) motivierend	—			
135) zu bürokratisch	—			
136) veraltet	—			
137) aufgabenvermehrend	—			
138) unkooperativ	—			
139) modernisierungsbedürftig	—			
140) unklare Entscheidungen	—			

141) Kreuzen Sie bitte das Gesicht an, das Ihrer Einstellung am ehesten entspricht.

(KUNIN - Gesichter)

Gesicht mit heruntergezogenen Mundwinkeln ☹ ☐   ☹ ☐   😐 ☐   🙂 ☐   😀 ☐ Lachendes Gesicht

Anhang 1

B.5.2 Organisation und Leitung

Gemeint ist, wie Sie die *Forstverwaltung* (in Ihrem Bundesland) als Ganzes sehen, wie die Zusammenarbeit zwischen den Forstämtern und den verschiedenen Verwaltungsebenen funktioniert, wie Sie Vorschriften, Planung und Information, die "oberste Leitung" etc. beurteilen.

	völlig richtig	eher richtig	eher falsch	völlig falsch
142) schwach				
143) an der Meinung der Leute interessiert				
144) ungenügende Information				
145) traditionsbehaftet				
146) fortschrittlich				
147) umständlich				
148) schlechtes Betriebsklima				
149) Durcheinander				
150) stolz auf sie				
151) fühle mich wohl hier				
152) wir können mitreden				
153) schlechte Planung				
154) tut wenig für die Mitarbeiter				
155) leistungsfähig				
156) motivierend				
157) zu bürokratisch				
158) veraltet				
159) aufgabenvermehrend				
160) unkooperativ				
161) modernisierungsbedürftig				
162) unklare Entscheidungen				

163) Kreuzen Sie bitte das Gesicht an, das Ihrer Einstellung am ehesten entspricht.

(KUNIN - Gesichter)

Gesicht mit heruntergezogenen Mundwinkeln   Lachendes Gesicht

B.6 Meine Entwicklung

Gemeint ist *Ihr persönliches Vorwärtskommen* (Ihre bisherigen und zukünftigen Möglichkeiten zum Aufstieg, zur Weiterbildung und zur Übernahme von verantwortungsvolleren Aufgaben).

	völlig zutreffend	eher zutreffend	eher falsch	völlig falsch
164) gut				
165) sicher				
166) angemessen				
167) wenig				
168) ungeregelt				
169) kaum Möglichkeiten				
170) leistungsgerecht				
171) enttäuschend				
172) gibt mir Auftrieb				
173) protegiert				
174) motivierend				
175) langsam im Vergleich zu anderen Verwaltungen				
176) habe resigniert				
177) nicht leistungsbezogen				
178) perspektivlos				
179) keine Aufstiegschancen				
180) würde mich gerne verändern				
181) personenbezogen				

182) Kreuzen Sie bitte das Gesicht an, das Ihrer Einstellung am ehesten entspricht.

(KUNIN - Gesichter)

Gesicht mit heruntergezogenen Mundwinkeln   Lachendes Gesicht

B.7 Meine Bezahlung

Gemeint ist die *Höhe Ihrer Bezahlung*, die Sie für Ihre Arbeit erhalten (einschließlich Zulagen, Zuschläge, 13. Monatsgehalt usw.).

	völlig zutreffend	eher zutreffend	eher falsch	völlig falsch
183) schlecht				
184) fair				
185) zufriedenstellend				
186) unangemessen				
187) ungerecht				
188) leistungsgerecht				
189) entspricht meiner Verantwortung				
190) im Verhältnis zu anderen Berufen zu niedrig				
191) Entschädigungsregelungen sind ausreichend				

192) Kreuzen Sie bitte Gesicht an, das Ihrer Einstellung am ehesten entspricht.

(KUNIN - Gesichter)

Gesicht mit heruntergezogenen Mundwinkeln   Lachendes Gesicht

☹ ☹ ☹ ☹ ☺ ☺ ☺ ☺
□ □ □ □ □ □ □ □

193) Wenn Sie nun an alles denken, was für Sie bei der Arbeit eine Rolle spielt (z.B. Bezahlung, Kollegen, Arbeitszeit usw.), wie würden Sie dann Ihre Gesamteinstellung kennzeichnen?
Streichen Sie bitte das zutreffende Gesicht an!

(KUNIN - Gesichter)

Gesicht mit heruntergezogenen Mundwinkeln   Lachendes Gesicht

☹ ☹ ☹ ☹ ☺ ☺ ☺ ☺
□ □ □ □ □ □ □ □

194) Wenn Sie nun nicht nur an die Arbeit denken, sondern Ihre gesamte derzeitige Situation berücksichtigen (z.B. Wohnung, Preise, Familie, Gesundheit, Nachbarn usw.) - wie zufrieden sind Sie insgesamt mit Ihrem Leben? Streichen Sie auch hier bitte das zutreffende Gesicht an!

(KUNIN - Gesichter)

Gesicht mit heruntergezogenen Mundwinkeln   Lachendes Gesicht

☹ ☹ ☹ ☹ ☺ ☺ ☺ ☺
□ □ □ □ □ □ □ □

C. Persönliche Daten

Wir bitten Sie, auch die folgenden letzten Fragen zu beantworten, die selbstverständlich, wie Ihre übrigen Angaben in diesem Fragebogen streng vertraulich behandelt werden.

Je genauer die Informationen sind, umso gültiger sind die daraus gezogenen Schlußfolgerungen.
Bitte beantworten Sie deshalb auch die folgenden Fragen vollständig!

Kreuzen Sie bitte wie folgt an:

Beispiel:

Ihr Alter:

unter 20
21 - 30   x
⋮
über 60

195) **Ihr Alter:**

unter 20
20 - 30
31 - 40
41 - 50
51 - 60
über 60

196) **Sie sind:**   weiblich

männlich

197) **Sie sind:**   verheiratet

ledig

geschieden

verwitwet

- XIII -

Anhang 1

Anhang 1

198) Ihre gegenwärtige Funktion ist:

Forstamtsleiter/in
Ausbilder/in Höherer Dienst
Dezernent/in
Forstbetriebsbeamte/r
Ausbilder/in Gehobener Dienst
Funktionsbeamter/in
Büroleiter/in mit forstl. Ausbildung
Büroleiter/in ohne forstl. Ausbildung
Verwaltungsangestellte/r
Forstreferendar/in
Fi-Anwärter/in

199) Ihre Ausbildung:

Fachschule
FH-Studium
Universität
Forstschule
Sonstiges

200) Sie arbeiten in diesem Forstamt:

weniger als 1 Jahr
etwa 1 Jahr
etwa 2 Jahre
etwa 2 - 5 Jahre
etwa 5 - 10 Jahre
etwa 10 - 20 Jahre
mehr als 20 Jahre

201) Sie arbeiten in dieser Funktion:

weniger als 1 Jahr
etwa 1 Jahr
etwa 2 Jahre
etwa 2 - 5 Jahre
etwa 5 - 10 Jahre
etwa 10 - 20 Jahre
mehr als 20 Jahre

202) Sie arbeiten mit Ihrem jetzigen Vorgesetzten:

weniger als 1 Jahr
etwa 1 Jahr
etwa 2 Jahre
etwa 2 - 5 Jahre
etwa 5 - 10 Jahre
etwa 10 - 20 Jahre
mehr als 20 Jahre

203) Wenn Sie in der Funktion des Forstbetriebsbeamten arbeiten:

Gesamtfläche Ihres Forstbetriebsbezirks: .... ha

Davon sind: .... % Staatswald
.... % Kommunalwald
.... % Privatwald
.... % sonstige Waldflächen

204) Fühlen Sie sich in die Verwaltungshierarchie eingebunden?

ja   nein

205) Sind Sie zufrieden mit (Mitarbeiter der LWK bitte entsprechende Stellen bewerten.)

den Mittelbehörden   ja   nein
dem Ministerium   ja   nein

Falls 'NEIN', was stört bzw. ärgert Sie?

206) **Wieviele Stellen hatten Sie in den letzten 5 Jahren?:**

dieselbe Stelle

mehrere Stellen ....> und zwar: .... Stellen

207) **Würden Sie Ihren Beruf, wenn Sie mit mit all Ihren gemachten Erfahrungen heute vor der Berufswahl stünden, wieder ergreifen?**

1. ja   2. sehr wahrscheinlich   3. vielleicht   4. nein

208) **Bemerkungen/Sonstiges (eigene Anregungen, Kritik, Ärger etc):**

WIR BEDANKEN UNS HERZLICH FÜR IHRE MITARBEIT !!!

Anhang 1

**Institut für Waldarbeit und Forstmaschinenkunde,
Forstliche Arbeitswissenschaft**
der Universität Göttingen

Direktor: Prof. Dr. S. Häberle

Institut für Waldarbeit · Büsgenweg 4 · D-3400 Göttingen-Weende

D-3400 Göttingen-Weende, den 21.07.1992
Büsgenweg 4
Tel.: (0551) 39-3572/3571 Fax: 0551-393510

Sehr geehrte Damen und Herren,

in einer Dissertation am Institut für Waldarbeit und Forstmaschinenkunde, an der auch das Institut für Wirtschafts- und Sozialpsychologie der Universität Göttingen beratend mitwirkt, wird zur Zeit den Fragen der Motivation und Führung in Forstbetrieben und Forstverwaltungen nachgegangen.

Anlaß zur Bearbeitung dieser Thematik sind Anregungen aus der forstlichen Praxis, die in letzter Zeit immer wieder an die Forstlichen Fakultäten herangetragen worden sind; offensichtlich wird dem Thema "Führung" dort aktuelles Interesse eingeräumt.

Ich wäre Ihnen sehr verbunden, wenn Sie uns bei der o.g. Untersuchung behilflich sein könnten.

Die Durchführung der Fragebogenaktion wird seitens des Ministeriums unterstützt, die Beantwortung der Fragen ist jedoch freiwillig. Selbstverständlich verläuft die gesamte Aktion anonym (Rücksendung des beantworteten Fragebogens in einem beigefügten Umschlag **ohne** Absender an das Institut für Waldarbeit). Ebenso werden die Ergebnisse der Fragebogenaktion nicht forstamtsweise, sondern lediglich global landesweit ermittelt und ausgewertet. Rückschlüsse auf den Beantworter sind somit nicht möglich. Eine Vernichtung der Daten nach Ablauf der Untersuchung wird aus Datenschutzgründen garantiert.

Ihrer (anonymen) Rücksendung sehe ich mit Interesse entgegen.

Mit freundlichen Grüßen

(Prof. Dr. S. Häberle)

Einige Informationen zu unserem Fragebogen:

Der Fragebogen besteht aus 4 Teilen. Im ersten Abschnitt (A) geht es um die Fragestellung: "Wie verhalten sich Vorgesetzte ihren Mitarbeitern gegenüber?". Abschnitt (B) versucht, die "Einstellung zum Führungsverhalten" zu erfassen. Der dritte Abschnitt (C) ist Fragen der "Arbeitszufriedenheit" gewidmet. Der Abschnitt (D) "Persönliche Daten" letztlich soll uns lediglich das Einordnen und die Startifizierung der Daten im Rahmen der Analyse ermöglichen.

Auf den folgenden Seiten finden Sie Frage zu Ihrem Verhalten als Vorgesetzter. Beantworten Sie diese Fragen bitte so, wie Sie sich in Ihrer täglichen Zusammenarbeit mit Ihren Mitarbeitern sehen.
Seien Sie in Ihren Angaben bitte offen und selbstkritisch; uns ist an Aussagen gelegen, die der Wirklichkeit entsprechen.
Es ist wichtig, daß Sie alle Fragen beantworten. Verlassen Sie sich bitte bei den Fragen, die Sie nur schwer beantworten können, ganz auf Ihr Gefühl.

Anleitung:

Im folgenden finden Sie verschiedene Verhaltensbeschreibungen von Vorgesetzten. Hinter jeder Beschreibung sind jeweils fünf Abstufungen der Stärke oder der Häufigkeit dieses Verhaltens angegeben. Versuchen Sie jetzt bitte sich selbst so zu beschreiben, wie Sie sich in Ihrer Zusammenarbeit mit Ihren Mitarbeitern sehen. Durchkreuzen Sie bitte jeweils die Zahl der ausgewählten Antwortstufe, die nach Ihrer Meinung, Ihrem Verhalten am ehesten entspricht.

Ein Beispiel zur Erläuterung:

1) Er zeigt Anerkennung, wenn einer seiner Mitarbeiter gute Arbeit leistet

1. fast nie   2. selten   3. manchmal   ✗ häufig   5. fast immer

Da es um die Selbstbeschreibung Ihres Verhaltens geht, antworten Sie bitte so, als ob dort stände: "**Ich zeige Anerkennung, wenn einer *meiner* Mitarbeiter gute Arbeit leistet.**"
Sie durchkreuzen also die Antwortstufe 4 (siehe Beispiel), wenn Sie der Meinung sind, daß Sie h ä u f i g Anerkennung zeigen, wenn einer Ihrer Mitarbeiter gute Arbeit leistet.

Bitte haben Sie Verständnis dafür, daß wir die einzelnen Verhaltensbeschreibungen nicht jeweils umformuliert haben.
Das hat folgenden Grund: Ihre Mitarbeiter nehmen zu den gleichen Beschreibungen Stellung, und wir möchten gerne die Meinungen vergleichen. Ein solcher Vergleich ist aber nur dann wirklich sinnvoll, wenn die Beschreibungen, zu denen Stellung genommen wird, genau den gleichen Wortlaut haben.
Bitte überlegen Sie bei den einzelnen Fragen nicht lange! Geben Sie ihren ersten Eindruck an. Er ist meistens der treffendste. Lassen Sie zudem bitte keine Beschreibung aus.

- XVII -

Anhang 1

A. FRAGEBOGEN ZUR VORGESETZTEN-VERHALTENSBESCHREIBUNG
(Da es sich um eine Selbstbeschreibung handelt lesen Sie bitte '*ich*' anstelle von '*sie*'!!)

1) **Sie kritisiert ihre unterstellten Mitarbeiter auch in Gegenwart anderer.**

   1. oft   2. relativ häufig   3. manchmal   4. selten   5. fast nie

2) **Sie zeigt Anerkennung, wenn einer ihrer Mitarbeiter gute Arbeit leistet.**

   1. fast nie   2. selten   3. manchmal   4. häufig   5. fast immer

3) **Sie bemüht sich, langsam arbeitende Mitarbeiter zu größeren Leistungen zu ermuntern.**

   1. sehr selten   2. selten   3. hin u. wieder   4. relativ häufig   5. oft

4) **Sie weist Änderungsvorschläge zurück.**

   1. fast immer   2. häufig   3. manchmal   4. selten   5. fast nie

5) **Sie weist ihren Mitarbeitern spezifische Arbeitsaufgaben zu.**

   1. fast nie   2. selten   3. manchmal   4. häufig   5. fast immer

6) **Sie ändert Arbeitsgebiete und Aufgaben ihrer Mitarbeiter, ohne es mit ihnen vorher besprochen zu haben.**

   1. oft   2. relativ häufig   3. hin u. wieder   4. selten   5. sehr selten

7) **Hat man persönliche Probleme, so hilft sie einem.**

   1. sehr selten   2. selten   3. hin u. wieder   4. relativ häufig   5. oft

8) **Sie steht für ihre Mitarbeiter und deren Handlungen ein.**

   1. fast nie   2. selten   3. manchmal   4. häufig   5. fast immer

9) **Sie behandelt ihre Mitarbeiter als gleichberechtigte Partner.**

   1. fast nie   2. selten   3. manchmal   4. häufig   5. fast immer

10) **Sie überläßt ihre Mitarbeiter sich selbst, ohne sich nach dem Stand ihrer Arbeit zu erkundigen.**

    1. fast immer   2. häufig   3. manchmal   4. selten   5. fast nie

11) **Sie "schikaniert" den Mitarbeiter, der einen Fehler macht.**

    1. fast immer   2. häufig   3. manchmal   4. selten   5. fast nie

12) Sie legt Wert darauf, daß Termine genau eingehalten werden.

   1. überhaupt nicht 2. wenig 3. zu einem gewissen Grad 4. relativ stark
   5. sehr stark

13) Sie entscheidet und handelt, ohne es vorher mit ihren Mitarbeitern abzusprechen.

   1. oft 2. relativ häufig 3. manchmal 4. selten 5. sehr selten

14) In Gesprächen mit ihren Mitarbeitern schafft sie eine gelöste Stimmung, so daß sie sich frei und entspannt fühlen.

   1. fast nie 2. selten 3. manchmal 4. häufig 5. fast immer

15) Treffen ihre Mitarbeiter selbständig Entscheidungen, so fühlt sie sich übergangen und ist verärgert.

   1. oft 2. relativ häufig 3. manchmal 4. selten 5. fast nie

16) Sie gibt ihren Mitarbeitern Aufgaben, ohne ihnen zu sagen, wie sie diese ausführen sollen.

   1. fast immer 2. häufig 3. manchmal 4. selten 5. fast nie

17) Sie achtet auf Pünktlichkeit und Einhaltung von Pausenzeiten.

   1. fast gar nicht 2. kaum 3. etwas 4. relativ stark 5. sehr stark

18) Sie ist freundlich, und man hat leicht Zugang zu ihr.

   1. fast nie 2. selten 3. manchmal 4. häufig 5. fast immer

19) Sie reißt durch ihre Aktivität ihre Mitarbeiter mit.

   1. überhaupt nicht 2. kaum 3. etwas 4. stark 5. sehr stark

20) Ihre Anweisungen gibt sie in Befehlsform.

   1. oft 2. relativ häufig 3. manchmal 4. selten 5. sehr selten

21) Bei wichtigen Entscheidungen holt sie erst die Zustimmung ihrer Mitarbeiter ein.

   1. fast nie 2. selten 3. manchmal 4. häufig 5. fast immer

22) Sie freut sich besonders über fleißige und ehrgeizige Mitarbeiter.

   1. überhaupt nicht 2. kaum 3. etwas 4. stark 5. sehr stark

Anhang 1

23) Persönlichen Ärger oder Ärger mit der übergeordneten Dienststelle läßt sie an ihren Mitarbeitern aus.

   1. oft 2. relativ häufig 3. manchmal 4. selten 5. fast nie

24a) Auch wenn sie Fehler entdeckt, bleibt sie freundlich.

   1. fast nie 2. selten 3. manchmal 4. häufig 5. fast immer

24b) Sie hinterfragt Fehler.

   1. fast nie 2. selten 3. manchmal 4. häufig 5. fast immer

25) Sie wartet, bis ihre Mitarbeiter neue Ideen vorantreiben, bevor sie es tut.

   1. fast immer 2. häufig 3. manchmal 4. selten 5. fast nie

26) Sie versucht, ihren Mitarbeitern das Gefühl zu geben, daß sie die "Chefin" ist und sie unter ihr stehen.

   1. sehr stark 2. stark 3. etwas 4. kaum 5. überhaupt nicht

27) Sie ist am persönlichen Wohlergehen ihrer Mitarbeiter interessiert.

   1. überhaupt nicht 2. wenig 3. etwas 4. relativ stark 5. sehr stark

28) Sie paßt die Arbeitsgebiete genau den Fähigkeiten und Leistungsmöglichkeiten ihrer Mitarbeiter an.

   1. fast nie 2. selten 3. manchmal 4. häufig 5. fast immer

29) Der Umgangston mit ihren Mitarbeitern verstößt gegen Takt und Höflichkeit.

   1. oft 2. relativ häufig 3. manchmal 4. selten 5. niemals

30) Sie regt ihre Mitarbeiter zur Selbständigkeit an.

   1. überhaupt nicht 2. kaum 3. etwas 4. stark 5. sehr stark

31) In "Geschäftsflauten" zeigt sie eine optimistische Haltung und regt zu größerer Aktivität an.

   1. überhaupt nicht 2. wenig 3. zu einem gewissen Grad 4. relativ stark
   5. sehr stark

32) Nach Auseinandersetzungen mit ihren Mitarbeitern ist sie nachtragend.

   1. oft 2. relativ häufig 3. manchmal 4. selten 5. fast nie

33a) Sie tadelt mangelhafte Arbeit.

1. fast immer 2. häufig 3. manchmal 4. selten 5. fast nie

33b) Sie lobt gute Arbeit.

1. fast immer 2. häufig 3. manchmal 4. selten 5. fast nie

34) Sie legt besonderen Wert auf Zusammenarbeit zwischen den Mitarbeitern.

1. überhaupt nicht 2. kaum 3. etwas 4.stark 5. sehr stark

35) Sie legt besonderen Wert auf Zusammenarbeit mit anderen Dienststellen.

1. überhaupt nicht 2. kaum 3. etwas 4.stark 5. sehr stark

36) Sie hält ihre Mitarbeiter auf dem laufenden über das, was im Forstamt vor sich geht.

1. überhaupt nicht 2. kaum 3. etwas 4.stark 5. sehr stark

37) Sie geht einem Mitarbeiter aus dem Weg, wenn sie weiß, daß dieser ihr ein Problem vortragen möchte.

1. fast immer 2. häufig 3. manchmal 4. selten 5. fast nie

38) Sie setzt sich mit Vorschlägen und Vorstellungen ihrer Mitarbeiter auseinander, auch wenn sie von ihren eigenen abweichen.

1. fast nie 2. selten 3. manchmal 4. häufig 5. fast immer

39) Sie überträgt ihren Mitarbeitern Aufgaben, ohne ihnen deutlich zu machen, in welchem größeren Zusammenhang sie stehen.

1. fast immer 2. häufig 3. manchmal 4. selten 5. fast nie

40) Wenn sie ihren Mitarbeitern Aufgaben stellt, gibt sie die Art der Durchbzw. Ausführung im allgemeinen an.

1. bis in alle Einzelheiten genau 2. weitgehend 3. teilweise
4. nur in groben Zügen 5. gar nicht, sondern überläßt sie dem Ermessen des einzelnen

41) Sie kennt die individuellen Besonderheiten jedes einzelnen Mitarbeiters ganz genau und stellt sich in ihrem Verhalten entsprechend darauf ein.

1. überhaupt nicht 2. kaum 3. etwas 4.stark 5. sehr stark

- XIX -

Anhang 1

42) Sie hat auf ihre eigenen Vorgesetzten

1. sehr viel Einfluß 2. viel Einfluß 3. etwas Einfluß 4. wenig Einfluß
5. sehr wenig Einfluß

43a) Vertretbare Pannen und Fehler der Mitarbeiter bereinigt sie allein und leitet sie nicht an ihren eigenen Vorgesetzten weiter

1. fast nie 2. selten 3. manchmal 4. häufig 5. fast immer

43b) Schwerwiegende Verfehlungen ihrer Mitarbeiter gibt sie an ihren eigenen Vorgesetzten weiter.

1. fast nie 2. selten 3. manchmal 4. häufig 5. fast immer

44a) Sie überläßt leistungsstarke und gut eingearbeitete Mitarbeiter sich selbst, ohne sich nach dem Stand ihrer Arbeit zu erkundigen.

1. fast immer 2. häufig 3. manchmal 4. selten 5. fast nie

44b) Sie überläßt leistungsschwächere oder neue Mitarbeiter sich selbst, ohne sich nach dem Stand ihrer Arbeit zu erkundigen.

1. fast immer 2. häufig 3. manchmal 4. selten 5. fast nie

45a) Treffen ihre Mitarbeiter selbständig Entscheidungen, die innerhalb ihrer Befugnisse liegen, so fühlt sie sich übergangen und ist verärgert.

1. oft 2. relativ häufig 3. manchmal 4. selten 5. fast nie

45b) Treffen ihre Mitarbeiter selbständig Entscheidungen, die über ihre Befugnisse hinausgehen, so fühlt sie sich übergangen und ist verärgert.

1. oft 2. relativ häufig 3. manchmal 4. selten 5. fast nie

46) Wenn sie Fehler entdeckt,

1. wird sie meist sehr ärgerlich 2. wird sie meist ärgerlich
3. reagiert sie meist sachlich neutral 4. bleibt sie meist freundlich
5. bleibt sie meist sehr freundlich

Anhang 1

Geben Sie bitte bei der folgenden Frage am rechten Rand an, in wieviel % der Fälle die einzelnen Antwortmöglichkeiten zutreffen (zusammen 100%)!

47) Bei Entscheidungen, die die Tätigkeit Ihrer Mitarbeiter im Betrieb berühren

1. teilt sie ihnen ihre Entscheidung mit, ohne nähere Gründe dafür zu nennen ...... %
2. teilt sie ihnen ihre Entscheidung mit und erläutert gleichzeitig ihre Gründe für diesen Entschluß ...... %
3. spricht sie mit ihnen über die verschiedenen Möglichkeiten ehe sie sich für eine davon entscheidet ...... %
4. bespricht sie mit ihnen die verschiedenen Möglichkeiten, bis eine Lösung gefunden ist, mit der sowohl sie als auch ihre Mitarbeiter einverstanden sind ...... %
5. stellt sie ihnen die verschiedenen Möglichkeiten vor, läßt sie entscheiden und akzeptiert die Entscheidung, auch wenn sie selbst eigentlich anders entschieden hätte ...... %

48) Um die Verhaltensbeschreibung, die Sie gegeben haben, besser verstehen zu können, ist es für uns wichtig zu wissen, wie häufig Sie überhaupt im allgemeinen Kontakt zu ihren Mitarbeitern haben, sei es, daß Sie mit ihnen zusammenarbeiten, mit ihnen sprechen oder sie nur sehen.

Bitte kreuzen Sie die für Sie zutreffende Antwort an:

1. eigentlich ständig, den ganzen Tag über
2. mehrmals am Tag, nämlich ca. ...... mal (bitte Häufigkeit angeben)
3. etwa 1x am Tag
4. etwa alle 2 Tage
5. etwa 2x pro Woche
6. etwa 1x pro Woche
7. seltener, und zwar .... (bitte Häufigkeit angeben)

49) Sind spontane Besprechungen bzw. Termine mit ihr möglich?

1. fast nie 2. selten 3. manchmal 4. häufig 5. fast immer

50) Ist sie gut erreichbar?

1. fast nie 2. selten 3. manchmal 4. häufig 5. fast immer

51) Sie überfordert ihre Mitarbeiter durch die Menge der Ihnen übertragenen Aufgaben.

1. fast immer 2. häufig 3. manchmal 4. selten 5. fast nie

52) Sie ist durch die ihr von ihrer vorgesetzten Dienststelle übertragenen Aufgaben überfordert.

1. sehr selten 2. selten 3. hin u. wieder 4. relativ häufig 5. oft

53) Kritisiert sie häufig ungerechtfertigt und/oder ohne zu hinterfragen?

1. sehr selten 2. selten 3. hin u. wieder 4. relativ häufig 5. oft

54) Unterstützt sie Weiterbildungswünsche?

1. fast immer 2. häufig 3. manchmal 4. selten 5. fast nie

Das Verhalten einer Vorgesetzten kann nicht isoliert von der jeweiligen Arbeitsgruppe gesehen werden, deren Vorgesetzte sie ist. Wir haben nun einige Merkmale zusammengestellt, hinsichtlich derer sich verschiedene Arbeitsgruppen unterscheiden können, z.B. Leistungsniveau, Arbeitszufriedenheit usw..

Bitte geben Sie bei den folgenden Fragen Ihre Einschätzung dieser Merkmale an! Überlegen Sie bitte bei den einzelnen Merkmalen nicht lange. Geben Sie Ihren ersten Eindruck an, er ist meist der treffendste.

55) Wie schätzen Sie das allgemeine Leistungsniveau in Ihrem Forstamt im Vergleich zu anderen Forstämtern ein?

1. wesentlich geringer
2. etwas geringer
3. genauso hoch
4. etwas höher
5. wesentlich höher

56) Denken Sie bitte einmal an die Arbeitszufriedenheit der meisten Ihrer Mitarbeiter. Glauben Sie, Ihre Mitarbeiter sind im Vergleich zu den Mitarbeitern anderer Forstämter

1. wesentlich zufriedener
2. etwas zufriedener
3. genauso zufrieden
4. etwas unzufriedener
5. wesentlich unzufriedener

57) Wie hoch ist Ihrer Meinung nach die Abwesenheitsrate in Ihrem Forstamt im Vergleich zu anderen Forstämtern?

1. wesentlich höher
2. etwas höher
3. genauso hoch
4. etwas niedriger
5. wesentlich niedriger

B. EINSTELLUNG ZUM FÜHRUNGSVERHALTEN

Auf dieser Seite stehen eine Reihe von Feststellungen. Kreuzen Sie bitte für JEDEN SATZ EINEN SKALENPUNKT an, entsprechend der Stärke Ihrer Zustimmung oder Ablehnung.

Dabei geht es nicht um richtige oder falsche Antworten, sondern lediglich um Ihre Meinung im Hinblick auf diese Feststellungen.

58) Der Durchschnittsmensch zieht es vor, geführt zu werden, möchte gerne der Verantwortung ausweichen und hat verhältnismäßig wenig Ehrgeiz.

1. starke Zustimmung   2. Zustimmung   3. Unentschlossen   4. Ablehnung
5. starke Ablehnung

59) Fähigkeiten zur Führung können von den meisten Menschen erworben werden - gleichgültig, was ihre besonderen angeborenen Eigenschaften und Fähigkeiten sind.

1. starke Zustimmung   2. Zustimmung   3. Unentschlossen   4. Ablehnung
5. starke Ablehnung

60) Belohnungen (Bezahlungen, Beförderungen, u.s.w.) und Strafen (Ausbleiben von Beförderungen, u.s.w.) sind nicht das beste Mittel, um Mitarbeiter zur Erfüllung ihrer Arbeit zu bewegen.

1. starke Zustimmung   2. Zustimmung   3. Unentschlossen   4. Ablehnung
5. starke Ablehnung

61) Wenn ich als Vorgesetzter Vorschläge und Kritik meiner Mitarbeiter nicht berücksichtige, dann verliere ich dadurch den Einfluß auf sie.

1. starke Zustimmung   2. Zustimmung   3. Unentschlossen   4. Ablehnung
5. starke Ablehnung

62) Ein guter Vorgesetzter sollte seinen Mitarbeitern ausführliche und vollständige Anweisungen geben, anstatt nur allgemeine Richtlinien zu geben und sich auf die Initiative der Mitarbeiter zu verlassen, die Einzelheiten selbst auszuarbeiten.

1. starke Zustimmung   2. Zustimmung   3. Unentschlossen   4. Ablehnung
5. starke Ablehnung

63) Die Erarbeitung von Zielsetzungen durch eine Gruppe bietet Vorteile, die mit der Erarbeitung der Zielsetzungen durch Einzelpersonen nicht erreicht werden.

1. starke Zustimmung   2. Zustimmung   3. Unentschlossen   4. Ablehnung
5. starke Ablehnung

64) Ein Vorgesetzter sollte seinen Mitarbeitern nur solche Informationen geben, die für sie nötig sind, damit sie ihre unmittelbare Arbeit leisten können.

1. starke Zustimmung   2. Zustimmung   3. Unentschlossen   4. Ablehnung
5. starke Ablehnung

65) Die Autorität des Vorgesetzten über seine Mitarbeiter in einer Organisation beruht hauptsächlich auf seiner wirtschaftlichen Macht.

1. starke Zustimmung   2. Zustimmung   3. Unentschlossen   4. Ablehnung
5. starke Ablehnung

C. FRAGEN ZUR ARBEITSZUFRIEDENHEIT

Dies Fragen bzw. Aussagen auf den folgenden Seiten sprechen verschiedene Aspekte Ihrer gegenwärtigen Arbeitssituation an, z.B. die Atmosphäre in Ihrer Arbeitsgruppe, Ihre Kollegen, Ihre Tätigkeit, Ihre Arbeitsbedingungen, Ihr Forstamt usw.
Beschreiben Sie bitte die Atmosphäre in Ihrem Forstamt, indem Sie die Ausprägungen verschiedener Beurteilungsgesichtspunkte ankreuzen.

Verwenden Sie dabei die unten auf diesem Blatt angegebenen Wortpaare, die in der Bedeutung entgegengesetzt sind, z.B. "freundlich" und "unfreundlich". Der Abstand zwischen den beiden Wörtern ist in 8 Felder unterteilt, die 8 unterschiedliche Ausprägungsgrade bedeuten.

Wenn Sie nun die Atmosphäre in Ihrem Forstamt einschätzen, dann machen Sie bitte ein Kreuz in eines der 8 Felder auf der Zeile zwischen den beiden Wörtern. Wenn Sie z.B. meinen, die Atmosphäre in Ihrer Gruppe sei eher freundlich als unfreundlich, dann machen Sie Ihr Kreuz (X) in die betreffende Spalte, also so:

freundlich   unfreundlich

8	7	6	5	4	3	2	1
sehr freundlich	ziemlich freundlich	einigermaßen freundlich	eher freundlich	eher unfreundlich	einigermaßen unfreundlich	ziemlich unfreundlich	sehr unfreundlich
			X				

Beachten Sie bitte die Wörter an beiden Seiten der Skalen, bevor Sie Ihr Kreuz machen. Bitte arbeiten Sie auch hier weder schnell, sicherlich ist Ihre erste Antwort die beste.
Lassen Sie bitte kein Wortpaar aus, und machen Sie in keiner Zeile zwei Kreuze.

Anhang 1

12

Bitte nehmen Sie auf den folgenden Seiten Stellung zu Ihrer gegenwärtigen Arbeit (z.B. zu Ihren Kollegen, Arbeitsbedingungen, Bezahlung usw.).
Äußern Sie dabei Ihre ganz persönliche Meinung!

So etwa sehen die folgenden Seiten aus:

Meine Kollegen:

	sehr 8	ziem- lich 7	eini- germ. 6	eher 5	eher 4	eini- germ. 3	ziem- lich 2	sehr 1	
freundlich									unfreundlich
herzlich									kühl
befriedigend									enttäuschend
schwungvoll									schwunglos
produktiv									unproduktiv
warm									kalt
kooperativ									unkooperativ
entgegenkommend									feindselig
interessant									langweilig

Und so sollen Sie vorgehen:

Meine Kollegen:

	völlig zutreffend	eher zutreffend	eher falsch	völlig falsch
hilfreich	—X—			
fähig		—X—		
unangenehm				

Wenn Sie z.B. Ihre Kollegen für sehr "hilfreich", einigermaßen "fähig" und keineswegs "unangenehm" halten, dann kreuzen Sie bitte wie folgt an:

Meine Kollegen:

	völlig zutreffend	eher zutreffend	eher falsch	völlig falsch
hilfreich	—X—			
fähig		—X—		
unangenehm				—X—

13

Es ist klar, daß es bei jeder Arbeit gute und schlechte Seiten gibt. Sie sollen so antworten, wie Sie im großen und ganzen normalerweise darüber denken.

Überlegen Sie auch hier wieder nicht lange - die erste Reaktion ist auch hier die beste!

Bitte lassen Sie keine Feststellungen aus!

C) Meine Kollegen:

Gemeint sind die *Kolleginnen und Kollegen, mit denen Sie unmittelbar zusammenarbeiten* und die für Sie wichtig sind.
Hier können Sie natürlich nur ein Durchschnittsurteil bilden.

	völlig zutreffend	eher zutreffend	eher falsch	völlig falsch
66) stur				
67) hilfreich				
68) bin mit ihnen zufrieden				
69) sympathisch				
70) unfähig				
:1) guter Zusammenhalt				
72) faul				
73) dumm				
74) angenehm				
75) neidisch				
76) kritisch				
77) egoistisch				

78) Kreuzen Sie bitte das Gesicht an, das Ihrer Einstellung am ehesten entspricht.

(KUNIN - Gesichter)

Gesicht mit heruntergezogenen Mundwinkeln   Lachendes Gesicht

☺ ☺ ☺ ☺ ☺ ☺ ☺
☐ ☐ ☐ ☐ ☐ ☐ ☐

C.2 Mein Vorgesetzter:

Gemeint ist *Ihr unmittelbarer Vorgesetzter* (der eine Stufe höher steht als Sie).

	völlig zutreffend	eher zutreffend	eher falsch	völlig falsch
79) ungerecht				
80) aktiv				
81) rücksichtsvoll				
82) unhöflich				
83) unfähig				
84) setzt sich für uns ein				
85) fair				
86) unbeliebt				
87) vertraue ihm				
88) informiert schlecht				
89) läßt uns mitreden				
90) nörgelt viel				
91) verlangt viel				
92) lobt wenig				
93) delegiert wenig				
94) unnahbar				
95) elitär				

96) Kreuzen Sie bitte das Gesicht an, das Ihrer Einstellung am ehesten entspricht.

(KUNIN - Gesichter)

Gesicht mit heruntergezogenen Mundwinkeln   Lachendes Gesicht

:-(☐   :-| ☐   :-| ☐   :-| ☐   :-) ☐

C.3 Meine Tätigkeit:

Gemeint ist der *Inhalt Ihrer Tätigkeit*, die Art Ihrer Arbeitsaufgaben.

	völlig zutreffend	eher zutreffend	eher falsch	völlig falsch
97) gefällt mir				
98) langweilig				
99) festgefahren				
100) unselbständig				
101) nutzlos				
102) angesehen				
103) enttäuschend				
104) unterfordert mich				
105) sehe Ergebnisse				
106) kann meine Fähigkeiten einsetzen				
107) kann eigene Ideen verwirklichen				
108) verantwortungsvoll				
109) kenne meine Befugnisse				
110) eindeutige Zielsetzung				
111) weiß, was man von mir erwartet				
112) weiß, wofür ich verantwortlich bin				
113) weiß, was ich tun muß				
114) weiß, daß ich meine Zeit richtig eingeteilt habe				

115) Kreuzen Sie bitte das Gesicht an, das Ihrer Einstellung am ehesten entspricht.

(KUNIN - Gesichter)

Gesicht mit heruntergezogenen Mundwinkeln   Lachendes Gesicht

:-(☐   :-| ☐   :-| ☐   :-| ☐   :-) ☐

C.4 Meine Arbeitsbedingungen

Gemeint sind die *Bedingungen, unter denen Sie Ihre Arbeit verrichten*, z.B. Umgebung, Hilfsmittel, Maschinen, Lärm, Temperatur, Zeit, usw.)

	völlig zutreffend	eher zutreffend	eher falsch	völlig falsch
116) bequem				
117) schlecht				
118) sauber				
119) angenehm				
120) anstrengend				
121) unruhig				
122) viel Platz				
123) gesundheitsgefährdend				
124) ermüdend				
125) günstige Arbeitszeiten				
126) flexible Arbeitszeiten				
127) witterungsausgesetzt				
128) schmutzig				
129) beschränkte Ausstattung mit Arbeitsmitteln				

130) Kreuzen Sie bitte das Gesicht an, das Ihrer Einstellung am ehesten entspricht.

(KUNIN - Gesichter)

Gesicht mit heruntergezogenen Mundwinkeln   Lachendes Gesicht

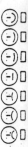

C.5.1 Organisation und Leitung

Gemeint ist, wie Sie *das Forstamt* (in dem Sie arbeiten) als Ganzes sehen, wie die Zusammenarbeit zwischen dem Forstamt und den verschiedenen Verwaltungsebenen funktioniert.

	völlig zutreffend	eher zutreffend	eher falsch	völlig falsch
131) schwach				
132) an der Meinung der Leute interessiert				
133) ungenügende Information				
134) traditionsbehaftet				
135) fortschrittlich				
136) umständlich				
137) schlechtes Betriebsklima				
138) Durcheinander				
139) stolz auf sie				
140) fühle mich wohl hier				
141) wir können mitreden				
142) schlechte Planung				
143) tut wenig für die Mitarbeiter				
144) leistungsfähig				
145) motivierend				
146) zu bürokratisch				
147) veraltet				
148) aufgabenvermehrend				
149) unkooperativ				
150) modernisierungsbedürftig				
151) unklare Entscheidungen				

152) Kreuzen Sie bitte das Gesicht an, das Ihrer Einstellung am ehesten entspricht.

(KUNIN - Gesichter)

Gesicht mit heruntergezogenen Mundwinkeln   Lachendes Gesicht

C.5.2 Organisation und Leitung

Gemeint ist, wie Sie *die Forstverwaltung* (in Ihrem Bundesland) als Ganzes sehen, wie die Zusammenarbeit zwischen dem Forstämtern und den verschiedenen Verwaltungsebenen funktioniert, wie Sie Vorschriften, Planung und Information, die "oberste Leitung" etc. beurteilen.

	völlig zutreffend	eher zutreffend	eher falsch	völlig falsch
153) schwach				
154) an der Meinung der Leute interessiert				
155) ungenügende Information				
156) traditionsbehaftet				
157) fortschrittlich				
158) umständlich				
159) schlechtes Betriebsklima				
160) Durcheinander				
161) stolz auf sie				
162) fühle mich wohl hier				
163) wir können mitreden				
164) schlechte Planung				
165) tut wenig für die Mitarbeiter				
166) leistungsfähig				
167) motivierend				
168) zu bürokratisch				
169) veraltet				
170) aufgabenvermehrend				
171) unkooperativ				
172) modernisierungsbedürftig				
173) unklare Entscheidungen				

174) Kreuzen Sie bitte das Gesicht an, das Ihrer Einstellung am ehesten entspricht. (KUNIN - Gesichter)

Gesicht mit heruntergezogenen Mundwinkeln ... lendes Gesicht

C.6 Meine Entwicklung

Gemeint ist *Ihr persönliches Vorwärtskommen* (Ihre bisherigen und zukünftigen Möglichkeiten zum Aufstieg, zur Weiterbildung und zur Übernahme von verantwortungsvolleren Aufgaben).

	völlig zutreffend	eher zutreffend	eher falsch	völlig falsch
175) gut				
176) sicher				
177) angemessen				
178) wenig				
179) ungeregelt				
180) kaum Möglichkeiten				
181) leistungsgerecht				
182) enttäuschend				
183) gibt mir Auftrieb				
184) protegiert				
185) motivierend				
186) langsam im Vergleich zu anderen Verwaltungen				
187) habe resigniert				
188) nicht leistungsbezogen				
189) perspektivlos				
190) keine Aufstiegschancen				
191) würde mich gerne verändern				
192) personenbezogen				

193) Kreuzen Sie bitte das Gesicht an, das Ihrer Einstellung am ehesten entspricht.
(KUNIN - Gesichter)

Gesicht mit heruntergezogenen Mundwinkeln   Lachendes Gesicht

Anhang 1

C.) Meine Bezahlung

Gemeint ist *die Höhe Ihrer Bezahlung*, die Sie für Ihre Arbeit erhalten (einschließlich Zulagen, Zuschläge, 13. Monatsgehalt usw.).

	völlig zutreffend	eher zutreffend	eher falsch	völlig falsch
194) schlecht				
195) fair				
196) zufriedenstellend				
197) unangemessen				
198) ungerecht				
199) leistungsgerecht				
200) entspricht meiner Verantwortung				
201) Im Verhältnis zu anderen Berufen zu niedrig				
202) Entschädigungsregelungen sind ausreichend				

203) Kreuzen Sie bitte das Gesicht an, das Ihrer Einstellung am ehesten entspricht.

(KUNIN - Gesichter)

Gesicht mit heruntergezogenen Mundwinkeln   Lachendes Gesicht

☹ ☹ ☹ ☺ ☺ ☺ ☺
☐ ☐ ☐ ☐ ☐ ☐ ☐

204) Wenn Sie nun an alles denken, was für Sie bei der Arbeit eine Rolle spielt (z.B. Bezahlung, Kollegen, Arbeitszeit usw.), wie würden Sie dann Ihre Gesamteinstellung kennzeichnen?
Kreuzen Sie bitte das zutreffende Gesicht an!!

(KUNIN - Gesichter)

Gesicht mit heruntergezogenen Mundwinkeln   Lachendes Gesicht

☹ ☹ ☹ ☺ ☺ ☺ ☺
☐ ☐ ☐ ☐ ☐ ☐ ☐

205) Wenn Sie nun nicht nur an die Arbeit denken, sondern Ihre gesamte derzeitige Situation berücksichtigen (z.B. Wohnung, Preise, Familie, Gesundheit, Nachbarn usw.) - wie zufrieden sind Sie insgesamt mit Ihrem Leben?
Kreuzen Sie auch hier bitte das zutreffende Gesicht an!!

(KUNIN - Gesichter)

Gesicht mit heruntergezogenen Mundwinkeln   Lachendes Gesicht

☹ ☹ ☹ ☺ ☺ ☺ ☺
☐ ☐ ☐ ☐ ☐ ☐ ☐

D. Persönliche Daten

Wir bitten Sie, auch die folgenden letzten Fragen zu beantworten, die selbstverständlich, wie Ihre übrigen Angaben in diesem Fragebogen streng vertraulich behandelt werden.

Je genauer die Informationen sind, umso gültiger sind die daraus gezogenen Schlußfolgerungen.
Bitte beantworten Sie deshalb auch die folgenden Fragen vollständig!

Kreuzen Sie bitte wie folgt an:

Beispiel:

Ihr Alter:
unter 20
21 - 30   x
über 60

206) **Ihr Alter:**
unter 20
20 - 30
31 - 40
41 - 50
51 - 60
über 60

207) **Sie sind:**
weiblich
männlich

208) **Sie sind:**
verheiratet
ledig
geschieden
verwitwet

209) Ihre gegenwärtige Funktion ist:

Forstamtsleiter/in

Ausbilder/in Höherer Dienst

Forstbetriebsbeamte/r

Ausbilder/in Gehobener Dienst

Büroleiter/in mit forstl. Ausbildung

Büroleiter/in ohne forstl. Ausbildung

Verwaltungsangestellte/r

210) Ihre Ausbildung:

Fachschule

FH-Studium

Universität

Forstschule

Sonstiges

211) Sie arbeiten in dieser Funktion:

weniger als 1 Jahr

etwa 1 - 2 Jahre

etwa 2 - 5 Jahre

etwa 5 - 10 Jahre

etwa 10 - 20 Jahre

mehr als 20 Jahre

212) Sie arbeiten in diesem Forstamt:

weniger als 1 Jahr

etwa 1 - 2 Jahre

etwa 2 - 5 Jahre

etwa 5 - 10 Jahre

etwa 10 - 20 Jahre

mehr als 20 Jahre

213) Sie arbeiten mit Ihrem jetzigen Vorgesetzten:

weniger als 1 Jahr

etwa 1 Jahr

etwa 2 Jahre

etwa 2 - 5 Jahre

etwa 5 - 10 Jahre

mehr als 10 Jahre

214) Fühlen Sie sich in die Verwaltungshierarchie eingebunden?

ja   nein

215) Sind Sie zufrieden mit (Mitarbeiter der LWK bitte entsprechende Stellen bewerten.)

den Mittelbehörden   ja   nein

dem Ministerium   ja   nein

Falls 'NEIN', was stört bzw. ärgert Sie?

216) Wieviel Stellen hatten Sie in den letzten 5 Jahren?:

dieselbe Stelle

mehrere Stellen   ---------> und zwar: ...... Stellen

217) Haben Sie schon einmal an Weiterbildungsmaßnahmen für Führungskräfte teilgenommen?

ja   nein

218) Wenn "nein", hätten Sie Interesse daran?

ja   nein

219) Würden Sie Ihren Beruf, wenn Sie mit all Ihren gemachten Erfahrungen heute vor der Berufswahl stünden, wieder ergreifen?

1. ja   2. sehr wahrscheinlich   3. vielleicht   4. nein

220) **Wieviel ha umfaßt Ihr Forstamt?**

.... ha

Wieviel % davon sind

- Staatswald .... %   Kommunalwald   .... %
- Privatwald .... %   sonstige Waldflächen .... %

221) <u>Übt Ihr Forstamt Sonderfunktionen aus? Wenn ja, welche?</u>

222) <u>Bemerkungen/Sonstiges (Thematik, Fragebogen, Kritik etc. z.B.):</u>

221) <u>Bitte beschreiben Sie kurz mit eigenen Worten, wie Ihre Mitarbeiter Sie (als Vorgesetzte) Ihrer Meinung nach beurteilen.</u>

WIR BEDANKEN UNS HERZLICH FÜR IHRE MITARBEIT !!!

Anhang 2:

Interview-Protokollbögen

Nr. 1 bis 18

a) Nr. 1 bis 5: Landesforstverwaltungen

b) Nr. 6 bis 11: Private Forstbetriebe

c) Nr. 12 bis 16: Kommunale Forstbetriebe

d) Nr. 17 bis 18: Landwirtschaftskammern Hannover und Oldenburg

Interview-Protokollbogen Nr. 1

Befragte Forstverwaltung: Landesforstverwaltung Niedersachsen

Gesprächspartner : Herr Ltd. MR Ministerium für Ernährung, Landwirtschaft und Forsten, Abt. Forsten, Referat für Betriebswirtschaft des Landes Niedersachsen

Datum : 10.03.92 und 09.09.92

I. **Existieren Führungsrichtlinien?**

ein Erlaß zur Funktionsorganisation existiert, ebenso Richtlinien für Organisation, Zuständigkeitsverteilung und Personalfragen in der LFV (1 Absatz über Personalführung = 4 Zeilen!)

II. **Wie würden Sie die praktizierte Führung bezeichnen?**

nach Zielvereinbarung, durch Delegation, durch Ergebniskontrolle, kooperativ

III. **Finden Aus- und Fortbildungsmaßnahmen für Führungskräfte statt?**

Vorträge und Seminare

IV. **Wie wird Personal ausgewählt?**

Auswahl fast ausschließlich nach Noten, Führungsqualitäten, Anforderungsprofil, Testprüfung und Einstellungstest

V. **Hat sich das Tätigkeitsfeld des ´Försters´ in den letzten Jahren / in der letzten Zeit gewandelt?**

keine Angabe

VI. **Wie wird die Wirksamkeit bzw. die Effizienz der praktizierten Führung kontrolliert?**

wird im Zuge von Seminaren geprüft, ansonsten: Inspektionen

VII. **Existieren Stellenbeschreibungen?**

existieren, Kompetenzen in Fachvorschriften, Dienstpostenbewertung (Mix aus Alters- und Leistungsbewertung), Aufgabenbeschreibungen

VIII. **Wie wird ´gelobt´? Wie wird ´getadelt´ bzw. ´bestraft´?**

<u>Anerkennung:</u> sie soll im Vordergrund stehen, verbal,
<u>Tadel:</u> beamtenrechtliche Möglichkeiten, dazu Mißachtung, Nichtanerkennung, Führungsgespräche, verbal und schriftlich

Interview-Protokollbogen Nr. 2

Befragte Forstverwaltung: Landesforstverwaltung Hessen

Gesprächspartner : Herr FOR , Ministerium für Landesentwicklung, Wohnen, Landwirtschaft, Forsten und Naturschutz des Landes Hessen, Abt. Forsten, Referat für Waldarbeit

Datum : 09.03.92 und 15.09.92

I. **Existieren Führungsrichtlinien?**

    Führungsrichtlinien sind in Vorbereitung (AMEND, mündlich 1991), bislang behandelten Grundsatzerlasse Fragen der Personalführung

II. **Wie würden Sie die praktizierte Führung bezeichnen?**

    kooperativ

III. **Finden Aus- und Fortbildungsmaßnahmen für Führungskräfte statt?**

    Seminare von Prof. Beck, i.d.R. für Inspektionsbeamte. Ab 1993 sollen diese auch mit Forstamtsleiter/innen und anderen vorgesetzten Dienststellen durchgeführt werden

IV. **Wie wird Personal ausgewählt?**

    Auswahl fast ausschließlich nach Noten, weil es ansonsten zu Konkurrenzklagen kommen kann, Anforderungsprofile existieren noch nicht, Beförderungserlasse

V. **Hat sich das Tätigkeitsfeld des ´Försters´ in den letzten Jahren / in der letzten Zeit gewandelt?**

    Zunahme der Verwaltungstätigkeit und der Öffentlichkeitsarbeit, Naturschutz ist in Hessen mittlererweile von der Forstwirtschaft getrennt

VI. **Wie wird die Wirksamkeit bzw. die Effizenz der praktizierten Führung kontrolliert?**

    Über die Inspektion, sonst nicht

VII. **Existieren Stellenbeschreibungen?**

    Sie existieren für die Mitarbeiter der hessischen LFV

VIII. **Wie wird ´gelobt´? Wie wird ´getadelt´ bzw. ´bestraft´?**

    i.d.R. beamtenrechtliche Möglichkeiten, ansonsten: Beurteilungen (reine Formalia), Beförderungen, Zuteilung besonderer Aufgaben, insgesamt kaum Handhabe

Interview-Protokollbogen Nr. 3

Befragte Forstverwaltung: Landesforstverwaltung Nordrhein-Westfalen

Gesprächspartner : Herr MR , Ministerium für Umwelt, Raumordung und Landwirtschaft des Landes Nordrhein-Westfalen, Abt. Forsten, Naturschutz, Agrarordnung

Datum : 11.03.92 und 14.09.92

I. **Existieren Führungsrichtlinien?**

    noch keine Führungsrichtlinien vorhanden

II. **Wie würden Sie die praktizierte Führung bezeichnen?**

    Vorstellung: kooperativ

III. **Finden Aus- und Fortbildungsmaßnahmen für Führungskräfte statt?**

    es finden Seminare bis auf die unterste Ebene hinunter statt

IV. **Wie wird Personal ausgewählt?**

    Auswahl nach Noten und nach gefordertem Anforderungsprofil, Assessment-Center-Verfahren seit zwei Jahren, kaum politische Einflußnahme auf Ämter

V. **Hat sich das Tätigkeitsfeld des ´Försters´ in den letzten Jahren / in der letzten Zeit gewandelt?**

    keine Angabe

VI. **Wie wird die Wirksamkeit bzw. die Effizienz der praktizierten Führung kontrolliert?**

    keine Inspektion, keine Kontrolle, ehe Innenrevision

VII. **Existieren Stellenbeschreibungen?**

    existieren nicht explizit, sollen erneuert werden, Geschäftsordnungen sind vorhanden

VIII. **Wie wird ´gelobt´? Wie wird ´getadelt´ bzw. ´bestraft´?**

    beamtenrechtliche Möglichkeiten

Interview-Protokollbogen Nr. 4

Befragte Forstverwaltung: Landesforstverwaltung Thüringen

Gesprächpartner : Herr MR , Ministerium für Landwirtschaft und Forsten des Landes Thüringen, Abt. Forsten

Datum : 02.09.92

I. **Existieren Führungsrichtlinien?**

   es existiert ein grobes Konzept

II. **Wie würden Sie die praktizierte Führung bezeichnen?**

   kooperativ

III. **Finden Aus- und Fortbildungsmaßnahmen für Führungskräfte statt?**

   Schulungen sind angelaufen, aber es sind noch zu wenig

IV. **Wie wird Personal ausgewählt?**

   bundesweite Ausschreibungen (z.Zt. noch), Auswahl nicht nur nach Noten sondern auch nach fachlichen und persönlichen Qualitäten, wichtig auch persönliches Gespräch

V. **Hat sich das Tätigkeitsfeld des 'Försters' in den letzten Jahren / in der letzten Zeit gewandelt?**

   Selbstverständis der Förster sollte sich ändern (keine kleinen Grundherren), dafür mehr Öffnung zur Öffentlichkeitsarbeit, Kontakte zur Bevölkerung, Bürgermeistern, Gemeinden, mehr Naturschutzaufgaben, und mehr Kontakte zum Umweltministerium

VI. **Wie wird die Wirksamkeit bzw. die Effizienz der praktizierten Führung kontrolliert?**

   z.Zt. noch Problem der Aufgabenabgrenzung, geplant sind Inspektionsbeamte. Es fehlt noch ein Konzept, wo Kontrolle ansetzen soll, und wie sie durchgeführt werden soll. Rechnungshof sollte Kontrollinstrument des Parlaments und nicht des Vollzugs sein

VII. **Existieren Stellenbeschreibungen?**

   existieren

VIII. **Wie wird 'gelobt'? Wie wird 'getadelt' bzw. 'bestraft'?**

   beamtenrechtliche Möglichkeiten, Einstellung/Entlassung innerhalb der Probezeit, soziale Hilfen

Interview-Protokollbogen Nr. 5

Befragte Forstverwaltung: Landesforstverwaltung Brandenburg

Gesprächspartner : Herr FD , Ministerium für Ernährung, Landwirtschaft und Forsten des Landes Brandenburg, Abt. Forsten, Referat für Waldarbeit

Datum : 17.03.92 und 20.10.92

I. **Existieren Führungsrichtlinien?**

noch keine Führungsrichtlinien vorhanden

II. **Wie würden Sie die praktizierte Führung bezeichnen?**

Bislang gewohnt: direktive Führung mit kaum Entscheidungsfreiheit, ein neuer Führungsstil muß sich erst langsam entwickeln

III. **Finden Aus- und Fortbildungsmaßnahmen für Führungskräfte statt?**

Seminare, Lehrgänge zum Thema Menschenführung

IV. **Wie wird Personal ausgewählt?**

über Stellenausschreibungen, Auswahl der Bewerber nach Noten und Erfahrung, persönliches Auftreten, für welchen Zweck und für welche Aufgaben bzw. Anforderungen

V. **Hat sich das Tätigkeitsfeld des 'Försters' in den letzten Jahren / in der letzten Zeit gewandelt?**

mehr Technik, Weiterbildung in neuen Arbeitsverfahren, moderne Kommunikationsmittel, EDV, Konfrontation Ökologie - Ökonomie

VI. **Wie wird die Wirksamkeit bzw. die Effizienz der praktizierten Führung kontrolliert?**

wird bislang noch nicht durch Inspektionen durchgeführt, Forsteinrichtungs-Werke als Kontrolle für den Vollzug

VII. **Existieren Stellenbeschreibungen?**

Tätigkeitsmerkmale nach BAT (z.Zt. noch keine Beamten)

VIII. **Wie wird 'gelobt'? Wie wird 'getadelt' bzw. 'bestraft'?**

Arbeitsrechtliche Möglichkeiten
- einen Arbeitsplatz zu haben gilt als Anerkennung
- keine Prämien mehr
- eigentlich bislang noch nicht darüber nachgedacht

Interview-Protokollbogen Nr. 6

Befragte Forstverwaltung: Gräflich Bernstorff'sches Forstamt Gartow

Gesprächspartner :

Datum : 16.09.92

I. **Existieren Führungsrichtlinien?**
   noch keine Führungsrichtlinien vorhanden

II. **Wie würden Sie die praktizierte Führung bezeichnen?**
   "aus dem Bauch" mit Verantwortungsübertragung, "kooperativ", Dienstbesprechungen jede Woche

III. **Finden Aus- und Fortbildungsmaßnahmen für Führungskräfte statt?**
   durch Fortbildungsveranstaltungen, Exkursionen etc.

IV. **Wie wird Personal ausgewählt?**
   nach Noten, persönliches Gespräch und Eindruck, Bewährung in der Praxis über zu lösende Aufgaben

V. **Hat sich das Tätigkeitsfeld des 'Försters' in den letzten Jahren / in der letzten Zeit gewandelt?**
   Anwendung innovativer Führungsmodelle, Zunahme der EDV, naturgemäße Waldwirtschaft als "neue" Herausforderung, Öffentlichkeitsarbeit

VI. **Wie wird die Wirksamkeit bzw. die Effizienz der praktizierten Führung kontrolliert?**
   Kontrolle der Durchführung vor Ort

VII. **Existieren Stellenbeschreibungen?**
   existieren nicht speziell, internes Anforderungsprofil nach entsprechenden Funktionen

VIII. **Wie wird 'gelobt'? Wie wird 'getadelt' bzw. 'bestraft'?**
   <u>Anerkennung:</u> persönliche Gespräche, eigenes Verhalten als Vorbild, finanzielle Anreize für die leitenden Angestellten

Interview-Protokollbogen Nr. 7

Befragte Forstverwaltung: Markgräflich Badische Forstämter Salem und Zwingenberg

Gesprächspartner : Herr FD

Datum : 01.09.92

I. **Existieren Führungsrichtlinien?**
   existieren nicht im Hause

II. **Wie würden Sie die praktizierte Führung bezeichnen?**
   der Forstbetrieb versucht sich an den Dienstanweisungen und Aufgabenbeschreibungen der baden-württembergischen LFV zu orientieren, hierarchische Strukturen

III. **Finden Aus- und Fortbildungsmaßnahmen für Führungskräfte statt?**
   im Rahmen des Forstvereins Baden-Württemberg, fachliche Fortbildung über die ANW, das KWF, Tagungen etc.

IV. **Wie wird Personal ausgewählt?**
   Noten spielen keine entscheidende Rolle, persönliches intensives Gespräch, persönlicher Eindruck und Verhalten des Bewerbers im Vorstellungsgespräch, wichtig sind Bereitschaft zur Zusammenarbeit und das Verhalten der Bevölkerung und der Kundschaft gegenüber

V. **Hat sich das Tätigkeitsfeld des ´Försters´ in den letzten Jahren / in der letzten Zeit gewandelt?**
   Übernahme von Aufgaben des gesamten Betriebes, vermehrte Verwaltungstätigkeit und forstliche Dienstleistungen, Naturschutz- und Umweltfragen, speziell in standesherrlichen Waldungen hohe Bedeutung der Jagd

VI. **Wie wird die Wirksamkeit bzw. die Effizienz der praktizierten Führung kontrolliert?**
   regelmäßige monatliche Kontrollen der Reviere, ermöglicht durch frühzeitiges Einsetzen von EDV, Forstbetrieb unterliegt der Gesamtverwaltung

VII. **Existieren Stellenbeschreibungen?**
   siehe auch II, existieren im Rahmen der Einstellungsverträge (allg. Teil) und speziell für die zu besetzende Stelle, internes Anforderungsprofil

VIII. **Wie wird ´gelobt´? Wie wird ´getadelt´ bzw. ´bestraft´?**
   Anerkennung: verbales Lob am Objekt, z.B. bei neuen Ideen, guter Arbeit, finanzielle Anreize lediglich beim Weihnachtsbaumverkauf, Anreize sind in der Dotierung der Stellen involviert, offene Kritik

Interview-Protokollbogen Nr. 8

Befragte Forstverwaltung: Fürstlich zu Waldburg-Wolfeggsche Forstverwaltung

Gesprächspartner : Herr FD

Datum : 27.08.92

I. **Existieren Führungsrichtlinien?**
   noch keine Führungsrichtlinien vorhanden

II. **Wie würden Sie die praktizierte Führung bezeichnen?**
   kooperativ

III. **Finden Aus- und Fortbildungsmaßnahmen für Führungskräfte statt?**
   permanentes Angebot an Seminaren in forstlichen und nicht forstlichen Themenbereichen

IV. **Wie wird Personal ausgewählt?**
   Auswahl eines/einer Bewerberin im kleinen Kreis nach einem intensiven Gespräch, endgültige Entscheidung nach einer längeren Probezeit im Betrieb, Kompetenz, der Instinkt des Einstellenden ist gefragt

V. **Hat sich das Tätigkeitsfeld des 'Försters' in den letzten Jahren / in der letzten Zeit gewandelt?**
   haben sich speziell im o.g. Betrieb immer mehr in Richtung Unternehmer verschoben, im Gegensatz zu den Landesforst verwaltungen

VI. **Wie wird die Wirksamkeit bzw. die Effizienz der praktizierten Führung kontrolliert?**
   wird durch erzielten Gewinn bzw. betriebliche Erfolge ersichtlich

VII. **Existieren Stellenbeschreibungen?**
   existieren nicht, es wird individuell ein internes Anforderungs- und Aufgabenprofil erstellt

VIII. **Wie wird 'gelobt'? Wie wird 'getadelt' bzw. 'bestraft'?**
   <u>Anerkennung</u>: verbal und, da viele junge Leute im Betrieb arbeiten, kumpelig, informell, es werden gewaltige finanzielle Anreize geboten.
   <u>Tadel</u>: geht über Kritik bis hin zur Abmahnung und Entlassung (gewerblicher Bereich)

Interview-Protokollbogen Nr. 9

Befragte Forstverwaltung: Fürst zu Bentheim`sche Forstverwaltung

Gesprächspartner : Herr FD

Datum : 18.08.92

I. **Existieren Führungsrichtlinien?**
   noch keine Führungsrichtlinien vorhanden

II. **Wie würden Sie die praktizierte Führung bezeichnen?**
   "aus dem Bauch"

III. **Finden Aus- und Fortbildungsmaßnahmen für Führungskräfte statt?**
   Ausbildung auf dem Bereich der Menschenführung im Zuge der Referendarausbildung

IV. **Wie wird Personal ausgewählt?**
   Noten spielen keine Rolle, "Familiengespräch" mit beiden Partnern erwünscht, deshalb gerne verheiratete, aus der Tradition "treue" Mitarbeiter erwünscht, Auswahl nach Gespräch und Verhaltensbeobachtung

V. **Hat sich das Tätigkeitsfeld des ´Försters´ in den letzten Jahren / in der letzten Zeit gewandelt?**
   neben den herkömmlichen Aufgaben, Weiterbildung vor allem im ökologischen Bereich nötig

VI. **Wie wird die Wirksamkeit bzw. die Effizienz der praktizierten Führung kontrolliert?**
   keine Angabe

VII. **Existieren Stellenbeschreibungen?**
   existieren, dienen als Geschäftsgrundlage

VIII. **Wie wird ´gelobt´? Wie wird ´getadelt´ bzw. ´bestraft´?**
   <u>Anerkennung</u>: eigenverantwortliches Arbeiten, keine Kontrolle der Dienstzeit, verbales Lob, Umsatzbeteiligung ein Problem, ev. finanzielle Anreize (wird als einzige Motivationsmöglichkeit betrachtet) oder Sachausgleiche
   <u>Tadel</u>: schriftliche Verweise, Verweis inclusive Abmahnung bis zur Entlassung, i.d.R. richtungsweisende Gespräche, schriftliche Benachrichtigungen

Interview-Protokollbogen Nr. 10

Befragte Forstverwaltung: Waldgesellschaft der Riedesel Freiherrn zu Eisenbach/Lauterbach

Gesprächspartner : Herr FD

Datum : 11.08.92

I. Existieren Führungsrichtlinien?
existieren explicit nicht, vorhanden sind jedoch Geschäftsanweisungen, Wirtschaftsgrundsätze, Sortierungsvorschriften etc. die ein bestimmtes Führungsverhalten erfordern

II. Wie würden Sie die praktizierte Führung bezeichnen?
keinem bestimmten Stil zuzuordnen, den Erfordernissen entsprechend

III. Finden Aus- und Fortbildungsmaßnahmen für Führungskräfte statt?
Teilnahme an allgemeinen Weiterbildungsveranstaltungen, z.B. auch Menschenführung

IV. Wie wird Personal ausgewählt?
Einerseits über persönliches Kennen, z.B. durch Praktika oder über vorherige Einstellung im Angestelltenverhältnis, ansonsten über schriftliche Bewerbung und Vorauswahl. Ausschlaggebend ist das persönliche Gespräch, teilweise Noten.

V. Hat sich das Tätigkeitsfeld des ´Försters´ in den letzten Jahren / in der letzten Zeit gewandelt?
<u>Allgemein:</u> größere Flexibilität ist gefordert, vor allem was Veränderungen im Bereich der Verfahrenstechnik angeht, Flexibilität aufgrund von wirtschaftlichen Notwendigkeiten.
<u>Speziell für die Waldgesellschaft:</u> früher klassisches Forstamts-System. Heute: Beibehaltung der Forstämter aber Entlastung der Zentralverwaltung z.B. durch Vergabe von Dezematsaufgaben (Stammholzverkauf, Naturschutz und Landespflege, Maschinenbetrieb und Verfahrensentwicklung und regionale Zuständigkeiten)

VI. Wie wird die Wirksamkeit bzw. die Effizienz der praktizierten Führung kontrolliert?
Erkennbar an den erzielten betrieblichen Erfolgen

VII. Existieren Stellenbeschreibungen?
existieren nicht, da Inhalte ständig wechseln, verlangt wird auf jeden Fall Flexibilität, es existiert ein internes Anforderungsprofil, das jedoch nicht definiert ist

VIII. Wie wird ´gelobt´? Wie wird ´getadelt´ bzw. ´bestraft´?
<u>Anerkennung:</u> (verbales) Aussprechen von Lob und Tadel, Motivation durch Beteiligung am Erfolg z.B. Prämien für Wertholzaushaltung, Nebennutzungen ("Förster reagiert marktgerecht"), Erolgsprämien, Gewinnbeteiligung
<u>Tadel:</u>"Bestrafung" über Abzug von Prämien, offene Aussprache bis hin zur Abmahnung, im Extremfall Entlassung unter Beachtung arbeitsrechtlicher Vorgaben

Interview-Protokollbogen Nr. 11

Befragte Forstverwaltung: Forstverwaltung der Arenberg-Meppen GmbH

Gesprächspartner : Herr Priv. FD

Datum : 17.08.92

I. **Existieren Führungsrichtlinien?**
   existieren nicht

II. **Wie würden Sie die praktizierte Führung bezeichnen?**
   wird nicht vorgeschrieben, nicht formulierbar

III. **Finden Aus- und Fortbildungsmaßnahmen für Führungskräfte statt?**
   Seminare

IV. **Wie wird Personal ausgewählt?**
   "interne" Ausschreibungen, Note untergeordnet, Personalgespräche und Referenzen, verlangt wird selbständiges Arbeiten

V. **Hat sich das Tätigkeitsfeld des 'Försters' in den letzten Jahren / in der letzten Zeit gewandelt?**
   Forstmann und Geschäftsführer in einer Person

VI. **Wie wird die Wirksamkeit bzw. die Effizienz der praktizierten Führung kontrolliert?**
   Kontrolle im Rahmen der Forsteinrichtung (alle 10 Jahre)

VII. **Existieren Stellenbeschreibungen?**
   existieren nicht explizit, jeweilige Anfertigung, "internes" Anforderungsprofil

VIII. **Wie wird 'gelobt'? Wie wird 'getadelt' bzw. 'bestraft'?**
   <u>Anerkennung:</u> darstellen positiver Leistung, Provisionen für Nettoerlöse bei der Schmuckreisiggewinnung, Beförderungen
   <u>Tadel:</u> über Abmahnungen bis (theoretisch) zur Kündigung (bislang jedoch noch nicht vorgekommen)

Interview-Protokollbogen Nr. 12

Befragte Forstverwaltung: Stadtforstamt Osterode am Harz

Gesprächspartner : Herr FOAR

Datum : 25.9.92

I. **Existieren Führungsrichtlinien?**
   keine direkten Anweisungen

II. **Wie würden Sie die praktizierte Führung bezeichnen?**
   kooperativ, im Stil der Stadtverwaltung, alle 14 Tage Amtsleiterbesprechungen, "Tüftelbetrieb"

III. **Finden Aus- und Fortbildungsmaßnahmen für Führungskräfte statt?**
   keine Angaben

IV. **Wie wird Personal ausgewählt?**
   bisher eher Abbau, Auswahl nach Noten, persönliches Gespräch, wie in öffentlicher Verwaltung üblich

V. **Hat sich das Tätigkeitsfeld des ´Försters´ in den letzten Jahren / in der letzten Zeit gewandelt?**
   heute mehr Naturschutz, verstärkte Wildtierbewirtschaftung, Pflege des Waldes zum Zwecke der Erholung (Wege, attraktiver Wald, Waldbau)

VI. **Wie wird die Wirksamkeit bzw. die Effizienz der praktizierten Führung kontrolliert?**
   "solange der Laden läuft kümmert sich keiner drum", Kontrolle über Stadtdirektor

VII. **Existieren Stellenbeschreibungen?**
   existieren im Rahmen der Geschäftsverteilungspläne der Stadtverwaltung

VIII. **Wie wird ´gelobt´? Wie wird ´getadelt´ bzw. ´bestraft´?**
   <u>Anerkennung:</u> mehr Urlaub, Beförderungen, tarifliche Bindung, öffentlicher Dienst, daher keine finanzielle Anreize möglich,
   <u>Tadel:</u> Aussprache, Verweise, Kritik am Chef erwünscht

Interview-Protokollbogen Nr. 13

Befragte Forstverwaltung: Städtisches Forstamt Hann-Münden

Gesprächspartner : Herr FOR

Datum : 24.08.92

I. **Existieren Führungsrichtlinien?**
   existieren nicht

II. **Wie würden Sie die praktizierte Führung bezeichnen?**
   kann keinem Stil oder Konzept zugeordnet werden

III. **Finden Aus- und Fortbildungsmaßnahmen für Führungskräfte statt?**
   eher allgemeine Fortbildungsmöglichkeiten, als speziell auf dem Gebiet der Menschenführung

IV. **Wie wird Personal ausgewählt?**
   Bewerbung, Vorauswahl z.T. nach Note, entscheidend ist dann das Bewerbungsgespräch, wie im öffentlichen Dienst üblich

V. **Hat sich das Tätigkeitsfeld des 'Försters' in den letzten Jahren / in der letzten Zeit gewandelt?**
   Bereiche wie Öffentlichkeitsarbeit, Aufklärung der Bevölkerung und Fragen des Umwelt- und Naturschutzes nehmen einen immer größer werdenden Raum ein

VI. **Wie wird die Wirksamkeit bzw. die Effizienz der praktizierten Führung kontrolliert?**
   wird nicht direkt kontrolliert, Kontrollinstanzen sind die Organe der Stadt, Forsteinrichtungswerk als Kontrollmöglichkeit, Einhalten der Planung, es existieren jedoch betriebsinterne detailierte und freiwillige Auswertungen

VII. **Existieren Stellenbeschreibungen?**
   werden zur Zeit gerade angefertigt

VIII. **Wie wird 'gelobt'? Wie wird 'getadelt' bzw. 'bestraft'?**
   Anerkennung: verbal
   Tadel: in Form von mündlichen Abmahnungen, lediglich 5% schriftlich, Gespräche mit Betriebsbeamten, Disziplinarangelegenheiten gehen über Dezernenten, aber: "Richtig Dampf machen geht nicht"

Interview-Protokollbogen Nr. 14

Befragte Forstverwaltung: Stadtforstamt Göttingen

Gesprächspartner : Herr FOR

Datum : 19.09.92

I. **Existieren Führungsrichtlinien?**

existieren, entsprechen denen der Stadtverwaltung

II. **Wie würden Sie die praktizierte Führung bezeichnen?**

kooperativ, lt. Führungsanweisungen

III. **Finden Aus- und Fortbildungsmaßnahmen für Führungskräfte statt?**

Besuch von Seminaren die von der Stadt angeboten werden, die bislang jedoch nicht von den eigenen MA angenommen wurden

IV. **Wie wird Personal ausgewählt?**

nach dem "Dreiklangprinzip": Note, persönlicher Eindruck, separate Prüfung

V. **Hat sich das Tätigkeitsfeld des ´Försters´ in den letzten Jahren / in der letzten Zeit gewandelt?**

keine gravierenden Änderungen, fehlendes wirtschaftliches Denken und Handeln Mitursache für Talfahrt ins Minus, fehlende Zieldiskussionen (woher soll ich ohne Zielkatalog wissen, was ich tun soll ?), Zunahme von Planungsarbeiten

VI. **Wie wird die Wirksamkeit bzw. die Effizienz der praktizierten Führung kontrolliert?**

keine Rechenschaftsberichte, kein Forsteinrichtungswerk zwischen 1950-1980, keine Hiebsätze, keinerlei Zielvorgaben, wenig Interesse von seiten der Stadt, starke Bindung an den Haushalt, wird demnach nicht bzw. kaum kontrolliert

VII. **Existieren Stellenbeschreibungen?**

liegen vor, internes Anforderungsprofil: gefragt sind Kontaktfreudigkeit, Kreativität, Eigeninitiative, Spaß an Öffentlichkeitsarbeit, keine Befehlsempfänger

VIII. **Wie wird ´gelobt´? Wie wird ´getadelt´ bzw. ´bestraft´?**

<u>Anerkennung</u>: verbal, Jagdbeteiligung, finanzielle Anreize nicht möglich
<u>Tadel</u>: Disziplinarrechtliche Maßnahmen (1x vorgekommen), Verweise und Abmahnungen (schriftlich und mündlich)

Interview-Protokollbogen Nr. 15

Befragte Forstverwaltung: Forstamt Frankfurter Wald

Gesprächspartner : Herr FD

Datum : 21.08.92

I. **Existieren Führungsrichtlinien?**
   existieren in Form der "Allgemeinen Dienst- und Geschäftsanweisung für die Stadtverwaltung Frankfurt/Main"
II. **Wie würden Sie die praktizierte Führung bezeichnen?**
   keinem Stil oder Konzept zuzuordnen
III. **Finden Aus- und Fortbildungsmaßnahmen für Führungskräfte statt?**
   nur Seminare zu speziellen Bereichen (Sicherheit, EDV etc.), keine allg. Seminare
IV. **Wie wird Personal ausgewählt?**
   erst nach Bewerbungsunterlagen (Vorkenntnisse, Eignung auf speziellen Gebieten), Absprache nach Vorauswahl, Bewerbungsgespräch mit Personalrat, Frauenreferat, Gesamteindruck letztlich entscheidend. (öffentlicher Dienst!)
V. **Hat sich das Tätigkeitsfeld des 'Försters' in den letzten Jahren / in der letzten Zeit gewandelt?**
   viel breiter angelegt, als z.B. in den Landesforstverwaltungen (Stadion, Kleingärten, Flughafen, Rennbahn etc.), Öffentlichkeitsarbeit zunehmend wichtig, noch stärkeres Einfließen ökologischer Belange nötig, unbedeutend (0,3% des Etats der gesamten Stadtverwaltung = 0,3% von 11 Millionen DM)
VI. **Wie wird die Wirksamkeit bzw. die Effizienz der praktizierten Führung kontrolliert?**
   Alle 6-8 Jahre kommt das Revisionsamt zur Rechnungsprüfung, Zeitnähe
VII. **Existieren Stellenbeschreibungen?**
   existieren, internes Anforderungsprofil, flexibel
VIII. **Wie wird 'gelobt'? Wie wird 'getadelt' bzw. 'bestraft'?**
   <u>Anerkennung:</u> verbal
   <u>Tadel:</u> Abmahnung, beamtenrechtliche Möglichkeiten liegen beim zuständigen Dezernatsleiter und nicht beim FAL, schriftliche und mündliche Verweise, Kündigung nur bei Arbeitsverweigerung möglich

Interview-Protokollbogen Nr. 16

Befragte Forstverwaltung: Städtisches Forstamt Baden-Baden

Gesprächspartner : Herr FD

Datum : 25.08.92

I. **Existieren Führungsrichtlinien?**
   Anwendung der Führungsrichtlinien der LFV Baden-Württemberg

II. **Wie würden Sie die praktizierte Führung bezeichnen?**
   kooperativ

III. **Finden Aus- und Fortbildungsmaßnahmen für Führungskräfte statt?**
   der 2. Beamte nimmt an Lehrgängen der LFV teil

IV. **Wie wird Personal ausgewählt?**
   Stellenbeschreibung, Bewerbung, Vorauswahl aufgrund von Schulnote, Fachnote, Beurteilungen, Form und Stil der Bewerbung, Begründung, Berufserfahrung, zu einem persönlichen Gespräch, was provokativ geführt wird, Punktebewertung, letztendlich subjektive Wahl

V. **Hat sich das Tätigkeitsfeld des 'Försters' in den letzten Jahren / in der letzten Zeit gewandelt?**
   Umweltschutz, Waldsterben, Jagd spielen immer größere Rolle

VI. **Wie wird die Wirksamkeit bzw. die Effizienz der praktizierten Führung kontrolliert?**
   Ergebnisorientierte Prüfung durch Rechnungsprüfungsamt, Gemeindeprüfungsanstalt, Landesrechnungshof

VII. **Existieren Stellenbeschreibungen?**
   existieren

VIII. **Wie wird 'gelobt'? Wie wird 'getadelt' bzw. 'bestraft'?**
   <u>Anerkennung:</u> schnelle Beförderungen, verbales Lob
   <u>Tadel:</u> verbal, langsame Beförderungen, beamtenrechtliche Maßnahmen (bislang 1x einen Vermerk geschrieben!)

Interview-Protokollbogen Nr. 17

Befragte Forstverwaltung: Landwirtschaftskammer Oldenburg

Gesprächspartner : Herr LFD   Landwirtschaftskammer Oldenburg Abt. Forstwirtschaft

Datum : 07.09.92

I. Existieren Führungsrichtlinien?
existieren nicht

II. Wie würden Sie die praktizierte Führung bezeichnen?
nicht einzuordnen

III. Finden Aus- und Fortbildungsmaßnahmen für Führungskräfte statt?
Führungslehrgänge, Rhetorik-Seminare

IV. Wie wird Personal ausgewählt?
Stellenausschreibung, Vorauswahl nach Beurteilung, Note, Wohnort, dann Vorstellungsgespräch von ca. 30 min zu viert, unabhängiges Urteil mit Rangfolge, danach Entscheidung, Führungseignung ist Teil des Gesprächs

V. Hat sich das Tätigkeitsfeld des 'Försters' in den letzten Jahren / in der letzten Zeit gewandelt?
mehr Marketingfragen im Vordergrund (Holzverwendung, -bedarf, -aufkommen), früher mehr Aufforstung und Pflege, Förderungswesen in der Forsdtwirtschaft, genauere Kenntnis von Haushalts-, Verwaltungs- und Vertragsrecht, forstliche Gesetzgebung, ökologische Belange

VI. Wie wird die Wirksamkeit bzw. die Effizienz der praktizierten Führung kontrolliert?
Prüfung über Tätigkeitsberichte, Vergleiche mit Vorjahren, Leistungsnachweise von den einzelnen Forstbezirken und Forstämtern, Vergleiche mit anderen Verwaltungen

VII. Existieren Stellenbeschreibungen?
existieren, Voraussetzungen: Leute bzw. Bewerber müssen zu Land und Leuten passen, Anwärter am besten bekannte ehemalige Praktikanten

VIII. Wie wird 'gelobt'? Wie wird 'getadelt' bzw. 'bestraft'?
<u>Anerkennung:</u> keine finanziellen Anreize, mündlich, schriftlich, in Dienstbesprechungen
<u>Tadel:</u> Einzelgespräche, schriftlich, beamtenrechtliche Maßnahmen in Dienstbesprechungen

Interview-Protokollbogen Nr. 18

Befragte Forstverwaltung: Landwirtschaftskammer Hannover

Gesprächspartner : Herr   Landwirtschaftskammer Hannover
Abt. Forstwirtschaft

Datum : 05.08.92

I. **Existieren Führungsrichtlinien?**
existieren nicht

II. **Wie würden Sie die praktizierte Führung bezeichnen?**
keine Anweisung, nicht einzuordnen

III. **Finden Aus- und Fortbildungsmaßnahmen für Führungskräfte statt?**
jährliche Seminare für Führungskräfte, ähnlich Landesforstverwaltung

IV. **Wie wird Personal ausgewählt?**
Übernahme von selbst ausgebildeten Leuten (Ausbildungshoheit), Auswahl nach Eignung (Berufserfahrung, speziell Privatwaldbetreuung), Aspiranten werden zuerst als freie MA eingestellt, dann evtl. Übernahme, Noten spielen keine Rolle

V. **Hat sich das Tätigkeitsfeld des 'Försters' in den letzten Jahren / in der letzten Zeit gewandelt?**
kaum Änderungen, mehr technisch gebunden, größeres Umweltbewußtsein

VI. **Wie wird die Wirksamkeit bzw. die Effizienz der praktizierten Führung kontrolliert?**
keine Angabe

VII. **Existieren Stellenbeschreibungen?**
existieren

VIII. **Wie wird 'gelobt'? Wie wird 'getadelt' bzw. 'bestraft'?**
<u>Anerkennung:</u> allgemeine Möglichkeiten aus dem Dienstrecht (Jubiläen, usw.....), in der Kammer wird z.Zt. über bessere Formen der Anerkennung diskutiert!
<u>Tadel:</u> Aussprache, Abmahnungen, Möglichkeiten des Dienst- und Beamtenrechts, Rechenschalt vor dem Präsidium

Anhang 3:

Ergänzende demographische Angaben
Übersichten A.01 bis A.05

a) A.01:
Größenverteilung der Forstämter

b) A.02:
Waldbesitzartenanteile in den Forstämtern

c) A.03:
Größenverteilung der Reviere/Forstbetriebsbezirke

d) A.04:
Waldbesitzartenverteilung in den Revieren/Forstbetriebsbezirken

e) A.05:
Sonderfunktionen der befragten Forstämter

Anhang 3 - L -

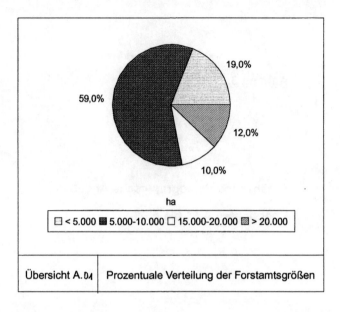

| Übersicht A.04 | Prozentuale Verteilung der Forstamtsgrößen |

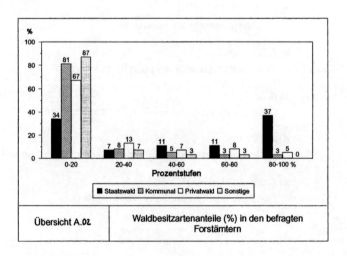

| Übersicht A.02 | Waldbesitzartenanteile (%) in den befragten Forstämtern |

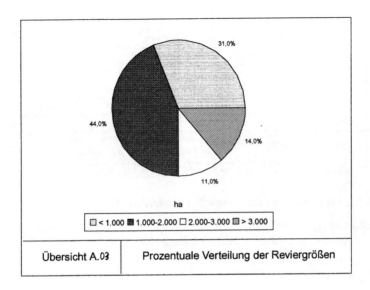

| Übersicht A.03 | Prozentuale Verteilung der Reviergrößen |

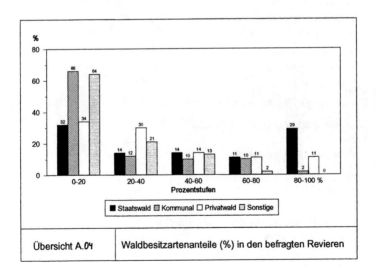

| Übersicht A.04 | Waldbesitzartenanteile (%) in den befragten Revieren |

| | Forstamtsleiter und Forstamtsleiterinnen ||||||||||
| | ALLE | Landesforstverwaltungen |||||| nicht-staatl.Forstbetriebe |||
	zus.	zus.	NDS	HE	NRW	THÜ	BR	zus.	P	K	LWK
Spalte (1)	(2)	(3)	(4)	(5)	(6)	(7)	(8)	(9)	(10)	(11)	(12)
ja	48	48	70	63	40	32	23	40		40	
nein	52	52	30	37	60	68	77	60		60	
Summe FAL					100						
ÜBERSICHT A.05	Häufigkeitsverteilung (%) der Frage `Übt das Forstamt eine Sonderfunktionen aus?`[1]										

[1] Die meisten Angaben stammen von FAL der LFV NDS, HE und NRW

Folgende Sonderfunktionen wurden genannt:

- Ausbildung
  (gehobener und höhere Dienst, Forstwirtausbildung)　　17 mal

- Beratungsforstamt
  (nach LaWaGesetz)　　12 mal

- Öffentlichkeitsarbeit
  forsttechnischer Stützpunkt
  Oberziel: Naturschutzfunktion　　je　5 mal

- Waldbrandbeauftragte
  Exkursions- bzw. Lehrforstamt　　je　4 mal

- Jagd
  Entwicklung neuer Arbeitstechniken　　je　3 mal

- Submissionen und Versteigerungen
  Lehrauftrag
  Anzucht von Forstpflanzen　　je　2 mal

- Beauftrager nach Forstsaatgutgesetz
  Museum
  Tierpark
  Amtshilfe gegenüber anderen Landesbehörden
  Großkamp für Laubholz
  militärisches Übungsgelände
  ziviler Verkehrsflugplatz
  Holzhof
  Waldarbeitsschule
  Sportveranstaltungen
  Artenschutzprogramm　　je　1 mal

Anhang 4

Einstellung zum Führungsverhalten

Übersicht A.06

a) A.06:

Einstellung zum Führungsverhalten

FAL der LFV stratifiziert nach Altersstufen

a) Einstellung zum Führungsverhalten:
FAL der LFV stratifiziert nach Altersstufen

Altersstufe	N	Einstellung zum Führungsverhalten		
		Faktor	$\bar{x}$	s
31-40 Jahre	23	EF1	3.9	0.61
		EF2	2.6	0.57
		EF3	3.0	0.69
41-50 Jahre	23	EF1	3.9	0.64
		EF2	2.6	0.51
		EF3	3.2	0.78
51-60 Jahre	35	EF1	3.6	0.68
		EF2	2.9	0.41
		EF3	3.2	0.66
> 60 Jahre	8	EF1	3.9	0.58
		EF2	2.7	0.53
		EF3	3.5	0.61
ÜBERSICHT A.06		Einstellung zum Führungsverhalten FAL der LFV stratifiziert nach Altersstufen		

Anhang 5:

Fragebogen zur Vorgesetzten-Verhaltensbeschreibung

Übersichten A.07 bis A.16:

a) A.07 bis A.11:
   Ergebnisse des FVVB differenziert nach LFV

b) A.12 bis A.14:
   Ergebnisse des FVVB differenziert nach ´Geschlecht´

c) A.15:
   Stratifizierung der Fremdbeurteilung der FAL durch die MA nach MA des Innen- und Außendienstes

d) A.16:
   Zusammenfassung der Faktoren F1 und F3 zur ´Mitarbeiter´-orientierung´ und von F2 und F4 zur ´Aufgabenorientierung´

a) Ergebnisse der Umfrage differenziert nach LFV

Landesforstverwaltung Niedersachsen

MA			FAL			Vorgesetzten-Verhaltens-Profil
N	$\bar{x}$	s	N	$\bar{x}$	s	F 1 1.5 2 2.5 3 3.5 4 4.5 5
126	3.84	0.80	23	4.45	0.35	F1
126	2.96	0.67	23	3.69	0.04	F2
126	3.29	0.93	23	4.12	0.51	F3
126	3.12	0.71	23	3.48	0.39	F4
126	3.36	0.91	23	4.02	0.52	F5

ÜBERSICHT A.07 — Selbstbeschreibung der befragten FAL (●—●)
Beschreibung der FAL durch die MA (◄—►)

Landesforstverwaltung Hessen

MA			FAL			Vorgesetzten-Verhaltens-Profil
N	$\bar{x}$	s	N	$\bar{x}$	s	F 1 1.5 2 2.5 3 3.5 4 4.5 5
118	3.54	0.94	19	4.37	0.34	F1
118	3.11	0.73	19	3.66	0.24	F2
118	2.98	0.97	19	4.20	0.41	F3
118	3.37	0.68	19	3.59	0.60	F4
118	3.14	1.07	19	4.14	0.35	F5

ÜBERSICHT A.08 — Selbstbeschreibung der befragten FAL (●—●)
Beschreibung der FAL durch die MA (◄—►)

Landesforstverwaltung Nordrhein-Westfalen

MA			FAL			Vorgesetzten-Verhaltens-Profil
N	$\bar{x}$	s	N	$\bar{x}$	s	F 1 1.5 2 2.5 3 3.5 4 4.5 5
68	4.05	0.73	15	4.41	0.31	F1
68	3.23	0.70	15	3.83	0.35	F2
68	3.54	0.90	15	4.17	0.53	F3
68	3.20	0.63	15	3.64	0.47	F4
68	3.63	0.89	15	4.28	0.41	F5

ÜBERSICHT A.09 — Selbstbeschreibung der befragten FAL (●—●)
Beschreibung der FAL durch die MA (◄—►)

Landesforstverwaltung Thüringen

MA			FAL			Vorgesetzten-Verhaltens-Profil
N	$\bar{x}$	s	N	$\bar{x}$	s	F 1 1.5 2 2.5 3 3.5 4 4.5 5
95	3.72	1.03	19	4.31	0.42	F1
95	3.34	0.73	19	3.98	0.29	F2
95	3.42	0.97	19	3.93	0.55	F3
95	3.69	0.80	19	4.22	0.54	F4
95	3.29	0.98	19	4.08	0.50	F5

ÜBERSICHT A.10 — Selbstbeschreibung der befragten FAL (●—●)
Beschreibung der FAL durch die MA (◄—►)

- LVII - Anhang 5

| Landesforstverwaltung Brandenburg ||||||
| MA || FAL ||| Vorgesetzten-Verhaltens-Profil |
N	x̄ s	N	x̄	s	F	1 1.5 2 2.5 3 3.5 4 4.5 5
48	3.70 0.79	13	3.88	0.51	F1	
48	3.34 0.75	13	3.97	0.43	F2	
48	3.54 0.93	13	3.92	0.57	F3	
48	3.71 0.78	13	4.00	0.47	F4	
48	3.27 0.87	13	3.77	0.75	F5	

ÜBERSICHT A.11 — Selbstbeschreibung der befragten FAL (●—●)
Beschreibung der FAL durch die MA (◄—►)

b) Ergebnisse der Umfrage stratifiziert nach ´Geschlecht´

| Landesforstverwaltungen ||||||
| weiblich || männlich ||| Vorgesetzten-Verhaltens-Profil |
N	x̄ s	N	x̄	s	F	1 1.5 2 2.5 3 3.5 4 4.5 5
84	3.75 0.93	456	3.87	0.84	F1	
84	3.26 0.68	456	3.27	0.73	F2	
84	3.32 0.96	456	3.46	0.95	F3	
84	3.55 0.70	456	3.43	0.74	F4	
84	3.22 1.01	456	3.49	0.94	F5	

ÜBERSICHT A.12 — Beschreibung der FAL durch die MA/männl. (●—●)
Beschreibung der FAL durch die MA/weibl. (◄—►)

| Nicht-staatliche Forstbetriebe ||||||
| weiblich || männlich ||| Vorgesetzten-Verhaltens-Profil |
N	x̄ s	N	x̄	s	F	1 1.5 2 2.5 3 3.5 4 4.5 5
15	3.64 0.85	123	3.67	0.90	F1	
15	3.39 0.58	123	3.12	0.77	F2	
15	2.93 1.04	123	3.20	1.02	F3	
15	3.61 0.61	123	3.30	0.71	F4	
15	3.53 0.85	123	3.24	0.1,	F5	

ÜBERSICHT A.13 — Beschreibung der FAL durch die MA/männl. (●—●)
Beschreibung der FAL durch die MA/weibl. (◄—►)

| Forstamtsleiterinnen und Forstamtsleiter ||||||
| weiblich || männlich ||| Vorgesetzten-Verhaltens-Profil |
N	x̄ s	N	x̄	s	F	1 1.5 2 2.5 3 3.5 4 4.5 5
3	4.28 0.46	105	4.29	0.47	F1	
3	3.86 0.00	105	3.80	0.51	F2	
3	4.58 0.38	105	4.06	0.48	F3	
3	3.60 0.53	105	3.80	0.58	F4	
3	4.08 0.29	105	4.07	0.74	F5	

ÜBERSICHT A.14 — Selbstbeschreibung der befragten FAL/männl. (●—●)
Selbstbeschreibung der befragten FAL/weibl. (◄—►)

c) Stratifizierung der Fremdbeurteilung der FAL durch die MA nach Mitarbeitern des Innen- und des Außendienstes

Landesforstverwaltungen NDS, HE, NRW, THÜ und BR							Vorgesetzten-Verhaltens-Profil								
FBB			INNENDIENST												
N	$\bar{x}$	s	N	$\bar{x}$	s	F	1	1.5	2	2.5	3	3.5	4	4.5	5
237	3.70	0.93	210	3.83	0.85	F1									
237	3.10	0.75	210	3.22	0.68	F2									
237	3.29	1.00	210	3.32	0.93	F3									
237	3.35	0.74	210	3.39	0.77	F4									
237	3.32	0.97	210	3.32	0.98	F5									
ÜBERSICHT A.15							Beschreibung der FAL durch die FBB (←→) Beschreibung der FAL durch die INNEN (⊢⊣)							

d) Zusammenfassung der Faktoren F1 und F3 zur 'Mitarbeiterorientierung' und von F2 und F4 zur 'Aufgabenorientierung'

		Mitarbeiterorientierung		Aufgabenorientierung	
		$\bar{x}$	s	$\bar{x}$	s
Landesforstverwaltungen					
FAL	N = 89	4.25	0.40	3.79	0.36
MA	N = 455	3.64	0.87	3.25	0.66
nicht-staatliche Forstbetriebe					
FAL	N = 19	4.14	0.44	3.82	0.39
MA	N = 119	3.44	0.89	3.13	0.62
Alte Bundesländer					
FAL	N = 57	4.35	0.31	3.65	0.31
MA	N = 312	3.64	0.85	3.14	0.61
Neue Bundesländer					
FAL	N = 32	4.04	0.47	4.04	0.32
MA	N = 143	3.65	0.91	3.49	0.72
ÜBERSICHT A.16		Differenzierung der Untersuchungsergebnisse nach Mitarbeiter- und Aufgabenorientierung			

Anhang 6:

Beurteilung der Gruppenatmosphäre im Forstamt
Übersichten A.17 bis A.29

a) A.17 bis A.26:
   Beurteilung der Gruppenatmosphäre
   differenziert nach LFV

b) A.27:
   Stratifizierung der Gruppenatmosphäre nach MA
   im Innen- und Außendienst

c) A.28:
   Rangfolge der Itempaare differenziert nach FAL und MA

d) A.29:
   Kontakthäufigkeiten zwischen FAL und MA

a) Beurteilung der Gruppenatmosphäre differenziert nach LFV

Landesforstverwaltung Niedersachsen

	1.... 5 5.5 6 6.5 7 7.5 8		
unfreundlich		7.0	freundlich
kühl		6.0	herzlich
enttäuschend		6.9	befriedigend
schwunglos		5.9	schwungvoll
unproduktiv		6.8	produktiv
kalt		6.3	warm
unkooperativ		6.9	kooperativ
feindselig		6.8	entgegenkommend
langweilig		6.7	interessant
Mittelwert		6.6	

ÜBERSICHT A.17 — Beurteilung der Gruppenatmosphäre im Forstamt durch die niedersächsischen FAL

Landesforstverwaltung Niedersachsen

	1.... 5 5.5 6 6.5 7 7.5 8		
unfreundlich		6.2	freundlich
kühl		5.1	herzlich
enttäuschend		5.5	befriedigend
schwunglos		4.9	schwungvoll
unproduktiv		5.5	produktiv
kalt		5.4	warm
unkooperativ		5.6	kooperativ
feindselig		5.7	entgegenkommend
langweilig		5.7	interessant
Mittelwert		5.5	

ÜBERSICHT A.18 — Beurteilung der Gruppenatnatmoshäre im Forstamt durch die niedersächsischen MA

Landesforstverwaltung Hessen

	1.... 5 5.5 6 6.5 7 7.5 8		
unfreundlich		7.0	freundlich
kühl		6.0	herzlich
enttäuschend		6.6	befriedigend
schwunglos		6.2	schwungvoll
unproduktiv		6.5	produktiv
kalt		6.0	warm
unkooperativ		6.7	kooperativ
feindselig		6.6	entgegenkommend
langweilig		6.6	interessant
Mittelwert		6.5	

ÜBERSICHT A.19 — Beurteilung der Gruppenatmosphäre im Forstamt durch die hessischen FAL

Landesforstverwaltung Hessen

1.... 5   5.5   6   6.5   7   7.5   8

unfreundlich	6.3	freundlich
kühl	5.4	herzlich
enttäuschend	5.8	befriedigend
schwunglos	5.4	schwungvoll
unproduktiv	5.8	produktiv
kalt	5.4	warm
unkooperativ	5.5	kooperativ
feindselig	6.1	entgegenkommend
langweilig	5.8	interessant
Mittelwert	5.7	

ÜBERSICHT A.20   Beurteilung der Gruppenatmosphäre im Forstamt durch die hessischen MA

Landesforstverwaltung Nordrhein-Westfalen

1.... 5   5.5   6   6.5   7   7.5   8

unfreundlich	6.9	freundlich
kühl	5.8	herzlich
enttäuschend	6.2	befriedigend
schwunglos	6.7	schwungvoll
unproduktiv	6.6	produktiv
kalt	6.1	warm
unkooperativ	6.2	kooperativ
feindselig	6.6	entgegenkommend
langweilig	6.9	interessant
Mittelwert	6.3	

ÜBERSICHT A.21   Beurteilung der Gruppenatmospäre im Forstamt durch die nordrhein-westfälischen FAL

Landesforstverwaltung Nordrhein-Westfalen

1.... 5   5.5   6   6.5   7   7.5   8

unfreundlich	6.4	freundlich
kühl	5.5	herzlich
enttäuschend	5.5	befriedigend
schwunglos	5.2	schwungvoll
unproduktiv	5.7	produktiv
kalt	5.6	warm
unkooperativ	5.7	kooperativ
feindselig	6.0	entgegenkommend
langweilig	5.8	interessant
Mittelwert	5.7	

ÜBERSICHT A.22   Beurteilung der Gruppenatmosphäre im Forstamt durch die nordrhein-westfälischen MA

Landesforstverwaltung Thüringen

	1.... 5 5.5 6 6.5 7 7.5 8		
unfreundlich		6.7	freundlich
kühl		6.0	herzlich
enttäuschend		6.5	befriedigend
schwunglos		5.9	schwungvoll
unproduktiv		6.4	produktiv
kalt		6.5	warm
unkooperativ		6.9	kooperativ
feindselig		7.0	entgegenkommend
langweilig		6.9	interessant
Mittelwert		6.6	
ÜBERSICHT A.23	Beurteilung der Gruppenatmosphäre im Forstamt durch die thüringer FAL		

Landesforstverwaltung Thüringen

	1.... 5 5.5 6 6.5 7 7.5 8		
unfreundlich		6.6	freundlich
kühl		5.7	herzlich
enttäuschend		6.0	befriedigend
schwunglos		5.6	schwungvoll
unproduktiv		6.1	produktiv
kalt		5.9	warm
unkooperativ		6.4	kooperativ
feindselig		6.5	entgegenkommend
langweilig		6.2	interessant
Mittelwert		6.1	
ÜBERSICHT A.24	Beurteilung der Gruppenatmosphäre im Forstamt durch die thüringer MA		

Landesforstverwaltung Brandenburg

	1.....5 5.5 6 6.5 7 7.5 8		
unfreundlich		6.7	freundlich
kühl		5.6	herzlich
enttäuschend		6.2	befriedigend
schwunglos		6.2	schwungvoll
unproduktiv		6.3	produktiv
kalt		6.1	warm
unkooperativ		6.7	kooperativ
feindselig		6.6	entgegenkommend
langweilig		6.2	interessant
Mittelwert		6.4	
ÜBERSICHT A.25	Beurteilung der Gruppenatmosphäre im Forstamt durch die brandenburger FAL		

Landesforstverwaltung Brandenburg		
1.... 5 5.5 6 6.5 7 7.5 8		
unfreundlich		6.6 freundlich
kühl		5.6 herzlich
enttäuschend		6.2 befriedigend
schwunglos		5.5 schwungvoll
unproduktiv		5.9 produktiv
kalt		5.4 warm
unkooperativ		6.1 kooperativ
feindselig		6.2 entgegenkommend
langweilig		6.1 interessant
Mittelwert		5.9
ÜBERSICHT A.26	Beurteilung der Gruppenatmoshäre im Forstamt durch die brandenburger MA	

b) Beurteilung der Gruppenatmosphäre differenziert nach MA im Außen- und Innendienst

	Beurteilung der Gruppenatmosphäre durch				
	MA im Außendienst		MA im Innendienst		Differenzen
Spalte (1)	(2)	(3)	(4)	(5)	(6)
Itempaare	N	$\bar{x}$	N	$\bar{x}$	Sp.(3)-Sp.(5)
unfreundlich-freundlich		6.3		6.5	0.2
kühl-herzlich		5.2		5.6	0.4
enttäuschend-befriedigend		5.5		5.9	0.3
schwunglos-schwungvoll		5.0		5.6	**0.6**
unproduktiv-produktiv	254	5.4	212	6.2	**0.6**
kalt-warm		5.3		5.7	**0.4**
unkooperativ-kooperativ		5.6		6.0	0.4
feindselig-entgegenkommend		5.9		6.2	0.2
langweilig-interessant		5.6		6.1	**0.5**
Mittelwert aller Itempaare		5.6		6.0	**0.4**
ÜBERSICHT A.27	Stratifizierung der Gruppenatmosphäre nach MA im Außen- und Innendienst				

c) Bewertungsrangfolge der Itempaare differenziert nach FAL und MA

Rang-nummer	Forstamtsleiter und Forstamtsleiterinnen		Mitarbeiter und Mitarbeiterinnen	
	N	Itempaare	N	Itempaare
1		*langweilig-interessant* [1]		unfreundlich-freundlich
2		*unproduktiv-produktiv*		feindselig-entgegenkommend
3		*unkooperativ-kooperativ*		*unproduktiv-produktiv*
4		unfreundlich-freundlich		*langweilig-interessant*
5	98	enttäuschend-befriedigend	465	*unkooperativ-kooperativ*
6		feindselig-entgegenkommend		enttäuschend-befriedigend
7		*schwunglos-schwungvoll*		kalt-warm
8		kalt-warm		kühl-herzlich
9		kühl-herzlich		*schwunglos-schwungvoll*

Übersicht A.28: Bewertungsrangfolge der von den FAL und MA beurteilten und zur Gruppenatmosphäre gehörenden Itempaare

[1] Die Itempaare der sachlich-fachlichen Atmosphäre sind kursiv und fett gehalten

d) Kontakthäufigkeiten zwischen FAL und MA

	Landesforstverwaltungen		nicht-staatliche Forstbetriebe	
	FAL	MA	FAL	MA
einmal am Tag oder öfter	62	44	21	22
alle zwei Tage oder seltener	38	56	79	78

	Extreme							
	Forstbetriebsbeamte		Büroleiter/in mit forstlicher Ausbildung		Büroleiter/in ohne forstliche Ausbildung		Verwaltungsangestellte	
	LFV	nstFB[1]	LFV	nstFB	LFV	nstFB	LFV	nstFB
mehrmals am Tag bzw. ständig			88	67	94		76	56
zweimal je Woche oder seltener	76	83						

Übersicht A.29: Kontakthäufigkeit zwischen FAL und MA differenziert nach LFV und nicht-staatlichen Forstbetrieben in %

[1] nstFB = nicht-staatliche Forstbetriebe

Anhang 7:

Arbeitsbeschreibungsbogen
Übersichten A.30 bis A.62

a) A.30 bis A.39:
   Ergebnisse des ABB differenziert nach LFV

b) A.40 bis A.45:
   Ergebnisse des ABB differenziert nach privaten
   und kommunalen Forstbetrieben
   und Forstämtern der LWKs

c) A.46 bis A.54:
   Einzel-Itemanalyse ´Landesforstverwaltungen´

d) A.55 bis A.62:
   Einzel-Itemanalyse ´Nicht-staatliche Fortsbetriebe´

e) A.63:
   Berufswiederwahl: Antworthäufigkeiten differenziert nach Männern und Frauen

a) Ergebnisse des ABB differenziert nach LFV (Legende siehe Kap. 6.5)

Landesforstverwaltung Niedersachsen			
Bewertungsstufen Kunin		1 1.5 2 2.5 3 3.5 4	
Kollegen	Mittelwert		3.45
	Kunin		5.65
Vorgesetzte	Mittelwert		3.13
	Kunin		5.09
Tätigkeit	Mittelwert		3.50
	Kunin		6.13
Arbeits-bedingungen	Mittelwert		3.26
	Kunin		5.78
OuL/Forstamt	Mittelwert		3.18
	Kunin		5.57
OuL/LFV	Mittelwert		2.85
	Kunin		4.91
Entwicklung	Mittelwert		3.15
	Kunin		5.30
Bezahlung	Mittelwert		3.15
	Kunin		4.96
Bewertungsstufen Kunin		1 2 3 4 5 6 7	
AAZ	Kunin		5.83
ALZ	Kunin		5.96
Bewertungsstufen Kunin		1 2 3 4 5 6 7	
ÜBERSICHT A.30		Durchschnittliche Ausprägung von AZ der befragten FAL	

Landesforstverwaltung Niedersachsen			
Bewertungsstufen Kunin		1 1.5 2 2.5 3 3.5 4	
Kollegen	Mittelwert		3.10
	Kunin		4.97
Vorgesetzte	Mittelwert		2.92
	Kunin		4.69
Tätigkeit	Mittelwert		3.30
	Kunin		5.44
Arbeits-bedingungen	Mittelwert		2.81
	Kunin		5.03
OuL/Forstamt	Mittelwert		2.56
	Kunin		4.21
OuL/LFV	Mittelwert		2.15
	Kunin		3.26
Entwicklung	Mittelwert		2.40
	Kunin		3.68
Bezahlung	Mittelwert		2.37
	Kunin		3.53
Bewertungsstufen Kunin		1 2 3 4 5 6 7	
AAZ	Kunin		4.56
ALZ	Kunin		5.30
Bewertungsstufen Kunin		1 2 3 4 5 6 7	
ÜBERSICHT A.31		Durchschnittliche Ausprägung von AZ der befragten MA	

Landesforstverwaltung Hessen			
Bewertungsstufen Kunin		1 1.5 2 2.5 3 3.5 4	
Kollegen	Mittelwert		3.42
	Kunin		5.33
Vorgesetzte	Mittelwert		3.32
	Kunin		4.90
Tätigkeit	Mittelwert		3.47
	Kunin		5.95
Arbeits-bedingungen	Mittelwert		3.16
	Kunin		5.47
OuL/Forstamt	Mittelwert		3.08
	Kunin		5.16
OuL/LFV	Mittelwert		2.38
	Kunin		3.74
Entwicklung	Mittelwert		3.16
	Kunin		5.11
Bezahlung	Mittelwert		2.97
	Kunin		5.05
Bewertungsstufen Kunin		1 2 3 4 5 6 7	
AAZ	Kunin		5.79
ALZ	Kunin		6.21
Bewertungsstufen Kunin		1 2 3 4 5 6 7	
ÜBERSICHT A.32		Durchschnittliche Ausprägung von AZ der befragten FAL	

Landesforstverwaltung Hessen			
Bewertungsstufen Kunin		1 1.5 2 2.5 3 3.5 4	
Kollegen	Mittelwert		3.17
	Kunin		5.19
Vorgesetzte	Mittelwert		2.86
	Kunin		4.50
Tätigkeit	Mittelwert		3.24
	Kunin		5.32
Arbeits-bedingungen	Mittelwert		2.79
	Kunin		4.83
OuL/Forstamt	Mittelwert		2.54
	Kunin		4.21
OuL/LFV	Mittelwert		2.05
	Kunin		3.20
Entwicklung	Mittelwert		2.45
	Kunin		3.82
Bezahlung	Mittelwert		2.42
	Kunin		3.83
Bewertungsstufen Kunin		1 2 3 4 5 6 7	
AAZ	Kunin		4.74
ALZ	Kunin		5.49
Bewertungsstufen Kunin		1 2 3 4 5 6 7	
ÜBERSICHT A.33		Durchschnittliche Ausprägung von AZ der befragten MA	

Landesforstverwaltung Nordrhein-Westfalen

Bewertungsstufen Kunin		1	1.5	2	2.5	3	3.5	4
Kollegen	Mittelwert					3.33		
	Kunin							5.73
Vorgesetzte	Mittelwert			2.95				
	Kunin							5.00
Tätigkeit	Mittelwert					3.48		
	Kunin							5.80
Arbeits-bedingungen	Mittelwert			2.99				
	Kunin							4.93
OuL/Forstamt	Mittelwert			2.82				
	Kunin							4.93
OuL/LFV	Mittelwert		2.16					
	Kunin							3.60
Entwicklung	Mittelwert			*2.96*				
	Kunin							*5.40*
Bezahlung	Mittelwert			*2.90*				
	Kunin							5.00

Bewertungsstufen Kunin		1	2	3	4	5	6	7
AAZ	Kunin						5.53	
ALZ	Kunin						5.67	
Bewertungsstufen Kunin		1	2	3	4	5	6	7

ÜBERSICHT A.34 — Durchschnittliche Ausprägung von AZ der befragten FAL

Landesforstverwaltung Nordrhein-Westfalen

Bewertungsstufen Kunin		1	1.5	2	2.5	3	3.5	4
Kollegen	Mittelwert					3.23		
	Kunin							5.34
Vorgesetzte	Mittelwert					3.14		
	Kunin							4.90
Tätigkeit	Mittelwert					3.33		
	Kunin							5.46
Arbeits-bedingungen	Mittelwert			2.85				
	Kunin							5.12
OuL/Forstamt	Mittelwert			2.72				
	Kunin							4.56
OuL/LFV	Mittelwert		2.14					
	Kunin							3.35
Entwicklung	Mittelwert			*2.56*				
	Kunin							*4.15*
Bezahlung	Mittelwert		*2.46*					
	Kunin							4.29

Bewertungsstufen Kunin		1	2	3	4	5	6	7
AAZ	Kunin					4.97		
ALZ	Kunin						5.43	
Bewertungsstufen Kunin		1	2	3	4	5	6	7

ÜBERSICHT A.35 — Durchschnittliche Ausprägung von AZ der befragten MA

Landesforstverwaltung Thüringen									
Bewertungsstufen Kunin		1	1.5	2	2.5	3	3.5	4	
Kollegen	Mittelwert								3.40
	Kunin								5.05
Vorgesetzte	Mittelwert								3.13
	Kunin								4.35
Tätigkeit	Mittelwert								3.36
	Kunin								*4.63*
Arbeitsbedingungen	Mittelwert								2.78
	Kunin								4.53
OuL/Forstamt	Mittelwert								*3.07*
	Kunin								4.47
OuL/LFV	Mittelwert								2.54
	Kunin								3.53
Entwicklung	Mittelwert								*2.94*
	Kunin								4.37
Bezahlung	Mittelwert								2.57
	Kunin								3.90
Bewertungsstufen Kunin		1	2	3	4	5	6	7	
AAZ	Kunin								4.58
ALZ	Kunin								4.84
Bewertungsstufen Kunin		1	2	3	4	5	6	7	

ÜBERSICHT A.36 — Durchschnittliche Ausprägung von AZ der befragten FAL

Landesforstverwaltung Thüringen									
Bewertungsstufen Kunin		1	1.5	2	2.5	3	3.5	4	
Kollegen	Mittelwert								3.39
	Kunin								5.23
Vorgesetzte	Mittelwert								3.04
	Kunin								4.58
Tätigkeit	Mittelwert								3.37
	Kunin								*5.17*
Arbeitsbedingungen	Mittelwert								2.78
	Kunin								4.69
OuL/Forstamt	Mittelwert								*2.70*
	Kunin								4.34
OuL/LFV	Mittelwert								2.41
	Kunin								3.58
Entwicklung	Mittelwert								*2.59*
	Kunin								4.04
Bezahlung	Mittelwert								2.50
	Kunin								3.92
Bewertungsstufen Kunin		1	2	3	4	5	6	7	
AAZ	Kunin								4.64
ALZ	Kunin								4.67
Bewertungsstufen Kunin		1	2	3	4	5	6	7	

ÜBERSICHT A.37 — Durchschnittliche Ausprägung von AZ der befragten MA

Landesforstverwaltung Brandenburg

Bewertungsstufen Kunin		1 1.5 2 2.5 3 3.5 4	
Kollegen	Mittelwert		3.31
	Kunin		5.31
Vorgesetzte	Mittelwert		3.17
	Kunin		5.00
Tätigkeit	Mittelwert		3.50
	Kunin		5.23
Arbeits-bedingungen	Mittelwert		2.98
	Kunin		5.23
OuL/Forstamt	Mittelwert		2.82
	Kunin		4.62
OuL/LFV	Mittelwert		2.73
	Kunin		4.46
Entwicklung	Mittelwert		*3.08*
	Kunin		*5.08*
Bezahlung	Mittelwert		2.87
	Kunin		4.62
Bewertungsstufen Kunin		1 2 3 4 5 6 7	
AAZ	Kunin		5.39
ALZ	Kunin		4.92
Bewertungsstufen Kunin		1 2 3 4 5 6 7	

ÜBERSICHT A.38 — Durchschnittliche Ausprägung von AZ der befragten FAL

Landesforstverwaltung Brandenburg

Bewertungsstufen Kunin		1 1.5 2 2.5 3 3.5 4	
Kollegen			3.30
			5.19
Vorgesetzte	Mittelwert		2.99
	Kunin		4.68
Tätigkeit	Mittelwert		3.44
	Kunin		5.38
Arbeits-bedingungen	Mittelwert		2.78
	Kunin		4.92
OuL/Forstamt	Mittelwert		2.67
	Kunin		4.30
OuL/LFV	Mittelwert		2.56
	Kunin		3.98
Entwicklung	Mittelwert		*2.70*
	Kunin		*4.32*
Bezahlung	Mittelwert		2.66
	Kunin		4.09
Bewertungsstufen Kunin		1 2 3 4 5 6 7	
AAZ	Kunin		4.85
ALZ	Kunin		4.38
Bewertungsstufen Kunin		1 2 3 4 5 6 7	

ÜBERSICHT A.39 — Durchschnittliche Ausprägung von AZ der befragten MA

b) Ergebnisse des ABB differenziert nach 'nicht-staatlichen Forstbetrieben'[1]

Private Forstbetriebe

Bewertungsstufen Kunin		1	1.5	2	2.5	3	3.5	4	
Kollegen	Mittelwert								3.49
	Kunin								6.00
Vorgesetzte	Mittelwert								3.13
	Kunin								5.00
Tätigkeit	Mittelwert								3.66
	Kunin								6.00
Arbeits-bedingungen	Mittelwert								3.12
	Kunin								6.00
OuL/Forstamt	Mittelwert								3.38
	Kunin								5.57
OuL/LFV	Mittelwert								n.b.
	Kunin								n.b.
Entwicklung	Mittelwert								3.52
	Kunin								6.11
Bezahlung	Mittelwert								3.19
	Kunin								5.22
Bewertungsstufen Kunin		1	2	3	4	5	6	7	
AAZ	Kunin								6.11
ALZ	Kunin								6.33
Bewertungsstufen Kunin		1	2	3	4	5	6	7	

ÜBERSICHT A.40 — Durchschnittliche Ausprägung von AZ der befragten FAL

Private Forstbetriebe

Bewertungsstufen Kunin		1	1.5	2	2.5	3	3.5	4	
Kollegen	Mittelwert								3.20
	Kunin								5.26
Vorgesetzte	Mittelwert								2.99
	Kunin								4.81
Tätigkeit	Mittelwert								3.37
	Kunin								5.50
Arbeits-bedingungen	Mittelwert								2.85
	Kunin								5.05
OuL/Forstamt	Mittelwert								2.73
	Kunin								4.54
OuL/LFV	Mittelwert								n.b.
	Kunin								n.b.
Entwicklung	Mittelwert								2.81
	Kunin								4.48
Bezahlung	Mittelwert								2.61
	Kunin								4.43
Bewertungsstufen Kunin		1	2	3	4	5	6	7	
AAZ	Kunin								5.05
ALZ	Kunin								5.45
Bewertungsstufen Kunin		1	2	3	4	5	6	7	

ÜBERSICHT A.41 — Durchschnittliche Ausprägung von AZ der befragten MA

---

[1] Auf einen Signifikanztest zwischen den FAL und den MA der einzelnen Waldbesitzarten wurde aufgrund des geringen Stichprobenumfangs verzichtet.

Kommunale Forstbetriebe

Bewertungsstufen Kunin		1	1.5	2	2.5	3	3.5	4
Kollegen	Mittelwert							3.42
	Kunin							5.80
Vorgesetzte	Mittelwert							3.38
	Kunin							5.00
Tätigkeit	Mittelwert							3.66
	Kunin							5.80
Arbeits-bedingungen	Mittelwert							3.14
	Kunin							5.60
OuL/Forstamt	Mittelwert							3.03
	Kunin							5.20
OuL/LFV	Mittelwert							n.b.
	Kunin							n.b.
Entwicklung	Mittelwert							3.27
	Kunin							5.40
Bezahlung	Mittelwert							2.78
	Kunin							4.80
Bewertungsstufen Kunin		1	2	3	4	5	6	7
AAZ	Kunin							5.60
ALZ	Kunin							5.80
Bewertungsstufen Kunin		1	2	3	4	5	6	7

ÜBERSICHT A.42 — Durchschnittliche Ausprägung von AZ der befragten FAL

Kommunale Forstbetriebe

Bewertungsstufen Kunin		1	1.5	2	2.5	3	3.5	4
Kollegen	Mittelwert							3.05
	Kunin							5.08
Vorgesetzte	Mittelwert							2.68
	Kunin							4.41
Tätigkeit	Mittelwert							3.25
	Kunin							5.57
Arbeits-bedingungen	Mittelwert							2.88
	Kunin							5.42
OuL/Forstamt	Mittelwert							2.32
	Kunin							3.67
OuL/LFV	Mittelwert							n.b.
	Kunin							n.b.
Entwicklung	Mittelwert							2.49
	Kunin							4.13
Bezahlung	Mittelwert							2.40
	Kunin							4.04
Bewertungsstufen Kunin		1	2	3	4	5	6	7
AAZ	Kunin							5.04
ALZ	Kunin							5.76
Bewertungsstufen Kunin		1	2	3	4	5	6	7

ÜBERSICHT A.43 — Durchschnittliche Ausprägung von AZ der befragten MA

Forstämter der Landwirtschaftskammern

Bewertungsstufen Kunin		1	1.5	2	2.5	3	3.5	4	
Kollegen	Mittelwert								3.14
	Kunin								4.60
Vorgesetzte	Mittelwert								3.08
	Kunin								3.60
Tätigkeit	Mittelwert								3.17
	Kunin								5.00
Arbeits-bedingungen	Mittelwert								3.01
	Kunin								4.80
OuL/Forstamt	Mittelwert								2.70
	Kunin								3.80
OuL/LFV	Mittelwert								2.16
	Kunin								3.20
Entwicklung	Mittelwert								2.53
	Kunin								3.80
Bezahlung	Mittelwert								2.69
	Kunin								4.20
Bewertungsstufen Kunin		1	2	3	4	5	6	7	
AAZ	Kunin								4.60
ALZ	Kunin								6.20
Bewertungsstufen Kunin		1	2	3	4	5	6	7	

ÜBERSICHT A.44 — Durchschnittliche Ausprägung von AZ der befragten FAL

Forstämter der Landwirtschaftskammern

Bewertungsstufen Kunin		1	1.5	2	2.5	3	3.5	4	
Kollegen	Mittelwert								3.22
	Kunin								5.24
Vorgesetzte	Mittelwert								2.80
	Kunin								4.65
Tätigkeit	Mittelwert								3.36
	Kunin								5.61
Arbeits-bedingungen	Mittelwert								2.67
	Kunin								4.92
OuL/Forstamt	Mittelwert								2.50
	Kunin								4.27
OuL/LFV	Mittelwert								2.26
	Kunin								3.61
Entwicklung	Mittelwert								2.37
	Kunin								3.48
Bezahlung	Mittelwert								2.05
	Kunin								3.12
Bewertungsstufen Kunin		1	2	3	4	5	6	7	
AAZ	Kunin								4.62
ALZ	Kunin								5.52
Bewertungsstufen Kunin		1	2	3	4	5	6	7	

ÜBERSICHT A.45 — Durchschnittliche Ausprägung von AZ der befragten MA

Anhang 7

c) Einzel-Itemanalyse "Landesforstverwaltungen"

Bewertungs-stufen der ABB-Items	positiv formuliert, z.B. fair	1 völlig falsch		2 eher falsch		3 eher zutreffend		4 völlig zutreffend
	negativ formuliert, z.B. faul	1 völlig zutreffend		2 eher zutreffend		3 eher falsch		4 völlig falsch
Bewertungsstufen der Kunin-Gesichter		1 Gesicht mit heruntergezogenen Mundwinkeln	2	3	4 neutrales Gesicht	5	6	7 lachendes Gesicht
▓▓▓	Ergebnisse der befragten Forstamtsleiter und Forstamtsleiterinnen (FAL)							
░░░	Ergebnisse der befragten Mitarbeiter und Mitarbeiterinnen (MA)							
hilfreich	Original-Items des ABB von NEUBERGER							
neidisch	von der Verfasserin hinzugefügte Items							
3.59 OuL FOA LFV AZ	= Mittelwert, berechnet aus den einzelnen Items der jeweiligen Skala = Organisation und Leitung = Forstamt = Landesforstverwaltung = Arbeitszufriedenheit							
ÜBERSICHT A.46	Legende für die Übersichten A.47 bis A.62							

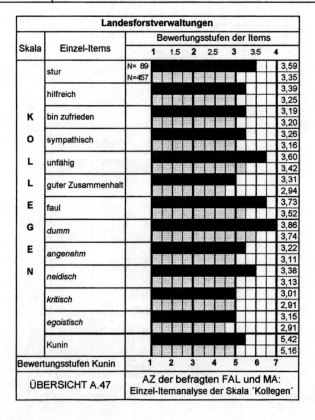

	Landesforstverwaltungen		
Skala	Einzel-Items	Bewertungsstufen der Items 1 1.5 2 2.5 3 3.5 4	
K O L L E G E N	stur	N= 89 N=457	3,59 3,35
	hilfreich		3,39 3,25
	bin zufrieden		3,19 3,20
	sympathisch		3,26 3,16
	unfähig		3,60 3,42
	guter Zusammenhalt		3,31 2,94
	faul		3,73 3,52
	dumm		3,86 3,74
	angenehm		3,22 3,11
	neidisch		3,38 3,13
	kritisch		3,01 2,91
	egoistisch		3,15 2,91
	Kunin		5,42 5,16
Bewertungsstufen Kunin		1 2 3 4 5 6 7	
ÜBERSICHT A.47	AZ der befragten FAL und MA: Einzel-Itemanalyse der Skala ´Kollegen´		

Skala	Einzel-Items	Landesforstverwaltungen Bewertungsstufen der Items 1 1.5 2 2.5 3 3.5 4	
V O R G E S E T Z T E/R	ungerecht	N= 89	3,45
		N=457	3,28
	aktiv		3,08
			3,20
	rücksichtsvoll		3,01
			2,85
	unhöflich		3,47
			3,37
	unfähig		3,53
			3,45
	setzt sich für uns ein		3,00
			2,85
	fair		3,26
			3,01
	unbeliebt		3,24
			3,02
	vertraue ihm/ihr		3,06
			2,90
	informiert schlecht		2,95
			2,64
	läßt uns mitreden		3,02
			2,89
	nörgelt viel		3,44
			3,21
	verlangt viel		2,74
			2,90
	lobt wenig		2,56
			2,35
	delegiert wenig		3,02
			2,76
	unnahbar		3,49
			3,04
	elitär		3,10
			2,77
	Kunin		4,87
			4,65
Bewertungsstufen Kunin		1 2 3 4 5 6 7	
ÜBERSICHT A.48		AZ der befragten FAL und MA: Einzel-Itemanalyse der Skala "Vorgesetzte/r"	

Landesforstverwaltungen

Skala	Einzel-Items	Bewertungsstufen der Items 1 – 4	Wert
T Ä T I G K E I T	gefällt mir	N= 89	3,69
		N=457	3,48
	langweilig		3,85
			3,59
	festgefahren		3,54
			3,25
	unselbständig		3,70
			3,47
	nutzlos		3,78
			3,65
	angesehen		3,17
			2,95
	enttäuschend		3,55
			3,35
	unterfordert mich		3,35
			2,89
	sehe Ergebnisse		3,39
			3,15
	kann meine Fähigkeiten einsetzen		3,46
			3,18
	kann eigene Ideen verwirklichen		3,31
			3,01
	verantwortungsvoll		3,65
			3,36
	kenne meine Befugnisse		3,48
			3,50
	eindeutige Zielsetzung		3,09
			3,11
	weiß, was man von mir erwartet		3,36
			3,38
	weiß, wofür ich verantwortlich bin		3,57
			3,61
	weiß, was ich tun muß		3,47
			3,59
	weiß, daß ich meine Zeit richtig eingeteilt habe		2,89
			3,25
	Kunin		5,58
			5,35
Bewertungsstufen Kunin		1 – 7	

ÜBERSICHT A.49 — AZ der befragten FAL und MA: Einzel-Itemanalyse der Skala "Tätigkeit"

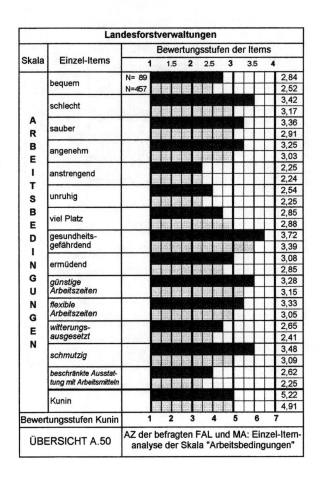

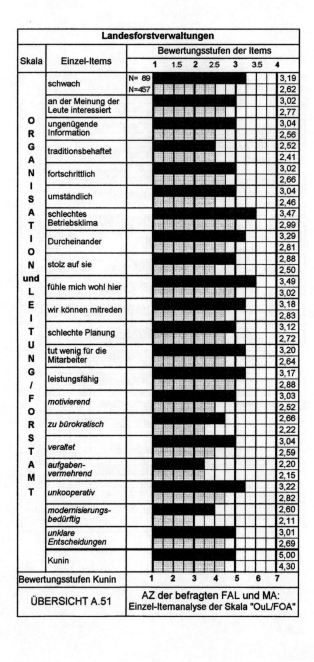

ÜBERSICHT A.51 — AZ der befragten FAL und MA: Einzel-Itemanalyse der Skala "OuL/FOA"

Skala	Einzel-Items	Landesforstverwaltungen	
		Bewertungsstufen der Items (1 – 4)	Wert
ORGANISATION und LEITUNG / LANDESFORSTVERWALTUNG	schwach (N= 89 / N=457)		2,55 / 2,16
	an der Meinung der Leute interessiert		2,64 / 2,30
	ungenügende Information		2,60 / 2,27
	traditionsbehaftet		2,39 / 2,20
	fortschrittlich		2,69 / 2,29
	umständlich		2,44 / 2,05
	schlechtes Betriebsklima		2,72 / 2,41
	Durcheinander		2,65 / 2,36
	stolz auf sie		2,51 / 2,10
	fühle mich wohl hier		2,92 / 2,64
	wir können mitreden		2,51 / 2,09
	schlechte Planung		2,69 / 2,41
	tut wenig für die Mitarbeiter		2,66 / 2,21
	leistungsfähig		2,79 / 2,44
	motivierend		2,46 / 2,11
	zu bürokratisch		2,18 / 1,84
	veraltet		2,80 / 2,29
	aufgabenvermehrend		1,92 / 1,95
	unkooperativ		2,64 / 2,27
	modernisierungsbedürftig		2,35 / 1,98
	unklare Entscheidungen		2,55 / 2,25
	Kunin		4,08 / 3,40
Bewertungsstufen Kunin		1 2 3 4 5 6 7	
ÜBERSICHT A.52		AZ der befragten FAL und MA: Einzel-Itemanalyse der Skala "OuL/LFV"	

Skala	Einzel-Items	Bewertungsstufen der Items	
		1　1.5　2　2.5　3　3.5　4	
E N T W I C K L U N G	gut	N= 89　　　　　　　　　　　　　　　　　　　　　　N=457	3,29　　2,57
	sicher		3,00　　2,70
	angemessen		3,08　　2,58
	wenig		3,11　　2,48
	ungeregelt		2,99　　2,57
	kaum Möglichkeiten		3,09　　2,28
	leistungsgerecht		2,94　　2,33
	enttäuschend		3,25　　2,63
	gibt mir Auftrieb		2,90　　2,31
	protegiert		3,35　　2,96
	motivierend		2,83　　2,34
	langsam im Vergl. zu anderen Verwaltungen		2,66　　1,98
	habe resigniert		3,52　　3,02
	nicht leistungsbezogen		2,88　　2,25
	perspektivlos		3,16　　2,57
	keine Aufstiegschancen		2,93　　2,23
	würde mich gerne verändern		3,55　　2,85
	personenbezogen		2,61　　2,48
	Kunin		5,04　　3,93
Bewertungsstufen Kunin		1　2　3　4　5　6　7	
ÜBERSICHT A.53		AZ der befragten FAL und MA: Einzel-Itemanalyse der Skala "Entwicklung"	

Skala	Einzel-Items	Landesforstverwaltungen							
		Bewertungsstufen der Items						
		1	1.5	2	2.5	3	3.5	4
B E Z A H L U N G	schlecht	N= 89						3,10
		N=457						2,61
	fairer							2,97
								2,54
	zufriedenstellend							3,09
								2,63
	unangemessen							3,18
								2,77
	ungerecht							3,22
								2,80
	leistungsgerecht							2,67
								2,31
	entspricht meiner Verantwortung							2,80
								2,42
	im Verh. zu anderen Berufen zu niedrig							2,25
								1,93
	Entschädigungsgelungen sind ausreichend							2,55
								2,07
	Kunin							4,71
								3,86
Bewertungsstufen Kunin		1	2	3	4	5	6	7
ÜBERSICHT A.54	AZ der befragten FAL und MA: Einzel-Itemanalyse der Skala "Bezahlung"							

d) Einzel-Itemanalyse ´nicht-staatliche Forstbetriebe´

Nicht-staatliche Forstbetriebe			
Skala	Einzel-Items	Bewertungsstufen der Items	
		1 1.5 2 2.5 3 3.5 4	
K O L L E G E N	stur	N= 19	3.37
		N=118	3.20
	hilfreich		3.26
			3.25
	bin zufrieden		3.26
			3.16
	sympathisch		3.37
			3.14
	unfähig		3.61
			3.38
	guter Zusammenhalt		3.05
			2.87
	faul		3.78
			3.53
	dumm		3.83
			3.80
	angenehm		3.26
			3.16
	neidisch		3.44
			3.07
	kritisch		3.32
			2.74
	egoistisch		3.05
			2.73
	Kunin		5.58
			5.21
Bewertungsstufen Kunin		1 2 3 4 5 6 7	
ÜBERSICHT A.55		AZ der befragten FAL und MA: Einzel-Itemanalyse der Skala ´Kollegen´	

Skala	Einzel-Items	Nicht-staatliche Forstbetriebe Bewertungsstufen der Items	
		1 1.5 2 2.5 3 3.5 4	
V O R G E S E T Z T E/R	ungerecht	N= 19	3.22
		N=118	3.10
	aktiv		3.39
			3.08
	rücksichtsvoll		3.22
			2.83
	unhöflich		3.89
			3.38
	unfähig		3.72
			3.18
	setzt sich für uns ein		2.89
			2.61
	fair		3.18
			2.97
	unbeliebt		3.24
			2.85
	vertraue ihm/ihr		3.06
			2.82
	informiert schlecht		2.72
			2.50
	läßt uns mitreden		3.06
			2.87
	nörgelt viel		3.28
			3.15
	verlangt viel		3.22
			2.78
	lobt wenig		2.33
			2.31
	delegiert wenig		3.11
			2.69
	unnahbar		3.39
			2.89
	elitär		3.22
			2.55
	Kunin		4.61
			4.66
Bewertungsstufen Kunin		1 2 3 4 5 6 7	

ÜBERSICHT A.56 — AZ der befragten FAL und MA: Einzel-Itemanalyse der Skala "Vorgesetzte/r"

Skala	Einzel-Items	Nicht-staatliche Forstbetriebe								
		\multicolumn{8}{c}{Bewertungsstufen der Items}								
		1	1.5	2	2.5	3	3.5	4	
	gefällt mir	N= 19							3.44
		N=118							3.49
	langweilig								3.94
									3.54
	festgefahren								3.56
									3.20
	unselbständig								4.00
									3.53
	nutzlos								3.89
									3.71
T	angesehen								3.39
Ä									3.09
T	enttäuschend								3.39
I									3.31
G	unterfordert mich								3.28
K									3.02
E	sehe Ergebnisse								3.22
I									3.29
T	kann meine Fähigkeiten einsetzen								3.56
									3.26
	kann eigene Ideen verwirklichen								3.50
									3.05
	verantwortungsvoll								3.78
									3.49
	kenne meine Befugnisse								3.50
									3.35
	eindeutige Zielsetzung								3.22
									2.98
	weiß, was man von mir erwartet								3.39
									3.34
	weiß, wofür ich verantwortlich bin								3.67
									3.53
	weiß, was ich tun muß								3.61
									3.55
	weiß, daß ich meine Zeit richtig eingeteilt habe								3.06
									3.27
	Kunin								5.67
									5.56
Bewertungsstufen Kunin		1	2	3	4	5	6	7	

ÜBERSICHT A.57 — AZ der befragten FAL und MA: Einzel-Itemanalyse der Skala "Tätigkeit"

Skala	Einzel-Items	Nicht-staatliche Forstbetriebe							
		Bewertungsstufen der Items							
		1	1.5	2	2.5	3	3.5	4	
A R B E I T S B E D I N G U N G E N	bequem	N= 19							3.11
		N=118							2.56
	schlecht								3.63
									3.14
	sauber								3.53
									2.82
	angenehm								3.32
									3.05
	anstrengend								1.89
									2.17
	unruhig								2.21
									2.30
	viel Platz								3.16
									3.12
	gesundheits-gefährdend								3.68
									3.34
	ermüdend								2.68
									2.56
	günstige Arbeitszeiten								3.11
									3.04
	flexible Arbeitszeiten								3.53
									3.27
	witterungs-ausgesetzt								2.84
									2.10
	schmutzig								3.53
									2.84
	beschränkte Ausstattung mit Arbeitsmitteln								3.16
									2.54
	Kunin								5.58
									5.07
Bewertungsstufen Kunin		1	2	3	4	5	6	7	
ÜBERSICHT A.58		AZ der befragten FAL und MA: Einzel-Itemanalyse der Skala "Arbeitsbedingungen"							

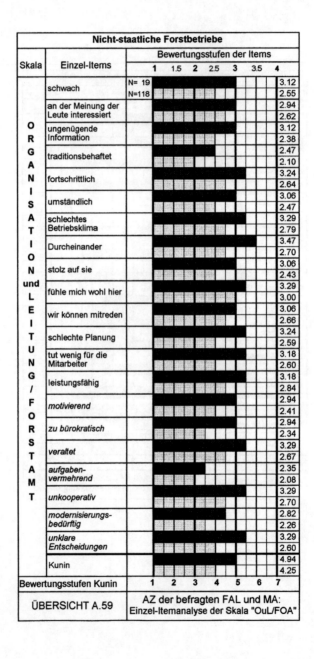

ÜBERSICHT A.59 — AZ der befragten FAL und MA: Einzel-Itemanalyse der Skala "OuL/FOA"

Skala	Einzel-Items	Nicht-staatliche Forstbetriebe Bewertungsstufen der Items	
O R G A N I S A T I O N und L E I T U N G / L A N D E S F O R S T V E R W A L T U N G	schwach	N= 6 N= 56	1.83 2.22
	an der Meinung der Leute interessiert		2.50 2.58
	ungenügende Information		1.83 2.37
	traditionsbehaftet		1.67 1.98
	fortschrittlich		1.83 2.26
	umständlich		2.33 2.19
	schlechtes Betriebsklima		2.33 2.63
	Durcheinander		2.17 2.56
	stolz auf sie		2.17 2.23
	fühle mich wohl hier		2.20 2.80
	wir können mitreden		2.40 2.18
	schlechte Planung		2.00 2.48
	tut wenig für die Mitarbeiter		2.33 2.15
	leistungsfähig		2.17 2.45
	motivierend		2.00 2.15
	zu bürokratisch		2.33 2.00
	veraltet		1.83 2.17
	aufgaben-vermehrend		1.83 2.04
	unkooperativ		2.17 2.43
	modernisierungs-bedürftig		1.33 1.87
	unklare Entscheidungen		2.17 2.39
	Kunin		3.00 3.67
Bewertungsstufen Kunin		1 2 3 4 5 6 7	
ÜBERSICHT A.60		AZ der befragten FAL und MA: Einzel-Itemanalyse der Skala "OuL/LFV"	

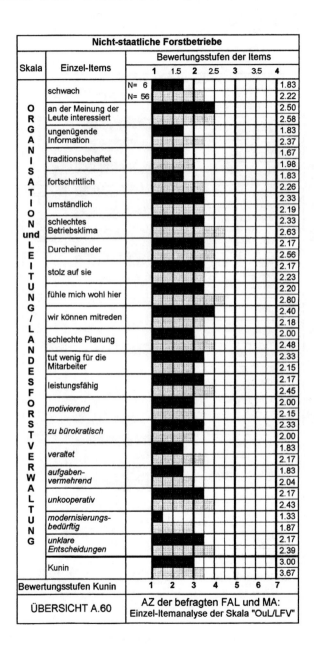

Skala	Einzel-Items	Nicht-staatliche Forstbetriebe Bewertungsstufen der Items 1 1.5 2 2.5 3 3.5 4	
E N T W I C K L U N G	gut	N= 19 N=118	3.42 2.53
	sicher		3.42 2.75
	angemessen		3.37 2.51
	wenig		3.26 2.49
	ungeregelt		3.26 2.45
	kaum Möglichkeiten		3.05 2.46
	leistungsgerecht		3.16 2.24
	enttäuschend		3.42 2.65
	gibt mir Auftrieb		3.00 2.38
	protegiert		3.25 2.85
	motivierend		3.00 2.35
	langsam im Vergl. zu anderen Verwaltungen		3.06 2.25
	habe resigniert		3.63 3.13
	nicht leistungsbezogen		3.16 2.28
	perspektivlos		3.16 2.75
	keine Aufstiegschancen		2.79 2.46
	würde mich gerne verändern		3.37 3.04
	personenbezogen		2.63 2.50
	Kunin		5.32 3.97
Bewertungsstufen Kunin		1 2 3 4 5 6 7	
ÜBERSICHT A.61		AZ der befragten FAL und MA: Einzel-Itemanalyse der Skala "Entwicklung"	

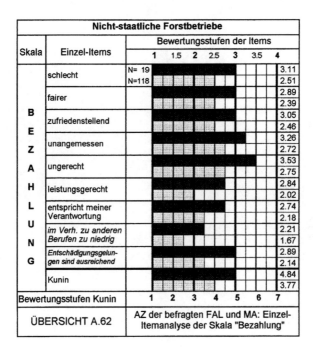

ÜBERSICHT A.62 — AZ der befragten FAL und MA: Einzel-Itemanalyse der Skala "Bezahlung"

e) <u>Berufswiederwahl</u>: Antworthäufigkeiten differenziert nach Männern und Frauen

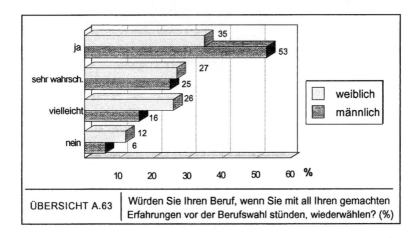

ÜBERSICHT A.63 — Würden Sie Ihren Beruf, wenn Sie mit all Ihren gemachten Erfahrungen vor der Berufswahl stünden, wiederwählen? (%)

Lebenslauf

Am 3. Juli 1966 wurde ich als erstes der drei Kinder von Albert Teutenberg und Erika Teutenberg, geb. Ortmann, in Meppen geboren. Mein Vater ist technischer Angestellter bei der Stadt Meppen, meine Mutter Schulleiterin der Grundschule Teglingen.

1972 wurde ich in die Grund- und Hauptschule Kardinal-von-Galen eingeschult. Nach Auflösung des dortigen Grundschulzweigs wechselte ich 1973 zur Grundschule Overberg, die ich 1976 verließ. Von 1976 bis 1978 besuchte ich die Liebfrauenschule in Meppen. Diese wurde 1978 mit der Schule des Maristengymnasiums zum Gymnasium Marianum zusammengelegt. Dort erwarb ich im Juni 1985 die Allgemeine Hochschulreife.

Nach einem dreimonatigen Baumschulpraktikum erhielt ich noch im selben Jahr die Zulassung zum Studium der Forstwissenschaften an der Georg-August-Universität Göttingen. Von Oktober 1985 bis April 1986 absolvierte ich mein Hochschulpraktikum am Staatlichen Forstamt Lingen, um anschließend das Studium in Göttingen aufzunehmen. Dieses schloß ich im April 1991 mit der Diplomprüfung ab.

Seit Mai 1991, anfangs als technische Angestellte und wissenschaftliche Hilfskraft, später als wissenschaftliche Mitarbeiterin, bin ich am Institut für Waldarbeit und Forstmaschinenkunde, Forstliche Arbeitswissenschaft der Georg-August-Universität Göttingen bei Prof. Dr. S. Häberle beschäftigt. Im Rahmen dieser Tätigkeit entstand die vorliegende Dissertation.

Im Juli 1992 habe ich Christian Raupach geheiratet.